Chuangxin
Dianliang Zhihui Zhi Guang

创新，点亮智慧之光
——上海市普通高中学生创新素养培育的实践与研究

上海教育出版社
SHANGHAI EDUCATIONAL PUBLISHING HOUSE

顾　　问	尹后庆　张民生
主　　编	顾志跃
副 主 编	倪闽景　徐淀芳　汤林春
执行编委	沈之菲　金京泽　徐士强
编 委 会	（以姓氏笔画为序）
	王　洁　冯大鸣　朱怡华　许象国
	孙元清　苏　忱　杨国顺　余利惠
	应俊峰　沈祖芸　张　慧　陆伯鸿
	陈效民　金莉莉　赵中建　胡兴宏
	谢利民　傅禄建　颜慧芬

为了明天　为了希望

2010年7月,《国家中长期教育改革和发展规划纲要(2010—2020年)》颁布,从建设教育强国和人力资源强国的战略高度,规划了我国未来十年教育改革发展的宏伟蓝图,明确了战略目标、工作方针、总体任务、改革思路和重大举措。随后,国务院办公厅印发了《关于开展国家教育体制改革试点的通知》,确认了一批改革目标明确、政策措施具体的教育改革项目,标志着新世纪国家教育体制改革试点工作全面启动。上海教育系统承担了425项国家项目中的27项,居全国各省(区、市)之首,体现了国家对上海教育改革的充分肯定和高度信任。

三年来,上海教育系统的教师和管理人员积极投身于改革试点工作,尤其是基础教育领域,承担了十余项试点任务,涉及义务教育教学质量综合评价(绿色指标)、义务教育资源均衡配置、创新区域内涵发展机制、特殊教育医教结合、探索建立拔尖创新人才培养基地、数字化课程环境建设和学习方式转变等项目。在教育改革试点工作的推进过程中,我深深体会到,唯有始终秉持"为了每一个学生的终身发展"这一核心理念,才能使"促进公平、追求卓越、推动创新、服务发展"真正落实到教育的本原,才能使我们的改革不会跑偏。

"先行先试"是上海这座城市的品格,上海教育改革的先行先试扎根于厚重的历史积累。过去的几十年,上海基础教育涌现出一批引领时代变革的先行者,创造了一大批学校改革的典型经验。改革开放30年后的今天,出现了很多新情况和新问题,需要我们用新思路、新方法去破解。我们既没有沾沾自喜,更不会固步自封,而是以强烈的责任感和使命感去探索,以敢为人先的勇气去突破,以一步一个脚印去推进,在教育界前辈打下的基础上去实现"高位、优质、均衡"。

"战略思维"、"世界眼光"是非常时髦的词汇,可以脱口而出,但绝不能脱离实际。今天的上海基础教育正处在一个关键的转型期。尽管教育经费的投入和学校设施设备的配置仍然需要,但已经不再是突出矛盾;尽管保持学生良好的学业成绩仍然重要,但已经不再是教育发展的全部价值追求;尽管教育资源的均等化和教育质量的标准化仍然必要,但已经不能满足人民群众对教育多样化的新要求。在教育国际化的背景下,在信息技术突飞猛进的今天,前瞻性的战略思考显得更为急迫。教育是民族振兴、社会进步的基石,在经济社会发展中起基础性、先导性的作用,上海这座城市的"创新驱动、转型发展",同样需要基础教育加快战略突破和转型,走出一条以促进公平和提高质量为内涵的发展道路。

改革来自于基层,鲜活的经验来自于基层,在党的群众路线教育实践活动全面推进的今天,更使我们深深体会到基层学校改革活力的涌动、创新的层出不穷。上海基础教育面临的难题,要突破的瓶颈,都可以在基层寻找到成功的解决办法,都可以总结出使人耳目一新并切实可行的经验。来自基层的变革力量,仍将是基础教育改革发展的优势所在。

我在教委工作了整整五年,恰好经历了这段激动人心、令人难忘的改革历程。面对上海基础教育改革试点项目的成果,以深深的敬意来赞叹基层教育工作者以及各级教育管理部门同仁充满智慧的创造力,并为他们接受挑战的勇气和克服困难的韧劲而折服。在项目推进过程中凝练出的改革发展的思维方法、工作策略以及创新实践,既有纲举目张的客观架构,又有脚踏实地的实施路径,读来使人感动。今天我们所做的一切,都是为了明天、为了希望。

薛明扬
2013 年 12 月

(薛明扬:原上海市教育委员会主任,现任上海市人民代表大会常务委员会委员、教育科学文化卫生委员会主任。)

激发潜能　走向未来

上海基础教育的优势不仅在于发展的均衡程度高,更应该追求的是适应不同学生的发展需求,既要关注全体学生的基础性学习需求和全面发展的需要,也要关注一部分学有余力的学生的潜能挖掘和创新培养发展的需要。

事实上,在基础教育阶段关注拔尖创新人才培育的探索由来已久。1998年,上海市教育学会就对"资优(超常)教育与创新人才的培养"进行过专题研讨。此后,上海在"开发资优潜能、培养创新人才"方面陆续进行了尝试。2006年1月,胡锦涛同志在全国科技大会上宣布,到2020年把中国建成创新型国家。上海市教育系统进一步加大了相应的改革研究工作力度,市科教党委和市教委联合开展了"深化教育综合改革,完善创新人才培养体系"研究课题,启动实施创新人才培养行动计划,对教育系统开展创新人才培养进行了系统设计。2007年,时任上海市教委主任沈晓明(现中共上海市委常委、浦东新区区委书记)带队考察了韩国科技高中办学经验,上海中学唐盛昌校长也参与了考察活动。2008年,上海中学率先开展"学生创新素养培育"实验。在此基础上,2009年,华东师大二附中、复旦附中和交大附中也加入实验项目。四所试点学校均采用试验班的形式对拔尖创新人才的早期发现和培育进行了探索。2010年,这一项目申报成为国家教育体制改革试点项目"探索建立拔尖创新人才培养基地"实验项目。

培养拔尖创新人才,对象不应限于"尖子学生"。因此,2010年,上海市教委启动了普通高中学生创新素养培育实验项目,批准了创建方案导向正确、目标合理、实践丰富、创新突破的 24 所高中和 3 个区加入,从校情或区情出发,以各种角度深入开展高中学生创新素养培育的探索,形成各具特色的学生创新素养培育经验,为进一步辐射与分享提供示范。同时,鼓励更多区县和学校,以学生创新素养培育为抓手,凝聚力量,主动思考和推进课程改革。

为什么要把实验对象首先聚焦在高中阶段呢?这主要取决于高中时期学生成长的特殊性和高中教育的独特价值这两大因素。高中教育将深刻影响一个民族的未来。高中阶段是人生观、价值观、世界观形成的关键时期,也是个人兴趣、习惯、独立性、责任感培育和形成的关键时期,而这些素质恰恰是创新精神的重要组成部分。因此,普通高中承担着为建设创新型国家输送各类人才的特殊使命,是拔尖创新人才早期发现和培养的"关键期"。而长期以来,我国高中教育发展相对比较单一,尤其是普通高中的人才培养模式和培养目标方面几乎趋同,这种模式的最大弊端就是学生没有自主发展的选择和可能,缺乏人才培养模式、培养目标的多样化,缺乏真正意义上的教育公平,拔尖创新人才难以脱颖而出。

另外,从发达国家和地区的经验来看,美国 1988 年通过的《杰维斯资赋优异学生教育法案》,新加坡 1984 年开始实施的"天才教育计划",韩国 2000 年、2002 年分别颁布的《英才教育法案》、《英才教育实施令》等,高中阶段教育始终是各国关注的重点。在我国港台地区,实施重点也聚焦在高中阶段。1990 年,香港教育统筹委员会发布《第四号报告书》,为香港的资优教育打下了施政基础;1997 年,香港特区政府拨出 50 亿港元设立优质教育基金,扶持资优计划;教育统筹局自 2001 年推出"特别资优学生培育支持计划",目的是加强对特别资优学生的培育及支持,让他们充分发展潜能和才能。台湾自 20 世纪 80 年代就将资优学生教育纳入特殊教育范畴,2008 年颁布了《资优教育白皮书》。

鉴于此,以高中学生的创新素养培育为突破口,上海设立了"普通高中学生创新素养培育实验项目",以实施项目为契机,进一步贯彻党和国家的教育方针,并汲取国内外创新人才教育的经验。在育人目标上,从人才成长的科学规律出发,着眼于未来"大家"和领军人才的培养,坚持以德育为核心,以创新精神与实践能力为重点,突破一般意义上的"尖子生"选拔再加工的旧模式,探索拔尖创新人才早期发现和培养的新模式、新机制;在培养体制上,着力构建高中与高校、科研院所等机构协作培养的整体体制;在课程体系上,通过对传统高中课程的结构性调整，建构以学生发展为本，充分满足学生潜质发掘和特长培养的新课程体系和实施体系；在教与学的方式上，着力突破传统单一的接受式学习方式，大力推进基于信息技术支持和个别化指导的自主、合作、探究学习。上海以项目为抓手，通过创新素养培育这个新元素引导学校进行项目设计与实施，围绕创新素养培育的理论与实践难题开展实践与研究。比如，高中学生创新素养培育的目标该如何定位？如何识别学生的学习潜力，即如何进行有效的创新潜能测评的方法设计与工具开发？开发什么样的课程来满足高中学生创新素养培育的需求？采用怎样的培育模式和管理机制才是最有效的？怎样兼顾面向全体与个别需求？创新素养试验班的价值如何判断？我们希望通过项目学校的实践探索和理论研究，为普通高中学生创新素养培育的一系列问题提供回答的思路。

透过本书，我们欣喜地看到，经过项目团队的集体努力，上海市普通高中创新素养培育项目在五个方面取得了突破性成就。

第一，初步建立了适合学生创新潜能培养的课程体系和支持系统。课程是学生学习活动的总和，是拔尖创新人才早期培养的最根本的载体。试点通过课程的结构性调整，增强课程的针对性、新颖性、多样性、深刻性和灵活性，积极为这些有潜质的学生创造更大的成长空间和机会。

第二，推进了适合学生创新潜能培养的教与学方式的变革。教与学方式的革新，是创新拔尖人才早期培养的内在要求和根本举措。创新素养的核心是创新的动力、人格和思维，外显为学生学习的兴趣、主动性和探究意识。这些素养的培育要求改变传统的以讲授为主的教的方式和以被动学习为主的学的方式，加强学生的自主、合作、探究和发现学习的能力。

第三，建设和拓展了适合学生创新潜能培养的资源系统。课程资源是丰富学生学习经历、激发学习兴趣、增加探究深度的有效保障。学生创新潜能的发掘和培养需要丰富的资源系统的支持，而学校资源毕竟有限，需要从课程实施的需求出发，联合校外机构，拓展学习资源。上海的主要抓手有二：一是与高校和科研院所合作，应用专家资源和实验室资源；二是加强和社会教育场馆、实践活动基地的联系，结成联合培养的资源同盟。同时，学校也努力创造条件，因地制宜地建设一批适应学生探究学习、体现现代科学技术发展要求的创新实验室。

第四，探索总结了促进学生创新潜能发展的评价机制。评价对育人具有导向作用，而传统评价重选拔、重结果、重鉴定，不利于拔尖创新人才的早期发现和早期培育。大部分项目学校都能从评价入手，探索建立基于实证数据、基于过程积累、基于发现激励的新型评价理念和实施标准，发挥评价的激励和引导功能。

第五，培育了促进学生创新潜能发展的教师队伍。教师是学生发展的重要领路人，也是学生潜质的发掘者和鼓励者，必须要培养一支能够领会拔尖创新人才培养真谛、用创新人才培养的理念去建构课程和实施教学的教师队伍。这是一项系统工程，上海通过三条途径来培育师资：一是借助专家力量，全市专门成立由教育、科技等领域的专家组成的指导团；二是引入和利用校外专家资源，如交大附中的校友讲师团；三是以校为本，通过平台建设、任务驱动、资源支持和机会提供等多种手段，完善教师专业化培养制度，加强本校教师创新意识的培养和创新素质的提高。

当然，创新人才培养是一项世界性课题，上海的实践研究取得的经验和成效只是阶段性的、基础性的。今后，实验项目需要进一步通过数据分析、个案研究、对比研究等，寻找各项培养措施和学生创新素养发展的因果关系；需要进一步对于拔尖创新人才培养的深层次难题，如潜质识别、课程变革、学生评价等，开展更深层次的研究；需要进一步培育一批有志于、有能力承担拔尖创新人才培养重任，且能适应新的学习方式的复合型教师。我们期待上海教育行政部门和项目学校，发挥实践智慧，加强探索，深化研究，为普通高中创新素养培育和学校整体育人改革奉献更高质量的成果与经验。

上海市教育委员会巡视员　尹后庆

2013 年 12 月

第一篇 项目研究的背景与现实意义 > 1

一、培育高中学生的创新素养是当今时代的教育命题 > 1

二、全面建设小康社会需要基础教育提前探索与转型 > 2

三、探索培育高中学生创新素养是上海高中教育改革的重要内容 > 4

第二篇 项目实施概述与主要成果 > 7

一、项目实施的基本过程 > 7

二、项目取得的初步成果 > 22

第三篇 高中学生创新素养培育目标与测评方法研究 > 25

一、高中学生创新素养的理论研究 > 25

（一）创新素养的心理学综述 > 25

（二）高中学生心理发展的年龄特点 > 29

（三）高中学生创造力的发展特点 > 33

二、高中学生创新素养的培育目标研究 > 36

（一）高中学生创新素养的基本要素与构成 > 36

（二）高中学生创新素养各基本要素的表述及相互关系 > 37

三、高中学生创新素养的工具开发及测评研究 > 39

（一）高中学生创新素养的测评目标 > 39

    （二）高中学生创新思维的测评工具开发和测评结果　　＞ 39
    （三）高中学生创新人格的测评工具开发和测评结果　　＞ 51
    （四）"高中生创新素养观察表"的开发和使用　　＞ 62
  四、基于创新素养培育的高中学生评价改革实例　　＞ 75
    （一）学生创新素养的评价方案与实施　　＞ 76
    （二）特需学生遴选与培养过程中的评价　　＞ 95
    （三）对创新学生的全程性评价与管理方法　　＞ 102

第四篇　培育学生创新素养的教学改革与创新　　＞ 113

  一、高中学程的加速学习研究与实践　　＞ 113
    （一）上海中学试验班课程的加速学习与学生的专业取向选择　　＞ 114
    （二）华东师大一附中"知识结构"教学的实施　　＞ 119
    （三）复兴高中教材重组模式　　＞ 127
    （四）市北中学创设立体化、生成性的《文史哲经典学习引例》课程　　＞ 133
  二、宽松和谐的课堂教学方式与师生关系探索　　＞ 139
    （一）松江二中互动式"统整与协同"课堂教学模式的建立和实施　　＞ 140
    （二）奉贤中学导学制课堂教学激发高中学生创新潜能　　＞ 147
    （三）市北中学培育学友文化，重塑高中师生互动式教学关系　　＞ 155
  三、有利于学生创新素养发展的活动或社团建设与实施研究　　＞ 160
    （一）复兴高中学生社团的自组织运行　　＞ 160
    （二）上外附中创新教育视域下学生社团发展和支持课程群建设　　＞ 165
  四、有利于创新素养培育的学校教育教学制度建设与环境营造　　＞ 172
    （一）曹杨二中有利于学生创新的学校教育教学制度　　＞ 172
    （二）上海市实验学校发掘学生优势潜能，设计学生特需课程　　＞ 178
    （三）晋元高中有利于学生创新的学校环境营造　　＞ 185

第五篇　培育学生创新素养的专设课程开发与个性化学程研究　＞192

　　一、高阶思维训练与辅助性课程　＞192
　　　　（一）市西中学学科教学中的高阶思维训练　＞193
　　　　（二）复旦中学学科教学中的高阶思维培育探索与实践　＞205
　　　　（三）市西中学培养学生高阶思维的专设课程　＞212
　　二、培养通识的课程设计　＞219
　　　　（一）格致中学创新素养培育课程结构设计　＞220
　　　　（二）市西中学四套体系课程　＞224
　　　　（三）松江二中促进学生创新素养培育的人文素养课程建设　＞234
　　三、创新体验活动课程　＞238
　　　　（一）筑起"高中生创新素养培育"支点的市西中学创新实验室建设　＞238
　　　　（二）敢于想象、勇于实践、乐于创新的晋元高中创新实验室　＞244
　　　　（三）松江二中的创新实验室建设　＞255
　　四、拓展视野增长见识的课程　＞262
　　　　（一）曹杨二中的社会考察与实践课程　＞262
　　　　（二）向明中学的春假社会实践课程　＞274
　　　　（三）格致中学的海外研修项目　＞280
　　五、行动学习课程　＞284
　　　　（一）市三女中教育剧场课程　＞284
　　　　（二）进才中学模拟联合国课程设计与实施　＞289
　　　　（三）华东政法大学附属中学"明德尚法"实验室建设　＞295

第六篇　高中学生创新素养培育的模式与学业管理　＞302

　　一、专设试验班模式　＞302
　　　　（一）试验班学生的遴选　＞303
　　　　（二）学程设计与学业管理　＞311

（三）试验班教师选拔与培养　　> 323
　　（四）试验班教学资源的开发与利用　　> 328
　　（五）试验班学生的考核与评价　　> 335
　　（六）试验班的效能评价　　> 340
二、全体与部分相结合的金字塔模式　　> 349
　　（一）面向全体学生的实践　　> 349
　　（二）基于全体学生的专设班实验　　> 366
三、校际联动模式　　> 370
四、区域推进模式　　> 377

第七篇　讨论与需要进一步研究的问题　　> 392

一、如何强化当代高中学生创新人格中的社会责任心与使命感　　> 392
二、项目实验中发现的政策障碍与建议　　> 393
三、项目成果的面上示范与辐射　　> 393

附录一　上海市普通高中学生创新素养培育实验项目推进工作大事记　　> 395

附录二　上海市普通高中学生创新素养培育实验项目成果（专著）　　> 403

后记　　> 409

第一篇　项目研究的背景与现实意义

一、培育高中学生的创新素养是当今时代的教育命题

我们正处在一个以创新为核心竞争力的信息化时代。随着信息科技的突飞猛进,人的智慧潜能对经济发展、社会进步的贡献率已经提升到了前所未有的程度。这个时候,上海市开展"普通高中学生创新素养培育的实践与研究"是顺应了时代的呼唤。

在农业社会,经济的发展、人们的生存能力与生活水平主要靠体力,谁家的劳动力多、身强体壮,生活质量就高;谁家的劳动力不足、体弱多病,就养不活自己。男性壮丁的数量多少与体力强弱一度成为衡量一个国家综合实力的标志。到了工业社会,随着西方社会的工业革命,技术尤其是机械化生产技术与水平成了经济发展的最主要支持力。谁的工业生产技术水平高、机械化生产设备先进,能掌握这些先进生产设备的劳动力多,谁就能走在经济发展的最前列。

时代到了21世纪,随着信息科技的迅速崛起,以人的智慧、创造力为核心的知识经济时代开始了。高智商、高创造力的人群可以用他们的智慧产品与结晶:一个想法、一个创意,轻而易举地换取大量的农产品、工业产品,赢得财富。微软公司的windows视窗、苹果公司的平板电脑就是这一趋势的最典型代表。人的想法、创意开始值钱,可以产生经济价值,并且逐渐成为一个国家、一个地区经济发展的支柱产业。这些想法和创意在带来巨大财富的同时,还会极大地改变着人的社会生活与生产方式,将人类带入一个更加睿智、更加和谐的在地球上生存与繁衍的新时代。

于是,各个国家开始更加关注对国民的智慧潜能开发,这是一个可以在新的世纪改变国家命运与前途的富矿。而支持这个富矿开发的最主要抓手就是教育,尤其是以中小学为主的国民基础教育。芬兰就是走在教育改变国家命运

最前列的一个典型。这个斯堪德那维亚半岛上的北欧小国,以她精致化、高品质的国民教育,培养了大批优秀人才,创造了新世纪的全球化"诺基亚"现象,迅速改变了国家的命运,走上了富民强国之路。

在芬兰现象的影响下,世家各国都在思考如何在传统的中小学基础教育中融入更多的创新教育元素。在向中小学生传授知识、培养人格的同时,更多地关注他们的潜能开发、创新素养培育,进而增强综合国力,实现国家的超常规发展。这已经成了 21 世纪世界各国教育改革的主旋律。

我国在 20 世纪 80 年代初,在邓小平改革开放伟大战略思想的指引下,打开国门,融入世界经济发展共同体,抓住了改革开放发展综合国力的历史性机遇,实现了连续 30 年的经济持续发展,改变了国家一穷二白的落后面貌,走上了经济强国的发展之路。

30 年过去了,靠机遇、靠廉价劳动力、靠巨大的市场需求拉动经济发展的动力正在慢慢被消耗,已经失去了最初的强劲势头,开始变得疲软。如何保持国家经济的持续发展,一鼓作气地实现中华民族伟大复兴的理想,党和国家不失时机地提出了经济增长方式转型的新时期发展战略。即利用已经积累的一部分经济实力,关注教育,改革传统的以传授知识、关注升学为主要目的的中小学教育,更加注重教育开发人的潜能,全面实施以提高人口素质、提升人才数量与品质为宗旨的基础教育改革。

上海市开展普通高中学生创新素养培育的实践与研究正是这场改革的重要组成部分之一。15—18 岁的高中阶段是人的一生中最重要的发展阶段,经过九年义务教育的分流,进入普通高中学习的高中学生都是希望能进大学进一步深造的优秀学生。对这部分学生进行创新素养培育的实践与研究,不仅可以让他们的潜能得到最大的发掘,还会直接影响未来国家各行各业领军人物、精英阶层、各级各类人才的数量与质量,所以具有十分重要的现实意义与时代价值。

二、全面建设小康社会需要基础教育提前探索与转型

党的十八大提出的全面建设小康社会的目标,需要教育提前探索中国社会从温饱型到小康型的转变,将会给人们的生存与生活方式带来怎样的变化。而这些变化需要今天从事基础教育的人们有一种前瞻性认识与使命感,从今天的

教育开始做起，逐步实践以温饱技能为主的教育向以全面提高人的幸福生活能力为主的教育转型。因为今天在中小学学习的学生，正是2020年中国全面迈入小康社会的建设者和主流人群。他们的素质决定着中国在2020年以后全面进入小康社会的主流价值观与人们的生存、生活状态与品质。

教育作为一个特定时期社会的上层建筑，总是受其所在社会的生产力发展水平和生活方式决定的。30年的改革开放，在中国老百姓的价值观中，最大的变化就是功利意识与竞争心态的唤醒。在过去的计划经济时代，人们的生存资源与生活方式是被计划规定的，不可能有太大的差异，也很难通过个人努力得到什么，所以人的功利意识与竞争心态处在被压抑状态，没有机会和土壤让它们发展。

改革开放以后，为了搞活经济，让一部分人先富起来，这是必需的。这一部分先富起来的人打乱了1949年以来建立起来的社会平衡与平静。人的功利意识与竞争心态被唤醒了。为什么过去差不多的人，仅仅因为机遇不同，有的人一下子就变成了腰缠万贯的富人，过着纸醉金迷的豪华日子；而有的人却没有得到改革开放的任何红利，日子还是过得紧巴巴。人的心态开始不平静、不平衡了，大家都开始为了追逐改革开放的红利而计较起来，竞争起来。在这场致富竞争中，教育被绑架成了最重要的竞争因素之一。

在改革开放的社会竞争中，名牌学校的高学历成了能找到好工作、过上好日子的敲门砖。尽管随着时间的推移，大家越来越认清了这只是一块敲门砖，但没有它就很难改变命运。由此，带动了家长们"不让孩子输在起跑线上"的意识，从幼儿园到小学、初中、高中的层层筛选、层层竞争，升学竞争很快在中国蔓延开来。社会的升学竞争需求完全打乱了中小学校原有的教育生态与规律，学校教育也开始变得浮躁起来，功利因素不断侵蚀。凡与考试升学有关的学科内容，教师就尽量地多教多学；而与考试升学关系不大的学科内容，往往被挤在一边，甚至可以不教不学。学校教育被异化了，应试教育现象成了一段时间中国基础教育的真实写照。

党和国家很快就看出了基础教育存在的问题，在20世纪90年代就提出了全面实施素质教育、克服应试教育的要求，但只要社会的致富竞争一天不消失，这种应试教育就很难得到有效纠正。

随着中国社会经济的不断发展，人们的生活水平也在不断地得到提高。当吃饱穿暖不再成为竞争的主要目标以后，人们会开始追逐什么？活得开心，活得幸福，活得有价值，甚至想追求给历史留下点什么，体现个人的生命意义。这种富裕了以后人对生活质量、生命意义的评估标准的变化，会让人们的竞争目标与对象产生相应的嬗变，呈现出更加多元、个性化的生活目标追求。这是全面进入小康社会对中国教育界，尤其是基础教育界提出的前瞻性要求。搞基础教育的人必须用这种眼光去思考与回答，今天的教育应该而且必须为明天的小康社会做些什么。

当人们吃饱穿暖，有房住，有车开，口袋里还有很多钱的时候，首先想到的是要追求更高质量的生活，而更高质量的生活离不开人的兴趣、情操与审美观。假如没有一定的兴趣爱好、一技之长、艺术素养和审美情趣，这样的人很难有丰富多彩的精神生活享受，当然也就不会有高品质的生活质量。所以，在社会达到全面温饱阶段以后，基础教育的职能除了给中小学生打好继续学习的基础，让他们具备一定的生存竞争能力，可以在社会上找到一份工作，具有自食其力的本领之外，还必须为学生未来的幸福人生做点什么。比如，让他们从小就学会一种体育或艺术的技能来陪伴他们的趣味人生；或者让他们具有个性化的艺术鉴赏能力，可以在人生中不断地通过各种鉴赏活动来调节自己的情绪，陶冶自己的情操，实现幸福人生。

生存能力与生活能力虽一字之差，但最大的区别是前者强调竞争，后者强调享受。既然党的十八大已经提出了到2020年中国社会全面建成小康社会的目标，我们当然要通过普通高中学生创新素养培育项目，探索与研究什么是全面小康社会对人的素养需求，今天我们可以做什么。

三、探索培育高中学生创新素养是上海高中教育改革的重要内容

上海市教委在《上海市中长期教育改革与发展规划纲要（2010—2020年）》中明确表明，到2020年全面实现基础教育的现代化。基础教育现代化的标志不仅仅体现在教育形态的先进性方面，如学校的办学条件及资源配置的均衡性，教师队伍的质量，学生的入学率、合格率、健康指数、幸福指数、学业成就指数等方面，还应该表现在教育思想、价值观等教育的品质因素方面。

当前的上海普通高中教育,存在的最大问题是同质化现象严重。平行志愿实施以来,几乎所有的高中学校都把追赶或超过前面一所学校作为自己学校的奋斗目标。所以在办学上盲目攀比,不顾自己学校生源的实际情况,一味把排在前面的学校当作追赶目标、攀比对象,在教学要求上盲目拔高,达不到目的时不惜加班加点,甚至违规利用双休日、寒暑假加课补课的现象屡禁不绝。

所以,我们开展"上海市普通高中学生创新素养培育实验项目"就是想以高中学生的创新素养培育为突破口,在现行的上海市高中教育,特别是具有领头羊作用的实验性示范性高中教育中契入一个新元素,期望通过这个新元素对高中教育产生革命性的影响与整体性的变化,摆脱同质、单一目标的排位竞争,出现多元目标、多样办学特色的异质竞争。

项目组通过前期研究,对全体参与项目的学校提出了如下的要求,希望项目学校通过研究对普通高中学生创新素养培育的问题做出如下回答:① 高中学生创新素养培育的目标定位是什么,针对15—18岁的高中学生,我们可以提出一种什么样的创新素养培育目标要求才是最合理的。② 高中学生创新素养培育的内容是什么,设置什么样的课程可以实现这些目标,以创新素养培育为目标的课程在内容、形式、教与学的途径与方法呈现上与普通的高中学科课程有什么区别,怎样编写。③ 高中学校怎么通过改变教学方式、教学关系、教学环境、教学途径等因素,创设一个有利于学生创新素养培育的教学环境。④ 高中阶段最有效的培育学生创新素养的模式与方式是什么,怎样兼顾面向全体与有潜能学生个别需求的矛盾,处理好共性与个性兼顾的关系。⑤ 在一部分学校组织专门的创新素养试验班的做法与经验,需要哪些如招生办法、学制规定、教学管理、学业评价、与高考和大学招生接轨等特殊政策支持。⑥ 学生创新素养的表征与评价要素,即检测学生学习潜能、创新潜能的方法设计与工具开发,包括这些检测工具的实际使用办法与价值。⑦ 怎样给学有余力的高中学生重新设计高中学程,安排有意义的学习内容,为他们的潜能早期发现与充分培养增加机会。⑧ 在政府层面,怎样通过借助一个项目,引进一些新的教育机制,冲击现行的高中教育,扭转现在高中的同质化教育和片面化过度学习的现象,促进高中学校的多元化办学,让上海高中教育出现一种多样化异质竞争办学的新局面,从而引导社会的多元性升学需求和高中学生的多样化发展。

　　这是实现上海基础教育现代化的重要一步。这一步走好了,对上可以影响大学的招生考试,直至大学的课程教学与人才培养模式的改革,促进高等教育更加关注学生的潜能开发与创新型人才的培养;对下可以影响初中直至小学教育,让义务教育也更加关注学生创新潜能的早期发现与个别化培养。从这个意义上可以说,这是一个"动一发牵全身"的关键性教育改革项目。

第二篇 项目实施概述与主要成果

一、项目实施的基本过程

上海市普通高中学生创新素养培育实验项目从 2010 年 10 月启动，实施过程大致分为三个阶段。

1. 启动阶段（2010 年 10 月—2011 年 3 月）

启动阶段，项目组的参与人员对什么是高中学生的创新素养培育，它与原先上海中小学曾经大力开展过的创造教育是什么关系，如何建立项目研究思路与核心概念等，都还不是十分清晰，处在边实践、边理清思路的阶段，以实践探索与外出考察学习为主。大家试图通过实践探索与考察，理清项目目标与实施路径。

通过前期探索与学习，在 2011 年 4 月，初步形成了项目的研究思路与框架，并确立了项目操作实施中的几个重要概念，为下阶段项目进入全面实施制订了行动路线与方案。

2010 年 11 月 11 日和 12 日，项目组分别在晋元高级中学和大同中学召开了两次预备性研讨活动。晋元高中举行了与同济大学、上海财经大学合作共建结构模型与金融两个创新实验室的揭牌仪式，并汇报了相关的课程建设。大同中学则组织了与丹麦合作的 CIE（创新、创意、创业）课程为主体的创新体验日活动。市教委副主任尹后庆、市教育学会会长张民生等领导、专家出席了研讨活动，同时正式成立了项目组，由市教育学会会长张民生任项目总顾问，原浦东教育发展研究院院长顾志跃任组长，来自政府部门、高校和科研院所的 23 位专家组成项目专家组，项目日常的信息采集、资料积累、进程管理等工作则由项目秘书组负责。

第一期参与项目的有延安中学、市三女中、市西中学、格致中学、上大附中、晋元高中、七宝中学、曹杨二中、复旦中学、市北中学、上海中学、华师大二附中、复旦附中、交大附中、闵行中学、上师大附中、南洋模范中学、大同中学、控江中学、同济一附中、上海市实验学校、建平中学、进才中学、上外附中、华师大一附中、复兴高中等26所市、区实验性示范性高中学校与原卢湾、徐汇、金山、长宁等四个区。但大家对项目怎么开展研究，是否都要办试验班、是否都要与大学建立挂钩关系的认识是模糊的，大多停留在所谓普通高中学生创新素养培育实验就是以实验的名义，专门招一批学生组成试验班，再与大学联系，开展合作培养。所以，参与实验的学校大多把注意力集中在招收试验班、与大学挂钩联系建立实验室上。针对这种情况，市教委副主任尹后庆指出：开展普通高中学生创新素养培育实验的目的是探索学生创新素养培育的途径与方法，不单纯是为了培养创新人才。所以，项目的推进过程是一个发现、研究、解决问题的过程，只有面向全体学生的创新素养培育才有可能产生拔尖人才。项目的重心在于创新素养培育的课程建设，不能原封不动地照搬大学课程，课程的内容与实施方式都需要研究和探索。高中学生的创新素养培育过程，应该是高中学校的课程改革创新过程。项目推进的同时需要研究跟进和实践跟进，边做边研究，争取在较短的时间内丰富高中原有的课程结构和可供多样化选择的课程方案。

市教育学会会长张民生指出，高中是一个人成长的特殊阶段，国家与上海的《中长期教育改革与发展规划纲要》提出"人人成才，多样化成才"，其中成人、成才、成功是核心要义。高中发展有几个抓手：一是多样发展，宏观上适应社会多样需求的发展；二是特色发展，改变同质化办学，每一所高中都要找到自己的发展点；三是创新，既是对少数人的培养，也是对全体学生的培养。参与创新素养培育项目需要关注四个问题：一是高中与高校的合作问题，高中不是大学的预科，要双方自愿，不要大家都去找复旦、交大；二是要处理好面向全体学生与拔尖学生重点培养的关系，没有面向全体学生的创新素养培育作基础，拔尖学生恐怕也很难冒出来，所以不能只把眼光盯在办试验班上，要做好面向全体学生的工作；三是对传统观念的挑战，人才不只是3%的拔尖学生，要借鉴国内外认知科学、脑科学的最新研究成果，借鉴情意课程、思维课程、领袖课程等最新课程领域，做好研究；四是除课程之外，还要关注民主、宽松的氛围创建，这也是培育学生创新素养的重要方面。

根据两位领导的讲话精神，项目组商定了第一阶段的工作计划是先组织几次培训会,统一大家的思想,提高做这件事的理论水平与思想认识;专家组成员要分头到各所学校去进行调研,指导学校的项目实施,同时要组织项目组成员与专家开展各种考察活动,学习人家已有的好做法与好经验。

11月20日与12月4日,项目组先后在复旦中学召开了两次专题学习培训会。第一次请项目顾问、上海市教育学会会长张民生作动员报告。张会长指出,创新素养培育是素质教育的核心任务之一,创新素养培育一是要特别关注面向全体的问题。素质教育的对象是全民族、全体学生,要落实到每一个人。创新素养培育也应该是面向全体学生,所以参加本项目不是为了抢生源。二是要思考如何培养好更多的学生,在此基础上鼓励优秀人才脱颖而出。若只是探索一小部分尖子学生的创新素养培育,难以形成创新人才培养的大环境。创新人才培养不同于拔尖人才培养的地方就在于,其培养的根基和土壤在全体学生和教育的全过程,拔尖人才只是面向少数学生。市教科院普教所的常务副所长汤林春和副研究员沈之菲还作了关于中学生创造力的跨省市调研报告和创新素养培育的国际比较研究报告。

第二次专题学习培训会,项目组专门邀请了北京教科院副院长、北京"翱翔计划"主持人张铁道研究员介绍了北京"翱翔计划"的创意、思路设计与实施情况,对与会人员有很大启发。尹后庆副主任在会上再次重申做好这个项目对上海的高中教育改革具有极其重要的意义,除上海中学、华师大二附中、复旦附中、交大附中以独立设置创新试验班的形式进行探索研究以外,其他学校将对全体学生的创新素养培育进行探索,为他们开发并提供合适的课程和更多的选修时间。学生的创新素养不是上课上出来的,所以不能把项目实施的重点全部放在创新素养培育的课程开发上。高中与大学的合作要真正有利于学生的发展,大学参与高中的实验室建设或者高中学生利用大学的实验室,都要精心开发和设计相关的课程,同时要关注这类课程的教学途径。

12月21日,项目组在建平中学召开了第三次专题学习培训会。华东师范大学教师专业发展中心副主任、博士生导师冯大鸣教授和张民生会长分别作了辅导报告。冯大鸣教授就学校实施创新素养培育项目的前期工作、课程建设、环境建设和德育伴行等四方面作了详细的阐述,介绍了美国、英国英才学生的定义和判断标准,分析了对高中学生创新素养培育的意义,从特色课程建设和课程特色建设两个角度分析了创新素养培育的课程建设思路,强调了教师创新素养及学生创新素养的软技能,特别强调了培养学生学习理想与人生志向的重要性。张民生会长就华东师范大学教授陈家刚等人翻译的《学习与理解——改进美国高中的数学与科学先修学习》一书作了导读辅导,推荐这本书正好呼应了冯大鸣教授提到的"以问题为本的学习"。现阶段上海很多学校在搞课程改革时喜欢引进国外课程,但对为什么要引进这些课程,这些课程对促进学生能力和素养发展具有什么价值的分析比较少,大多立足于为学生打通出国留学的通道。通过学习这本书,可以知道进阶先修(AP)课程与国际文凭(IB)课程的理念及特点,以及从促进学生高阶思维能力发展的角度改进这两门课程的建议,对做好高中学生的创新素养培育,特别是高阶心智活动能力的培养具有借鉴意义。会上,华师大一附中、七宝中学、闵行中学、市三女中的项目组成员都觉得这种培训对学校理清思路、提升创新素养培育的观念很有启发。同时,就资源利用、考试制度改革等方面的问题与培训专家开展了互动讨论。最后,市教委基教处副处长颜慧芬在总结中强调了项目名称正式定为"上海市普通高中学生创新素养培育实验项目",由市教委基教处牵头,希望各学校进一步开拓思路、整合资源,从促进学生创新素养培育的全局着手,统筹规划好各项工作,为开发出能切实提升高中学生创新素养的课程和学校教学模式而努力。

2011年3月20—22日,由市教委基教处副处长颜慧芬带队,组织参与"上海市普通高中学生创新素养培育实验项目"的26所学校和4个区教育局的负责人以及有关专家一行44人,前往北京开展高中学生创新素养培育的专题考察和调研活动,分别考察了北京的十一学校、北京四中、北京"翱翔计划"基地学校京源中学。北京市教委副主任罗洁接待了考察十一学校和四中的第一小组成员。罗洁副主任谈到"高中同质性发展现象突出"、"教育家型的校长群体尚未形成"是当前高中教育面临的主要问题。要实现高中多样化发展,既要靠政府搭建一个宽松的政策环境和发展平台,鼓励学校进行实验探索,又要积极推进"研究性学习、综合实践课、综合性评价、通用技术课"等教育改革重点抓手。北京的"翱翔计划"就是利用北京的大学多、科技教育资源丰富的特点,让更多的高中学生有机会实践与体验真正的科学研究项目,培养他们的科研能力与研究志向。在十一学校与北京四中,校长们学到了这些走在全国高中教育改革前列的学校是怎样积极探索与改革学校的传统办学模式,在学校课程设置、教师队伍建设、教学资源开发、教学设施改建、教学组织实施、学业管理评价等领域大胆创新、锐意改革的。其中的许多做法与经验，让上海的校长们产生了丰富的办学改革想象与启示。在京源中学，校长们考察了作为"翱翔计划"地理学科基地校，是如何与北师大地理学与遥感科学学院共建地理与遥感实验室的经验，他们不仅培养了一批对地理与遥感科学感兴趣、有潜能的学生，而且还在积极探索向初中与小学的延伸，开发相应的课程。北京之行，大家看到了北京的同行是如何思考高中学生创新素养培育的问题，并如何积极实施的，开阔了大家的视野，活跃了大家的思路，使大家认识到要做好上海的项目，整体设计、系统思考是基础，教师队伍是关键。

2011年4月1日，项目组在市三女中召开工作推进会，会议由市教委基教处处长倪闽景主持。顾志跃组长明确了项目的主要研究任务是：高中学生创新素养培育的目标与因素分析，评价工具与方案开发，教学内容与课程建设，教学途径与实施方法，与现行高中学籍管理相通的教学组织形式与管理。在此基础上，专家组拟定了项目研究指南，具体任务包括培养目标与测评研究、培养内容与课程开发、培养模式与学业管理等三大方面六个主题，分别由市教科院普教所、市教委教研室和市教委基教处领衔。参与项目的单位要根据上述研究任务修订原有的实验方案，确定各自的主要研究方向，在项目结题时递交20000字的项目实施报告与5000字的专题研究报告，项目组将在此基础上汇编成项目研究成果。张民生会长在会上强调了该项目是落实《国家中长期教育改革与发展规划纲要》的重要抓手，参与项目的单位要肩负起这一历史使命，真抓实干。在此阶段要注意五个方面：① 加强组织领导；② 注重队伍建设；③ 注意营造民主、宽松的学校文化氛围；④ 善用评价推动工作；⑤ 充分利用各类资源，开发师生潜能。尹后庆副主任指出，当前全国各地教育发展迅速，上海教育只有在软实力上下足功夫，才能继续保持其领先地位。我们要借助高中学生创新素养培育项目引领全国高中教育的发展，因此，参与项目的学校一定要真做、主动做、深入做。项目不仅仅关注是否培养出了创新人才，关键在于通过做项目改变我们的工作理念与方式，让校长不再只是现行课程的执行者，更要成为育人课程的创造者与设计者，从学生能力出发考虑创新素养评价问题，而不只是简单的数据指标。

此次会议标志着"上海市普通高中学生创新素养培育实验项目"经历了第一阶段的思想发动、务虚和学习，已经形成了项目的初步实施思路与方案，各项目单位也在此基础上明确了自己的任务与着力点,正式开始践行对高中学生创新素养的培育实践。

2. 以展示为标志的各试点学校实践阶段(2011 年 4 月—2012 年 4 月)

2011 年 5 月 26 日,项目组在复兴高级中学召开了第一场实践展示与研讨会。上午,项目组成员和专家观摩了复兴高级中学的试验班公开课,与试验班师生进行了座谈交流。下午,由市教委基教处处长倪闽景主持研讨会。尹后庆副主任在会上指出,项目的实施过程是不断让校长统一思想、认识教育的过程。创新素养培育反映了当前高中教育的主流价值观,并体现了未来教育改革的着力点与独特性。许多学校都在思考培养什么样的人和怎样培养人的问题,大家不约而同地把行动落实在课程建设上,探索在教与学两个方面将发生怎样的变化,包括对国家课程的教与学的改革,这是很可喜的现象。同时,还要探究如何更科学地评价教学与学生的发展,形成一支能够实施创新教学、洞察学生、有专业境界的师资队伍。这是改革的最重要成果,也是教育持续发展的动力。市教科院普教所朱怡华研究员以"创新培育,培育素养"为题作了辅导报告,她指出北京的一些学校教室功能、课程设置正在发生着巨大的变化,比如:北大附中的单元教室、十一学校的班级教室与学科教室整合、北京四中的实验室教室;北大附中的课程改革是颠覆性的,十一学校有一个庞大的课程研究院,北京四中实施了多方位课程改革。相比之下,上海学校的改革步子不大,要好好向北京学习。尤其是在学校教育的理念上,怎样"让学校成为学生生长想法的地方"值得大家思考。对项目要关注三点:① 创造宽松的环境;② 改革从转变自身的观念做起;③ 要注重开阔国际视野。复兴高中与复旦附中分别介绍了自己学校创新素养培育项目的实施情况。市教委教研室主任徐淀芳在点评中指出:复兴高中是注重探索常态化、可普及的课程与教学机制,复旦附中则是探索拔尖人才的培养,但实施点都聚焦在课程设置、教学内容、教学形式、评价改革等四个方面。顾志跃组长认为,这两所学校反映了一个共同的问题,就是现在的高中教育外部环境不宽松,所以校长们都感到实验或探究的空间不是很大,有些畏难情绪。其实,不论在课程设置还是在教学实践上,改革还是有空间的。比如,我们能否思考不按现行教材的课时安排教学,重新设计组织教学单位。复兴中学的"长课"已经在这方面为我们开创了很好的先例,要有更多的学校敢于向传统挑战,这样项目才有可能获得有价值的成果。

2011年8月26日,项目组在进才中学召开了2011学年第一学期项目工作推进会。顾志跃组长向项目领导小组汇报了项目进展情况和下阶段工作计划。经过一个学期的酝酿,项目已经形成以复旦附中等6个单位为主的第一研究小组,注重创新素养的培育目标与测评方法开发与研究,由教科院普教所负责,沈之菲为负责人;以上外附中等13个单位为主的第二研究小组,注重创新素养的培育内容与课程设置研究,由市教委教研室负责,金京泽为负责人;以原卢湾区教育局等12个单位为主的第三研究小组,注重创新素养的培育模式与学业管理研究,由市教委基教处负责,徐士强为负责人。下阶段的主要任务是进一步完善项目研究的顶层设计,增加有利于学生创新素养培育的环境研究,包括相关政策、教师培养、评价支持、资源开发等综合研究,进一步细化项目成果提纲,从二级到三级,便于项目单位的研究进一步聚焦。项目推进中要处理好整体推进与局部研究的关系,下学期先重点支持第一小组的研究,争取在创新素养的培育目标与测评方法上拿出初步成果,以支持其他组的研究。项目组将继续开展各实施单位的实践交流活动,及时分享成果,少走弯路,注重资料收集。市教委基教处副处长颜慧芬向各项目单位通报了下学期的项目工作安排。

2011年10月14日,项目组在市西中学召开了第二场实践展示与研讨会,市西中学顾正卿校长汇报了市西中学开展项目的实施情况。他指出,高中学生创新素养培育的指向是促进他们形成将来可持续发展的动力与基础,所以应该关注学生的创新人格、眼界、动手能力和思维能力的培养。2010年起,市西中学启动创新实验室建设,陆续建成了能源实验室、自动控制实验室、机器人实验室、生物技术实验室、化工技术实验室、头脑奥林匹克专用教室、数学实验室和静态模型试验室,为学生的动手实践提供了充分的环境与条件。高中学生的创新素养培育离不开高阶思维的培养,要以此为抓手改革课堂教学,坚持"自研自习、师生互动"的教学策略,努力培养学生的推理论证、辨析判断、批判评价等高阶思维能力。既让学生有扎实的基础知识与技能,又有一定时空的自主研究与发展,两者之间的关系把握是决定实验能否成功的关键。张民生会长对市西中学的实验成果给予了充分的肯定,表现为:① 学校对创新素养培育有理性思考;② 学校对学生创新素养培育十分重视,摆在重要地位;③ 学校建设了大量的实验室,并努力建设配套课程;④ 关注学生高阶思维能力的培养。针对各项目单位在实验中都有学生时间不够的问题,他提出两种对策:① 压缩原有课程,提高教学效益;② 把培育创新素养渗透到所有基础型课程中去,在教学模式上进行改革。市教委基教处处长倪闽景认为,市西中学的实验实现了课堂、课题、课程的三联动。他指出在项目推进中要注意:① 以课程改革和学生学习方式转变为重点,从这个意义上说,这一项目是高中教育改革的"希望工程";② 专家组要全程跟进项目推进的路径,积累经验与素材;③ 要进一步加强学校之间的资源共享,形成跨学校联动机制。市教委副主任尹后庆认为,项目研究的目的不单是出成果,而是为了改革高中教育,目前项目或多或少受到高考制度的影响,但高考制度也在改革,已经形成的共识是:① 通过高考总分统一录取的模式要改;② 录取选拔权应交给高校甚至专业;③ 考试与录取分离。这样的改革一定会给高中多样化发展提供更为宽松的环境。

2011年10月16日,项目组在卢湾高中召开了项目中期汇报与评估会,31个项目单位分三组进行了汇报,每个单位汇报了项目研究中的亮点,并与专家组进行互动讨论。市教委副主任尹后庆、上海中学校长唐盛昌、复旦附中校长郑方贤应邀参加了汇报活动。市教育评估院常务副院长陈效民代表第一小组作了小组汇报,高中学生创新素养培育的目标与测评方法研究总体上比较顺利,但在对创新素养的目标因素分析与测评工具开发上,还存在理解狭窄和理论解释力不够的问题,需要加强。张民生会长对第二小组的汇报作了点评,他认为第二组13个单位在课程与资源开发及实施方面取得了明显的进步,但实施程度还存在着一定的差距。下阶段要注重关注课程本身的科学性与教育性。在评价工具开发上,要做好指标建设、实施途径和分析手段三件事,抓敏感指标。顾志跃组长对第三组的汇报作了回顾,9所实验学校与3个实验单位初步形成了四种培养模式:① 专设试验班模式;② 面向全体学生模式;③ 校际联动模式;④ 区域性基地模式。这说明了项目单位都在积极、认真地开展研究,对学生的识别与选拔要关注人格、思维、实践动手能力等三个要素,激趣养志,注重创新的思想方法和志趣培养。市教委副主任尹后庆最后指出:上大附中与上海大学在高中学生创新素养培育实验中改革招生模式的做法值得关注,一旦高校招生改革推出,高中就可以做出积极的回应。

2011年11月17日,项目组在上海中学召开了第三场实践展示与研讨会。唐盛昌校长介绍了上海中学在实施高中学生创新素养培育实验中初步形成了以聚焦志趣、激发潜能为导向,发展型课程和课题、项目研究为载体,促进学生志、趣、能交融发展的高选择性课程体系,以及以优化人力资源、全方位数字平台为支撑的创新人才早期培养的做法。他从学生、模式、课程、资源等四方面介绍了上海中学的实践概况,提出了激活学生责任意识、思想境界、兴趣和潜能匹配的内动力;帮助学生养成创新思维,尤其是思维的批判性、深刻性、跳跃性、缜密性;孕育学生的创新人格,包括钻研与痴迷的态度、坚韧性;以及明确学生基于志趣聚焦的发展指向性,是上海中学在创新人才早期识别与培育实验中的四大抓手与衡量指标。上海中学的两位教师分别从学校课程建设与实施情况以及信息技术如何支持学生课题研究的角度作了主题汇报,两名来自创新试验班的学生介绍了他们的学习成长经历和感悟。张民生会长高度肯定了上海中学在高中学生创新素养培育实验中取得的成绩,他指出项目实施的重点是实验过程的真实反映、理性思考与动态生成,上海中学之所以能够提出这些想法和做法是因为师生有比较厚实的实践基础,包括对高中学生创新素养的深层思考,从志、趣、能全面展开的课程图谱,以及学校教师的钻研精神和团队精神。市教委基教处处长倪闽景在最后总结时指出,各项目单位在今后的研究过程中要做到三个"超越":超越升学考试压力、超越传统教育教学的惯性、超越学校已有的成绩;做到三个"真":真实践、真研究、真学习。

2011年12月16日,项目组在格致中学召开了第四场实践展示与研讨会。张志敏校长在会上首先介绍了格致中学是如何致力于培养学生创新素养的生成性课堂教学改革的,他提出了格致中学正在践行的四种学习模式:① 必修与选修相结合的学校主导课程学习;② 专题或项目引领的教师主导学习;③ 挑战性课题导向的师生合作学习;④ 学生为主的自我主导学习。他还具体介绍了这四种学习在学校是如何开展与实施的。副校长吴照介绍了体现"经世致用,实学践行"特色的学校四大类课程:公民人格类、文化科学类、身心意志类、创意技艺类。高二创新班的班主任介绍了学校如何构建身体素养、心理素养、学习素养、道德素养和创新素养等五方面组成的多元评价系统。三位学生介绍了自己的创新研究项目与成果。顾志跃组长在点评中指出:高中学生创新素养培育实验项目的目的不单是为了开设一些创新课程,培养几个拔尖创新人才,而是要探索一种培养创新人才的机制,给予学生创新的空间。格致中学提出学习方式的变革,就是试图给学生更多的自由学习空间。四种学习模式的后两种应该在高中教学中越来越多地出现,这样就会给学生更多的想象与创造的空间。校长的学校课程领导力主要表现在：① 能否控制学校的国家课程按计划适度学习；② 能否保持有限学习时间内的高效学习；③ 是不是能提供丰富多彩的学习机会。格致中学在教学、课程、评价等方面的改革值得大家借鉴。市教委基教处处长倪闽景在总结中对"创新"一词作了诠释："创"的原意是割脓疮，"新"的原意是破旧，因此创新就是要有破有立。对优秀的高中学生来说，不是要"割"他们的负担，而是要"割"他们的无意义学习。他要求各项目单位在今后的研究中要关注加德纳提出的面向未来的五种思维能力：条理性、综合性、创造性、尊重的思维能力和道德的思维能力；关注国际上高中教育的重大变化；减少项目单位之间的差异；校长要及时把项目精神传达给具体操作的教师。

2011年12月17日，项目组在徐汇区青少年活动中心召开了第五场实践展示与研讨会。该中心的光启创新基地以"创新与成长同行"为主题，结合第十三届徐汇区青少年科技导师团年会，向与会人员展示了形式多样的学生创新活动。市教委副主任尹后庆、徐汇区副区长王珏、杨雄里院士为团长的徐汇区青少年科技导师团等出席了展示活动。庄小凤局长代表徐汇区教育局作了主题汇报。徐汇区于2009年成立青少年光启创新基地，面向全区各高中学校招收学员，至今已招收200多名高中学生在基地学习。光启创新基地改变传统的教育模式，让学员走出课堂，走出书本，直接参与社会人文和科学研究的创新实践活动，比如："关注西部生态、关爱普氏原羚"、"走进土山湾、探寻徐汇源"、"梦启辰山"等与科学家共同参与的创新活动，逐步形成了"以项目实践为特征、以问题解决为导向、以创新课题研究为主要内容，社会资源整合、校内外联动"的创新素养培育模式。学生可以得到专家导师、基地指导教师和本校教师三位一体的指导，通过亲身经历活动，体验什么是创新，培养创新意识与能力，从而更加凸显了创新素养培育的实践性与体验性。杨雄里院士结合自己的经历，鼓励家长保护孩子的好奇心，不要随意指责孩子三心二意，而是要鼓励孩子不断地尝试，这给与会人员留下了深刻的印象。市教委副主任尹后庆对徐汇区运用区青少年活动中心开展创新素养培育的做法表示肯定，他指出每个学生都有与生俱来的好奇心、求知欲和创造力，教育工作者就是要充分保护好学生的创新基因，唤醒他们的创新意识，让学生在自然科技、人文艺术等各个领域都有一个创新的念头。

2012年1月9日，市教委在进才中学召开了市实验性示范性高中校长会议,华师大二附中、杨浦高级中学、上大附中在会上交流了他们开展普通高中学生创新素养培育实验的做法和经验。华师大二附中何晓文校长做了"让创新的种子发芽"的专题发言。何校长认为,每位学生的心中都有创新的种子,宽松和谐的学校文化是创新种子发芽的条件与土壤,富有创新活力的教师队伍是让学生的创新种子发芽的必要条件。教师要善于发现和保护学生的创新萌芽,以自己的研究引领学生的创新。理想的创新素养培育模式是师生共同完成富有挑战性的任务,实现师生的共同成长。华师大二附中的娄维义老师介绍了该校科技试验班的情况。他认为,学生的兴趣是需要发现与培养的,发现与培养学生的兴趣需要实践与空间,学生的潜质可以通过兴趣倾向来识别,创新素养在创新意识、兴趣发展、志趣转化、实践能力等方面可以通过课题研究着力培育,创新素养的培育需要创新课程体系来实现,创新型教师的发展可以通过课题研究教学相长来实现,好的评价应该能够促进学生的创新。杨浦高级中学的向玉青校长、上大附中的卢广华校长也分别介绍了他们学校的做法。顾志跃组长认为,项目研究至今,三个组在高中学生的创新素养构成与要素,测评方法与工具开发,课程、创新实验室、创新体验活动、相关资源的建设,创新素养培育的教学内容重构(大单元结构式教学)、教学关系重构(新生生关系互动式教学)、教学方式重构(更注重体验与经历的行为学习)、教学过程的重构(高阶思维活动的设计与实施)等方面形成了较为全面的认识与做法,创造出了许多有利于高中学生创新素养培育的好经验、好模式,项目研究渐入佳境。张民生会长强调市实验性示范性高中的生命力在于实验。《国家中长期教育改革与发展规划纲要(2010—2020年)》对每个学生提出了学习能力、实践能力和创新精神的培养要求,市实验性示范性高中就是要率先开展这方面的研究与实验,不仅是课程,还要关注课堂教学过程改革,高中学生有一定的自学能力,高中的课堂教学能否让学生思维碰撞、开展更多的高阶思维活动,是当前迫切需要突破的难点。

从2011年4月到2012年4月,一年时间里项目组通过三个小组专家的鼎力指导,先后召开了五次全市性大型展示活动、三次项目组全体会议,强有力地推动了项目向纵深方向发展。大家对高中学生创新素养培育这一命题的内涵越来越清晰,认识越来越深入,做法越来越丰富,经验越来越成熟,达到了一个较为全面的总结与提炼阶段。2012年5月起,项目进入全面总结提炼阶段。

3. 总结提炼阶段(2012年5月—2013年1月)

2012年5月14日,项目组在市教委教研室召开专家组会议,开始讨论项目的结题工作。第一小组由沈之菲汇报,在六个实验单位的积极参与下,项目组初步构建了高中学生创新素养培育的目标体系。两个一级指标:创新人格与创新能力;六个两级指标:创新意识、创新情感、创新意志、创新思维、创新技能、创新知识。在此目标基础上,开发了配套的测评工具:一套高中生创新人格问卷和一套创新思维测试卷,并选取了6个区26所高中的3800名高一、高二学生进行了抽样试测,一方面建立常模,另一方面对测评工具作进一步完善。测评结果显示:高一、高二学生在创新思维测试中没有明显差异,市实验性示范性高中的学生测试结果好于其他高中,男生测试结果好于女生。专家组对第一组的培养目标与测评方法进行了研讨,觉得还应该在学生人格、思维的发展与定型关键期作进一步仔细的理论研究,同时要细分创造、创意、创新三个概念的异同。对中期检查中发现的学校间差异,要通过专家组进一步调研的方式,指导做得好的学校做好提炼总结工作,做得不够好的学校抓紧最后阶段把项目做好。

2012年5月30日,市教委副主任尹后庆带领项目组部分成员考察北京二中。这是一所有着深厚文化底蕴的历史名校。2001年到任的现任校长认为,学校应该通过充分尊重师生人格、让每个人的能量充分释放、与历史现实相融的文化建设,让学生对学校生活产生一种价值认同、习惯养成,这就是"空气养人"的思想。真正好的学校教育应该是无处不在、无时不在、无事不在的,而这种不在恰恰是由学校的教师、课程、教学、管理、环境,直至一事一物形成的。

2012年6月19日,市教委在进才中学召开市实验性示范性高中校长会议,进才中学、七宝中学、市三女中、上海中学校长分别介绍了各自学校在高中学生创新素养培育项目中所做的工作及经验。进才中学"科艺交融、人文固本"的课程理念,七宝中学"智慧与创造、文化与人生"的大文大理课程系列,市三女中的教育剧场课程,上海中学由点及面创设与学生志、趣、能相匹配的课程图谱等给与会校长留下了深刻的印象。顾志跃组长在会上总结了项目组近两年实验形成的初步成果:① 慎思了高中教育的定位;② 开发了一批创新教育的课程;③ 改革了高中的课堂教学模式;④ 重塑了高中教学的氛围;⑤ 丰富了高中学生的学习生活内容;⑥ 初步形成了创新教育各种具有可行性的模式,包括有潜质学生的遴选、培养目标的厘定、创新课程的开发、教学过程的改革、创新氛围的塑造、师生关系的重组、学习生活的丰富、学业管理与评价、创新素养的测定、专长教师的培养等方面的做法与经验。市教委巡视员尹后庆在讲话中指出，要重视普通高中教育的独立价值，推动高中教育转型发展，为学生的幸福人生奠基；要关注前沿，从学历本位到能力本位；要紧扣课程，增加课程的选择性、现代性与学生学习的自主性、探究性；要抓住机遇，学校主动改革；要敢于先行，促进高中教育优质、多样、特色发展。市教卫党委书记、市教委主任薛明扬在讲话中要求市实验性示范性高中坚持改革创新，把握发展机遇，坚守育人为本，为国家培养更多、更好的各方面有用之才。

2012年6月22日，项目组第三小组在市教委教研室召开研讨会，部署实验研究总结工作。顾志跃组长简要介绍了项目成果的总体框架结构与第三小组承担的撰稿任务，要求各学校再一次对本校承担的任务找准定位，为项目提供规定点上的有价值经验，避免重复，同时要保证成果的独创性。会上，第三小组的项目实验学校分别认领了有潜质学生的遴选、培养目标厘定、专设课程开发、教学过程改革、学习生活丰富、师生关系重组、学业管理与评价、创新素养测定、专职教师培养、试点成果丰富等专题的撰写任务。

2012年9月21日，项目组第二小组在市教委教研室召开总结报告撰写工作会议。会议由市教研室副主任、第二小组负责人陆伯鸿主持，金京泽简要回顾了项目的进程和第二小组的实验研究工作，对第二小组承担的任务做了初步的安排，征求了实验学校负责人的意见。在充分交换了意见后，项目组要求各实验学校在10月30日之前交出成果的初稿，并再一次详细解读了每一部分的写作要求，对专家分工指导各校做出了安排，保证每所学校都有专家到校指导。

工作会议结束后，项目秘书组开会讨论项目结束阶段的工作安排，提出在项目结束前，由七宝中学再搞一次展示研讨活动；项目组在10月底收齐稿子，12月底前把各位专家负责指导的稿子改好，2013年1月底形成成果初稿，送出版社。

2012年10月11日，项目组在金山中学开展了第六场实践展示与研讨会。金山区由区教育局牵头、区教师进修学院指导、学校和有关机构组成的培育学生创新素养联合体——"金山光启创新学院"，推出了小学、初中和高中三个学段探索学生创新素养培育的"金山计划",积极开展"基于问题学习的课型范式"专题研究,期望把问题意识、求异思维等创新素养培育融进教师的日常课堂教学中。金山区教育局还与上师大签约,共同探索课程教材改革、教学管理与策略、信息技术在教学上的应用、社区教育与教育环境等方面,使学生潜能得到开发、个性得到发展的创新素养培育新模式。同时,以科普活动项目为抓手,区校联动,积极搭建青少年科技实践活动平台。华师大三附中、新农学校、海棠小学分别代表高中、初中、小学三个学段就创新素养培育项目规划、管理、操作与反思作交流发言。来自金山中学、华师大三附中、张堰中学、上师大二附中和华师大附属枫泾中学的6位学生代表交流了6个创新项目的研究过程与成果。市教委基教处副处长颜慧芬在发言中指出,金山区的特点是:① 虚拟学院("光启创新学院")实在做;② 素养培育创新做;③ 学科基地扎实做;④ 课程资源多样做;⑤ 光启学员选择做。她希望金山区以创新素养培育实验项目为抓手,为师生的成长创造更好、更广的舞台。

2012年10月17日,项目组召开专家组结题工作研讨会。会议由市教委基教处副处长颜慧芬主持,市教委巡视员尹后庆、副巡视员杨国顺、基教处处长倪闽景、市教育学会会长张民生及专家组全体成员参加了会议。顾志跃组长介绍了项目总结工作设想。自2012年5月以来,项目进入总结阶段,9月已分组部署了各组的总结任务。每个项目单位需交20000字的总结报告,由指导专家写2000字点评,汇总后形成项目总结报告集(分上下2册);每个项目单位还需交5000字的专题研究报告,针对高中学生创新素养培育中的某一个问题提出本单位的认识、经验和做法,在此基础上形成项目专著。专家们就项目专著的编写方案进行了讨论,认为专著应体现上海对高中学生创新素养培育的探索实践,在结构上要补充项目的背景和价值、实施路径、具体做法、成效、政策建议、展望等;在培养模式上应增加金山、徐汇的区域共育模式;还要关注网络与信息技术对学生创新素养培育的作用。市教委巡视员尹后庆在会议总结中指出:① 总结要突出我们一直在行动中实践着,上海的做法有别于北京的"翱翔计划",从学校改革入手,通过这一项目带动高中教育的整体改革,这是上海的特点。② 要清晰反映上海的实践轨迹及其思考,突出上海在推进项目过程中的有价值的做法和闪光点,不是回答理论问题。③ 项目总结报告集要体现项目实践的思想,专家点评要把这方面的亮点写出来。

2013年1月9日,项目组在七宝中学举办本项目最后一次现场展示活动。市教委基教处处长倪闽景主持,通过数字故事、访谈和专题汇报等形式,七宝中学校长仇忠海带领有关教师和学生从学校课程建设、培养模式改革、实验室建设、教学改革、学生个性发展等不同角度做了汇报。基于"人人都有创新的潜质"的认识,七宝中学构建了大文大理两大课程系列,其中"文化与人生"大文课程系列对应学子人文书院,下设创意写作、演讲辩论、博雅阅读、领导力等四个培养平台;"智慧与创造"大理课程系列对应学生科学研究院,下设数理、生化、地空、综合创新等四大平台。高一学生在完成文理两大系列通识教育后,通过创新潜质检测,让不同潜能的学生进入相应的学习平台。目前,学校已经在四大理科平台下建成19个实验室,由学生参与实验室管理,使用率较高。学校准备在此基础上进一步开发跨越"大文、大理"范畴,实现以跨学科联系和解决跨领域问题为目标的综合课程,把整个学校建成有利于学生创新素养培育的生态实验室,努力为学生提供自由、多元、丰富的环境,通过通识和分类培养,保证学生的全面发展与个性成长。仇忠海校长认为,对创新潜质学生的识别不是选拔和淘汰,而是为了提供针对性的培养,促进其潜质开发。高中学生创新素养的培育更应注重过程体验,而不在于形成多少创新成果。顾志跃组长在点评中充分肯定了七宝中学在学生创新素养培育方面的经验和研究成果。他认为,上海到了要认真思考如何像办大学一样办高中的时候了,要进一步思考高中教育的定位、课程设置、教育资源开发等问题。七宝中学在这方面为大家提供了很好的经验。现代学校最重要的标志就是教育资源的丰富性。我们希望通过"上海市普通高中学生创新素养培育实验项目",改变上海高中教育的培育模式,实现高中教育为学生专业发展奠基的价值。市教委巡视员尹后庆在讲话中指出,七宝中学对学生创新素养培育有丰富的实践:① 大文大理课程体现了学校课程的丰富性和选择性;② 教师教学发生变化,体现出驾驭研究型教学的专业能力;③ 学生在七宝中学学习过程中有一个认识自我、发现自我价值的机会。好学校有三个标准:一是学校的成长性,包括学校的教育追求、创新精神和实践智慧;二是师生在学校中得到最充分的发展机会;三是发展的生态和谐。他建议,创新实验室建设的关键是课程创新,不要把主要精力放在硬件建设上。关注高中学生的发展不仅在于认知能力,还要关注其价值观和人生态度。识别学生的创新潜质要慎重,多依据心理学理论,增强科学性。

七宝中学的展示全面反映了"上海市普通高中学生创新素养培育实验项目"取得的进展。大家感觉到，这不是一个单纯的高中学生创新素养培育实验，而是通过这个实验，试图改变整个高中教育的办学与教育教学模式。这个目标在七宝中学已经看到了成功的雏形。

二、项目取得的初步成果

通过两年多的研究实践，课题组取得了以下初步成果。

1. 慎思了高中教育定位

高中教育究竟是大学预备教育，围绕大学的学习内容与方式，利用创新项目与大学挂钩的机会，不断对学有余力的学生加码加速，让他们提前进行大学课程先修；还是坚持高中阶段是成人前最后一段基础教育，用丰富的课程与生动活泼的青春校园生活经历完成学生的人生预备教育。项目组的所有学校都认为，15—18岁是人生一段最充满梦想的金色年华。在高中阶段，丰富的课程选择、愉快的学习经历、对未来的憧憬、对人生的向往，都会在那段人生中展开。所以，高中教育不应该过分强调大学先修，而应该让学生有足够的时间学习、阅读、运动、游览，展示青春活力，经历各种喜欢的实践或研究过程，厚实知识、提升能力、丰富人生、充实经验，让学生变得对人生充满信心，对未来充满向往。因此，每一所项目学校都对创新素养的培育目标作了重新定位，不再一味追求大学课程先修，而是强调高中学生创新素养培育的基础性、全面性、和谐性与体验性，把培养目标锁定在创新人格和创新能力的全面发展上。

2. 开发了创新教育课程

为了实现对高中生创新素养的培育，项目学校纷纷开发了各种有益学生创新素养养成的课程。如上海中学的课程图谱，市三女中的教育剧场课，大同中学的CIE课程，晋元中学、同济一附中的结构创意课程，曹杨二中、复旦中学的博雅课程，徐汇区青少年活动中心的工程与物理、生物与环境、数学与计算机、社会科学课程，以及一批各具特色和创意的学科类、科技类、工程类、社会科学类实验室，涉及金融、结构、生物技术、航天等领域。这些新课程的一个共同特点是注重实践性、基础性，不以知识难度挑战学生，而是强调学生的参与性、体验性，用"做中学"的方式，让学生在完成一个个具有挑战性的创思、创意、创造、甚至创业的任务中,体验什么是创新,创新对自己提出了哪些挑战,应该怎样提升自己。由于创新项目学校在上海高中的特殊地位,这些课程已经对大学的自主招生、创新特色项目产生了一定的影响,如同济大学的建造节、交通大学的结构创意竞赛、复旦大学的"博雅杯"知识竞赛等。

3. 改变了高中教学课堂

随着高中创新课程的开发,项目学校的课堂教学也在悄悄地发生着变化。从过去以知识传授为主,识记、理解、应用为主要心智活动的课堂教学,转为在课堂中更多地运用分析、评价、创造等心智活动,关注学生高阶思维能力的训练与培养。在布卢姆的教学目标分类体系中,识记、理解、应用被称为低阶心智活动,因为这些心智活动对学生的思维挑战并不大,是传统接受式学习的主要方式。而分析、评价、创造则需要学生在复杂的问题情境中用自己的思考与智慧识别学科模式,讲出自己的看法,甚至提出一种全新的想法,这对学生的思维要求远高于传统的接受式学习。市西中学正在物理、语文、生物等学科教学中,实践这种以高阶思维训练为主的课堂教学新模式。同济一附中的陈怡老师在高中语文课中开设的文学创思短课程,讲流行歌曲中的古诗文元素、电影中的蒙太奇手段与文学作品中的穿越现象,则是从文学创思的角度给学生提供了更加自由的想象空间。这些都改变了原有的高中以学科知识传授为主的课堂教学模式。

4. 重塑了高中教育氛围

紧张、凝重历来是过去高中教育的氛围。为了应付高考,许多学校都把三年的高中课程用两年、甚至一年半的时间快马加鞭地教完,然后进入一遍又一遍的复习与模拟应考训练之中。所以高中教育的氛围历来是紧张、凝重的,时间紧、任务重、压力大。处在这种紧张的学习速度、高竞争的相互关系、紧抓不放的教学状态中,学生普遍感到不能有丝毫的放松,所以始终处于紧张、压抑的情绪状态。这对学生的身心健康产生了很大的影响,创新更是无从谈起。项目学校都认为,要培养高中学生的创新素养,必须彻底改变这种高压紧张状态,还学生一个宽松、开放的学习空间。格致中学在研究怎么通过改变学生的课堂教学角色,增加学生的参与度,改善教与学的关系,提高学生思维的活跃度与想象空间,让学生真正成为课堂学习的主人。他们提出多用讨论式、导学式、任务驱动型教学,建立课堂里生成学生学习的辅导系统,提高学生的主体学习程度。建平中学总是从重塑师生关系的角度,提倡教师做学生的良师益友,让学生时时处处感到教师的关怀和呵护,保持良好心态,以减缓高中学习的紧张、凝重。

5. 丰富了高中学习生活

在项目学校,大家都十分注意给学生安排丰富多彩的学习生活,表现在鼓励学生组织各种有利于才能与特长发展的自组织活动、开设兴趣社团与开展实践研究。学生的自组织活动、各种社团、社会实践,对他们的创意、想象力培养有着非常重要的开阔眼界、拓展思路、提供经历、形成经验的作用,也是培育高中学生创新素养的重要方面。建平中学、复兴中学在这方面已经有非常丰富的实践经验与做法,他们的学生社团在同类高中中处于领先地位。社会考察、访学、游学,以及模拟联合国、青少年法庭、社会实验室等活动,都是项目学校的创造。唯有见多识广才能让学生创新思维涌动是每一所项目学校的共识,所以大家都在丰富学生高中生活方面做了有益的开拓与尝试。

6. 形成了创新教育模式

经过几年实践,第一批进入创新试点的上海中学已经有第一批试点班学生高中毕业了,许多学校也都进行了二到三轮的试验班试点。通过实践,大家都取得了潜质学生遴选、培养目标厘定、课程开发设置、教学过程改革、创新氛围塑造、师生关系重组、学习生活丰富、学业管理评价、创新素养测定、专职教师培养等方面的做法与经验,对高中学生创新素养培育这个命题有了一定的实践经验与话语权,认识更加清晰、行动更加有意识了。更为可喜的是,在项目学校里,一些在试点班取得的好经验、好做法已经被推广到全校实行,对改变应试为唯一目的的高中教育,创生一种更加注重学生全面健康成长的新高中教育,起到了很好的促进作用。这正是我们要做这个项目的初衷。

但在项目组的有些学校里,还没有把高中学生创新素养培育放在应有地位,只是用少数学生的竞赛成绩、突出表现作为点缀,缺少有创意的新做法、新经验。课程开设、课堂模式、教学关系、学生生活大多停留在原来的紧张、凝重状态,教师和学生还是持着"多学总比少学好"的观念,把时间和精力放在学科教学与训练应考上。

相信,随着项目的持续实施,各项试点、改革、变化会越来越成熟,其产生的辐射影响作用也会越来越大,会促使上海的高中教育发生一场新的变化,而且这种变化向上会影响大学招生与大学教育,向下会影响义务教育、甚至学前教育,引发他们的改革。我们热切地期望这一局面的出现。

第三篇　高中学生创新素养培育目标与测评方法研究

高中学生创新素养培育目标与测评方法是创新素养培育中需要讨论、研究与实践的重要方面，是项目实施不可回避的问题。但是目前国内外都缺乏统一的定义、统一的标准及统一的方法，尤其是对高中生的创新素养培育的目标和测评方法的研究很少，这是项目研究中的难点问题。为此，项目核心组和学校联合进行了高中生创新素养培育目标与测评方法的理论和实践探索。

一、高中学生创新素养的理论研究

（一）创新素养的心理学综述

人类对创新素养的认识经历了一个漫长的过程，随着认识的深化，人类社会先后产生过很多与创新素养相联系的概念，主要有创造、创造力、创造性才能、创造性活动、创造素质、创新、创新品质、创造人才、创新人才等，对于这些概念，基本没有一个比较明确的说法，但很多提法在内涵表述上是一致的。

"创新素养"是由"创新"与"素养"形成的组合词，"创新"修饰限制"素养"，因此创新素养应不同于一般意义的素养，但其又不可能脱离一般意义的素养而独立存在。

1. 对"创新"的界定

在汉语中，一开始没有"创新"一词，《辞源》也没有载入，"创新"一词是在

《南史·后妃传·上·宋世祖殷淑仪》中提到,是创立或创造新的东西的意思。后来,汉语中使用"创新"这一词汇时,一般解释为:"抛开旧的,创造新的"①,或"创造革新"。

在英文中,"创新"(innovation)则是一个由来已久的词汇,它来自拉丁文,拉丁文词根 nova 表示"新的"意思,加上前缀 in 导致动词化,具有"更新"的含义,意味着对原来已有的东西加以变更和改造。在研究中,创新是一个内涵丰富的综合概念,不同学者从不同侧面界定创新的本质特征。

1912 年,美国经济学家熊彼特在他的德文著作《经济发展理论》中,首次提出了创新的概念②,在其 1928 年的首篇英文版文章《资本主义的非稳定性》中第一次提出了创新是一个过程的概念。熊彼特认为,"创新"就是把生产要素和生产条件的新组合引入生产体系,即"建立一种新的生产函数",其目的是为了获取潜在的利润。他明确指出,资本主义发展的根本原因不是资本和劳动力,而是创新。他给创新下的定义是:引入一种新的产品或提供一种产品的新质量;采用一种新的生产方法;开辟一个新的市场;获得一种原料或半成品的新的供给来源;实行一种新的企业组织形式。

严格来说,这是对创新下的描述性定义,它是在描述创新的外延,而没有直接揭示其内涵。熊彼特的理论一开始并没有引起足够的重视,直到 1934 年他的作品用英文出版后,才引起了学界的广泛关注,并被广泛地引入到社会发展和实践中来。但由于他的创新理论主要是针对企业生产经营管理这个领域的,所以"创新"一词一直被国内外产业界所援引。熊彼特的创新概念包括的范围很广,涉及技术性变化的创新和非技术性变化的创新,是经济领域的概念。

我国学者唐五湘在其《创新论》一书中③,总结归纳了五种主要的关于创新的定义,即:

(1) 创新是开发一种新事物的过程;

(2) 创新是运用知识或相关信息创造和引进某种有用的新事物的过程;

---

① 中国社会科学院语言研究所词典编辑室编. 现代汉语小词典[M]. 北京:商务印书馆,1980
② 傅家骥. 技术创新学[M]. 北京:清华大学出版社,1998
③ 唐五湘. 创新论[M]. 北京:中国盲文出版社,1999

(3) 创新是对一个组织或相关环境的新变化的接受；

(4) 创新是指新事物本身,即指被相关使用部门认定的任何一种新的思想、新的实践或新的制造物；

(5) 创新是从产生新思想到行动。

从"创新"一词的词源及其应用发展看,"创新"一词的使用范围有一个逐渐扩大的过程,即从初始的经济层面到国家层面,再到具有更高抽象意义的哲学层面。从经济学层面讲,创新是将"生产要素和生产条件的一种从未有过的新'结合',引入生产系统以获得'超额利润'"的过程。从更广泛的意义上来说,创新是指人类主体为了生存和发展,在处理和客体的关系中弃旧图新、破旧立新的独创性活动。具体地说,就是人类在认识、利用、改造自然,认识和改造社会,完善自身的过程中,破除旧观念,树立新观念,扬弃旧理论,建立新理论,或在新的条件下对正确的理论在坚持的基础上继承和发展；抛弃旧形式、旧方法、旧手段,创造新形式、新方法、新手段；淘汰旧机制,建立新机制；废除旧制度,建立新制度；摧毁旧事物,创造新事物。可见,创新就是要立足创、追求新。"创"是手段,"新"是目的。创新就是革除陈旧的、过时的、无用的甚至有害的阻碍经济社会和人类自身发展的旧事物,开辟和建立有利于经济、社会和人类自身发展的新事物。创新的内容相当丰富,特别是在近现代真是目不暇接、多姿多彩,主要包括科学创新、技术创新、知识创新、文化创新、教育创新、制度创新、理论创新等。

从哲学层面上讲,创新是人的生命主体在与其生存状态、生命历程的互动中所激发出的人的能动性、创造性思维和行为的总和。

上述分析可见,从本质意义上理解,创新可以概括为：主体（人们）为实现一定目的,遵循事物发展规律,对事物整体或其中的某些部分进行变革,从而使其得以更新和发展的活动。它具有目的性、能动性、规律性、变革性、新颖性、发展性和价值性等特征。

2. 创新素养的内在结构

国外对创新素养的研究以创造力结构为主。Amabile(1983)[1]提出创造力三结构理论,他认为创造力由三个结构部分相互作用而形成,即领域技能、创造

---

[1] 程慧君.试论认知风格与创造力[J].湖南工业职业技术学院学报,2002,(02)

技能和工作动机等。领域技能是创造性个体在某个领域进行创造而需要掌握的基本技能，包括掌握该领域的基本知识、基本技能和特殊才能。领域技能主要依赖于先天的认知和感知运动能力，也有赖于后天的训练和培养等。创造技能主要有赖于个人的人格特性，同时也依赖于与领域训练有关的认知风格、工作方式以及在实践过程中逐渐发展起来的创造方法等。

国内关于创新素养的结构，不少学者进行了很多分析，但鲜见相同的观点和完全一致的结构。

（1）谢军波在"创新素质内在结构探析"[①]中，按创新素质在创新活动中功能的实现方式，把创新素质分为三大类，即创新的动力素质、创新的能力素质和创新的人格素质。

创新的动力素质：创新需要与创新意识、创新动机、创新情感；

创新的能力素质：创新学习能力和独特的知识结构、创造性思维和想象；

创新的人格素质：创新认知品质、创新意志和情感品质。

（2）周敦文在"创新人才的素质结构分析"[②]中，将创新素养分成动力系统要素的创新意识、运作系统要素的创新能力和调节系统要素的创新品格。

创新意识由创新意向和创新追求两个要素组成；

创新能力由感知灵敏性、创新思维和操作能力三元素构成；

创新品格由情感和意志两个要素组成。

（3）张庆守在"新素质结构剖析与创新教育目标体系建构"[③]中将创新素养分成：

创新知识技能：指创新主体的知识结构内容与特征及其相关技能的掌握情况。

创新智能：包括智力、实践能力、创新能力等要素。

创新人格：包括需要、动机、兴趣、情感、意志和性格等方面。

还有很多学者对创新素养的内在结构提出了他们的看法，见下表。

---

① 谢军波.创新素质内在结构探析[J].绍兴文理学院学报（哲学社会科学），2003,（06）
② 周敦文.创新人才的素质结构分析[J].中国地质大学学报（社会科学版），2002,（04）
③ 张庆守.新素质结构剖析与创新教育目标体系建构[J].福州师专学报，2002,（03）

众多学者关于创新素养的心理结构分析①

学　者	创新素养的结构
王极盛	创新能力、竞争心、创新意识
刘运芳	创新能力、创新人格、创新意识
邹　茜	创新意识、创新智能素质、创新行为素质
燕良轼	创新能力、创新行为、创新意识
沈恒福	创新能力、创新志趣、创新精神、创新思维、创新人格、创新意识
李　明	创新意识、创新思维、创新技能、创新人格
戴春林	创新人格、创新性动机、创新智力
多俊岗	操作素质、动力素质、调节与监控素质
苗　邈	观察力、记忆力、思维力、想象力、兴趣意志力
夏　瑾	创新的智力因素、创新的非智力因素
牛茂今	创新技法、创新心理品质、创新能力
洪　波	创新人格、创新思维、创新能力

（二）高中学生心理发展的年龄特点

1. 心理发展年龄特征的内涵

心理发展的年龄特征是指在一定社会和教育条件下，在个体心理发展的各个年龄阶段所表现出来的一般的、典型的、本质的心理特征。一般认为，个体从出生到成熟大约经历了六个时期：乳儿期（0—1 岁）、婴儿期（1—3 岁）、幼儿期（3—6，7 岁）、童年期（6，7—11，12 岁）、少年期（11，12—14，15 岁）、青年初期（14，15—17，18 岁）。心理发展的年龄特征就是指个体在这些心理发展的年龄阶段中的特征，而不是指每一岁的特征。这些特征是从各个年龄阶段中的许多具体的、个别的儿童心理发展的事实中概括出来的，是一般的、本质的、典型的特点。它既不同于前一个发展阶段，又不同于后一个发展阶段。

---

① 徐建.心理健康教育中培养大学生创新心理素质的研究[D].西北交通大学硕士学位论文，2007

心理发展的年龄特征既有稳定性，又有可变性。在基本相同的社会生活条件下的儿童之间，甚至在不同的社会生活条件下的儿童之间，年龄特征具有一定的普遍性、相似性、稳定性。如阶段的顺序，每一阶段的变化过程，大体上都是稳定的、共同的。但另一方面，在不同历史时代、不同社会制度、不同社会集团的儿童之间，以及同时代、同社会、同阶段而具体生活不同的儿童之间，年龄特征又会有所变化、有所差别。一般来说，和意识倾向及道德品质关系较大的特征，其可变性大于认知方面的特征。

2. 高中学生心理发展的基本特征

高中时期，也被称为青年初期，是指14、15岁至17、18岁时期。此阶段，一方面个体生理和心理的发展基本成熟，另一方面他们开始考虑如何选择未来的学业和生活道路。他们的抽象逻辑思维从"经验型"向"理论型"转化，开始出现辩证思维。与人生观相联系的情感、道德感、理智感与美感都有了深刻发展。他们不仅能较客观地看待自我，而且能明确地表现自我，敏感地防卫自我，逐渐形成理智的自我意识。然而，理想自我和现实自我面临着矛盾，自我肯定与自我否定常发生冲突。他们对未来充满理想，敢说敢干，意志的坚持性与行动的自觉性有了较大的发展，但有时也会出现与生活相脱节的幻想。

高中阶段前期与少年后期相接，后期与青年中期相连，因此，在身心发育和社会成熟方面互有一些交叉。作为少年期结束、青年期开始的高中阶段，个体心理的发展具有以下几个基本特点。

（1）不平衡性

青年期是个体在生物性和社会性的发展上走向成熟的时期。作为青年初期的高中生，正处在从幼稚的儿童期向成熟的青年期过渡的时期，处于与儿童的外部获得时期相对应的内部获得时期。在这一时期，高中生的生理发展迅速走向成熟，而心理的发展却相对落后于生理的发展，他们在理智、情感、道德和社交等方面，都还未达到成熟的指标，还处在人格化的过程。也就是说，高中生的生理与心理、心理与社会关系的发展是不同步的，具有异时性和较大的不平衡性。

（2）动荡性

高中生生理、心理发展的不平衡性，以及生理和某些心理发展同道德或其他社会意识发展之间的不平衡性，一方面创造了个性发展以及道德和社会意识发展的条件,另一方面也造成了高中生心理过程的种种矛盾和冲突,表现出一种成熟前的动荡性。正如别林斯基所说的:"青年期也就是向成年过渡的时期,这种过渡往往总是分裂、不调和的……"一个人已经不满足于自然的意识和朴素的感觉,他想知道更多。可是因为他在获得令人满意的知识之前,必须经过千百次的迷误,必须与自己做斗争,所以他也有很多挫败的时候。这一点无论对于个人或是对于人类,都是一个确定不移的法则。高中生心理发展的动荡性表现在知、情、意的各个方面,表现出较深的逆反心理和行为。另外,生理上的剧烈变化,会带来所谓"青春期骚",出现强烈的"情绪反应和剧烈的性困扰",心理疾病的发病率逐年增高。有人说,青年既不是一切显露无遗、明明白白的"白箱",也不是一切可知、看不见内部结构的"黑箱",而是一个以模糊不定、动荡多变为主要特征的"灰箱"。

(3) 闭锁性

高中生不像儿童时期那样经常向成人敞开自己的心扉,他们的内心世界变得更加丰富多彩,但又不轻易表露出来,心理的发展呈现出闭锁性的特点。他们非常希望有单独的住宿房间,有个人的抽屉,并喜欢把抽屉锁起来,好像有什么秘密的东西不愿让别人知道,其实里面并无什么要紧的东西。他们不大爱对长辈讲话了,在长辈面前显得寡言。高中生爱写日记,也是这种闭锁性的表现。记日记既可倾吐心声,又可保守秘密。心理发展的闭锁性使高中生容易感到孤独,因此又产生了希望被人理解的强烈愿望。他们热衷于寻找理解自己的人,找"志同道合"的知心朋友,对知心朋友,他们能坦率地说出内心的秘密。

(4) 社会性

虽然心理内容的社会性早在儿童时期就已出现了,但是更大规模的深刻的社会化,则是在青年期完成的。小学生进入中学后,就好像在人生的旅途中,豁然开朗地步入了一个新的境界。如果说小学生心理的发展主要是接受家庭和学校的影响,那么中学生尤其是高中生的参与感日益活跃。如模拟角色活动"假如我是校长"、"假如我是班主任"。高中生对自治、自理、自行结社创办协会刊物等的要求,充分表明他们思考问题已远远超出学校的范围,做集体、做国家主人翁的思想开始萌发并日益强烈。对未来生活道路的选择,成为他们意识中的重要问题。他们在考虑未来的志愿及抉择时,比小学生和初中生更具现实性和严肃性。而这种对未来生活道路的选择，对高中生心理发展的社会性具有极其重要的影响。

3. 高中学生思维与个性发展的特点

（1）思维发展特点

进入高中，思维具有更多的抽象概括性，辩证思维开始形成。高中生已能在头脑中进行完全属于抽象符号的推导，能以理论做指导去分析、解决各种问题。

思维的独立性和批判性更加鲜明，思维的片面性有所改善。高中学生能够依据一定的标准判断是非、善恶，善于独立地提出问题和解决问题，喜欢探讨问题发生的原因等，在确定因果关系时，思维的独立性与批判性发展起来。他们一般不轻信结论，喜欢怀疑、争论和评论，在讨论问题时，注重别人或自己是否能拿出具有说服力的理由和论据，看问题已不像初中生那样肯定或否定一切。

（2）个性发展特点

① 自我意识的高度发展

高中学生已完全意识到自己是一个独立的个体，因此要求独立的愿望日趋强烈。与青春期不同的是，这时独立性的要求是建立在与成人和睦相处基础上的。他们的自我意识有了进一步分化，在心理上把自我分成"理想自我"和"现实自我"两个部分，他们能够按照"理想自我"去要求调控"现实自我"，但有时也出现矛盾。他们强烈地关心自己的个性成长，关心自己在个性方面的优缺点，对别人或自己进行评价时，也特别重视个性方面的特点。他们能独立评价自己的内心品质、动机、行为，其自我评价在一定程度上达到了主客观的辩证统一。

② 价值观的确立

随着生活阅历的积累和文化知识的增长，他们开始能够分析各类社会事件，掌握了一定社会标准，并能根据这个标准衡量和分析社会问题，具有了相对稳定的社会态度。在对职业、生活方式及个人发展方向等问题进行选择的时候，他们会以个人的价值观为前提。

高中时期的个体常体验到广泛的内心冲突和压力，面临多方面的价值取向，如来自父母的、来自同龄团体的。在内心冲突的情况下，他们会强迫自己确立某种属于自己的价值观。

③ 自治需求

在行为上,他们要求独立决定涉及个人的各种问题;在情感上,希望能独立体验和选择个人喜好;在道德评价上,则希望能以自己的评价标准为依据,独立评价自己及他人的行为和社会事件。

在与父母的关系中,虽然高中生仍反对父母过多的干涉,但与父母间的直接冲突已大大减少了,他们更希望能与父母站在一个平等的位置上讨论和决定某些问题,希望能与父母和睦相处。选择学业和职业,确定未来的生活道路,是高中时期的一个重要任务。大部分个体在选择中体现出了一定的自主性。高中阶段处于理想主义时期,他们对社会和人生的期望都带有理想主义色彩,对现实中的问题极为敏感,产生强烈的不满情绪。另一方面,由于他们对问题的观察和分析还带有片面性和表面性,在思想认识上容易有偏颇或绝对化的现象。

④ 情绪情感特点

与初中生相比,高中生的情感日益深厚、含蓄而稳定。喜、怒、哀、乐不轻易外露,总是根据一定的条件、时间和地点来表达自己的情感,往往由社会重大政治问题、广泛流行的社会观念、对人生的理解等问题引起。理智感、道德感和美感有了较深的发展。对学习和科技活动有极大的兴趣和爱好,在竞赛中体验到成功的喜悦和失败的痛苦,在文学和艺术的鉴赏中体验着人生的悲欢离合,充满浪漫主义热情,憧憬未来。高中生的激情更多与理想和前途交织在一起,虽然情绪相对于少年期较为稳定,但也经常因前途未卜、抉择太多而郁闷。

(三) 高中学生创造力的发展特点

1. 高中学生创造性思维能力的发展

(1) 高中生创造性思维能力发展的一般趋势

① 创造性思维能力随着年级升高而增加

创造性思维能力作为认知结构的有机组成部分,是可以训练提高的。环境、教育和学习必然影响创造性思维的发展。高中生学习内容丰富而深刻,更接近学科的完整结构;人际交往频繁,社会活动增多;面临升学和就业的考验。他们在生活和学习中碰到许多新问题,需要去思考、去解决,这迫使他们的认知结构发生改变,使创造性思维不断发展。高中生解决新问题的需要与原有心理结构的矛盾就成为创造性思维发展的动力。

② 创造性思维的三个特性具有不同的发展速度

高中生在创造性思维的三个特性中流畅性成绩最好,变通性其次,独创性最低,图形、语义、符号三种测验都是如此,这说明创造(求异)性思维三个特性的发展速度和难度是不同的。流畅性较易,发展速度较快;变通性较难,发展较慢;独创性难度最大,发展最慢。

③ 创造性思维的发展具有明显的个别差异

在创造性思维能力发展水平高的群体中,个别差异更大。独创性难度最大,个别差异也最大;变通性难度较小,个别差异也较小;流畅性个别差异最小。

(2) 高中生创造性思维能力结构日趋完整

高中生创造性思维能力的发展,以其结构和功能的完善为标志。结构和功能的完整性表现为:求同与求异思维的协同发展。创造性思维以求异思维为主要成分,以求同思维为必要成分。在创造性解决问题的过程中,两者总是密切联系、相互配合的,两者的关系越协调,创造力越强。有研究表明:初一、初二学生的求同思维优于求异思维,而从初三开始,求异思维的发展速度明显加快,并超过了求同思维。在高中阶段,两者进一步发展,求异思维则明显地优于求同思维。也就是说,高中生创造性思维的发展进入了一个新的阶段,即以求异思维为主要成分,求同与求异思维协同发展的阶段。

(3) 高中生创造性思维品质的发展

思维的敏捷性从初二开始明显发展起来。到高中阶段,由于高中生抽象逻辑思维基本成熟,辩证思想迅速发展,抽象概括能力大大提高,思维形式化,思维过程简缩,思维更加敏捷。高中生思维的流畅性和灵活性有很大发展。他们能从不同方面、运用多种方法思考问题,思维起点活,能用多种法则、公式、原理去解决新问题,思维过程更加灵活;迁移能力增强,能举一反三,触类旁通,产生新想法的数量多、种类多。独创性是创造性思维最本质的特征,高中生的独创性有了明显的发展。他们创造性地进行学习,独立分析问题,独立解决问题。他们小制作、小发明、小论文的数量多,水平高。高中生独立意识增强,思维的深刻性和批判性有很大发展。高中生的任务主要是学习前人的创造成果,为将来的创造打下更坚实的基础,由于独创性的难度极大,因此,多数高中生思维的独创性表现不很明显,不很成熟,水平也不很高。他们的思维较片面,好走极端,好肯定一切或否定一切,高中生的鉴别力还不很强,缺乏主见,易受错误思想的影响,在困难时易动摇。

2. 高中学生想象力的发展

想象是人脑对原有表象加工改造,创造新形象的心理过程。想象是思维的一种特殊形式。思维以概念为细胞,而想象以形象为细胞。两者的基本过程都是分析与综合。

想象依其创造性的程度不同,分为再造想象和创造想象。再造想象是根据事物的图解、图样或言语描述,在头脑中构成一种新的形象的心理过程。高中生的再造想象主要是在教学活动中发展起来的,它对高中生学好各门功课,掌握别人和前人的经验是十分重要的。创造想象所形成的新形象,是现实生活中没有过的全新的形象,人们以它为蓝图,努力实践,就能创造一个新的世界。因此,培养创造想象是更为重要的任务。高中生随着生活空间的扩大、学习内容的深化、经验和表象的丰富,想象力也迅速发展起来。高中生想象力的发展具有以下的特点。

(1) 高中生有意想象迅速发展

表现为能自主地确立想象的目的、任务,并能围绕目的去展开想象。例如,高中生创造性作文,能进行完整的构思,突出主题,成文速度快。高中生能根据生活的需要,进行具有社会意义的小制作、小发明。他们的生活理想、职业理想、道德理想、社会理想进一步发展,并能有计划地安排自己的学习、生活和工作,去实践自己的理想。

(2) 高中生想象的创造性水平逐步提高,创造性想象日益占优势

随着实验操作技能和实践能力的提高,特别是通过课外活动的锻炼,高中生成功地进行发明创造的人数明显地增多,不少人在文艺创造方面显露才华,有些高中生开始树立远大的理想。

(3) 想象的现实性增强

高中生的想象很丰富,并且随着抽象逻辑思维的深刻性、批判性和辩证性的发展,想象逐步摆脱具体性、虚构性,日益变得抽象、概括、现实。

3. 高中学生创造性实践能力的发展

在创造性实践能力方面,由于高中阶段的学习内容丰富而深刻,接近学科的完整结构,人际交往频繁,社会活动增多,同时又面临升学和就业的考验,使

得高中生的自学能力、科研能力、评价能力、组织能力、决策能力和交往能力都获得大幅度的提高。由于高中生在时间和空间上的自由度较低,创造能力的表现机会很有限。

4. 高中学生创造性人格的发展

在创造性人格特征方面,高中生有很强的自我意识,独立、自信但又非常现实。他们的好奇心已经在兴趣中心的基础上进一步钻研深化成特长。高中生十分强调个人的兴趣和需要,对与学习无关或关系不大的社团活动和课外科技活动等不感兴趣。而且,他们仍比较缺乏主见,易受环境变化的影响,困难时易动摇。

也有学者认为,中国青少年创造的下降期主要表现在高中阶段。这是因为青春期的到来,性问题出现了,需要得到异性的承认,需要遵从许多更深一层的社会要求,在这个转变期容易出现创造力的下降。青年初期的自我危机是创造力下降的根本原因。

二、高中学生创新素养的培育目标研究

(一)高中学生创新素养的基本要素与构成

1. 对创新素养结构的文献分析

当前国内外对创新素养结构的界定可以看出以下几点:

(1)对创新素养的概念界定及结构分析是众说纷纭,各执己见,很难统一。很多与创新素养有关的概念相互交叉甚至是混淆。如把创新思维和发散思维看成一样的,把创造力和创新思维混为一谈。

(2)创新素养的结构分析目前大多是建立在理论假设的基础上,基本上没有经过实践的检验或统计学的验证分析。

(3)从对创新素养测评的文献分析也可以看出,创新素养的指标体系不宜复杂,各级概念之间不能够有交叉。

根据以上的分析,可以初步得知,当前关于中学生创新素养的指标没有学者做出明确界定和提出令人信服的标准。

2. 上海高中学生创新素养的结构假设

我们认为,高中生创新素养的目标应该是:

(1) 高中生的创新素养是每一个高中生所需要具备的,是学生在面对新的问题和困难,或者在环境的适应与变革中,所具有的积极的思考、应对与创造性、高效解决问题的能力和品质。

(2) 高中生创新素养培育的对象是全体学生。

(3) 学生是否能够成为创新人才受到多方面因素的影响,高中生创新素养培育的目标是培养每一个现代人都需要的素养基础。

(4) 高中生创新素养培育的目标是增加高中生创新所需要的知识背景,提升高中生的创新意识,活跃高中生的创新思维,让高中生参与创新实践,获得创新体验,从而逐步发展创新能力。

高中生创新素养的结构可以界定为下表①:

高中生创新素养结构表

一级指标	二级指标	三级指标
创新人格	创新意识	问题意识、疑问意识、发现意识
	创新情感	好奇心、愉悦感、成功感
	创新意志	独立性、坚持性
创新能力	创新思维	精致性、灵活性、独特性、流畅性
	创新技能	自主学习能力、信息加工能力、动手操作能力、实验设计能力、合作能力

(二) 高中学生创新素养各基本要素的表述及相互关系

1. 一级指标

创新人格:个体在创新活动或问题解决过程中的对创新的态度、信念、情感和意志等非智力因素的统称,它是个体创新的内在动力和维持系统。

---

① 此结构为上海市教科院普通教育研究所沈之菲、上海市闵行区教育科学研究所杨彦平、上海市七宝中学鞠瑞利、上海市闵行中学葛庆华、上海市浦东新区教育发展研究院赵军秋老师经过讨论、调研及心理测试结果的分析等研究,并多次进行专家咨询和听取上海高中部分教师、校长意见的基础上提出的。

创新能力：个体在创新活动或者问题解决中所需要或应该具备的创新思维、创新方法与策略、相关知识和技能等，它是个体创新的核心要素和关键。

2. 二级指标

创新意识：指个体对创新的目标追求与价值取向，体现在创新的动因上，包括具有问题意识、疑问意识、发现意识。

创新情感：在创新活动中或问题解决中个体的情感体验，通过创新的成功感、愉悦感来持续激励个体向创新的目标迈进。

创新意志：指个体在创新活动中或问题解决中，碰到困难、挑战与挫折时的积极态度与坚持性，持之以恒，不轻易放弃的决心和毅力。

创新思维：指个体在面对一个新问题、新情境时能够抓住关键和问题的本质，冷静思考、分析和判断，能够灵活、多变、敏捷、流畅地解决问题的能力，它是创新能力的核心。

创新技能：指个体利用自己已有的知识储备，通过对问题的分析，提出创造性或有效快捷地解决问题的方法和策略，并能够付诸实践和反思。

3. 关于创新知识的说明

创新知识是指个体在创新活动或问题解决中应该具备的科学知识和观念，并且在当前知识储备缺乏的情况下，能够主动学习和探究新知的能力。所谓创新知识，并不是有关创新的知识，而是创新所要具备的各有关学科领域的知识。

4. 创新人格和创新能力之间的关系

有关这方面，还没有确切的研究定论，一般认为：

（1）创新人格和创新能力是不能完全独立的，而是交互作用的。良好的创新人格会促进创新能力的发展，而创新能力的提升又会增强人对创新的情感体验，发展好奇、坚持的特性，促进创新人格的发展。

（2）创新思维和创新技能两者也有相互作用的关系。创新思维存在于人的学习和实践中，体现在人的创新技能上，而创新思维又不同于创新技能，创新技能更多的是创新思维的外显行为，而创新思维更多地体现在内部的思维活动中。

（3）创新人格是创新素养发展的方向和动力，创新思维是创新素养发展的核心和关键，创新技能是创新素养的基础和手段。构成创新素养的各个要素在学生创新活动中发挥了各自的不同功效，各个要素联合成一个整体，这个整体所发挥的对学生创新活动的整合功效是一种整体功能,使学生能创造出符合个人价值和社会意义的具有独特性或革新性的新成果。

三、高中学生创新素养的工具开发及测评研究

(一)高中学生创新素养的测评目标

我国专门针对高中学生创新素养的评价工具较少,为了能够具体、有效地研究当前高中学生创新素养的发展现状,借鉴、研发或编制一个有一定信度和效度的高中生创新素养评价工具就很有意义。高中生创新素养评价工具的开发和测评目的是为了:

1. 在创新思维和创新人格方面编制标准化的高中学生测验工具,并进行相应的调查,借以研究当前上海市高中学生创新素养的现状与影响因素。

2. 学生的创新素养是一项综合技能,不是简单靠纸笔测验能够了解,需要在学习、实践和产生结果过程中进行评估,我们开发了"高中学生创新素养观察表",引导教师在学生学习和实践活动中观察和评估学生的创新能力。

(二)高中学生创新思维的测评工具开发和测评结果

1. 创新思维的评价标准

当前对创新思维的评价有作品分析法、量表法、问题解决法以及问卷调查法等。无论哪种方法,目的都是要考虑到对创新思维评价的准确性与有效性,即评价的信度与效度。在整个评价过程中,除了考虑评价的便捷性外,还要考虑评价的可靠性,即有没有评价到创新思维本质的东西。综观当前对创新思维的评价方式,评价的标准一般有两个方面:一是评价能够反映出创新思维的本质特征;二是评价要反映出创新思维的内涵。评价要考虑创新思维的基本特性:

(1) 思维的逻辑性

评价能够反映出学生对问题的深刻思考与分析,在质疑、分析和仔细推理的基础上提出解决问题的方法。一般可以通过情景性问题的创设来评价学生思维的逻辑性与严密性。如《庄子·天下》中说:"一尺之棰,日取其半,万世不竭。"很多学生看到这个问题往往会认为是一道数学的极限的题目,但也有学生

提出,当"其半"取到一定程度的时候,物质的基本结构就出来了:分子—原子—夸克等。这样的思维方式就比较深入和细致了。

(2) 思维的深刻性

评价学生的思维,不但要反映其发散性,看广度,同时要看其深度和独特性。这方面的评价要看多问题理解和分析的透彻程度。在评价内容、方法或问题的选择中,可以设计相对难的题目。如怎样用"一把尺、一块表和一条船测量出地球的半径",学生在分析过程中不仅可以用到数学和物理的知识,同时要有深度的剖析和推算能力。如果能够把这样问题及时、准确、便捷地解决了,就可以反映出学生创新思维的深刻性。

(3) 思维的发散性

在学生发散性思维的评价中,多维度、多问题的思考是常见的方法。如想出回形针的 100 种用途,提出 10 种测地球和月球之间距离的方法等。但是发散维度和质量非常重要,这是评价创新思维的重要指标。如有人说出回形针可以"夹纸张、夹书、夹报纸、夹信封……",虽然有多个答案,但是质量和维度都不够;如果有学生说,"把它和橡胶摩擦后放在水中的树叶上,可以做指南针",虽然只有一个维度,但质量很高且有创意。因此,对学生创新思维发散性的评价要考虑维度、更要考虑质量与创新点。

(4) 思维的经济性

解决问题的速度与准确性是衡量思维品质高低的重要指标。解决问题要考虑经济性原则:既要便捷、快速和准确,所得到的答案也要切实可行与符合环保理念。如学生认为对大楼墙面的清洗,用高压水龙头不就可以吗?虽然想法和答案很简单,但是现实中不可行,另外还浪费资源。1946 年世界上第一台计算机诞生,一直到 1986 年计算机才进入家庭,就是因为当时的计算机太庞大,而且造价高,计算速度也不算快。所以评价思维在考虑思维创新的同时,还要看其逻辑性与经济性。另外,同样一个问题的解决用同样的方法,两个人用的时间不同,其思维品质也是不一样的。

(5) 思维的流畅性

在创新思维的观察与情境测试中,关键要看学生解决与回答问题的思路是否清晰、是否通畅,以及碰到障碍能否及时调整思维的策略等。如问学生《两小儿辩日》中提到的中午的太阳为什么比早晨的太阳小但热时,学生如果只知道古文的语词解释与出处而不知道为什么,显然思维是有惰性的。有学生通过查阅资料,说看到的太阳大小除了与距离有关外,还与天气变化、湿度、温度、观察位置、季节等很多方面有关系,并一一给出解释和作答。这样的学生不但善于问"是什么",还善于问"为什么"以及怎么解释等,整个思维过程和角度流畅新颖,创新质量就很高。

(6) 思维的新颖性

思维的核心就是要看学生思维品质的创造与新颖程度。所谓创造,可以理解为稀少或没有出现的创意或思维产品;所谓新颖,是指区别于一般的、传统的或旧的思维方式。这也是创新思维评价的难点或核心之一。在"如何解决空气污染对人体造成的伤害"时,很多学生会想到治理污染源、减少汽车尾气排放等,但有学生想到在当前这些问题还无法解决时,可以制造可回收的空气污染物过滤式口罩,或者设计一顶可吸附污染物的帽子和一副眼镜等,这些角度就有一定的创新性,体现了经济、环保、便捷、有效等因素。

2. 学生创新思维评价的方法与工具

当前对学生创新思维的评价更多的是基于工具评价和学生作品的结果性评价。另外,创新思维的评价也与学生的学科学习中创造性解决问题联系在一起。这样多视角、多维度评价学生创新思维的目的,一方面是创新思维结构与内涵的复杂性,另外一方面是每个创新评价工具或方法都有一定的局限性,在创新思维的评价中一定要明确这一点。

(1) 问题与情境测量法

学生平时在学科学习中,对很多题目或问题的分析与解决就反映出他的创新思维品质,尤其是在物理和数学学科中,这样的问题与题目就更多了。如测量某一物理量时,有时会遇到不能直接测量,或不能测量到可直接利用公式计算所需的物理量。这时就需要把所需测量的物理量转化为可测量的值,然后通过巧妙的计算得到所需的物理量。

例1 给一个啤酒瓶,一个橡皮塞,一把刻度尺和一些水,试粗测啤酒瓶的容积。(见右图)

[解析]

右图啤酒瓶的形状是不规则的,难以用刻度尺直接测出它的容积,但我们注意到,瓶子的下部可以视

为一个圆柱体,而它的上部形状不规则,因此测上部的体积是解本题的关键。如上页图所示,先在瓶内装上半瓶左右的水,塞上瓶塞,用刻度尺量出瓶底的直径 d 及瓶内水的高度 h_1,再将瓶子倒过来,这样上部不规则部分的体积就转化为倒立酒瓶上部规则形状的体积。量出倒立酒瓶中空气柱的高度 h_2,便可得出瓶子的容积:

$$V=\pi(d/2)^2h_1+\pi(d/2)^2h_2=\pi d^2(h_1+h_2)/4$$

在解此题的过程中用到了替代法,考虑到瓶子上下部分体积不同并且上部的形状不规则无法直接测量,可利用水的体积不变,用规则圆柱体(瓶子下部的水)的体积替代上部形状不规则形状的体积,使问题迎刃而解。

例2 两卷细铜丝其中一卷上标有直径为 0.3 mm,而另一卷上标签已经脱落,如果只给两支相同的新铅笔来粗测脱落标签的细铜丝的直径(不准用刻度尺)你能测出来吗?如果能测出,请写出操作过程及细铜丝直径的数学表达式。

[解析]

用直尺和铅笔测细铜丝的直径的方法学生比较熟悉,而此题中没有刻度尺,怎么办呢?但注意到一卷铜丝的直径是已知的,若在一支铅笔上密绕 n_1 圈,则其总的长度为 $n_1 \times d_1$ 就可以替代刻度尺了。因此,解题的步骤如下:

① 用直径 $d_1=0.3$ mm 的铜丝在一支铅笔上密绕 n_1 圈,则其总长度 $L=n_1 \times d_1$。

② 用未知直径的铜丝在另一支铅笔上密绕直至总长度与 L 相等为止,数出铜丝的圈数为 n_2,则 $n_2 d_2 = L$,所以未知铜丝的直径 $d_2=L/n_2=n_1 d_1/n_2$。

(2) 量表评价法

量表评价法是创造性思维评价中的一个最主要的方法。在本节的第一部分我们已经谈到,世界上许多著名的创造性测验都是从创造性思维的过程中所显示出的流畅性、灵活性、独特性和敏感性等特点的角度,对创造性思维进行评价[①]。教师也可以直接借助这些测验来评价学生的创造性,或者根据具体的课程和学生的具体需要,自编类似的测验来观察和评价学生运用所教授的知识进行创造性思维的情况。

---

① 陈泽河,孟令君.创新思维训练与自测[M].济南:山东人民出版社,2002

创造性思维测验主要有四种,以下是简单的介绍①。

① 南加利福尼亚大学创造力测验(吉尔福德创造力测验)。该测验由美国加利福尼亚大学吉尔福德教授设计,公布于1960年,适用于初中以上水平的青少年及成人。测验共由14个分测验组成,分别是词语的流畅性、观念的流畅性、联想的流畅性、表达的流畅性、非常用途、比喻引申、用途测验、故事命题、后果推断、职业象征、图形组合、图形变化、火柴拼图、装饰设计。测验时,要求前十个问题用语言文字表达,后四个问题用图形表示。测试时间上,前十个问题每题三分钟左右,后四个问题每题四分钟左右。测验结果能够给出被试者在流畅性、变通性、独特性等三个方面的创造力分数。测验结果的信度达到0.6以上。

② 托兰斯创造性思维测验。该测验是美国明尼苏达大学教育心理系主任托兰斯教授在1966年设计的,适用对象从儿童到研究生,但是对小学四年级以下的学生必须逐个施测。测验是由12个分测验构成的三套创造力量表(词语测验、图形测验和声音词语测验),每套都有两个复本。其中词语测验由问题罗列、因果猜测(原因猜测/结果猜测)、物体改进、用途变通、非常问题、假设推断等分测验组成;图形测验包括构建图画、完成图形、圆形(或平行线)组图等分测验;声音词语测验有声音想象、象声词想象等分测验。这三套测验中,词语测验从流畅性、灵活性和独特性三方面记分,图形测验还增加了对精确性的记分,声音词语测验只记独特性得分。例如:

词语测验(物体改进):提供一只猴子和一头大象的比较呆板的素描图,要求根据能想到的各种可改进之处,使该动物变得更有趣。

词语测验(假设推断):(这是一类传统的创造力测试题——"假如……将会发生什么?")假如云层低得只能看见人们的脚,将会发生什么?

图形测验(构建图画):提供一个彩色的香肠状(或蛋形)的图形,剪下贴在另一空白纸上,要求以此为基础,画一幅具有想象力的图画。

声音词语测验(象声词想象):将十个模仿自然声响的象声词各出现三次,让被试分别写出所联想到的事物。

③ 芝加哥大学创造力测验(盖茨尔斯—杰克逊创造力测验)。该测验由美

---

① 张大均.教育心理学[M].北京:人民教育出版社,1999

国芝加哥大学心理学家盖茨尔斯与杰克逊（Getzels & Jackson）编制,使用对象为小学高年级至高中学生。该测验共有五项题目:词汇联想测验（根据定义的数目、类别和新颖性等评分）；物体用途测验（根据说出用途的数目和独特性、首创性评分）；隐蔽图形测验（根据找出图形的复杂性和隐蔽性评分）；语言解释测验（根据结尾的数目、恰当性和独立性评分）；组成问题测验（根据问题的数目、恰当性、复杂性和独特性评分）。其中,部分题目来自南加利福尼亚大学创造力测验。在一定的时间限制内,要求被测试者根据试题给出尽可能多的答案或符合条件的特定答案。测试时间上,第1—3题每题3分钟,第4—5题每题5—8分钟。例如：

词汇联想测验：要求对"螺钉"、"口袋"等十分普通的词汇下尽可能新颖的定义。

语言解释测验：向被试者提供几个短寓言,但缺少结尾,要求对每个寓言补充"道德的"、"诙谐的"和"悲伤的"三个不同的结尾。

组成问题测验：向被试者提供几篇复杂的短文,每篇短文中包含一些数字说明,要求根据已知材料尽可能多地组成各种数学问题。

④ 沃利奇—科根少年儿童创造力测验。该测验由美国学者沃利奇（Wallach）与科根（Kogan）设计,使用对象为少年儿童（中小学生）。测试时要求根据试题书面回答。测试时间为40分钟至一小时。题目内容包括列举、用途、相似、图形解释、线迹解释等。主要从流畅性和独特性两方面进行评分。每道题的每个答案均得一分,其总和即为独特性得分。例如：

列举——方的东西；带着轮子滚的东西。

用途——一张报纸能有什么用处？一只靴子能有什么用处？

相似——拖拉机和火车有哪些相似的地方？表和打火机有哪些相似的地方？

（3）辅助性的评价方法

量表评价在创新思维的评价方面比较常用,而且在一定条件下能够很好地预测创造性行为,但量表存在信度、效度等方面的不足,如果将量表的使用与其他一些评价方法相配合,就能够比较全面地了解和评价学生的创新思维。常用的辅助方法有：学生成长档案袋、创新日志、创新思维观察表（可以配合观察核查表、行为表现量表使用）、表现性任务完成、学生创新作品分析法等。如学生的作品与档案袋记录法,有关于学生的最佳作品(成果型成长档案记录袋)、反映学生进步的不同时期的作品(过程型成长档案记录袋)、特定选择标准的作品(评估型成长档案记录袋)等;反映学生自己对创造性活动的真实记录及教师的及时评价(日志)、教师自己收集的一手资料(观察),以及学生在真实任务中的表现(表现性任务)等。这些都可以为教师对学生创新思维评价提供丰富的参考信息①。

3. 对高中学生创新思维测评工具的编制与调查结果分析

心理学研究发现,到了高中阶段,学生的智力与创造力发展相对达到了比较平稳和比较高的阶段。高中阶段的学习、生活对个体以后的认知发展、创造力水平等会产生很大的影响。当前国内专门针对高中学生创新素养的评价工具相对较少,关于创新思维评价的工具也是如此。为了能够具体、有效地研究当前高中学生创新思维的发展现状,借鉴、研发或编制一个有一定信度和效度的高中生创新思维评价工具就很有意义。我们正是基于这一点,通过一段时间的资料整理、量表结构假设、量表施测与数据整理分析等程序,初步编制了一个专门针对高中学生创新思维评价的参照工具②。

(1) 调查的基本情况

我们的调查主要是对自编的学生创新思维的评价量表的信度和效度做初步检验,并了解当前高中学生的创新思维水平、特点和影响因素,为高中学生创新思维的培养提供建议和参照。

① 抽样。本次调查选择了上海的 6 个区 23 所学校,每个区按照学生数不同抽取 3—6 所高中学校,每个年级抽样 1—2 个班,每个班 30—50 人左右,保证抽样的代表性。本次共调查了 3590 名高中学生,其中市示范校学生 1747 名(有 560 名创新试验班学生),区示范校学生 756 名,普通中学学生 1087 名。

② 调查过程。调查之前对 23 所学校的教导主任或分管校长进行了高中生创新思维测试的抽样培训,对调查的目的、取样、测试时间和试卷发放等做了说明和动员,保证测试的有效性。

---

① 刘爱伦主编.思维心理学.上海:上海教育出版社,2002
② "高中生创新思维测评工具"由上海市教科院普通教育研究所沈之菲、上海市闵行区教育科学研究所杨彦平、上海市七宝中学鞠瑞利、上海市闵行中学葛庆华、上海市浦东新区教育发展研究院赵军秋老师共同讨论、编制、试测及再测与数据分析。

③ 调查的内容。创新思维从思维的独特性、精致性、灵活性、流畅性等四个方面作评价。创新思维24道选择题和3道开放题(仅做参考不计分)约40分钟完成。

④ 高中生创新思维评价工具的标准化和测试结论。

a. 本次创新思维调查的四个维度以相关性系数为参照结构效度指标。调查显示,在创新思维的四个维度中,各维度与创新思维的总分相关在0.7左右,各维度的相关系数维持在0.1—0.3之间,说明区分度比较好。(见下表)

创新思维四维度与总分之间的关联

	思维精致性	思维灵活性	思维独特性	思维流畅性
思维灵活性	0.098**			
思维独特性	0.053**	0.121**		
思维流畅性	0.179**	0.329**	0.127**	
创新思维总分	0.499**	0.664**	0.474**	0.755**

注:**p表示在0.01水平显著相关。

b. 通过本次数据初步分析发现,各年级学生之间创新思维差别不大,但性别和学校之间差别显著(见下表),具体分析如下。

男女不同年级学生创新思维的差异性比较

年级	人数	平均分	标准差	t值	显著性
高一	1514	32.50	11.72	−0.192	0.848
高二	1516	32.58	12.07		
男	1377	33.67	12.29	4.761	0.000**
女	1653	31.61	11.47		

注:**p表示在0.00水平显著差异。

由上表可以看出,男女学生的创新思维方面是存在显著差异的,男生在创新思维上要高于女生,但高一、高二之间差异不大,这说明到了高中阶段,学生的创新思维发展到一定水平,趋于稳定。

(2) 高中生创新思维的现状分析

① 男女高中生之间创新思维的差异

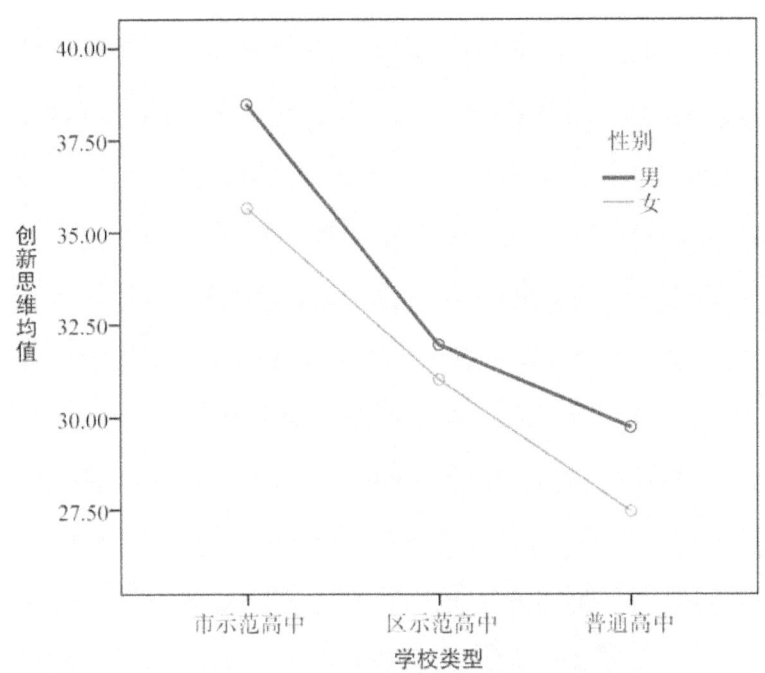

不同类型学校男女学生创新思维水平比较

由上图可以看出,男女学生的创新思维存在差异,男生在高中阶段明显优于女生。另外,在高中阶段,不同类型的学校之间的学生的创新思维也表现不同,即市示范性高中学生的创新思维水平明显高于区示范高中和普通高中。

这说明学生的创新思维到了高中阶段都趋于稳定,年级之间差异不大,但存在明显的性别差异,即高中男生的创新思维水平明显高于女生。

② 学习能力客观上影响学生的创新思维

a. 市示范性高中试验班创新思维要优于普通班学生

下页图所反映的是市实验性示范性高中试验班学生和非试验班学生创新思维的比较。可以看出,市实验性示范性高中无论试验班还是非试验班,男生的创新思维均优于女生,这与一般学校比较相一致,也说明高中男生创新思维水平优于女生是一个普遍现象。另外,试验班学生无论男女,他们的创新思维均优于非试验班,说明创新试验班的选拔或学生的培养是有效的。

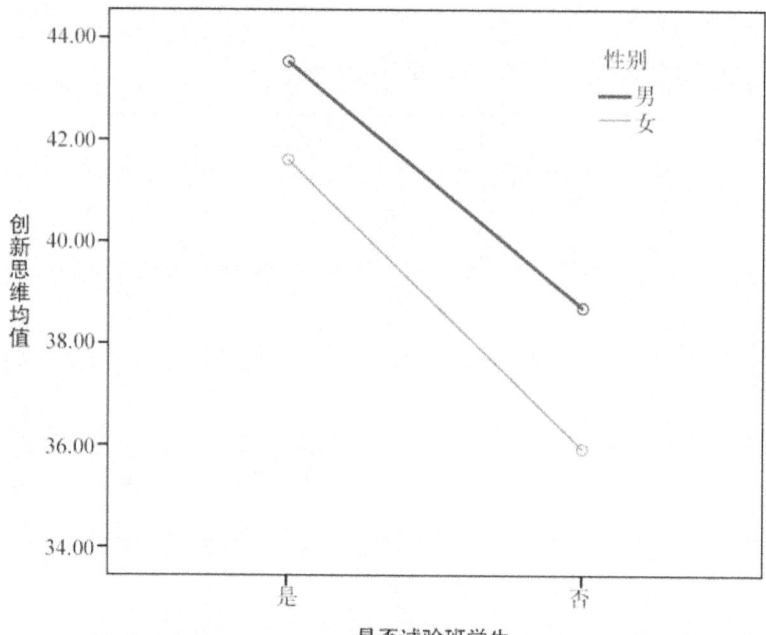

市示范高中试验班与非试验班学生创新思维比较

b. 学生学习成绩与创新思维之间的关系

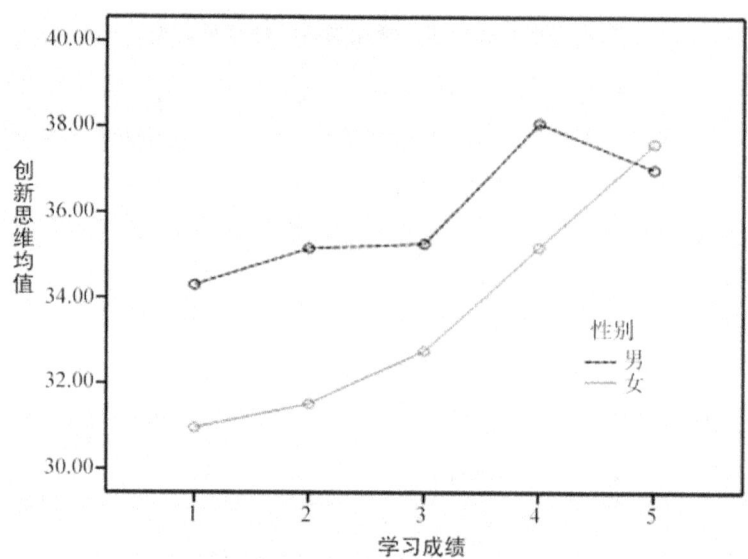

全体样本中不同学习成绩学生创新思维比较

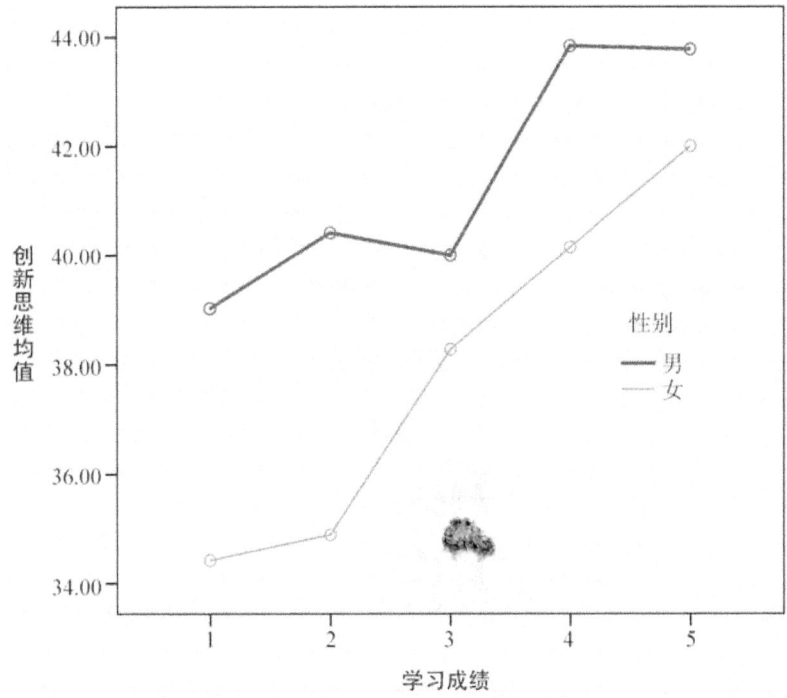

市示范高中不同学习成绩学生创新思维比较

本次调查根据学生平时在班级的平均成绩分为 1—5 个等级：1 为"需努力"；2 为"一般"；3 为"中等"；4 为"较好"；5 为"优秀"。

由上面 2 张图看出，无论是市实验性示范性高中的学生还是全体抽样的学生，他们的创新思维水平基本上是随着学习成绩的提高而提高。

③ 家庭环境对学生的创新思维有显著的影响

a. 家庭类型与创新思维之间的关系

本次调查的 3590 名学生中，三口之家的有 2467 人（占 68.7%），三代同堂的 736 人（占 20.4%），其他类型的 387 人（占 10.9%）。

下页图表明，从整个样本看，学生的创新思维方面，独生子女家庭优于三代同堂及其他类型家庭。从当前家庭的结构看，独生子女家庭占了大多数，而且这部分家庭对孩子的教育投入和重视程度主观上和客观上都比其他家庭强，这也表现出独生子女家庭学生的创新思维相对其他家庭要强。

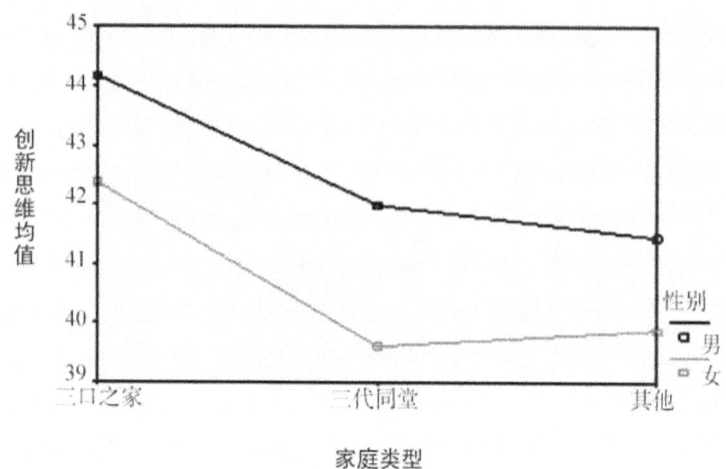

不同家庭类型学生创新思维比较

b. 父母文化程度与学生创新思维的关系

本次调查将父母文化程度分为 5 个等级：1 为初中及以下；2 为高中；3 为大学或大专；4 为硕士；5 为博士。

总体上随着父母学历的增加，学生的创新思维水平也在提升。但是父母学历水平达到大学以上学历，学生创新思维水平达到较高点。（见下 2 图）

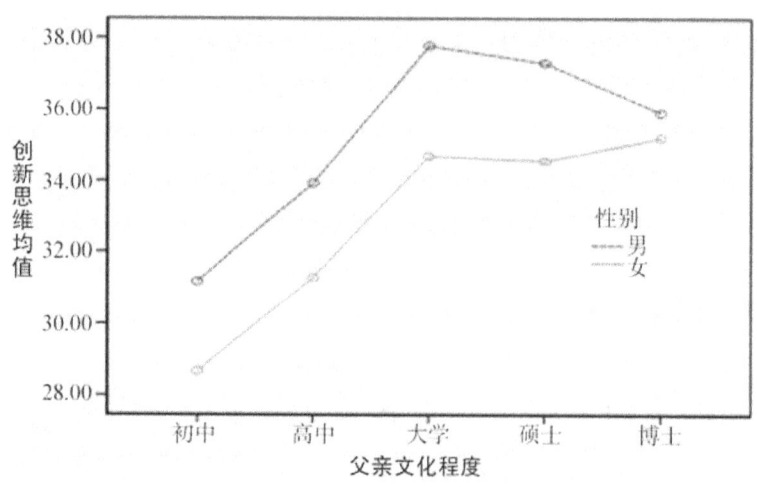

父亲文化程度与学生创新思维

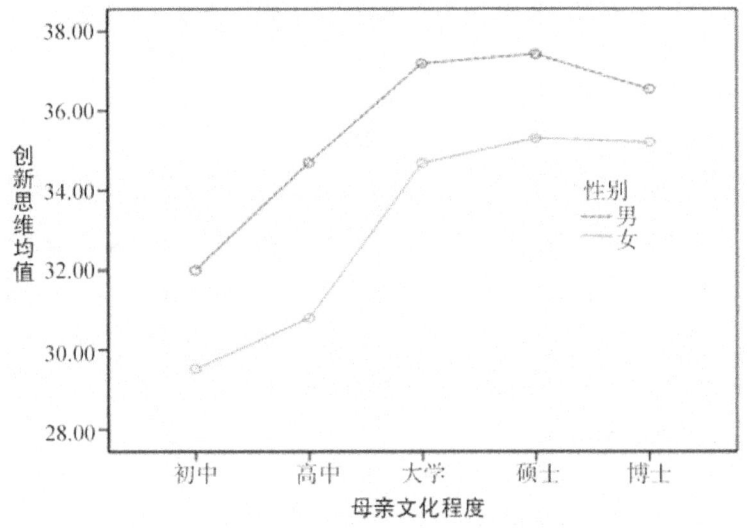

母亲文化程度与学生创新思维

c. 家庭人均收入对学生创新思维有一定的影响

调查显示，学生的创新思维与家庭收入呈现一定的正相关。高收入家庭与低收入家庭的区别相对显著，尤其是高中女生。这种情况可以理解为家庭收入的宽裕可以为孩子创造更多的成长与发展空间，有助于他们的创新思维的形成与提高。

由此看出，无论是家庭的类型还是家庭的收入，无论是否独生子女还是父母的文化程度，都对学生的创新思维产生影响。即父母的学历是否达到大学水平直接影响孩子创新思维，说明高学历者的教育方式和理念有助于孩子创新思维的形成；另外，家庭收入的高和低也会影响到孩子的学习心态与创新思维的形成，稳定和相对宽裕的家庭收入可以为孩子创新思维的形成提供较好的教育环境。

（三）高中学生创新人格的测评工具开发和测评结果

1. 创新人格的评价标准

要真正取得创新成果，兴趣、天赋当然很重要，但最根本的是意志、毅力等人格品质，这就是我们所说的创新人格，它是世界观、方法论和毅力等众多非智力因素的有机结合,往往表现为责任感、好奇心、求知欲、想象力以及奋斗精神等。虽然创新人才的兴趣、天赋等个性化的特质很难完全靠后天培养,但创新人才还有一些可养成的更具基础性的特质。

(1) 服务社会的创新责任感

正如爱因斯坦所说,对于一个纯粹的科学家来说,对人类自身命运的关注,从来都必须成为一切工作的目的。美国等国家也把进行责任意识教育作为21世纪道德教育的首位目标。责任教育就是引导学生把服务于民族进步、国家发展和人类幸福作为创新活动的出发点和根本归属。有了这种道德责任和人文关怀,才能真切感受时代的脉搏,在丰富多彩的社会实践中发现问题,寻找有价值、有意义的课题和项目。

(2) 追求真理的创新精神

亚里士多德说:"思维从惊讶和问题开始。"中国古人亦云:"学起于思,思源于疑。"追求真理,首先要学会质疑、学会思考。缺乏独立思考的人,往往只会人云亦云、拘泥于现状,这样的人是不可能发现新事物的。诺贝尔奖获得者李政道先生在回顾自己求学历程的基础上,给青年学生提出了很好的建议:"要创新,需学问,只学答,非学问,问愈透,创更新。"要有敢为人先的创新勇气。创新就是想他人所未想、言他人所未言、为他人所未为,而打破常规往往要触犯一些"权威"、越过一些"禁区",有时难免要遭"非议",经受磨难。这就要有一种想干事、干成事、不怕事的勇气,"是以有非常之人,然后有非常之事;有非常之事,然后有非常之功",安危不贰其志,险易不革其心。

(3) 坚忍不拔的创新意志

著名数学家华罗庚说过:"根据我自己的体会,所谓天才就是坚持不懈地努力。"创新的道路遍布荆棘,只有磨砺坚定的意志,始终对自己充满自信并善于控制自己,才能克服急功近利、急于求成的浮躁心态,才能在创新的过程中面对种种失败的可能和意想不到的重重艰难险阻,仍然保持"板凳需坐十年冷"的淡定和执著。

(4) 善于合作的创新禀赋

随着时代的进步和科技的发展,人们所掌握的知识越分越细致,个人不可能知晓一切,只有善于学习,以开放的心态放眼天下,兼收并蓄,积极吸纳他人的智慧和成果,善于同他人团结协作,才能避免因个人知识和能力的不足所造成的局限①。

2. 学生创新人格的评价方法和工具

当前对学生创新人格的评价更多的是基于工具评价和对学生进行情景面试与行为观察的过程性评价。另外,创新人格的评价也与学生平时的行为表现联系在一起。这样多视角、多维度评价学生的创新人格,一方面是由于创新人格结构与内涵的复杂性,另外一方面是每个创新评价工具或方法都有一定的局限性,在创新人格的评价中一定要明确这一点。学生创新人格的工具评价主要为量表评价法。

(1) 人格问卷

1950年以后,心理学家已不是只凭借智力测验来测定创造力了,出现了大量的人格问卷。像《卡特尔16人格因素问卷》、《梅伊斯—布里格斯的类型指标》、《明尼苏达多项人格测验》、《加利福尼亚心理调查表》等,都有反映创新人格一些特征的指标。

①《卡特尔16人格因素问卷》。从乐群性(A)、聪慧性(B)、稳定性(C)、恃强性(E)、兴奋性(F)、有恒性(G)、敢为性(H)、敏感性(I)、怀疑性(L)、幻想性(M)、世故性(N)、忧虑性(O)、实验性(Q1)、独立性(Q2)、自律性(Q3)、紧张性(Q4)等16个相对独立的人格特点对人进行描绘,并可以了解被测者在环境适应、专业成就和心理健康等方面的表现。还可以计算创造力人格因素,公式为:$2(11-A)+2B+E+2(11-F)+H+2I+M+(11-N)+Q1+2Q2$。由此公式得到的总分换算成相应的标准分,标准分越高,其创造力越强。

②《加利福尼亚心理调查表》(CPI)。由美国心理学家格夫1956年编制的调查表修订而成。分量表13遵循成就(Ac):在集体创造活动中起积极作用的兴趣和能力;14独立成就(Ai):在独立创造活动中起积极作用的兴趣和能力,这两个指标与创新人格相关。

(2) 创新人格问卷

①《形容词检查表》。1952年,由美国心理学家格夫(H. Gough)研究出、

---

① http://edu.qq.com/a/20101209/000290.htm

经多米诺(G. Domino)的补充完善,成为很好的创造力人格测验工具,被广泛应用。该表包含 300 个形容词,涉及个人各方面内部特征的描述。测验时,被试者将与自己相符的形容词标出,以了解自己的性格。它的创造力记分是 1973 年多米诺根据创造力的测量目的配加的,共包括 59 个涉及创造人格的形容词。多米诺记分系统还有一个将原始分(59 个右端创造力的词汇被选数)转换成标准分的换算表。这样,不仅避免了因习惯反应而带来的误差,而且对创造力培养的效果也很敏感,还显示出了许多创造力测验无法显示出的人格与自我概念的变化。事实上,该测量表最大的优点就是便于施测和记分。戴维斯等人的研究发现,《形容词检查表》确实是一个很好的创造力人格测验法,其信度、效度都很理想。

②《发现才能团体问卷》(GIFI)。由瑞姆(S. Rimm)和戴维斯(G. Davis)分别于 1976 年和 1980 年研究出来的一种测试方法。包括三个年级型:初级型用于一、二年级;基本型用于三、四年级;高级型用于五、六年级。问卷形式简单,分别由 32、34 和 33 道是非题组成,其中部分题目在三个年级中可共用。GIFI 主要用来测量独立性、坚持性、变通性、好奇心、兴趣广度、过去的创造活动及爱好等。该测验的使用和研究范围很广,涉及不同种族、不同国家、不同社区、不同社会地位及不同能力的儿童。根据研究资料统计,该问卷三个年级型的信度系数分别为 0.80、0.86、0.86,效度系数为 0.25—0.45。该问卷的信度较高,但效度并不稳定。

例:我喜欢把东西拆开,看它们是怎么回事。(好奇心)

我有一些很好的看法。(独立性)

我喜欢玩我熟悉的游戏,不喜欢玩新游戏。(灵活性,负分)

我总问很多问题。(好奇心)

猜容易的谜语最有趣。(坚持性,负分)

③《探究兴趣团体问卷》。该问卷由适用于初中学生的Ⅰ型和适用于高中学生的Ⅱ型组成。两者内容基本相同,只是Ⅰ型的用词和概念较为简单。以Ⅱ型为例,它包含 60 道自陈题目,分别测量创造性、独立性、冒险性、坚持性、好奇心、内省性、幽默感、艺术兴趣等特点,以及创造性活动的个人背景、兴趣和爱好等。测验题目以 5 点量表的形式出现。5 点评定分别为"否"、"有

点"、"一般"、"较"、"是"。该问卷的显著特点是信度和效度都很理想,内在一致性信度系数为 0.91—0.96。它的外在效标为教师对学生创造力(5 点量表)的评价加上被试者在完成测验上所表现的创造力。Ⅱ型的得分与效标分数间的相关系数为 0.28—0.69。应用该问卷的研究得出,被测者在该测验上的得分不像成就测验及智力测验一样随年龄增加,亦即创造力与智力的关系更为密切。如果这一关系得到进一步证实,那么创造力的培养就意味着对整个人格的再铸。

3. 高中学生创新人格测评工具编制与调查结果分析

目前的创新人格测评的分类方法没有一个比较明确的界定和令人信服的标准;目前的结构分析都是建立在理论假设的基础上,基本没有经过实践的检验或统计学的验证分析。根据指标体系不宜复杂、各级概念之间不能有交叉的量表编制的统计学原理,我们对"高中生创新人格测评工具"进行了研制①,试图建立一个经过实践验证的、有统计学意义的上海市高中生创新人格测评量表,这个量表的评价标准不针对哪一类具体创新领域,是一个人创新的基本素养。

(1) 调查的基本情况

我们的调查主要是对自编的学生创新人格的评价量表的信度和效度做初步检验,并了解当前高中学生的创新人格水平、特点和影响因素,为高中学生创新人格的培养提供建议和参照。

① 抽样。本次调查选择了上海的 6 个区 23 所学校,每个区按照学生数不同抽取 3—6 所高中学校,每个年级抽样 1—2 个班,每个班 30—50 人左右,保证抽样的代表性。本次共调查了 3590 名高中学生,其中市示范校学生 1747 名(其中 560 名创新试验班学生),区示范校学生 756 名,普通中学学生 1087 名。

② 调查过程。调查之前对 23 所学校的教导主任或分管校长进行了高中生创新人格测试的抽样培训,对调查的目的、取样、测试时间和试卷发放等做了

---

① "高中生创新人格测评工具"由上海市教科院普通教育研究所沈之菲、上海市闵行区教育科学研究所杨彦平、上海市七宝中学鞠瑞利、上海市闵行中学葛庆华、上海市浦东新区教育发展研究院赵军秋老师共同讨论、编制、试测及再测与数据分析。

说明和动员,保证测试的有效性。

③ 调查的内容。创新人格从创新意识(问题意识、疑问意识、发现意识)、创新情感(好奇心、愉悦感、成功感)和创新意志(独立性、坚持性)等三方面进行评价。创新人格测验约20分钟完成。

④ 高中学生创新人格评价工具的标准化和测试结论。

a. 本次创新人格调查的八个维度以相关性系数为参照结构效度指标。调查显示,在创新人格的八个维度中,各维度与创新人格的总分相关在0.7左右,各维度的相关系数维持在0.3—0.6,说明有一定的区分度。(见下表)

创新人格八维度与总分之间的关联

	问题意识	疑问意识	发现意识	好奇心	愉悦感	成功感	独立性	坚持性
疑问意识	0.589**							
发现意识	0.566**	0.488**						
好奇心	0.654**	0.633**	0.594**					
愉悦感	0.358**	0.361**	0.333**	0.398**				
成功感	0.489**	0.559**	0.440**	0.573**	0.623**			
独立性	0.409**	0.480**	0.319**	0.412**	0.323**	0.526**		
坚持性	0.377**	0.367**	0.215**	0.359**	0.362**	0.511**	0.396**	
创新人格总分	0.733**	0.747**	0.670**	0.795**	0.647**	0.839**	0.666**	0.645**

注:**p表示在0.01水平显著相关。

b. 通过本次数据初步分析发现,各年级学生之间创新人格差别不大,男女学生在创新人格上也没有显著性差异,说明到了高中阶段,学生的创新人格发展到一定水平,趋于稳定。(见下页表)

男女、不同年级学生创新人格的差异性比较

年级	人数	平均分	标准差	t值	显著性
高一	1481	271.96	34.00	1.524	0.128
高二	1494	270.11	32.28		
男	1346	271.92	35.76	1.307	0.191
女	1629	270.32	30.85		

注：**p表示在0.01水平显著差异。

(2) 高中学生创新人格的现状分析

① 男、女高中生之间创新人格的差异

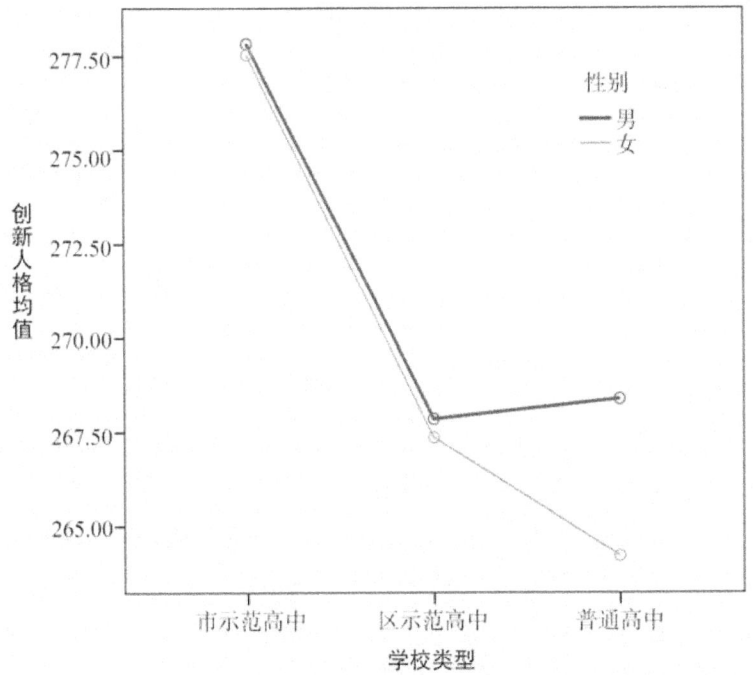

不同类型学校男女创新人格水平比较

由上图可以看出，男、女学生在创新人格上差异不大，仅普通高中男生创新人格高于女生。从学校类型上看，市示范校学生高于区示范校学生，而区示范校学生与普通高中学生没有明显差异。这说明学生的创新人格到了高中阶段都趋于稳定,年级和性别之间差异都不大。

② 学习能力客观上影响学生的创新人格

a. 市示范性高中试验班学生创新人格要优于非试验班学生

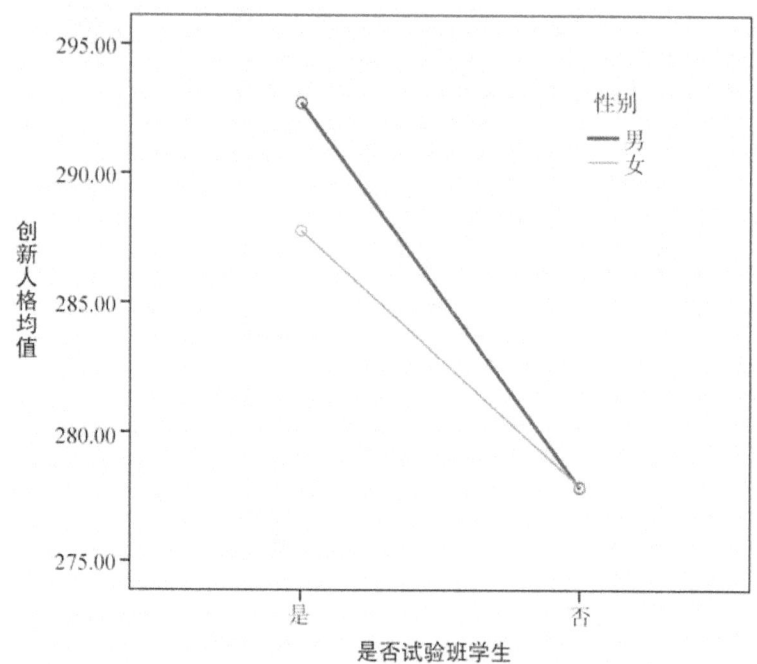

市示范性高中试验班与非试验班学生创新人格比较

上图所反映的是市实验性示范性高中试验班学生和非试验班学生创新人格的比较。可以看出,市实验性示范性高中试验班男生的创新人格优于女生,但非试验班没有这个现象。另外,试验班学生无论男女,他们的创新人格均优于非试验班,说明创新试验班的选拔或对学生的培养是有效的。

b. 学生学习成绩与创新人格之间的关系

本次调查根据学生平时在班级的平均成绩分为 1—5 个等级:1 为"需努力";2 为"一般";3 为"中等";4 为"较好";5 为"优秀"。由下页 2 张图看出,无论是市实验性示范性高中的学生还是全体抽样的学生,他们的创新人格水平都是随着学习成绩的提高而提高的。

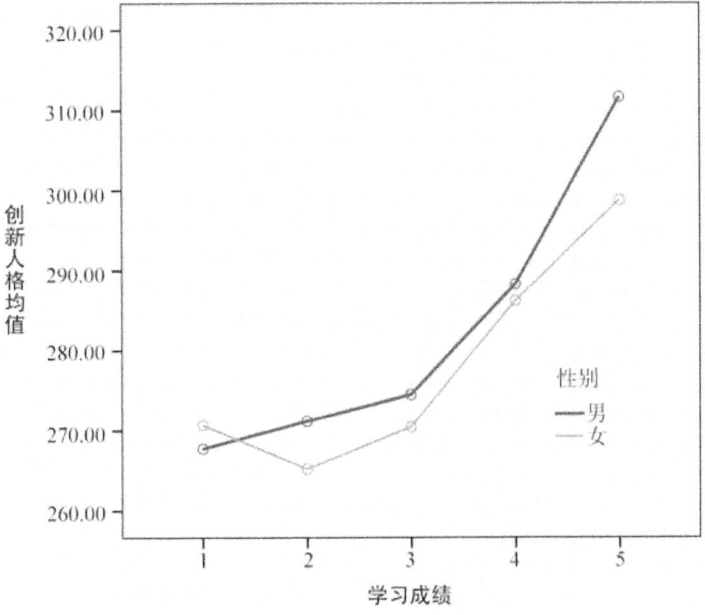

全体样本中不同学习成绩学生创新人格比较

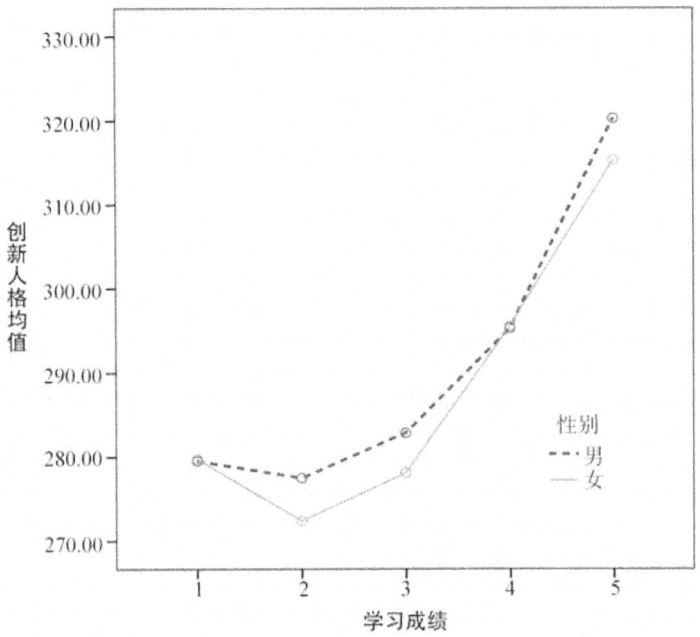

市示范性高中不同学习成绩学生创新人格比较

③ 家庭环境对学生的创新人格有显著影响

a. 家庭类型与创新人格之间的关系。本次调查的 3590 名学生中,三口之家的学生有 2467 人(占 68.7%),三代同堂 736 人(占 20.4%),其他类型的 387 人(占 10.9%)。

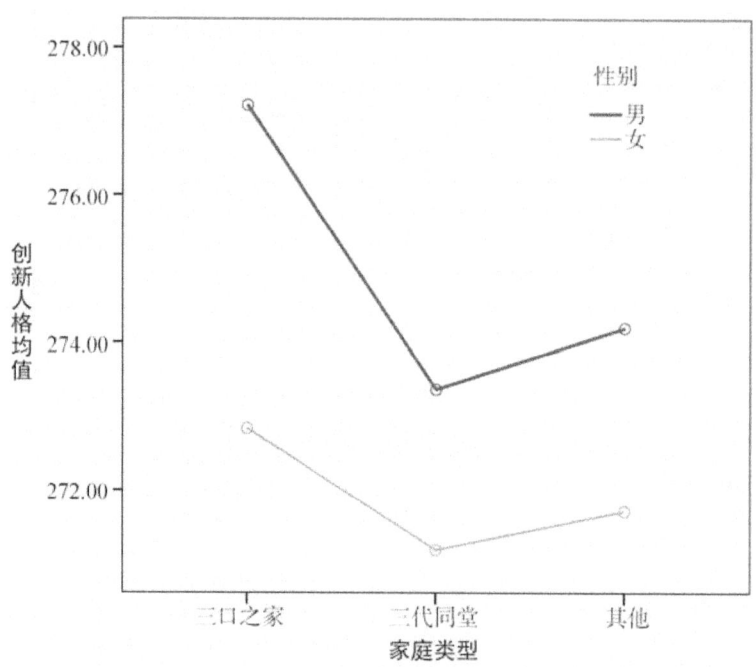

不同家庭类型学生创新人格比较

上图表明,从整个样本看,学生的创新人格方面,男生独生子女家庭优于其他两类家庭,女生则是独生子女家庭稍优于其他两类家庭,但三者的差异不大。从当前家庭的结构看,独生子女家庭占了大多数,而且这部分家庭对孩子的教育投入和重视程度主观和客观上都比其他家庭强,这也表现出独生子女家庭学生的创新人格相对其他家庭也要强。

b. 父母文化程度与学生创新人格的关系。本次调查将父母文化程度分为 5 个等级:1 为初中及以下;2 为高中;3 为大学或大专;4 为硕士;5 为博士。总体上,学生创新人格的水平随着父母学历的增长持续提升。(见下页 2 图)

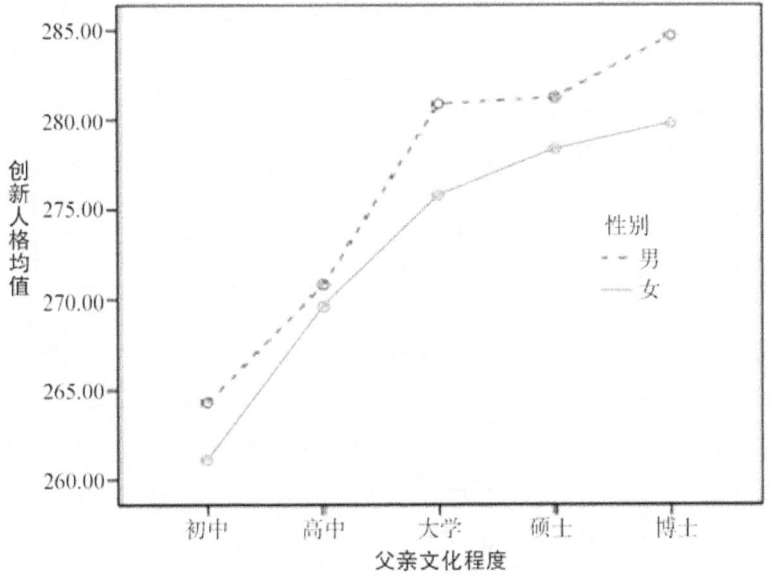

父亲文化程度与学生创新人格

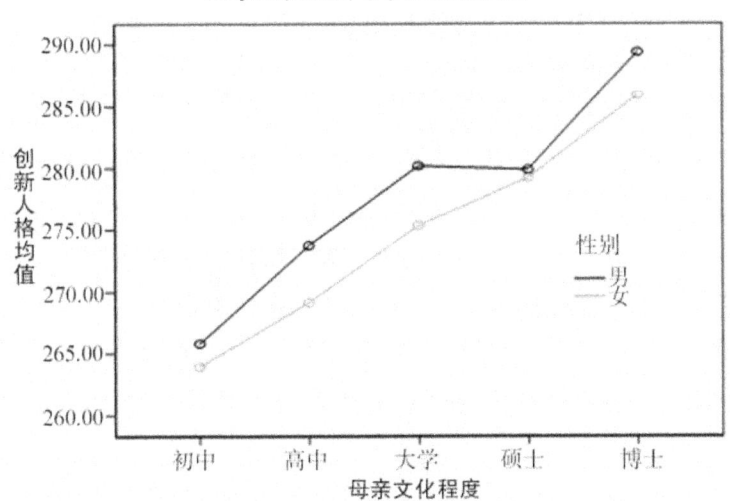

母亲文化程度与学生创新人格

c. 家庭人均收入对学生创新人格有一定的影响。调查显示,学生的创新人格与家庭收入呈现一定的正相关比例。高收入家庭与低收入家庭对比相对明显,尤其是高中女生。这种情况可以理解为家庭收入的宽裕可以为孩子创造更多的成长与发展空间,有助于他们创新人格的形成与提高。

由此看出，无论是家庭的类型还是家庭的收入，无论是否独生子女还是父母的文化程度，都对学生的创新人格产生影响，说明高学历者的教育方式和理念有助于孩子的创新人格的形成；另外，家庭收入高和低都会影响到孩子的学习心态与创新人格的形成，稳定和相对宽裕的家庭收入可以为孩子创新人格的形成提供较好的教育环境。

（四）"高中生创新素养观察表"的开发和使用

对教师来说，对学生进行行为观察是一项积极有效的教学技能。要科学、全面地观察学生的创新素养行为表现，教师必须立足于教育教学工作实际，在真实情境中，对学生行为进行观察、记录分析，并在此基础上实施相应的教育教学策略。而教师在对学生进行行为观察时，往往会出现一些难以避免的倾向：只观察自己想观察的内容，忽略自己不感兴趣的观察内容，而这对于我们全面、客观地了解学生的创新素养是不利的。因此，教师在对学生进行观察时需要有一定的观察重点和指向性，而不是盲目的观察，也不能仅凭自己的喜好和兴趣观察。如果能为教师提供科学、客观和清晰的观察线索或观察指南，教师在观察过程中就能把握观察的重点，对学生的观察记录就不会片面甚至成为无效的观察资料。因此，我们希望在参考国内外专家研究成果的基础上，在总结广大教师在实践中积累的对学生创新素养培育过程中的宝贵经验的基础上，编制出一个相对比较简单、容易操作实施和可信度比较高的"高中生创新素养观察表"[①]，作为继"高中生创新人格测验"和"高中生创新思维测验"之外对学生创新素养评价的一种非常重要的辅助性评价，同时也为教师在对学生进行创新素养行为观察时提供科学参考。

1. "高中生创新素养观察表"的功能定位

（1）评价功能

可以作为对学生创新素养评价的观察参考，也可以为教师对创新素养书面测验结果的解释提供丰富的补充信息，有利于教师对学生个体的创新行为做出全面的、具体的、系统的评价，有利于把握学生个体的创新素养的整体情况。

[①] "高中生创新素养观察表"是由上海市教科院普通教育研究所沈之菲、上海市闵行区教育科学研究所杨彦平、上海市七宝中学鞠瑞利、上海市闵行中学葛庆华、上海市浦东新区教育发展研究院赵军秋老师共同讨论、编制的。

(2) 识别功能

"高中生创新素养观察表"主要的功能不全是评价,也不是为了把学生分为成功者和淘汰者,但可为教师在日常教育教学中对那些创新素养比较突出的学生进行识别提供参考依据,以便学校及时为他们的学习和发展提供更好的指导、辅导和资源支撑,提升他们的创新素养,为他们未来成为真正的创新型人才奠定扎实的基础。

(3) 指导功能

该观察表提供的观察维度,既是对学生创新素养评价的参考,同时也是学生创新素养需要培养的目标。一方面,该观察表可以作为教师指导和培养学生创新素养的目标参考,指导学生的日常学习行为,使之朝着更符合创新素养形成的方向发展;另一方面,可以帮助教师及时调整和改进自己的教学,使教师"指导"与学生"创新"有机结合起来。

2. "高中生创新素养观察表"编制的原则

(1) 科学性原则

"高中生创新素养观察表"的编制不是根据几个教师的经验随便编制的,而是在参考大量的国内外专家学者对创造心理学、人格心理学、创新思维等理论成果的基础上编制而成的。同时,观察表的编制还根据教育评价学的依据,尤其是评价指标体系的结构和模式、指标体系的设计技术和方法。因此,该观察表具有一定的科学性。

(2) 导向性原则

"高中生创新素养观察表"编制的目的不完全是为了评价学生,同时也是为教师在日常的教育教学中培养学生的创新素养提供内容参考,激励学生开展创新性学习活动,这有利于学生创新素养的全面提高。

(3) 可操作性原则

"高中生创新素养观察表"是观察学生创新素养行为的指南,因此,编制的观察表在实践中必须具有很强的可操作性,这就要求编制的观察表既能对学生个体的创新素养行为进行实际度量,又便于教师在观察评价过程中进行操作。因此,观察表的评价指标的内涵要简明扼要,操作技术便于掌握。

3. "高中生创新素养观察表"编制的过程

"高中生创新素养观察表"编制过程是一个对创新素养的认识与理解逐步

深入的过程,期间出现了多次调整和修改,是一个"肯定——否定——反思——修改——完善"的过程。在编制过程中,我们查阅了大量的创造心理学、人格心理学、创新思维等相关的资料,并与一线教师做了深入的沟通和访谈。

2011年8月,我们在上海市七宝中学举办了学生创新素养教师观察的论文和案例征集,要求教师结合自己所从事的基础课、拓展课、研究课等各类学科教学及日常的各项教育活动,通过对学生个体或群体的观察、比较、分析、归纳,总结出一些识别和发现创新素养突出的学生的科学方法和可行路径。同时,我们还跟许多普通学校的一线的教师进行了采访和座谈,也吸收了他们对创新素养的理解以及对学生进行创新素养行为观察的宝贵经验。

根据案例征集和座谈获得的资料,在查阅了大量的有关创新的理论资料的基础上,我们进一步抽取创新人格和创新思维的部分敏感指标,初步确定了"高中生创新素养观察表"的大致架构和内容,在2011年12月30日提供给上海市高中学生创新素养培育项目实验校试用。

2012年4月,召开了高中学生创新素养培育项目实验校创新试验班老师会议,认真听取他们对"高中生创新素养观察表"使用的情况反馈,并积极采纳了他们对观察表提出的修改意见和建议。

结合教师提供的建议和丰富的实践案例,我们进一步修改和完善此观察表,并最终确定观察表中的一、二级观察指标和行为特征描述。观察表的框架结构和行为特征描述虽然经过多次的修改和完善,但还会存在一些欠缺和不足,也希望专家学者和广大教师对此观察表的进一步完善提供更多的有价值的信息和建议。

4. "高中生创新素养观察表"框架结构的形成和确定

(1) 学生创新素养行为观察的相关研究

关于学生创新素养的理论文献资料非常丰富,但对于学校教师如何从行为观察的角度评价学生的创新素养,这方面的研究还比较少。

于子轩在研究中制定了一份高中生命科学课程学生创新素质培养的调查问卷[①],问卷中对创新素养的行为描述包括学生的好奇心、求知欲、问题意识、兴趣、观察力、调控力、专注力、想象力、直觉能力、开放性、质疑精神、批判精神、灵

---

① 于子轩. "科技创新试验班"生命科学课程学生创新素质培养的调查与启示——以华东师大二附中为例[D]. 华东师范大学硕士论文,2011

感、自信心、冒险精神、抗逆力、独立精神、判断力、责任心和乐群性等 20 个方面。应该说,问卷中涉及的行为要素比较全面地囊括了创新素养的各种要素,这对于教师从行为观察的角度对学生的创新素养做出评价提供了比较好的参考,但在实际运用中,感觉一些行为观察要素有些重复,如独立精神、批判精神、观察力三个要素虽然有细微的区分,但从本质上都反映了学生的问题意识素养。问卷中对每个行为表现的评价没有分为一、二级指标,教师在参考此问卷对学生的创新行为进行观察评价时,感觉这些没有归类的行为描述参考标准有点分散零碎,而过多过细的行为描述需要教师对学生表现出的多样化行为灵活地做出判断,需要教师花费许多时间去思考和搜寻对应行为描述的具体情境,在某种程度上增加了教师的评价负担。此外,还容易导致教师对学生创新素养评价结果的认识缺乏整体性、层次性和清晰性。

高中生命科学课程学生创新素质培养的调查问卷

序号	创新素质的行为表现
1	对新异的事物好奇,主动注意、观察、提问、操作、探究本质
2	能根据需要学习某一方面的知识,或乐于广泛学习各种知识
3	能主动思考,提出一些问题,偶尔是别人想不到的问题
4	兴趣广泛但不多变,且有主要兴趣,专心投入到兴趣中
5	能运用一些观察方法,多角度观察,发现事物的主要特征
6	能发现事物间的差异,感受环境和人的变化,发现易忽略的细节
7	能合理安排上课、实验、做课题和活动,专心做好每件事
8	能克服主客观干扰,集中注意力学习工作,保持较长专注时间
9	爱故事、游戏和智力活动,幻想一些事情,有时直觉很准
10	爱联想,思维发散,想法多,广泛寻找各种资源和信息
11	不轻信,用自己的方式验证所学的知识、结论和所发现的现象
12	遇事不偏激、不片面、不人云亦云,评价好与不好两方面
13	在学习和做课题中突然有一个或多个想法,并想立即去实施
14	能根据主客观条件,相信自己可以应对一切,实现目标
15	敢于猜想,敢于承担风险,做别人没有想过、没有做过的事情

（续表）

序号	创新素质的行为表现
16	遇到困难时,认为困难和挫折是正常的,能与别人交流,想办法解决
17	在学习、工作中有自己的想法,靠自己的努力,但不排斥他人帮助
18	明辨是非,三思而行,执行坚决,避免优柔寡断和草率武断
19	对自己、家庭、集体和国家负责,树立正确的人生观、价值观
20	乐于与人沟通,与不同人相处融洽,能与人合作,有朋友圈

杭州师范大学初等教育学院院长徐丽华教授从乐于创新、善于创新和有所创新三个维度编制了学生创新行为观察与分析框架[①],作为对学生创新行为评价的参考标准。此观察分析框架中有二级和三级指针,使教师在对学生创新素养行为评价时有清晰的目标指向性、层次性和条理性。

学生创新行为观察与分析框架

二级指针	三级指针	发展水平		
		3	2	1
乐于创新	好奇心	喜欢从独特角度提出问题	喜欢提出问题	偶尔提出问题
	创新冲动	常有创新尝试的热情并想付诸行动	发现新生事物就欢呼雀跃	偶尔有创新冲动但不强烈
善于创新	自信心	能够大胆地表达自己的想法和见解,并能坚持自己的正确观点	能够发表自己的意见,但不够据理力争	有时能够说出自己的想法,但不够确定
	独立性	能够独立思考、独立行事,敢于向老师、书本质疑	能够自己提出解决问题的思路和方法	能够在教师指导下自己提出解决问题的思路和方法
	发散性思维	对一个问题能提出多种解决方法,特别是能提出超常规的方法	学习中能举一反三	能够在教师引导下在学习中提出两种以上解法

① 徐丽华,吴文胜,傅亚强.教师与学生创新行为的发展[M].北京:教育科学出版社,2011

（续表）

二级指针	三级指针	发展水平		
		3	2	1
善于创新	观察能力	在观察中常有新的发现	观察仔细	在教师引导下能够完成观察任务
	想象能力	常常幻想，喜欢异想天开	喜欢叙述和写作想象的情景	在教师引导下作文的构思或情节富有想象
	操作能力	善于动手查找工具书、操作计算机、制作作品	喜欢动手操作学具	能按教师要求在课堂活动中动手操作
有所创新	语言作品	有小作文在公开发行的刊物上发表	有小作文在班级范读或展示	有模仿习作
	艺术作品	有独立创作的艺术作品	在教师指导下有音乐、舞蹈、书法等艺术作品	有模仿的音乐、舞蹈、书法等艺术作品
	小发明作品	有独立完成的小发明、小制作作品	在教师指导下有新创意的小发明、小制作作品	有模仿的手工制作作品
	多媒体作品	有独立制作的多媒体作品并得到了应用或获奖	有独立制作的多媒体作品	在教师指导下能够完成多媒体作业

此外，徐丽华教授还以"学生创新行为观察与分析框架"为基础，创立了一种学生创新行为观察工具——创新树。她把反映学生创新行为的三个要素作为创新树的树杈，把反映每个要素的指标作为树杈上的分枝，把每个指标的典型行为的不同表现程度分为三个发展水平：3—高级水平；2—中级水平；1—初级水平。根据学生行为表现的观察结果，在相应的树枝上画果实，按照发展水平的高低分别画大、中、小三种规格的圆，树上的果实越大、越多，创新行为表现就越好。

应该说，徐教授用"创新树"对学生的创新行为进行评价，这本身就是一种创意。观察树具有形象、生动、直观的特点，在实践中也具有一定的可操作性，为学生创新素养行为观察提供了借鉴和参考。

(2) "高中生创新素养观察表"框架确定

我们对学生创新素养行为观察的要素特征进行了梳理，这些观察要素特征对我们在实践中评价学生的创新素养提供了行为参考指南。同时，在借鉴于子轩和徐丽华教授研究成果的基础上，为了给教师提供简单易行的创新素养的观察参考，我们结合学生创新素养观察表编制的目的、原则及其功能，将编制的观察表分为3个一级指标、13个二级指标，每个二级指标后面是对行为的特征描述及具有代表性的观察情境。3个一级指标分别为创新人格、创新思维、创新技能。其中，创新人格设置了好奇心和兴趣、问题意识、自信心、意志力等4个二级指标；创新思维设置了想象力、发散性、批判性、逻辑性等4个二级指标；创新技能设置了自主学习能力、信息加工能力、动手操作能力、实验设计能力、合作能力等5个二级指标。创新知识是指某个或某几个领域的相关背景知识，是个体进行创新活动的最基本的原料，对知识的评价，专门的测验和考试会更加准确。因此，学生创新素养观察量表中没有涉及对创新知识这个维度的观察。

观察表采用的是等级评定，将学生的行为观察表现划分为从4到1四个等级，分别为非常好、比较好、一般、差。在每一项特征描述中补充了相关情境的描述，便于教师在具体操作时参考。需要说明的是，情境的描述也并不是非常具体的，只是相对明确或有一定的指向性，因为不同的教师任教学科不同，跟学生相处的时间和所遇到的情境会有所差异，因此，在情境举例描述上有一定的概括性，但还是能够给教师一定的情境参考性。我们编制的"高中生创新素养观察表"框架结构如下。

高中生创新素养观察表

观察者（教师）姓名：＿＿＿＿＿＿　　任教学科＿＿＿＿＿＿

被观察（学生）姓名：＿＿＿＿＿＿　　性别＿＿＿＿　　年龄＿＿＿＿

观察时间＿＿＿＿＿＿

一级指标	二级指标	特征描述	等级（4—最高，1—最低）			
			4	3	2	1
创新人格	好奇心和兴趣	对未知的事物有强烈的好奇心，兴趣广泛，但有自己的中心兴趣，如对某个具体领域如物理或工程等有更浓厚的兴趣				

(续表)

一级指标	二级指标	特 征 描 述	等级(4—最高,1—最低)			
			4	3	2	1
创新人格	问题意识	有自己的观察视角,能发现别人不容易发现的东西;经常向老师提一些出人意料的问题				
	自信心	敢于表达自己的观点,如上课经常举手发言;小组讨论时敢于对自己的观点据理力争,不人云亦云				
	意志力	有坚强的意志,如遇到难以解决的问题时,不轻易放弃,会从多方面探索解决问题的可能性;面临失败或遇到困难时,仍能坚持完成自己的学习和研究任务				
创新思维	想象力	想象力丰富,如在问题解决或开展课题研究的过程中经常会出现一些与众不同的想法或灵感				
	发散性	善于从多个侧面分析问题,解题思路十分广阔,如作业或平时测验时,解题中常能出现一题多解或出现一些非常规解法				
	批判性	喜欢质疑和批判,如经常对教科书或某些教师的某些观点提出自己的疑问和批判				
	逻辑性	善于逻辑推理,如能够在文字、数字、图形、图像、表格等有关联的信息中找出内在逻辑关系或逻辑主线				
创新技能	自主学习能力	经常超前自学完老师上课的内容;有自己的一套学习方法,如把课本上的重点内容用各种不同符号标出;自学中遇到不会的问题能主动求助老师或同学				
	信息加工能力	能对提供的资料进行筛选、总结并做出判断;能就同一问题的多种解决方案做出判断和选择,并能陈述选择的依据				
	动手操作能力	喜欢动手操作,如生活学习中,经常能动手修理家中或学校中的一些简单用品;进入实验室时对实验仪器的内部结构或功能有探究的强烈愿望或冲动				
	实验设计能力	有很强的实验设计能力,如能对书本上的实验进行改进或重新设计;实验过程中经常有自己独特的实验方案或操作方案				

(续表)

一级指标	二级指标	特 征 描 述	等级(4—最高,1—最低)			
			4	3	2	1
创新技能	合作能力	能与同学合作完成实验或研究,善于与他人共享学习成果,如研究性学习活动中,与小组同学关系融洽,合作完成研究任务				

5. "高中生创新素养观察表"信度、效度分析

观察表编制完成后,我们从某所中学高一、高二年级学生中抽样150位学生,让熟悉学生的班主任或相关教师对学生进行了观察表的试用,对统计的数据用SPSS17.0进行了信度和效度分析,结论如下:

(1) 信度分析

该观察表的内在一致性系数为0.787(N=150),比较理想。

(2) 效度分析

① 创新思维各维度的效度分析

学生创新人格、创新思维各维度之间的关联

	好奇心	问题意识	自信心	意志力	想象力	发散性	批判性
问题意识	0.439**						
自信心	0.382**	0.421**					
意志力	0.293**	0.310**	0.443**				
想象力	0.508**	0.337**	0.219**	0.383**			
发散性	0.464**	0.469**	0.329**	0.252**	0.563**		
批判性	0.428**	0.455**	0.304**	0.086	0.338**	0.467**	
逻辑性	0.476**	0.455**	0.386**	0.324**	0.319**	0.440**	0.500**

注:**p表示在0.01水平上显著相关。

由上表看出,学生创新人格、创新思维各维度之间的关联系数在0.3—0.5之间,说明各维度既相关又有不同侧重,结构效度比较理想。

② 创新技能各维度的效度分析

创新技能各维度之间的关联

	自主学习能力	信息加工能力	动手操作能力	实验设计能力
信息加工能力	0.243**			
动手操作能力	0.092	0.359**		
实验设计能力	0.140	0.322**	0.586**	
合作能力	0.161*	0.334**	0.209*	0.344**

注：**p表示在0.01水平上显著相关；*p表示在0.05水平上显著相关。

由上表可以看出，在学生的创新技能各维度中，除了"自主学习能力"与各维度的相关较低外，其他维度的相关也均在0.3—0.5之间，结构效度也比较理想。

6. "高中生创新素养观察表"的使用举例

（1）"高中生创新素养观察表"使用案例分析

为了让观察者对每一个学生创新行为的总体印象简洁和直观，并且便于制作观察图，受卡特尔16种人格测验剖面图的启发，我们采用坐标图的方式，以学生创新素养观察表的13个二级指标为横坐标，以等级评定得分为纵坐标，然后把对学生每一个二级指标的最后评定得分用直线连起来，这样就形成了一个创新素养的剖面图，这有助于我们比较简洁、直观地了解学生个体创新素养的整体情况。

案例

对叶同学的创新素养行为观察

上海市七宝中学叶同学是一位充满了好奇心、善于思考并且有着超强意志力的学生，他对于生命科学的热爱超乎寻常。他喜欢动手实践，对实验室有着浓厚的兴趣，课余时间经常到学校学生科学研究院的实验室做实验，有时甚至自带干粮进实验室，摸着黑进、摸着黑出。在高一的时候，学校开设了"走进自己的实验室"这一课程，他在两个学期的时间里，利用每周两节选修课的时间先后在高俊创意工作室、化学创新实验室、生命科学创新实验室参与自主实验，积累了许多实验室技能和相关知识。高二研究性学习的时候，凭着对生命科学的热爱，他选取了

"具有杀菌和改水双效功能的生物消毒剂的研究"这一课题。在研究的过程中,他的创新思维得到激发,他将其他领域的相关成果巧妙地应用于生命科学领域并产生了出人意料的效果。由于研究的需要,他要到海洋大学国家水生动物病原库完成实验,而海洋大学离学校有67公里远,来回路上要耗费三个多小时,但他在暑假还是一天隔一天地坚持去海洋大学国家水生动物病原库完成实验。实验的过程是辛苦的,但他仍然沉醉于他的实验。实验过程并非一帆风顺,许多实验需要重复多次才能达到预期效果。特别是微生物实验,往往培养菌株和暂养模式生物就需要花一个多星期的时间,许多实验的周期比较长,经常需要在几天内连续不断地测实验数据,他时常为了一个实验甚至顾不上吃饭休息。正是对于生命科学的强烈兴趣和坚韧的毅力,他最终完成这项研究并取得了成功。他的课题"具有杀菌和改水双效功能的生物消毒剂的研究"荣获了第27届上海市青少年科技创新大赛一等奖、英特尔公司设立的"英才奖"和上海市浦东新区生物产业行业协会设立的"张江药谷生命科学创新奖",并被选送全国青少年科技创新大赛。下图是科技指导老师对叶同学进行行为观察后评价的结果。

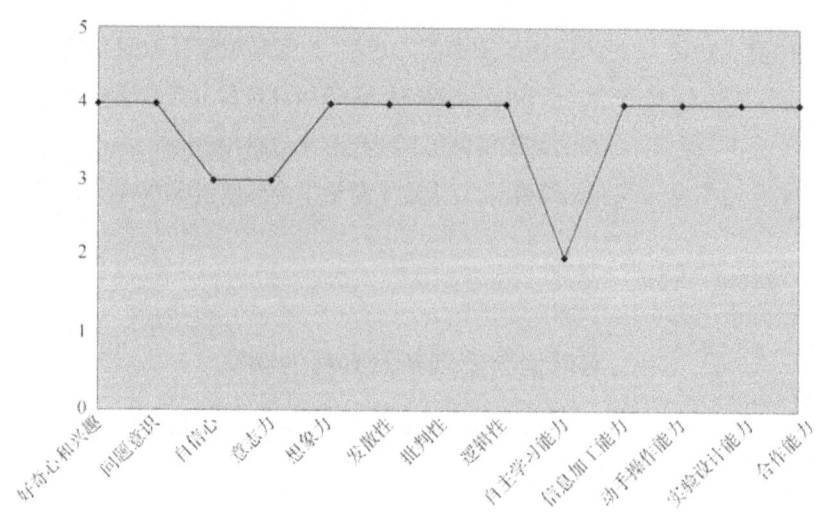

叶同学创新素养观察表

由此图可以看出,叶同学的好奇心、问题意识比较强,他的创新思维品质非常好(想象力、发散性、批判性、逻辑性的等级得分都是最高),创新技能(信息加工能力、动手操作能力、实验设计能力等级得分最高)总体也不错,自信心和意志力比较好,但在自主学习能力方面还有所欠缺,这是今后学习中需要进一步提升和努力的方向。

(2)"高中生创新素养观察表"使用说明

① 关于等级评定说明

本观察表采用的评价方式是一种表现性评价中的等级评定。教师根据观察到的情况对学生的行为表现分等级记录,在相应的行为等级后加上"√"记号。对学生行为的评价,观察表采用四个等级,四个等级只是一种程度上的强弱区分,并不是好差的区分,如4代表非常强、3代表比较强、2代表一般、1代表弱。

② 等级评定需要有具体的情境事件做支持

教师在对学生的某个行为指标做出等级评定时,不是凭空根据自己的喜好而随意得出的,而应该有具体的情境事件做支持。例如,一位物理老师对某个学生的自主学习能力等级评定为4,是因为该学生在几天内把导师布置给他的阅读大学教材某章内容的任务提早完成,并且同时在一张A4纸上写满了密密麻麻的问题给老师,据指导老师讲,这些问题质量都很高;此外,这个学生平时经常提前预习老师上课所讲的内容。这两个具体的行为情境体现出该学生有非常强的自主学习能力。因此,物理教师对该学生的自主学习能力等级评定为最高级4是科学合理的。特别是不同的教师在对同一个学生进行观察评价时,对学生的评价等级得分更需要具体的情境事件做事实证明,这样观察评价的结果才不会受到个人主观偏好的影响,评价的结果也才更具有客观性和真实性。

7. "高中生创新素养观察表"使用注意事项

(1) 观察表可让学生用来作为自我评价的参考

我们对学生创新素养进行观察的评价是一种表现性评价。这种评价工具除了给教师使用外,同样可以被学生自己用来判断、评价自己的行为。若学生把自己的评价与教师的评价进行对比,且师生双方可以就每一项行为表现的等级评定陈述各自的理由,这可更有效地让学生认识到自身创新素养的优势和不足,教师也能进一步加深对学生的了解,这对学生的发展和成长有很多好处。

(2) 教师平时要做好学生的行为观察记录

教师在日常的工作中可借助该观察表提供的观察维度和列举的情况对学生进行行为观察,观察学生如何完成任务,学生的坚持情况,工作、学习的努力程度等。但使用该观察表必须在平时要注意做好观察记录,需要教师简洁地记录描述学生行为表现的情况,包括所观察到的行为、行为发生的情境以及对事件的解释等。因此,教师在平时可通过记日记的方式记录对学生行为观察的结果,这也是教师最常使用的一种记录方法。这种方法的优点是简便易行,不需事先准备各种其他记录工具,只要教师养成记日记的习惯就可随时记录下所观察的结果。但这种方法最大的缺点是教师本人的偏见、期望、好恶有可能掺入记录,并影响他根据记录做出的判断。因此,用日记记录观察结果时要尽可能客观、实事求是,应当主要记录学生可观察的具体行为及行为发生的特定环境,要把自己的主观印象和事件的本来面目区分开来。

(3) 最好综合多学科教师运用此观察表评价学生

对传统纸笔测验而言,行为表现性评价有其独特的优势,只需平时注意对学生的行为进行观察,并可依据观察表的提示对学生的创新行为给予等级评定,比较简单易操作。但表现性评价并非是万能的评价方法,它也有一定的局限性,最明显的局限性莫过于观察表的信度问题。信度问题主要集中于评分者信度方面。评分者信度指的是两个或两个以上的评分者对于某领域内一个或多个行为观察后评判的一致程度。表现性评价是由评分者依据评分标准进行评价,由于标准的执行具有很大的主观性,因此信度很难得到保证。如对于"坚强的意志"的等级评定,数学老师对某一个学生的"意志力"评定等级为2,认为该学生的意志力表现一般;但物理老师对该学生的"意志力"评定等级为4,原因是某一次开展小课题研究时,该学生带病坚持做实验,虽然实验失败多次,但该学生还是坚持研究直至实验成功。正是由于不同教师在观察评定时的个人主观标准不一致,从而导致了不同的教师在评价学生时会产生一定的差异。

此观察表的使用对教师的要求比较高,无论是观察评价前的记录准备还是具体的观察评价,都是很艰巨的任务,都要求教师对学生表现出的多样化行为灵活地做出反应,需要教师花时间、精力去构思出生动的评价情景,以便做出等级评定。对单科教师而言,观察所需要付出的精力等各方面的投入也比较大。此外,不同的教师运用此观察表观察评判,由于评价标准的主观性比较强,每个教师的评价结果会有很大差异。所以,在实际中运用此观察表对学生评价时,最好是多学科结合,这样不仅可以多个教师集体承担要付出的时间、精力,而且对学生的观察结果也会更全面和客观,对学生的创新素养的提升有着更重要的意义。

四、基于创新素养培育的高中学生评价改革实例

对学生创新素养的评价,需要把握几点:

第一,创新素养的评价目的是为了识别培养。对学生创新素养的评价,目的不单纯是为了选拔,更不是为了把学生分为成功者和淘汰者,而是为了发现和识别那些具有创新潜质的学生,以便学校及时为他们的学习和发展提供更好的指导、辅导和资源支撑,提升他们的创新素养,为他们成为创新型人才奠定扎实基础。

第二,创新素养的评价应该分领域进行。虽然每个学生都有一定的创新素养,但在不同的领域,学生的创新素养表现有明显的个体差异,如有的学生在科技领域的创新素养表现比较突出,而有的学生在人文领域的创新素养表现比较突出。因此,在对学生的创新素养进行评价时,应该分领域实施不同的评价标准和评价程序。

第三,学生创新素养的评价是全程性的评价。学生创新素养的评价是一个复杂和循序渐进的过程,一次评价难以完成,也不客观公正,且学生在学习过程中,创新的素养会得到锻炼和提升,所以需要全程性的评价:边识别、边教学、边实践、边培养。这样的评价更有利于对学生进行个性化的指导和培育。

第四,学生创新素养的评价方法应该多样化。创新素养评价不等同于智力测验,其方法应该多种多样,实施时要充分注意创新素养结构的多维度、多层面性,要运用多种方法予以评价和评定。既要重视科学的创新素养评价测试工具的使用,同时也要借鉴广大一线教师在教学实践中积累的对创新潜质学生的经验观察。只有采取多样化的评价手段,学生创新素养的评价才有可能科学准确。

下面所列举的学校实例,主要从三个方面来反映这些学校以校为本所进行的学生创新素养评价方面的探索:

第一方面是创新潜质学生识别的学校实例。包括七宝中学对学生创新素养识别模型的构建;复旦附中基于本校学生情况的创新素养学生选拔和评价方法;卢湾高中通过活动选拔创新潜质学生;控江中学集观察、测试、培育为一体的过程性识别。

第二方面是特需学生识别的学校实例。包括上海中学对数学英才早期识

别的三个维度；上大附中对创新型工程技术人才的选拔思路和方法。

第三方面是对创新学生的全程性评价与管理方法的学校实例。包括闵行中学建构在数字化校园建设基础上的多元化过程性评价；南洋模范中学实施与管理相结合的科创班学生的全程评价。

这些学校的案例反映了学校的研究和实践，可以为广大实施创新素养培育的学校提供有益的经验，值得参考与借鉴。

（一）学生创新素养的评价方案与实施

实例一：七宝中学学生创新素养识别模型的构建

七宝中学根据对学生创新素养识别的研究和学校的办学思想及育人目标，初步构建了一个分领域（人文、科技领域）、分层级（一级和二级识别）的学生创新素养识别模型，具体如下：

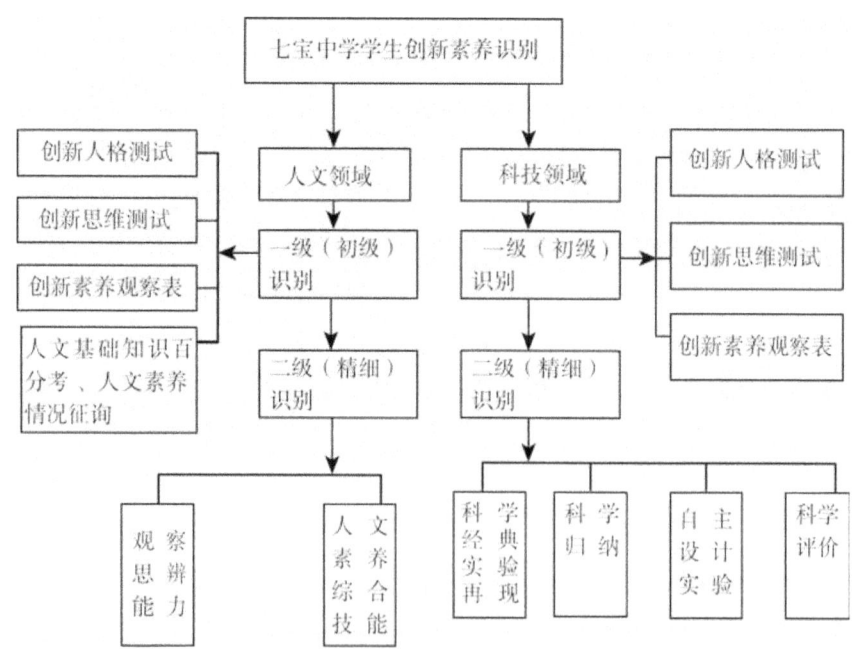

1. 一级（初级）识别

科技领域的初级识别主要包括"学生创新人格问卷测试"和"学生创新思维

测试",以及"学生创新素养观察表"等三部分;人文领域的初级识别除了上述三部分外,还增加了"人文基础知识百分考和人文素养情况征询"部分。

(1)"学生创新人格问卷测试"和"学生创新思维测试"

一级(初级)识别所使用的"学生创新人格问卷测试"和"学生创新思维测试",主要是借用上海市创新素养培育项目内涵与评价课题组编制的"高中生创新人格问卷"和"高中生创新思维测试"。"学生创新人格问卷测试"通过77个自陈问题,主要考察学生的创新意识、创新情感、创新意志等人格方面。"学生创新思维测试"通过24道题目,主要考察学生的推理、逻辑、计算和比较排除等方面创新思维品质。这些题目是经过信度和效度检验、试测分析,测试问卷具有一定的科学性和合理性。

(2)"学生创新素养观察表"

创新素养作为学生的一种内隐的品质或内在素质,往往是无法直接看见的,但却体现在学生的日常行为中,如学生对事物有浓厚的兴趣、有强烈的好奇心;而学生是否对某个领域或某个学科感兴趣,是否有质疑精神、创造性解决问题的能力,有无自主学习能力,实验操作技能是否熟练等,这些在日常生活中都可以通过观察而做出评价。因此,七宝中学尝试通过编制"学生创新素养观察表"来作为初次识别学生创新素养的一种参考。

2011年8月,七宝中学借助教师暑假作业,举办了"学生创新素养行为观察"的论文和案例征集,要求教师结合自己所从事的基础课、拓展课、研究课等各类学科教学及日常的各项教育活动,通过对学生个体或群体的观察、比较、分析、归纳,总结出一些识别和发现创新素养突出的学生的科学方法和可行路径。同时,在上海市创新素养培育项目内涵与评价课题组的帮助下,七宝中学还对许多其他学校的一线的教师进行了采访并座谈,也吸收了他们对创新素养的理解以及对学生进行创新素养行为观察的宝贵经验。

结合"学生创新素养观察表"编制的目的、原则及其功能,也为了便于给教师提供简单易行的创新素养的观察参考,编制的观察表分为3个一级指标、13个二级指标,每个二级指标后面是对行为的特征描述及具有代表性的观察情境。3个一级指标分别为创新人格、创新思维、创新技能。其中,创新人格设置了好奇心和兴趣、问题意识、自信心、意志力等4个二级指标;创新思维设置了想象力、发散性、批判性、逻辑性等4个二级指标;创新技能设置了自主学习能力、信息加工能力、动手操作能力、实验设计能力、合作能力等5个二级指标。这个探索性研究对整个高中生创新素养培育项目、对创新素养的行为观察的运用,都做出了很大的贡献。

(3) 人文领域一级(初级)识别:人文基础知识百分考和人文素养情况征询

由于创新素养观察表的许多观察评价指标是偏向于科技领域学生的,因此人文领域创新素养的初级识别除了使用"创新素养人格问卷"和"创新素养思维测试"及"创新素养观察表"外,学校还增加了"人文基础知识百分考和人文素养情况征询"作为识别学生人文素养基本情况的重要补充。

① 人文基础知识百分考

人文基础知识百分考的目的是考查高中学生对人文基础知识的了解和把握水平,试题由填空题、选择题两种类型的题目组成,内容涉及古今中外的历史、文学、政治、哲学、地理等人文学科各个领域的基础知识。

② 人文素养情况征询

学生人文基础素养情况征询的目的是详细问询和了解学生在阅读、写作、演讲、辩论及参与和组织各类活动中的表现和已取得的成绩,判断学生已具备的人文素养基础。

试题举例:请列举你阅读过的文学、史学、哲学、政治经济学等人文社科方面的三部作品,并概述你印象最为深刻的一部作品或者是作品章节中的观点;列举你参与过的不同级别的各类演讲和辩论比赛,这些比赛中,你认为你表现最好的是哪场。

2. 二级(精细)识别

创新是相对于具体领域而言的,由于人的兴趣爱好、思维倾向和能力差异等方面的原因,学生的创新素养在不同的领域会有不同的表现,对于学生创新素养的识别还应在一级(初级)识别的基础上进行二级(精细)识别。创新素养精细识别的工具包括"七宝中学学生创新素养二级(精细)识别方案"(科技领域)和"七宝中学学生创新素养二级(精细)识别方案"(人文领域)。

(1) 七宝中学学生创新素养二级(精细)识别方案(科技领域)

为了对在科技领域具有明显专长的学生进行分类识别和有针对性的跟踪培养,学校设计了"七宝中学学生创新素养二级(精细)识别方案(科技领域)"。

对科技领域学生创新素养的精细识别主要由学生科学院提供的四个科技

创新平台(生化平台、数理平台、地空平台、综合平台)来具体实施。识别的工具是每个平台结合自身平台需要的专业知识和专业技能特点而编制的一套测试题。测试的主要目的是考查学生的创新思维和创新技能。每套测试题主要包括四个部分:科学经典实验再现能力测试、科学归纳能力测试、自主设计实验能力测试、科学评价能力测试。

① 科学经典实验再现

科学经典实验再现,主要考查学生的基本实验操作技能水平。测试要求学生按照各平台测试要求完成两个相关实验室的经典实验。对学生的评价从实验器材使用的规范性和熟练性、实验结果的完整性和准确性、学生对实验目的理解等几个方面,对学生进行从 1—5 之间的等级评定。

② 科学归纳

科学归纳主要是让学生通过对科学文章的阅读,了解其对科学信息敏锐的发现力、精准的判断力、全面的概括力。测试要求学生在提供的两篇科学文章中选择一篇进行阅读,并编写文章摘要(300 字),摘要应包含以下内容:文章的目的或意义、文章中描述内容的研究方法、文章的结果、文章的结论,摘要不得引用文章中的整句进行描述。

③ 自主设计实验

自主设计实验主要是考查学生的创新实验设计能力。测试要求学生给出两个本实验室可完成的实验设计命题。实验应具有以下特点:实用性——来源于生活,高于生活;创新性——可以就课本实验进行再创新,也可以进行完整独立创新;科学性——具有科学的严谨性。实验应包括以下内容:实验的由来(实验目的、实验原理)、实验设计(技术路线、实验方案)、实验过程(材料、方法、步骤)、实验预期结果。教师从实验的实用性、科学性、可行性、完整性、创新性等几个维度,对其进行从 1—5 之间的等级评定。

④ 科学评价

科学评价主要考查学生的科学综合素养,测试要求学生从两篇完整的、本学科前沿的科学论文(简化 2000 字左右)中任选一篇进行评价,学生通过对文章的解读,进行讨论分析并提出自己的观点(500—800 字)。

最后,根据学生四个测试的表现,对学生创新思维和创新技能进行综合评定,从中选出优秀的学生进入学生科学院进行深度培养。

（2）七宝中学学生创新素养二级（精细）识别方案（人文领域）

对人文领域学生创新素养的二级（精细）识别主要依托学子人文书院提供的五个专业平台（博雅平台、创意写作平台、辩论演讲平台、领导力平台、艺术平台）来完成，精细识别主要考查学生的观察思辨能力和人文素养综合技能。

① 观察思辨能力

目的：考查学生是否有善于观察和思考的习惯，考查其看待问题的广度、分析问题的深度、思辨能力和表达能力。

要求：在最短的时间内就日常生活、重要的社会热点、民生问题等进行思考并组织自己的答案。

试题举例：你对火车票实名制的看法？如果你是联合国秘书长，如何解决朝鲜半岛长期的武力对峙问题？谈谈上海引入迪斯尼乐园的利与弊。

② 人文素养综合技能

目的：了解学生的人文综合技能。

要求：让学生在规定时间内完成项目任务，从而考查学生在阅读、写作、演讲、思辨、策划等方面的实际能力。

试题举例：现场创作一篇限时命题作文；限时策划校园感恩节活动；请用五分钟阐述在学校组织的校园主题文化节（如狂欢节、艺术节、感恩节等八大节日）中，你参与策划、组织和实际操作过程中最有创意的地方。

通过初级识别和精细识别，在科技领域和人文领域方面确实有特长的学生，将分别进入"学子人文书院"和"学生科学院"不同的平台进行培养。学校将为这些学生提供一些学有专长的校内外导师、开设相关的深化课程、进行相关的课题研究，为这些学生创新潜能的发展提供必要的资源和发挥自己才能的空间，促进这些学生更好地发展与成长。

七宝中学初步构建的创新潜质学生的识别模型中的一级（初级）识别工具是在借鉴了以往许多专家对创新研究的理论成果的基础上编制而成的，并经过一定的信度和效度的预测。应该说，一级（初级）识别模型主要识别的是学生的创新人格特点、创新思维和创新技能的一般概况，由于任何创新都是相对某个特定领域而言的，因此，一级（初级）识别模型对特定领域具有创新潜质的学生的识别力度还有所欠缺，缺乏一定的深度。因此，七宝中学的模型增加了针对特定领域的学生创新潜质的二级（精细）识别。二级（精细）识别工具更多的是针对学生在人文和科技具体领域创新潜能的深度识别,这使得学校对学生创新潜质的了解更全面和深入,也有助于学校对学生的未来发展提供更有针对性的辅导和帮助,不仅具有较强的科学性,而且也具有更强的可操作性,为识别具有创新潜质的学生提供了比较科学的参考,有一定的适用价值。

案例2 复旦大学附属中学创新素养学生的选拔与评价方法

复旦附中的学生整体上都是资优生,因为他们学习水平、智力水平和情商等均高于同年龄人的平均水平。复旦附中在选拔和评价中,具体突出:德——品质高尚,有爱国精神,执著,责任感、使命感强烈;识——学识渊博,在某方面有特殊才能;才——有悟性,能科学思维,观察和思考问题有敏锐的洞察力、理解力;学——专注力强,能主动学习并有协作意识,形成团队的核心,能示范并乐于助人。以往的学校教学实践也给了启发:创新能力与学习成绩并不完全匹配,在校阶段成绩并不十分优秀,毕业后因其质疑及创新精神在创造发明和技术革新方面大有所为的学生也不在少数。所以,学校根据本校学生的情况来设计创新素养学生的选拔和评价方法。

1. 复旦附中对创新试点班学生的选拔方法

(1) 选拔标准

通过观察和实践,复旦附中发现创新素养比较突出的学生通常具有如下特征:明显地热爱科学,追求真理;自信心明显地强于一般的学生;着重长远目标,而看轻眼前利益;有比较强的抗挫能力;能够较好地和别人合作;有比较强的自学能力等。在此基础上,制订了复旦附中创新人才的选拔标准(讨论稿)。

要素	具 体 含 义
道德品行	◆ 品行端正,思想健康,热爱科学,有理想有抱负
	◆ 身心健康,乐群友善,有广泛的交往和良好的交流能力
学习能力	◆ 基础厚实,具有超越同龄人的学习能力和发展潜力
	◆ 有较为突出的相关领域学科特长或特殊的才能
	◆ 有超常的认知能力,能举一反三,能将学到的知识、原理主动迁移到新的领域,或用于解决新问题,富有批判性和创造性思维,思维敏捷、理解力强,学习较轻松

（续表）

要素	具体含义
心智与专注力	◆ 有超常的学习内驱力,爱独立思考、独立判断,学习专注且追求完美 ◆ 具有超常的敏感性和创造性,心智健康,想象力丰富,有较强的动手能力,乐于创新
兴趣志趣	◆ 兴趣广泛且有持续性,有超常的思维能力、较强的好奇心和旺盛的求知欲,乐于探求事物的奥秘,寻找问题答案的角度独特且有质量

（2）选拔办法

① 学校自主招生和自愿报名（包括学校推荐、学生自荐）。

② 材料预审。选取义务教育阶段成长记录良好,且对科学研究具有浓厚兴趣,具有自主学习能力的学生,进入第一轮候选名单。

③ 思维检测。从逻辑思维、发散思维和创新思维的角度,编制思维检测题,以笔试的形式选取思维能力高的学生进入第二轮候选名单。

④ 面试及互动交流。学校组成专家评议组,与候选学生面对面交流,了解学生的志向、兴趣,选取具有较强的探究能力、良好习惯和合作精神的学生进入第三轮候选名单。

⑤ 动手能力与实验操作。设计一定的学科实验（活动）,以开放式实验（活动）要求,让学生进行创意设计,选取实验操作（活动）较为规范且有设计创意的学生进入第四轮候选名单。

⑥ 学校专家组确定。根据上述四个环节,本着自愿原则,确定参与创新试验班的学生名单。

（3）复旦附中学生创新素养的评价方法

测评内容	测评方式	说明
创新意识	心理测试＋面试	着重考查是否有对探索未知领域的渴望及对创造性解决问题的诉求; 需注意心理测试的有效性与真实性,问题设计科学、合理、有针对性

(续表)

测评内容		测评方式	说　明
创新思维		面试＋笔试	理科试题的笔试着重于创造、发散性思维的题目,文科着重于运用批判性思维的问题解答与写作; 面试可由专家模拟一些具体情境,以考察学生的创新思维能力
创新技能	已有基础	笔试＋实验操作考试	笔试着重考查基础知识的掌握程度,实验操作考试着重考查初中已学实验的操作能力、严谨性
	潜力	笔试＋面试＋智商测试	笔试着重于学习型问题的考查,面试着重于考查学生运用新知识解决问题的能力(如采取先上一堂小课或看一段视频后再提问的方法)
创新品质		面试＋心理测试	面试可考虑采取压力型面试,甚至在面试过程中故意呈现错误的概念、结论以考查学生质疑精神或追求真理的执著程度等; 心理测试应包括以下内容:"三观"、诚信度、独立性、果断性、坚韧性、抗压能力、追求真理的信念、合作精神、责任感
创新态度		观察推荐	与初中老师建立基于诚信的实名推荐制度,并对推荐老师和学生做跟踪记录,可适当考虑选取若干对口学校建立合作衔接关系
创新行为		竞赛记录＋作品评鉴（面试）	在作品评鉴的面试中,专家必须深入了解学生,着重考察作品的原创性与创意性

2. 复旦附中学生创新素养评价表

维度	要素	主　要　观　测　点	经常	一般	偶尔	从不
创新意识	发现意识	我在学习生活中善于观察,能发现他人不能发现的问题				
		我对于所发现的问题能有进一步的思考,并提出自己的见解				
	质疑意识	我在学习生活中能大胆提出疑问				
		我有收集、记录学习生活过程中随时冒出来的疑问的习惯				

(续表)

维度	要素	主要观测点	经常	一般	偶尔	从不
创新意识	探究意识	我愿意在课余时间探究自己感兴趣的事物				
		我对于自己不能解决的问题能向他人请教，直到解决疑问				
创新思维	批判性思维	我有坚持真理、挑战权威的勇气，能和他人进行不同意见的交流和探讨				
		我对提出的质疑能进一步求证，敢于大胆提问				
	独创性思维	我能在课堂以外独立获取知识，独立钻研问题				
		我对某些问题有自己独到的见解，不盲从他人的观点				
	发散性思维	我对一个问题有多种想法和解法，能从多角度思考问题				
		我想象力非常丰富，能由一项事物联想到多项关联事物				
创新技能	实验操作技能	我能主动探究实验器材的用途和工作原理				
		我能正确、熟练地使用实验室器材进行实验研究				
	发明创造技能	我能改进生活中的一些常用工具，使生活更加便利				
		我能根据某些实验需要设计一些新的器材，提高实验效率和准确性				
	课题研究技能	我能主动参加研究型课题的学习，和同学进行经验交流，并且想要参加创新类比赛				
		我能独立研究创新课题，撰写论文，并从中获得科学创新的乐趣				

(续表)

维度	要素	主要观测点	经常	一般	偶尔	从不
创新品质	道德品行	对于他人的错误言论和行为,我能予以指正				
		我能友善对待他人,愿意与他人合作完成某项任务				
	学习能力	我基础扎实,具有超越同龄人的学习能力和发展潜力,感到学习较为轻松				
		我有较为突出的相关领域学科特长或特殊才能,并能在这方面帮助其他同学				
		我有超常的认知能力,思维敏捷、理解力强,并能将学到的知识、原理主动迁移到新的领域				
	心智与专注力	我有超常的学习内在动力,能专注学习且追求完美				
		我具有超常的敏感性和创造性,且乐于创新				
	兴趣志趣	我兴趣广泛且有持续性,有较强的好奇心和旺盛的求知欲				

对量表的说明:① 本量表的设计涉及 4 个维度 13 个考察要素共 26 个观测点。② 得分顺序:经常——3 分;一般——2 分;偶尔——1 分;从不——0 分。③ 累计得分在 50 分以上,创新素养水平为良好;累计在 35 分以下,创新素养水平较低。

3. 评价结果的初步分析

2012 年 5—6 月,运用复旦附中学生创新素养评价表,对复旦附中高一、高二的创新班、理科班和若干平行班近 300 多位学生进行了测评,经过初步统计分析,有关信息汇总如下:

班 级	平 均	男生	女生
高一创新试验班	66/(满分 81 分)	65	68
高一理科试验班	64	64	67

(续表)

班　　级	平　　均	男生	女生
高一4班	59	60	59
高一文科试验班	58	57	59
高一7班	55	55	55
高一10班	51	52	49
高一12班	51	55	49
高二理科试验班	63	—	—
高二创新试验班	61	60	62

运用评价表测评后，初步分析得出的若干结论：

(1) 测评表中得分相对高的项目

创新意识—探究意识—我愿意在课余时间探究自己感兴趣的事物；创新思维—独创性思维—我对某些问题有自己独到的见解、不盲从他人的观点；创新品质—道德品行—我能友善对待他人，愿意与他人合作完成某项任务；兴趣志趣—我兴趣广泛且有持续性，有较强的好奇心和旺盛的求知欲等，以上各方面的得分普遍较高，平均得分在2.8左右。这反映了学校对学生创新素养关注度的提升。

(2) 测评表中得分较低的项目

创新技能—发明创造技能—我能改进生活中的一些常用工具，使生活更加便利(1.8)；我能根据某些实验需要设计一些新的器材，提高实验效率和准确性(2.0)。这表明学生在创新技能培养方面整体较弱或者重视程度不够，也提示目前高中教学在这些方面的要求还未得到真正有效的落实。

(3) 不同类型班级的创新素养调查分析

就整体情况而言，理科班、创新班学生的创新素养要优于平行班和文科班，这表明一定条件下的选拔以及有针对性设计实施的课程教学，有利于学生创新素养的培育。

高一创新班和理科班学生的创新素养要优于高二同类班级，这表明高一阶段是对学生创新素养培育较有效的阶段。而高二创新教育有所弱化，这与学校、学生面临升学压力可能有直接关联，也可能与媒体所报道的不少学校在高三将创新班等教学一并转为高三升学模式有一定关系。同时，这也提醒教师需要对学生创新素养培育持续关注。

同样是高一学生，人文试验班学生的创新素养整体上强于平行班学生，这是由于该班突出了人文教育，使学生在批判性思维、整体思辨能力和创新探究品质等方面具一定优势。

复旦附中在经过面谈等环节后也发现，虽然都是平行班的学生，由于班级文化以及教师认识程度上的差异，部分平行班的学生创新素养要明显高于其他平行班的学生。这启示我们在学生创新素养培育方面，应重视对班级文化（或学校文化）环境、教师培训等方面的探索，使学生"在环境中"、教师"要主动关注创新素养培育"等理念能共同促进发展。

（4）男女生比较

总体而言，男女生的平均得分不相上下，女生在创新素养和能力上并不占弱势。在一些具体问题上，男女生体现出较大差异，特别体现在以下两点：在创新态度相关的问题如"我有收集、记录学习生活过程中随时冒出来的疑问的习惯"等问题上，女生得分明显高于男生；而在动手能力相关的问题如"我能根据某些实验需要设计一些新的器材，以提高实验效率和准确性"等问题上，男生得分明显高于女生。

复旦附中创新素养学生选拔和评价，基本上是基于学校对该项目培养目标和上海高中生创新素养培育项目组专家对高中生创新素养培育目标的共同认识基础上来设计并实施相关评价的。整个选拔和评价方法的设计参考了创新素养培育项目组的设计，并结合了自己学校的特点，力求科学、合理并具有一定的可操作性。

实例三：卢湾高中通过活动识别创新潜质学生

围绕创新班人才培养的素养要求，卢湾高中在选拔中不仅仅是关注学生的学科学习素养，更关注学生综合素质的发展潜质，打破一张试卷定结果的选拔模式，力图通过丰富的载体和多方面的形式考察学生的综合素养。卢湾高中设计了如下模块活动来识别和选拔具体创新素养的学生。

1. 观察感悟模块

通过带领学生参观学校科学教育系列活动室、校史室等，引导学生通过观察体验，撰写观察体会，考核学生的观察能力、体验感悟能力和表达能力。也可以让学生针对感兴趣的社会热点问题评析（如我看达人秀），考核学生的社会观察力、兴趣和思辨能力。

2. 团队活动模块

通过团队建设活动、团队创意表演活动、团队创意方案设计活动等形式，学生分为若干个小组，在团队活动中展示学生的创新能力、组织领导能力、团队合作能力、表达沟通能力及个性品质。

3. 数理思维模块

选择数学和英语两门学科分别测试和考察学生的数理逻辑思维能力、英语表达能力和综合学习能力。

4. 科学实验模块

通过解决来自生活中问题的方案设计和理化生动手实验，观察、考核学生的科学素养，包括科学思维能力、动手实验能力和方案设计能力。

5. 素质测试模块

通过心理测试，了解、分析学生的创新潜质及个性意志品质。

案例

卢湾高级中学创新试验班创意活动方案

1. 活动时间：2012年7月26日
2. 活动地点：教学楼522多媒体教室
3. 活动评价指标

本次创意活动从五个维度进行评价：组织领导能力、团队合作能力、创新能力、表达沟通能力和个性品质。每个维度用1—5分来评价，分数越高，表明该项能力越强。五个维度的具体内容如下：

（1）组织领导能力：构建目标、制订计划、赞美鼓励成员、协调成员之间的关系、有责任心、果断。

（2）团队合作能力：遵守团队规则、主动承担、配合默契。

(3) 创新能力：

① 创新意识：勇于质疑，不盲目从众；善于发现别人没看到的事物；敢于接受挑战；敢于尝试不同的方法。

② 创新能力：发散思维；逆向思维；想象力丰富、独特；能提出自己的观点，猜测事情的后果或结局。

③ 创造性人格：强烈的好奇心；喜欢独立思考，善于提问题。

(4) 表达沟通能力：准确表达；及时性；逻辑性；倾听回应；有效提问。

(5) 个性品质：有热情，有勇气，有毅力；认真，积极乐观，自制力强等。

4. 活动流程

(1) 主持人介绍活动内容与要求(5分钟)

"创意无极限，不新不精彩。"大家好，欢迎各位同学今天到此欢聚一堂，来参加本届卢湾高级中学创新体验活动。我们是今天的主持人倪柳老师和黄之花老师。希望通过今天的各项小小的体验活动，同学们能尽情展现你们的组织领导能力、团队合作能力、创新能力、表达沟通能力和你们的热情、勇气、毅力、乐观、自制力等。坐在旁边(后面)的是今天的观察员老师。而你们，就是今天的主角了。期待各位的精彩表现。

(2) 破冰——临时分组游戏(5分钟)

① 百宝箱内装有各种颜色、各种形状的卡片，每个同学从里面抽取一张，男女分开抽取。

② 抽到相同形状和颜色的同学迅速组成一组，并找一处座位坐下。

③ 组内同学按照除却以下标准的排序方式在教室中间排队：

- 身高的高矮顺序   • 体重的轻重顺序

④ 看哪个小组完成最快。

(3) 起航——团队组建活动(20分钟)

① 为自己的小组起一个名字，要有创意和特色。

② 为自己的小组设计一个口号，要简短响亮。

③ 选举一名小组长，并在接下来的集体介绍中给出选举组长的理由。

④ 将小组名字、口号、组长与组员名单写在白纸上，贴在桌子前方，并集体介绍，注重体现小组风格。

⑤ 准备时间8分钟。

⑥ 每组介绍2分钟。

(4) 串词表演(20分钟)

① 活动规则：

• 各小组分别抽取一道表演题目，每个题目中包含三个词语。

• 各小组在5分钟内，根据三个词语构思并排练一个小故事，故事越有创意越好。

• 各小组上台用1分钟时间演绎小故事，每位成员都须参与表演，表演中必须出现三个词语。

• 各小组可利用桌上的材料和工具制作简单道具，辅助表演。

② 活动材料：水彩笔、白纸、玻璃胶带、剪刀。

③ 串词题目：

• 宇宙　　豆腐　　学习
• 足球　　大树　　巧克力
• 蜘蛛　　权力　　星空
• 电脑　　零钱　　蝴蝶
• 雪花　　足球　　背心
• 黑板　　树叶　　天空
• 灯泡　　照片　　飞碟
• 老人　　猫　　　手推车
• 歹徒　　网吧　　观音姐姐

(5) 远行——项目方案设计(60分钟)

① 活动规则：

• 各小组抽取一道主题项目。

• 小组交流、讨论、设计制订活动方案，方案中要求包括活动内容、活动目标、团队成员分工与职责等基本信息，方案设计越有创意和可行性越佳。

• 全体成员上台。先由各小组组长介绍主题活动的设计方案，凸显设计创意，然后任一成员针对其他小组的提问均可进行答辩(限2个问题内)。

• 每组主题项目方案设计15分钟，上台演说3分钟，答辩2分钟。

• 项目设计方案统一写在白纸上。

② 基于问题的主题项目设计。

- 学校已开通校园无线网络,在方便全校师生的同时,定会遭遇诸如学生上课时也偷偷上网等问题。如何解决此类问题,请策划一份行动方案。
- 创新班的学生会较其他班级学生参加更多活动、体验更丰富的经历,但这也意味着需要投入更多的活动时间。如何在更少的课堂学习时间里达到并超过其他班级学生的学习效果呢?请策划一份行动方案解决这个问题。
- 大家都说环境保护很重要,但是一到吃饭的时候,总会贪图方便,用了一次性筷子。如何推进校园环保建设,降低学生午餐一次性筷子的使用率呢?请策划一份行动方案。
- 我校是以科技为特色的高中,学校每年都要举办科技节,请为今年的科技节拟定主题,并策划一份行动方案。
- 2011年新生军训汇报演出前夕,创新班想呈现一个体现集体力量又充满创意、给人震撼的节目,请作为此项目负责人设计行动方案。
- 涂药黄瓜、有毒豇豆、问题猪肉……如今又出现甲醛白菜、蓝矾韭菜,各种农药、兽药、激素、保鲜剂等农用药剂的超标、违规使用,正在成为农产品质量安全的源头之祸。农药滥用问题如何解决?请策划一份行动方案。
- 2012年7月21日午后至22日凌晨,北京市遭遇61年来最强暴雨。目前因暴雨山洪叠加灾害死亡37人,房屋倒塌,部分道路瘫痪。围绕此事件,我们可以做点什么呢?请策划一份行动方案。

③ 活动材料:水彩笔、白纸、活动白板(带磁块)。

(6) 暮省——自我反思与总结(10分钟)

① 活动原则:

- 3分钟动笔记录活动中的所思所得。
- 自由发言,每人限时1分钟。

② 活动材料:水笔、白纸。

卢湾高级中学通过活动识别创新潜质学生取得了很好的效果。活动的过程成为学生展示自我的平台。短短的两天,学生有收获的喜悦,也有选拔的紧张,这是人生十分有意义的两天,在玩中学、学中乐,但同时又是在展现自己的能力;活动的过程成为学生学会创新学习的热身。例如,学生团队合作的测试,需要学生进行简短的热身游戏,我们以团队的形式为自己的小组取名字、做海报，在海报上写下队名、口号，还要进行美化和设计独特的 Logo。每支队伍都有自己的奇特设想，不同的个体各自在团队中贡献他们自己的力量，这时候，学生心中都有一个共同的信念，那就是要让自己所属的队伍完美、富有新意。活动的过程成为学生感悟与成长的契机。活动中的题目是平时生活中常见的但学生却很少留意的，这也在告诉学生，生活中有很多有趣奇妙的事物，需要学生去发现、去体会、去感受这个世界，感受身边的人和事，要尝试着去探索、去实验，这些给了学生不一样的体悟。

实例四：控江中学集观察、测试、培育为一体的过程性识别

控江中学以创新素养培育高初中衔接试验班（简称衔接试验班）和创新素养培育高中试验班（简称创新试验班）为载体，从全区部分初中和高一新生中选拔出部分创新潜质较为突出的学生进行培育。整个实验过程分如下三个步骤：

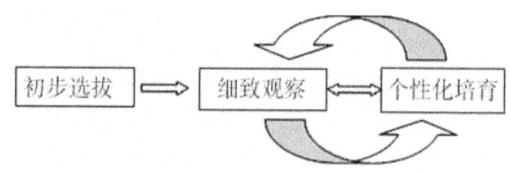

1. 在高一新生中识别选拔

（1）初步选拔

对于高一年级中愿意参与创新实验的新生（包括夏令营中入校的学员），我们在三天时间里通过知识水平测试和学习能力测试的方式进行选拔，初步选拔出 76 位学生，组成创新素养培育试验班。

知识水平测试：测试科目为数学、英语、物理、化学。其成绩与现有学生高一期末学习水平相关性系数为 0.36，有一定的相关性。

学习能力测试：测试科目为数学与物理，时间各一个半小时，分别是通过一段新知识的学习（教师课堂教学），考查学生的即时学习能力及学科上的思维能力。如数学从以下角度考查学生的思维能力：接受与理解能力、逻辑与计算能力、自学能力、分析能力、类比与归纳能力、创造力等，并给出相应评分。

控江中学曾在期末考试后，对高一创新试验班的学生成绩做过数据统计，数据反馈结果是，选拔考试成绩与学年总评相关度为 0.231。这就从某个侧面

说明,学生的学业水平与学习能力的相关性要比与学科基础水平的相关性稍弱一些。

控江中学在实践中认识到,知识基础与思维能力是创新素养的"双翼"。对学生创新素养的培育是一种高起点的个性化教育,有别于"面向全体学生"的平行班教育。只有对学科水平相近与能力水平相近的学生进行"同质组合",进行班级化的教改实验,才有可能在目前班级授课制的条件下,落实在优质生群体中进行创新素养培育的教改目标。当然,初步选拔出的学生也可能潜伏着差异性。虽然大部分学生创新素养的潜质相对一般学生突出,但并不能因此而否定其中个别学生创新素养平平或较弱的可能性,即便如此,我们反对对学生扣上创新能力强或弱的帽子,主张进一步细致观察,挖掘学生潜质,并根据学生特点进行个性化培育。

(2) 细致观察

细致观察贯穿于整个教学过程,通过课程学习、课程活动,观察学生在创新思维与创新人格方面的表现,对不同个性、特长、兴趣的学生进行有针对性的个性化培育。根据对创新素养的认识,我们建立了学科教师观察的三个维度:

① 学科基础:包括学科知识基础、学科思维能力、学科精神、学科学习潜力等方面;

② 创新思维能力,包括问题意识、质疑能力、求异思维能力、发散思维能力等方面;

③ 创新人格特征,包括学习态度、学科兴趣、学习习惯、探究精神、求知欲、好奇心、意志力、自制力、勤奋程度等。

上述三个维度既是观察学生的角度,也是我们为每个学生设立培养目标的依据。我们要求教师在细致观察的过程中,不轻易对学生下创新素养或创新潜质如何的结论性评价,而是用实例表述每一个学生这三个方面的特征表现,并结合特征描述对学生提出个性化发展的建议。

(3) 个性化培育

个性化培育与细致观察是一个互为依存、相互促进、循环螺旋式上升的过程。教师对于不断展现出个性和兴趣倾向的学生,及时提供适宜其发展的个性化课程,引导学生自我设计个性化的学习方案,如项目或专题研究、主体研修等,同时在进一步掌握该学生创新素养的三方面特征表现的基础上,及时提出合理化的学习建议。

在整个实验过程中,控江中学的指导思想是,在识别中培育、在培育中识别。培育过程中产生的差异性需要识别,识别是为了更有效地实施有针对性的培育。控江中学没有对创新试验班学生进一步识别过程中出现的突出问题采取"优胜劣汰"的应对措施,仅是在"细致观察"的基础上实施有针对性的教育。

2. 在部分初中选送的应届毕业生中进行识别、观察和培育

对于部分初中选送的应届毕业生,控江中学通过"创新素养培育夏令营"的活动形式进行创新潜质的识别研究。初步识别之所以从夏令营开始,是因为夏令营活动周期较长,可以给教师和学生充分了解的机会。学校通过一些课程设置,如数学思维方法、物理探究实验、英语口语交流、语文专题讲座等,确实发现了一些有个性特长的学生,于是学校把这些学生聚合起来,通过高初中衔接试验班的形式对他们进一步识别与培育。在两轮高初中衔接实验中,学校利用每周两个下午或一个双休日,以"摆脱机械学习,避免重复操练;提供学习载体,创设实践平台;打好知识基础,拓展学科视野;训练思维能力,培养学习能力;培育创新意识,开发创造潜能"为导向,为学生提供基础性课程(数学、信息)和拓展性课程(语文讲座、英语交流、化学实验、物理实验、机器人项目、主题探究等)学习,进行了为期一年的实践探究,从智力因素、非智力因素两个角度观察学生的知识基础、思维能力、学科潜力,观察学习态度、学习兴趣、学习习惯与探索精神,初步形成一个量化表。实践表明,这个量化表对学生的评分与学生学业水平呈高度正相关。

姓名	智力因素			非智力因素			
	知识基础 (1—5分)	思维能力 (1—5分)	学科潜力 (1—5分)	学习态度 (1—3分)	学科兴趣 (1—3分)	学习习惯 (1—3分)	探索精神 (1—3分)

识别是一个集观察、测试、培育为一体的过程。控江中学这个过程模式的实践,取得了很好的效果。在学校进行的创新试验班的选拔测试中,高初中衔接试验班中大多数学生进入了创新试验班,其学习能力、平均测试成绩比其他

参加测试的同学高出许多,创新试验班的前几名的学生均来自高初中衔接试验班。尤其在创新试验班的自主性研修课程和自主性活动课程中,高初中衔接试验班的许多学生能够根据自己的兴趣自主选择探究主题,表现出独特的视角与研究能力,优势十分明显。

案例

他找到了适合生长的土壤

L同学来自普通公办初中,在衔接试验班虽然基础不扎实,但思维灵活,知识面宽,视野开阔。从传统意义上讲,他也许不是老师心目中的好学生,因为他的中考仅考了562分,距离分数线相差近30分。然而,在夏令营期间,各学科教师都对该学生给予很高的评价:有主见,有很强的学习能力,动手能力强,富有创新精神,有足够的潜力与能力。根据教师的评价,他进入衔接试验班学习并直升控江中学。在创新班的学习能力测试中他考了满分,教师也对其表现出的学习能力而感到惊讶。进入控江,他找到了适合生长的土壤。他为人热情、纯真,有很强的集体荣誉感。他在班级里任体育委员,是班主任特别喜欢的学生之一。在学期末班级家长会调查中,班主任请家长选择你想见的孩子的同学,有不少家长希望能够见见他,理由是性格开朗,心理素质好。他动手能力强,面对自己喜爱的方面总有那么股钻劲,他是带着兴趣在读书。他参加了学校机器人社团,寒假里三天两头往学校跑,实验室门关了,就想办法翻窗跳进去。一个学年后,他的成绩在创新班里虽然还是不那么起眼,但是在年级中他排到了231名,他自学的两门AP课程在测试中都拿了满分5分。他成为学校机器人社的副社长,在上海市VEX机器人工程赛中,他的团队获得了上海市三等奖。他积极参加学校科技创新活动,并在上海市青少年科技创新大赛中获三等奖。

(二)特需学生遴选与培养过程中的评价

实例五:上海中学数学英才早期识别的三个维度

对于有可能成为未来数学英才的学生怎么进行早期识别,这是一个十分困

难、复杂的问题。通过这些年对数学高天分学生的教育以及对他们发展的追踪调研,上海中学发现有三个方面的维度值得在早期识别中加以关注。

1. 从对数学英才学生 20 年培养实践中得到的思考

数学英才的早期识别与培育是一个不断认识、探索、深化的过程,上海中学在这方面进行了长达 20 年的实践探索。学校自 1990 年始,每年从上千名对数学感兴趣、有较强学习能力的参加上海市数学竞赛的学生中选拔 40 多名学生组成数学班,创设专门的课程进行培育。从 1998 年开始,每年又从数学班挑选 10 余名数学领悟能力强的学生组成数学小班,进行小班化教育,并对其中涌现的 3—4 名具有数学强潜能、高天分的学生进行个别化教育。

20 年来,上中数学班共培育了数学方面有潜能的学生 900 余名。他们中数学学习能力极强、有天赋的学生有 120 多名,特别有天分的学生近 30 名。学校重点对 1998 年以来在上海中学接受个别化教育的 20 余名高天分学生做个案研究与分析,通过对他们的学习过程、毕业后追踪与访谈调研,形成了数学英才早期识别与培育的一些带有普遍规律性、经过一定范围实践检验的认识,上海中学提炼了"数学英才早期识别的三个维度":对数学的领悟力与深刻性、对数学的痴迷度与专注度及数学思维的缜密性与跳跃性。

2. 数学英才早期识别的三个维度说明

(1) 对数学的领悟力与深刻性

通过对这些数学有高天分学生的发展的分析,我们发现这些学生对数学的领悟力与数学方面思维的深刻性,主要体现在四个方面的层次递升:

① 模式的迁移:即能够对所学数学知识、数学公式、例题解法等,模仿运用到相关数学问题的解决中去。在其他学科的学习中也存在着这样的迁移,只是数学学习中模式的迁移可能更困难些,如将数学归纳法应用到数学的各个分支,去解决代数、数论、组合中的一些问题,甚至在平面几何中都有应用,需要有一定创造性的模仿。

② 方法的迁移:即能够将某种数学方法迁移到与之看似不相关的数学问题中去,从而简洁地解决该问题,有时这样的迁移恰好反映了问题的本质。下面的例子是 2008 年 IMO 金牌获得者张瑞祥提供给 2009 年西部竞赛的备选题:对实数集 A,定义 $d(A)=\{|x-y| \mid x,y \in A, x \neq y\}$,是否存在正整数集 N^* 的一个由有限个集合组成的划分 $A_1, \cdots\cdots, A_m (m \geqslant 2)$,使得每个 $|A_i| \geqslant 2$,且对任

意 $1 \leqslant i < j \leqslant m$,都有 $d(A_i) \cap d(A_j) = \varnothing$?

这是一个非常漂亮的问题,张瑞祥给出的解答过于困难而没被选上。我们的指导老师将此题拿给学生做,唐同学给出了一个利用抽屉原理处理的方法,对此问题给出了一个简洁而漂亮的解答。解答如下:

若存在这样的 $A_1,\cdots\cdots,A_m(m \geqslant 2)$,则其中必有一个为无穷集,不妨设 A_1 是一个无穷集,在 A_1 中取 m 个不同元素 $a_1,\cdots\cdots,a_m$,再在 $d(A_2)$ 中取一个元素 n,考察:$a_1+n, a_2+n, \cdots\cdots, a_m+n$。

由于 $d(A_1) \cap d(A_2) = \varnothing$,故 $n \notin d(A_1)$,因此,上面的每个数都不属于 A_1,它们都属于 $A_2 \cup \cdots\cdots \cup A_m$。因此,其中必有某两个数属于同一个 $A_k(k \geqslant 2)$,设 $a_i+n, a_j+n \in A_k$,则 $|a_i-a_j| \in d(A_k)$,导致 $d(A_1) \cap d(A_k) \neq \varnothing$,矛盾。

所以,不存在满足条件的划分。

这个例子是数学学习方法迁移的一个很好例证。

③ 思想的迁移:主要表现特征是为解决某个问题,出发于某一数学思想,创造性地给出一个方法、增加一个引理或其他,然后顺理成章地解决该问题。它不是简单的方法运用。

下面的问题是 2010 年中国数学奥林匹克(CMO)第一天的第 3 题:设复数 a,b,c 满足:对任意模长不超过 1 的复数 z,都有 $|az^2+bz+c| \leqslant 1$。求 $|bc|$ 的最大值。

聂同学(当时是高二学生)在考场中发现:如果条件能改为"对任意模长等于 1 的复数 z,都有 $|az^2+bz+c| \leqslant 1$",那么就可以通过选取特殊的复数 z,利用坐标轴旋转、均值不等式等常规方法去处理了。这对于熟悉"复变函数中的最大模定理"的人而言是平凡的,但作为一个中学生他并不知道,他在给出这个特殊情况下最大模定理的证明后,得到了完整的解答。他是该次考试中唯一完全解出此题的学生,整个解答过程并不是技巧的堆砌,而是思想的凸显。

④ 创新与突破:这里的一个标准是得到新的数学启迪,它往往形成于对某个问题的深入思考和各方面的探究,当然需要灵感的凸显。

2009 届的牟同学在做题时碰到了下面的竞赛题:

① 若素数 $p \geqslant 5$,则存在模 p 的连续 2 个二次剩余;

② 若素数 $p \geqslant 7$,则存在模 p 的连续 2 个二次非剩余。

问题不难,只需注意到1至$p-1$中二次剩余和二次非剩余各占一半,稍加分析即可。解决后他想到了:能否将题中的"连续2个"改为"连续有限个"这样的要求,此时对素数p会有要求,经过长时间的思考与研究,得到了下面的定理:

设m为给定的正整数,则对每个充分大的素数p,也存在连续m个正整数,它们都是模p的二次非剩余。

这是牟同学第一次发现的最有价值的结果,证明方法上的独创性和思路上的自然性统一得非常好,体现出他在数学(特别是数论方面)超人一等的天才。如果此结果不是前人已发现过的结果,那么这会是一篇高质量的论文。

(2) 对数学的痴迷度与专注度

上海中学从20多位在数学方面具有高天分的学生身上,发现一个共同特点,那就是他们对数学学习感兴趣,而且十分专注,甚至达到痴迷的程度,这可以成为识别未来数学英才的一个早期迹象。他们对数学学习或数学问题的探索十分喜欢,而且从中能体验到乐趣,在学习、探索数学知识的过程中能持之以恒,达到"忘我"的境地。他们在内在特征上往往显现出以下四个方面的坚持性:

第一是释疑的坚持性。对一个疑惑的问题进行长达数小时、数天甚至数月的思考(当然这个疑惑在老师看来是可以解答的)。

第二是探究的坚持性。能自己提炼出某个或某些数学问题,并能够进行持之以恒的探究。

第三是成败的坚持性。无论是数学学习、攻克难题,还是获得成功或经历多次失败,胜不骄、败不馁,依旧保持对数学学习的热情与执著。

第四是完美的坚持性。对数学问题的解答,尽自己最大努力去追求一个完美的解答方案,包括一题多解,寻求更漂亮的、简洁的、本质的解法等。

以上四个方面的坚持性在这些高天分学生身上都有明显的体现,他们对数学学习十分执著,甚至将数学当成自己终身从事的事业来发展。2001届的吴同学就是一个鲜明的例子。吴同学在高一学习数学时,他的学习能力与同届的其他学生比,看上去并不是更聪明、领悟力更强的学生,但他对数学是最执著的。他高一就进入了数学国家集训队;高二继续努力,入选国家队,获得第41届国际数学奥林匹克竞赛金牌;高三时又参加了数学国家集训队,水平提高了、解题能力更强了,但却没能再次入选国家队。这样的打击对一个高中学生而言是沉重的,高三如果他不去集训队,就不会遭遇这样的失败,但他依旧选择了在数学领域发展,苦读数学的决心与痴迷不改。2001年毕业后进入麻省理工学院学习;2005年毕业后得以进入普林斯顿大学攻读数学专业博士学位,期间曾对一个问题苦思冥想长达一年时间,没有任何进展,换一个领域后得到了一些突破性结果,取得全美数学方面的博士后奖学金;2009年7月,他选择去加州理工大学(CalTech)做博士后,继续研究低纬拓扑。

(3) 数学思维的缜密性与跳跃性

这些数学高天分学生身上,还有一个鲜明的特点就是他们在思维的缜密性与跳跃性上是紧密结合的。要想获得新的思路、想法,往往需要思维的跳跃性。而这种跳跃性是需要思维的缜密性做基础的,这是与数学作为一门思维学科特有的严谨性密切相关的。跳跃性不仅包括思维步骤的跳跃,也包括利用数学不同领域的知识解答问题的交叉思维的跳跃。

数学思维的跳跃性,可能蕴含着某些数学智慧或天分,但也有可能出现细节的错误、甚至是原则性的错误。只有思维的跳跃性与缜密性结合,才能达到一个更高的高度。2004届的林同学在高一、高二时就是因为思路活跃、跳跃性很大,但数学表达的严谨方面一直不过关,不能上一个更高的台阶。在高二下学期,经过严格的数学缜密性训练后,他终于在高三阶段一路过关,进入IMO中国国家队并获得国际比赛金牌。进入大学后,他留给上中自己的笔记本(七本很厚的本子,其中对每个问题都有评注和进一步结果的思考,在思路跳跃的同时显现了数学思维的缜密性),这些资料展现了一个数学英才走向成熟的痕迹,对林同学后面的学习有很大的帮助。现在他在斯坦福读博士,方向为代数几何。

上海中学在数学英才的早期识别和培育上富有成效。通过基于实证的分析,学校在实践中也深深认识到:一个有数学发展潜质的学生今后能否朝着数学英才方向发展,在早期识别上可能有许多外显的衡量标准,包括一次或多次的竞赛考试识别或选拔。以一次或多次测试识别的方法能选出较好的学生群体(如果测量公正、客观、效度高的话,一般也能将天才级、高天分的学生包含在里面),但要真正识别数学方面英才级、高天分的学生,必须用一段时间来考察,以上三个方面应当是在数学英才早期识别中必须加以关注的。

实例六：上大附中创新型工程技术人才的选拔

对不同创新领域人才的早期发现和培养尽管受到很多质疑，但是国际上发达国家从没有停止过探索，并积累了许多成熟的经验。由于受到考试为中心的评价制约，工程技术人才苗子的培养始终处于弱势地位。面对我国创新型工程师不足、培养低效的问题，如何发现在工程技术领域富有禀赋的人才苗子，培养创新型工程师，这是困扰我国基础教育的难题之一，上大附中在这方面做了探索。

1. 上大附中对选拔工程人才苗子的思考

对于高中生来说，由于过度强调了升学服务功能，丧失了培养的针对性和科学性。早期发现、早期定位、早期培养确实不失为造就杰出人才的有效策略，国际上很多发达国家也在遵循这种逻辑选苗育苗。西方国家在培养工程技术人才方面有很好的社会机制和科学的方法，如德国在培养技工领域有一套成熟的做法，加拿大在学校技术课程的设置和资源建设、管理领域经验丰富。上大附中借鉴国内外在工程技术领域人才选拔的理论和经验，以期早期发现创新型工程技术人才苗子。

国内外对资优学生特征研究的成果众多，分歧也很大。上大附中课题组梳理了国内外在创新人才选拔领域的研究成果和经验，如美国在天才选拔领域的相关经验、德国在工程人才选拔中的经验和做法，借鉴兰祖利等学者的三环天才理论。在选拔学生时兼顾"学业资优"标准，按照"高于平均水平的能力"、"执著精神"和"创造力"三个彼此平等、相互影响的人格特质群来界定资优生。为了进一步确定培养对象，学校通过国际上比较成熟的心理量表进行测试，并辅以学生成长记录册和其他旁证资料。

2. 上大附中创新型工程技术人才的选拔实践

（1）选拔的出发点和立足点

上大附中在选拔学生时摒弃"学业资优"唯一标准，按照"高于平均水平的能力"、"执著精神"和"创造力"三个彼此平等、相互影响的人格特质群来界定资优生，既考虑综合化的资优行为特征，又考虑个性化的奇才、偏才、怪才，发现并把握不同学生个性化学习思维特征。被确定创新素养培育人选的核心特征是：具有执著、进取、质疑的精神，超常的领悟性和思考力，主动学习与探究的品质；

具有创造动机与一定的创新力,善于动手尝试自己的构想。

（2）选拔机构和选拔标准

由于上大附中创新试验班由上大附中和上海大学共同建设,上海大学相关部门参与招生的过程。招生选拔领导机构由上海大学和上大附中共同组成,并共同制定招生政策、招生方案等,确保招生选拔的公平和科学。选拔学生的标准包括基本的文化素养、实践能力、合作能力和创新潜力测试。其中,文化基础测试、动手能力测试由上大附中组织,心理特征和思维品质测试主要依托上海大学组成的专家团队确定,创造力和非智力因素的测试由有关专家组成专家团队共同确定。

（3）选拔工作流程

第一步:接受自荐报名。经过认真研究、仔细分析报名者的自荐和推荐材料,以综合素质评价为原则,重点考查初中阶段的自主学习经历与实践创新和动手能力的证明材料,确定不超过实际招生数三倍的报名者进入下一轮测试。

第二步:进行基本素质测试和能力倾向性调查。以标准题全开卷的形式检测学生的超常思维反应与探究的品质,并依据成熟的心理学量表进行调查。测试题不和现行课本内的知识直接挂钩,重点检验学生运用所学知识分析归纳问题、寻找解决问题的最佳路径的能力,从而评估学生的综合学习能力和认知水平,以等第分来量化表示。

第三步:以三人小组形式合作完成规定要求的实验设计与情景再现,并进行10分钟的项目演示。重点考查学生的创造力、想象力和动手能力,兼顾了解相容性和合作精神,由特聘专家小组评定小组名次,每组评选一位优秀组员,从而确定等第分。

第四步:进行多对一面谈和多对多活动观察。面谈根据学生提供的自荐材料,重点了解其参加各种特色活动的表现及感受,结合面谈专家的现场认识,判断学生个体所具备的学习能力及创新潜力的状态如何,给出评语,从而甄选其中可能的资优生和特长生。多对多的活动观察是让学生形成一个小组,围绕开放性问题进行模拟解决活动;或给学生特定的工程任务和工具,让学生实现既定目标。观察学生的动手能力、团队合作等表现,并依据评审专家的经验进行判断。

综合上述四个步骤的选拔评价,优秀段交集部分即为创新试验班录取学生。

上大附中目前已经组织力量完成了上大附中与上海大学联合培养创新型工程技术人才的培养方案。方案着眼于目前我国最紧缺的实践型创新人才培养，特别是依托上海大学特别突出的理工科专业优势，培养不仅具有创新思想，还善于动手工作、动手创造的创新型的工程技术人才，着眼于上海未来产业发展（如新材料、媒体与通信技术、航空航天器研发与生产、生物工程、环保技术等）的前瞻性需要。该方案在培养目标、选拔机制、课程方案、教学内容、管理与评价办法、学生未来出路问题等方面都进行了规划，并已经在人员、课程、资源等方面做好了准备。

（六）改进测评方法

案例：闵行中学通过数字化校园建设，构建多元化的过程性评价

学生创新素养的测评目标不是给学生的创新素养打分或把学生分为"创新素养高和低的级别"，而是为激励更多学生主动发展自己的创新素养而尽可能创造有利条件，并给予客观、全面的评定。闵行中学通过数字化校园建设，构建多元化的过程性评价。

1. 闵行中学学生创新素养测评目标界定

闵行中学希望通过测评，帮助学生看到自己在创新能力发展方面存在的优势和不足，努力引导学生不断超越自我，优化自身的创造性活动，并在教师的引导下走最佳创新素养培育的路线；同时通过研究，也希望构建一种有助于反映师生现有水平上发展轨迹的测评体系，并对学校创新素养培育工作的后续开展进行有针对性的评估。

闵行中学在实践中发现，对学生测评时，其行为特征描述上应更多使用场景测试法，制定评价量表时，应突出"信息素养"。作为一种了解、搜集、评估和利用信息的知识结构，"信息素养"既需要通过熟练的信息技术，也需要通过完善的调查方法，以鉴别和推理来完成；同样，作为一种高级的认知技能，它同批判性思维、解决问题的能力一起构成了学生进行知识创新、学会如何学习的基础。

2. 数字化校园的"真实性评价"

闵行中学在实践中对学生创新素养采用"真实性评价",即在真实的生活环境中评价学生的表现。真实性评价的任务是建立在学习与评价的互动基础之上的,反映的是学习过程中有意义的、有价值的重要经历。它所评价的是学生实际的表现而非对他们潜在能力的抽象假设。目前,闵行中学已在部分学科及社会实践活动中使用包括"观察、访谈、问卷、作品分析、专题作业"在内的真实性评价,并根据学校创新素养培育目标的要求,提出实施创新素养的测评必须遵循让学生主动创新的原则。实施数字化校园环境下的测评,当前主要架构在闵行中学"毕博电子教育"和"闵行中学互动家园"两大平台上。

闵行中学"毕博电子教育"(Blackboard 教学管理平台)是一套专门用于加强网络教学辅助课堂教学,并提供互动、交流的网络教学平台。作为 Blackboard 推出的专业教学平台产品,在完善教学的功能外,更增加了交流、评价等关键环节的应用。借助毕博系统,学校可通过系统自带的自动评分机制,进行便捷的评分与统计,还可增加平台外的成绩、生成成绩报告等。学生则可以通过自动存放在电子成绩簿中的成绩及时了解自己的学习情况,以便发现不足,进行后续改进。

该系统还可支持教师创建包括计算题、判断题、选择题、论述题等多种题型在内的测验和调查;支持教师导入自己设计的或外来题库的测试数据包。与 Content Collection 互通(即测试数据从 Content Collection 导入,也可将其导出到 Content Collection 保存);支持教师控制测试选项,包括题目呈现方式、计时与否、是否允许学生多次作答等。

"闵行中学互动家园"的设置既记录学生的成长轨迹,又引领学生成长,潜移默化地积极暗示学生的成长。平台是学生才能展示的舞台,平台是学生发现自己能力、提升自己能力的介质,学生的成长在这里一目了然。总之,现代社会是信息化的社会,现代学校建设必定是数字化校园建设,学生的信息化能力要充分挖掘和运用,符合学生心理发展规律和社会发展规律的教育才是有效的教育。因此,学校对学生的创新素养培育实行"建构在数字化校园建设基础上的多元化过程性评价"。

3. 过程性的评价

(1) 高一学生创新素养现状调查问卷

学生一进校,我们就开展了学生创新素养现状的问卷调查。

 **案例**

闵行中学高一学生创新素养现状调查问卷

亲爱的同学：

您好！为进一步推进我校"高中学生创新素养培育"实验的实施，了解我校高一学生创新素养的现状，我们在此开展闵行中学高一学生创新素养现状问卷调查，烦请您协助我们完成这份问卷的填写。此次调查采用不记名问卷形式，调查结果只用于统计，请认真如实地在最符合实际情况的项目后的括号内画"√"。感谢您的合作！

您的性别： A. 男（ ） B. 女（ ）

您所在的班级类型为：

A. 创新试验班（ ） B. 理科试验班（ ） C. 平行班（ ）

1. 您认为高中学生的主要任务是：

A. 一切为了高考（ ） B. 成绩和能力兼顾（ ） C. 成绩为主，兼顾兴趣（ ）

2. 课余时间您是否会上网浏览学校的数字化网络平台信息：

A. 经常（ ） B. 偶尔（ ） C. 从不（ ）

3. 您是否认为在高中阶段从事小发明、小创造等是件有意义的事：

A. 是的（ ） B. 可能是的（ ） C. 有点浪费时间（ ）

4. 您是否曾经尝试撰写学科小论文：

A. 经常写（ ） B. 有兴趣就写（ ） C. 从来不写（ ）

5. 假如您是社长，当您所参加的社团缺少运作资金时您会如何解决：

A. 要求学校解决（ ） B. 各社员募集（ ） C. 把社团解散了（ ）

6. 本学期您是否参加了自己感兴趣的创新素养选修课程：

A. 参加很感兴趣（ ） B. 参加较感兴趣（ ） C. 被调剂参加的（ ）

7. 有时候您知道提出的意见会遭到别人的反对或"冷遇"，仍坚持提出自己的看法：

A. 非常认同（ ） B. 比较认同（ ） C. 不太认同（ ）

8. 您感觉自己经常会有新奇的想法：

A. 非常认同（ ）　　B. 比较认同（ ）　　C. 不太认同（ ）

9. 您愿意在一些新的设想上花时间，即使实际会毫无收获：

A. 非常认同（ ）　　B. 比较认同（ ）　　C. 不太认同（ ）

10. 您认为创新的最重要的前提是：

A. 怀疑和想象（ ）　　B. 知识的积累（ ）　　C. 秉承专家观点（ ）

11. 创新素养通常分为创新人格（创新意识、情感和意志）和创新能力（创新思维、技能和知识）两方面，您觉得自己目前的创新素养如何：

A. 很强　（ ）　　B. 较强（ ）　　C. 一般（ ）

12. "创新素养是高中学生应具备的最重要的素养"，对此观点您看法是：

A. 同意（ ）　　B. 无所谓（ ）　　C. 不同意（ ）

13. 您觉得影响创新素养的最重要因素是：

A. 个人的创新潜能（ ）　　B. 技术支持（ ）　　C. 资金支持（ ）

14. 您认为哪个方面对您创新素养培育的影响最大：

A. 家庭教育（ ）　　B. 学校教育教学活动（ ）　　C. 个人素质（ ）

15. 您认为培养学生创新素养是：

A. 学生个人的责任（ ）　B. 中学的责任（ ）　C. 全社会共同的责任（ ）

16. 您认为教师在培养学生创新素养教学中有哪些方面需要进一步改进：

A. 教师本身缺乏创新意识（ ）　　B. 教学方法较传统、观念较陈旧（ ）

C. 其他（ ）请注明_____

17. 有一幅漫画：一个人蜷缩在一个坛子中，经过一些时间，把坛子打破了，他还是维持原来那个蜷缩的姿势。对这幅漫画您有何感想？

18. 您认为学校在培养学生创新素养方面，还可做哪些改进？

感谢您的参与！

(2) 开展心理测试和面试

对学生进行心理基本素质测试，重点检验学生运用常识分析归纳问题、寻找解决问题的最佳路径的能力，评估学生的综合学习能力和认知水平，以等第分量化。

以小组合作形式要求完成规定的实验设计与情景再现、项目演示，重点考查学生的创造力和想象力，兼顾协作精神和个人兴趣爱好等，由特聘专家小组评定,确定个人等第分。

面谈过程考查学生的广博知识、科学思维、表达能力、协作意识等方面,为减少面试过程中人为的主观因素、确保信度和效度,规定面试评委至少须3人以上。

(3) 开展"电脑化适性诊断及评价"

学校与台湾台中教育大学教育测验统计研究所合作,所长郭伯臣教授为闵行中学教师进行培训指导。借助"电脑化适性测验与学习系统"(简称BNAT),学校已在高中数学、物理教学中率先进行"电脑化适性诊断及评价",其显著的特征就在于:依据教材内容建立专家知识结构模式,涵盖能力指标6—s—05、子技能、错误类型等相关内容。实验中,学校发现可根据学生每一单元学习情况,选择适当试题进行诊断,施测后可精确地诊断出学生的错误类型,并就试验班学生当前的学习程度、错误概念,提出诊断报告,为个人量身定做补救教学建议,以实现评价、诊断与补救教学的个别化与适性化。

如高一年级数学学科的实验,从实验诊断来看,学生对于函数的基本性质(电脑化适性测验成效检测)掌握很好,其精准度达到0.9924,平均节省试题比率为16%;从概念异同表中显现的数据来看,前后测的效度取决于测试题目的难度系数的比值,若要举一反三,则要多次命题,前测中要针对能力的提高设置一组有梯度的问题,同样在后测中也要对应设计一组有梯度的问题。

郭教授赋予的这条以"因材施测"促"因材施教"的新路径将为创新素养的培养拓展思路,并有助于"学习模式、教学模式及补救模式"的构建。目前,学校正在积极构建"自主、开放的数字化学习环境"的信息平台,围绕这一新路径的开发,我们将继续开展一系列教育教学探究活动,积极鼓励广大教师认真学习、掌握方法、开动脑筋、群策群力,不断优化教师的教育教学管理,以促进教学质量的长效提升。

(4) 建立学生成长电子档案

借助"毕博电子教育"和"互动家园",结合《闵行中学学生成长评价手册》及《闵行中学学生成长记录手册》两部文本档案,尝试建立学生成长电子档案。设置针对学生创新素养提高的评价点,实现"终结性评价"与"过程性评价"相结合的评价模式,让评价更趋于公平、公正。

(5) 初步形成综合评价量表

参照"上海市普通高中学生创新素养培育实验项目"组的指标体系,通过学生自评、教师、家长、专家等共同参与评价，以"信息素养"为纽带，在评价方法上力求评价内容和评价者"多元"，确立了学生自评与互评相结合、定性评价和定量评价相结合、过程评价和结果评价相结合的评价原则。建立健全社会评价制度，加强学生和家长参与的评价机制，评价注重过程反馈、过程指导和未来发展，使评价成为学生创新素养自我提升的手段。

闵行中学在创新素养多元评价机制等方面的实践，点面结合为创新素养试验班的学生乃至全校学生的综合素质特别是创新素养的提升创造了良好的生态环境，同时结合了"毕博电子教育"和"闵行中学互动家园"两大平台初步形成"闵行中学创新素养培育目标体系结构图"，力图通过评价来提升学生自我评价的诊断效能和相互评价的激励功能，使评价更趋于公平、公正，实现由"知识本位"向"人本位"的转变。

实例八：南洋模范中学与管理相结合的科创班学生的全程评价

南洋模范中学开设"创新素养试验班"（即科创班），目的在于通过高中阶段资优生的培养研究，探索创新型人才早期培养的规律，探索高中阶段资优生成长可资借鉴的课程模式、教学管理和全程评价模式，培养一批有探索兴趣、发展潜质、初具创新人格，并向健全人格发展的资优生。南洋模范中学在科创班的管理上进行了很好的探索，开展了科创班的全程评价。

1. 全程性评价的内容

南洋模范中学对"科创班"学生的常规学业、研究性学业、个人行为、社会实践、性格特征、个性特长、自主学习、自主管理等进行全程评价，具体内容包括：

（1）常规学业主要指学校组织的统一测试、平时测试以及课堂作业和课外作业等；

（2）研究性学业主要指学校组织的面向全体学生的研究性学习，以A（优）、B（良）、C（中）、D（差）等第评定，其中C（中）以上者获得相应学分或绩点；

（3）社会实践主要指学校组织的面向全体学生的社会实践活动、志愿者活动，以A（优）、B（良）、C（中）、D（差）等第评定，其中C（中）以上者获得相应学分或绩点；

（4）个人行为、性格特征主要是从心理学角度对学生进行心理健康评价，

以 A(优)、B(良)、C(中)、D(差)等第评定;

（5）个性特长主要指发挥学生的个性,提倡个性发展,以 A(优)、B(良)、C(中)、D(差)等第评定,必要时可以根据成绩获得相应学分绩点;

（6）自主学习主要指"交大时间"、课题研究、创新综合能力测试等;

（7）自主管理主要是学生管理评价手册、学生个人档案等。

2. 评价设置

（1）评价方式:自我创造人格测评、试卷测试、问卷调查、教师课堂作业评价、课题鉴定等;

（2）量化评价:对各项测试方式用分数的形式量化评定,以适当的方式激励加分者;

（3）等第评定:对各项评价中考核课程按分项目分别评定 A 等(优)、B 等(良)、C 等(中)和 D 等(差)等第,考试课程按 A 等(优)、B 等(良)、C 等(中)和 D 等(差)等第十级计分制,原则上 A 等不少于 5%、不多于 50%,每个分项目 D 等不超过 10%,原则上 D 等第的科目将重修(补考);

（4）评价原则:充分发挥学生和教师的知情权和参与权。

3. 评价与学生学习历程的记录和管理相结合

（1）关于"科创班"自修(免修)与重修(补考)的规定

① 自修(免修)

学校考试的年级前十名或班级前十名者,或单科成绩特别优秀者,经学生自己提出申请,家长签字,本实验项目组同意,学生在项目组组长批准后,可以自修或免修申请课程。申请免修或自修的学生由学校统一提供自修场所。凡经批准,自修某门课程或课程的一部分者均须按时完成该课程应做的实验,并按时交作业,方可参加考核或考试。考核合格者,获得该课程学分。在平时考试或考核中成绩优秀者,可以继续自修或免修。

② 重修(补考)

在平时考试或考核中成绩达 C 等(中)和 D 等(差)等第或项目组认为其不再符合自修或免修条件者,本项目组将取消其自修或免修资格;期中、期末考试或考核不合格者,该课程重修或补考。

（2）关于"科创班"学生学业的学分与绩点的规定

"科创班"学生课程考核成绩的评定,采用十级记分制。所有考试课程的记分方式为百分制或等第制。

百分制分数、等级与绩点的换算关系表

百分制	等第制	绩点	评价的参考标准
95—100	A+	4.3	课程考核通过,对知识的理解、掌握、运用情况综合评价优秀
90—94	A	4.0	
85—89	A−	3.7	
80—84	B+	3.3	课程考核通过,对知识的理解、掌握、运用情况综合评价良好
75—79	B	3.0	
70—74	B−	2.7	
66—69	C+	2.3	课程考核通过,对知识的理解、掌握、运用情况综合评价基本合格
63—65	C	2.0	
60—62	C−	1.7	
60以下	D	1.0	待合格

注:成绩以 A+、A、A−、B+、B、B−、C+、C、C−、D形式记载,其中 A+、A 和 A−的成绩等级总量不超过课程修读人数的 50%。设置核心课程(高考科目)、学科课程和考核课程。学校采用学分、平均绩点(GPA)评定学生学习质量,作为学生评定奖学金、评优、高校自主招生推优、保送及推荐直升的基本依据。

具体分类及计算方法如下:

① 学积分:

$$总学积分 = \frac{\sum 课程学分 \times 成绩}{\sum 课程学分}$$

② 核心课程学积分:

$$核心课程学积分 = \frac{\sum 核心课程学分 \times 成绩}{\sum 核心课程学分}$$

③ 平均绩点:

$$总平均绩点 = \frac{\sum 课程学分 \times 绩点}{\sum 课程学分}$$

$$核心课程平均绩点 = \frac{\sum 核心课程学分 \times 绩点}{\sum 核心课程学分}$$

总学积分为学生从第一学期至当前学期所有课程科目成绩乘以相应学分后求和除以学分总和；总平均绩点为学生从第一学期至当前学期所有课程学分乘以绩点后求和除以学分总和；学积分、平均绩点从入学开始每学期计算一次。

"科创班"学生常规学业评价表

项　　目		学　　分	绩点
期中期末考试	年级第 1—10 名	4	4.3
	第 11—20 名	4	4.0
	第 21—40 名	4	3.7
	第 41—88 名	4	3.3
	第 89—99 名	4	3.0
	第 100—132 名	4	2.7
	第 133—176 名	4	2.3
	第 177—220 名	4	2.0
	第 221—352 名	4	1.7
	其余	4	1.0
综合能力考试	按照学分平均分成十个等级分别得分	3	4.3—1
学业获奖	学科竞赛分国家级、市级、区级三级评定	参照"交大时间"课题获奖	
听课方面	每星级一次	1	
	每差级一次	据实记录	
作业方面	没有按时交	据实记录	
	评优一次	5	
参加活动方面	病假缺席一次（有病历）	据实记录	
	非病假缺席一次	据实记录	

（3）关于"科创班"学生自我管理的评价

校级学生会、团委主要负责人记若干分；区级助理挂职等记若干分；班级担任主要干部半年以上每半年记若干分;原则上班干部每半年全班竞聘或自荐或任命一次;在班干部信任票投票中信任票得票率60%以上记若干分;在班干部信任票投票中不信任票得票率超过20%者据实记录;原则上对班干部的信任投票每半年进行一次;班干部被免职者据实记录。

(4) 关于"科创班"学生的"交大时间"学习评价

交大讲座由副班长、副书记组成评审组对学生"交大时间"的听课、感想等进行评价。要求:① 作业方面,有听课笔记者,字数一般不少于300字,每次若干分;没有听课笔记或字数少于300字者,据实记录;学生所写感想被推选为校"科创之星"者,每次加若干分;每半学期或一个学期全班投票选举班级阶段"科创之星",被评者每次加若干分。② 纪律方面,每星级一次记若干分,每差级一次据实记录,此项依据交大教授评定给分。

课题研究上的纪律要求参照讲座纪律。课题获奖计入学分是:区级二、三等奖记若干分;区级一等奖,市级二、三等奖记若干分;市级一等奖、国家级三等奖记若干分;国家级二等奖记若干分;国家级一等奖及以上奖记若干分。

(5) 关于"科创班"学生的学分与评定

常规课程学分:高考课程即核心课程每学期学分是4;学科课程每学期学分是3;考核课程每学期学分是2。

学业评价学分:参照常规学业评价表以学年为单位或以重要考试为依据计算;可以计算绩点。

实践课程评定:主要指学生参加的社会实践、志愿者活动、学生自我管理等,学分直接相加,按A、B、C、D评定。

研究课程评定:主要指学生参加的研究性课程、拓展性课程、"交大时间"、课题研究等,学分直接相加,按A、B、C、D评定。

竞赛学分参照课题获奖情况计算学分。

(6) 关于"科创班"学生的退出机制

方式1:以学生全程评价总分为基础,采取末位退出的方法;

方式2:以学生全程评价总分为基础,最低与最高相差500分的学生直接末位退出;

方式3:所有分(小)项目评定有5个或以上为D(或占所有评定项目80%为D)等第者,直接末位退出;

方式4:以学生学分平均绩点为基础,采取末位退出的方法;

方式5:其他原因,造成校内外不良影响者直接退出。

退出学生采用随机定班方式直接进入平行班;在高一下期末考、高二下期末考后实施退出。必要时可以采取劝其退出方式。自己主动提出退出者报项目组同意后实施。

南洋模范中学"科创班"学生的全程评价以学期为单位进行统计,作为学生个人成长记录内容向学生本人告知,统计结果在家长需要时提供给学生家长;作为学生评定奖学金、评优、高校自主招生推优、保送及推荐直升的基本依据。评价与管理的结合,更好地实现了客观、公正、激励、促进等对学生创新素养培育的功能。

对高中生创新素养的培育目标和测评方法进行探索和实践是所有实施创新素养培育的学校都要涉及的,上述学校的探究和实践,为上海市高中学生创新素养的培育提供了很好的实例,也是上海高中优质、多样教育的体现。通过这些案例,我们看到了学校在高中生创新素养培育上的思考和努力。对学生创新素养的评价,是与学生的培育过程、课程的实施过程相结合的,作为学校,创新素养的培育是一个全方位的探索,内容和实践非常丰富,本章节只是反映了学校在评价方面的探索和实践。

第四篇　培育学生创新素养的教学改革与创新

创新素养的培育对学校来说是个系统工程,既要考虑课程设置、课程实施、课程评价,还要考虑选拔学生、教师教育、提供资源等。第三篇中所阐述的目标与测评对创新素养的培育起到导向作用,而课程与教学对创新素养培育则起到关键性作用。所有参与项目的学校都在进行课程教学改革与创新,试图探索出培育学生创新素养的有效途径。针对目前高中教学中普遍存在的问题,项目组研究认为,创新素养培育的教学改革应该关注以下几个重点问题:创新素养的培育需要给学生创造可以自由支配的宽裕的时空;创新素养的培育要改善师生关系;创新素养的培育要加强自主体验实践性活动;创新素养的培育要创建有利于师生创新的制度、机制、文化氛围。上海中学、华东师大一附中、复兴高级中学、市北中学等10多所学校,通过教学改革与创新,在培育学生创新素养方面取得了一定成效,提供了鲜活的案例。

一、高中学程的加速学习研究与实践

面对浩瀚无边的知识海洋和迅速变化的社会需要,高中教育面临的最大问题在于高中生的学习时间非常有限。在愈演愈烈的应试教育背景下,学生将多数时间都用于解题上,创新素养没有得到充分的培育。如何提高学生学习时间的效率、效果是值得探究的课题,而学习模式的变革、教材重组等是有效的教学改革方法。上海中学在课程设置方面进行探索,设计实施加速学习模式,把更多的时间留给学生感兴趣的专门领域的课程与开展相关主题探究。华东师大一附中在单一学科教材的使用中进行知识的"建构"、"解构"、"重组",加强了高阶思维的培养。复兴高中、市北中学进行跨学科教材重组，加强类似内容之间的联系，减少不必要的重复。

（一）上海中学试验班课程的加速学习与学生的专业取向选择

上海中学"高中生创新素养培育项目"的亮点是推进了数学试验班、科技试验班课程的加速学习模式。这一加速学习模式对学生的未来发展、专业取向选择产生了持续性影响。

1. 加速学习模式的设计

（1）试验班学生的基本组成

上海中学于2008年开展了高中生创新素养培育实验项目。数学班学生延续之前以竞赛为主、注重学科潜能开发的选拔培育模式，主要看初中阶段的竞赛成绩，然后经过学校的文化素养测试选拔形成。科技班为2008年首创，学生经自主报名、文化素养测试、科技素养测试及面试等环节选拔形成。科技班、数学班自2008年起每年招收一个班，每班学生40名左右。经过选拔，这些试验班学生的理科优势相对明显，综合实力较强，为学生加速学习打下了基础。

（2）加速学习模式设计立足点

为什么要设计试验班的加速学习课程？主要的立足点是促进学生志（让学生将发展的志向与对社会的理想、信念、责任及一定领域联系起来，激发创新动力）、趣（让学生在多样的兴趣体验基础上逐步聚焦，促进个性化知识构成）、能（让学生在兴趣聚焦领域的基础上，形成未来发展的指向性领域，个性化地发展其创新潜能）的匹配，而非竞赛引领、应试引领。在这个过程中，学生也参加各种竞赛，但竞赛成绩只是显现自身潜能的副产品，真正的立足点在于学生的志、趣、能的匹配与学生的可持续发展。通过对数理化等基础课程的加速学习，留出更多的空间让这些有潜质的学生学习专门课程与探究课程，促进他们对优势潜能领域的认识与开发，并尝试与自身志趣聚焦领域结合起来，推进不同类型、不同领域的创新人才早期培育。

（3）试验班学生的加速课程结构

两个试验班的课程都是由基础课程、专门课程、探究课程等三类课程结合而成。基础课程强调对国家规定内容学习的同时，数理化三门学科融入国外原版同类教材内容进行学科专业英语学习。数理化基础课程采用加速学习，不增加课时,在一年半内完成,强调课堂的学习容量的增加与学习效率的提高。专门课程与探究课程,数学班与科技班学生学习有明显区别。科技班分成五个专门方向:物理、化学、生命科学、信息科技与工程,并强调基于专门课程学习的同时,开展探究课程学习(以课题探究形式开展),相当或略高于国外大学预科,每周二、四下午连续三节课进行专门课程与探究课程学习;数学班则根据学生各自的学科潜能,分数学、物理、化学、生物学、信息学等小班进行专门的竞赛课程学习,时间也是周二、周四下午,探究课程针对竞赛小班的学习内容进行深化拓展。

(4) 加速学习学程安排

科技班、数学班学生整体学时分配是"3.5+1.5",即 3.5 天学习基础课程内容,1.5 天学习专门课程、探究课程内容。以科技试验班为例,学生高一至高二的学程安排如下:将数理化基础课程(含双语内容)学习完成。科技班高一第一学期专门课程学习的"521模式":在周二、周四的下午,先让所有学生听五个专门方向的介绍课(即由专家介绍五个方向的发展概貌),大约一个月左右;然后学生从五个专门方向中选两门进行试听学习,大致一个月左右;之后聚焦到一个专门课程学习专门知识,然后尝试提出自己的探究课程研究课题。高一第二学期周二、周四下午,学生围绕自己选学的专门课程与课题进行深入学习。高二第一学期完成专门课程的课题研究与结题工作。高二第二学期的周二、周四下午学生继续做课题外,开始学习与大学自主招生衔接的课程。除此之外,每周五下午还可以选学面向平行班开设的专门课程。

2. 数学、科技试验班课程之加速学习模式的实践

(1) 加速学习双语数理化基础课时编排

以科技班为例,在每周 39 节固定的课时中,数学 4 节课,物理、化学各 3 节课,将原来两年的学习内容通过增加课时容量的方式在一年半内全部学完,与此同时,数理化各增加 1 课时用来双语教学,以此帮助试验班学生了解国际同类学校在该领域学习的内容。在总课时不增加的情况下,每周的 3 节双语课时通过调整劳技课(因为这些试验班学生在专门课程与探究课程中,有大量的动手操作实践环节,所以他们的劳技课通过此类课程来替代)、班会课的时间来补充,从而推进双语双课本教学的顺利进行。

（2）加速学习试验班专门课程内容分析

以数学班的数学小班专门课程内容为例，涉及数论基础、同余、数论中的著名定理、不定方程、一元多项式基础、多项式的根及其应用、抽屉原则及其应用、计数问题、存在性问题、组合最值、与数论有关的组合问题、平面几何、组合几何、不等式、数学归纳法等。科技班的专门课程与探究课程，既不是高中学科知识的延拓，也不是大学课程的"下移"，其关注的是学生在某个领域的悟性、兴趣、潜能的开发。

通过专门课程的强化学习，可以开拓学生在特定专业领域的视野，为学生今后的创新活动与专业取向选择奠定较为坚实的基础。基于科技班学生的知识基础和认知能力，专门课程一方面从尽可能大的广度上涉及特定学科的众多研究领域；另一方面，专门课程又不同于一般意义上的科普讲座，它在某一或某些点上引导这方面感兴趣的学生深化学习与感悟，促进学生对潜能匹配的认识与开发。根据数据统计，2011届科技班学生对专门课程的认可度达90%以上，学生专门课程学习以及基于专门课程学习的探究课题详见下表。

上海中学科技班专门课程学习主题内容以及课题探究主题示例

专门课程方向	加速学习的专门课程主题内容示例	基于专门课程的学生课题示例（以2011届科技班为例）
物理	《现代科技与生活中的光科学与技术》、《人从爆炸中来吗》、《教你用第三只眼窥探宇宙深处》、《探索物质的本原》、《寻找暗物质和反物质》、《超导现象与五次诺贝尔奖》、《光纤激光器》、《光谱的妙用》等	《波动光学：关于增强古斯—汉欣位移的研究》、《主动降噪技术的探究及应用》、《OTDR实验系统的波形分析及应用》等
化学	《从分子到分子组装》、《从化学的角度看待纳米世界》、《自然界中为何有手性》、《从限塑令到高分子材料》、《化学电源的昨天、今天与明天》、《我们能否看见单个分子》、《从牛胰岛素、维生素C的人工合成谈起》等	《橡胶沥青的紫外老化探索》、《TiO_2处理造纸废液探究》、《掺硼金刚石薄膜电极（BDD）电解深度处理自来水的研究》、《家庭烹调油烟的比较分析》、《利用废铁制备纳米级磁性四氧化三铁粒子》等

(续表)

专门课程方向	加速学习的专门课程主题内容示例	基于专门课程的学生课题示例（以 2011 届科技班为例）
计算机	《网络技术带来的机遇与挑战》、《"深蓝"——超算的计算机与人脑》、《电子商务与数字钱包》、《网络攻击与防御技术》、《未来的数字家庭》、《天地一体化的数字化信息作战》、《搜索引擎——在海量信息中寻找精华》等	《手机平台上的可定制智能远程终端——skydesktop》、《基于增量式旋转编码器的测绘辅助系统》、《在线化学实验室》、《智能太阳光模拟系统》、《人体脉搏信号的异地传输与定位》等
生物	《生命科学与技术的新世纪》、《从基因到基因工程》、《遗传与疾病》、《生物体信息传递》、《现代生物技术对科学与社会的影响》、《生命的基本条件——细胞》、《普列昂的发现与启示》、《遗传病与人类基因组计划》等	《基于 HIV 蛋白酶抑制剂的抗艾滋病药物分子设计》、《大豆耐盐胁迫结构基因的初步探究》、《假单胞菌尼古丁代谢关键酶基因的筛选》、《微生物降解烟碱类农药及其降解条件的优化》、《利用含糖废水培养用于制备生物柴油的微藻细胞》等
工程	《机器人学入门》、《工程概论》、《VEX 遥控系统的编程》、《传感器编程》、《信号的发射》、《机器人项目》、《程序设计》、《电机与定时器编程》、《机器人设计搭建》等	《基于人机交互研究的老年人恢复型智能助行器》、《基于 VEX 及压力控制的高移动性管道清洗机器人》、《基于 GPS 的自遥控空中精确定位直升飞机》等

(3) 加速学习课程实践两个取向分析

上海中学对试验班的加速学习实践，主要体现在两个重要方面：一是对数理化基础课程的加速学习，在单位时间内增大教学容量，从而留出更多的时间来学习学生感兴趣的专门领域的课程与开展相关主题探究；二是对学生感兴趣领域专门课程的加速学习，表现在这一专门领域的系统概貌介绍与某一或某些点上的深化学习与探究，在有限的时间内尽可能多地感悟、体验自己感兴趣的学习领域，为高中阶段基于认知与理性的专业取向选择打下坚实基础。

在这样的加速课程学习模式支撑下，学校配备现代数字化实验室（如构建现代仪器分析、激光与光纤等 30 个实验室，强化理化生的要求），与 10 多所大学、科研院建立实质性合作（以专门课程开发、课题研究、项目实践与实验室构建为载体),既夯实了学生全面而深入的知识基础,又促进了学生基于志趣、聚焦与优势潜能匹配领域的良好发展。如化学专门课程中引入了现代仪器分析技术的相关内容,2011届科技班的丘同学和李同学就是首批学习相关专门课程并利用现代分析仪器实验室开展课题研究的学生。进入高中的第一学期,由来自上海交大、华东理工、上海师大的教授、专家执教的化学专门课激发了他们对于化学学科的浓厚兴趣,之后的两年中,他们在任课教师的指导下对无机化学、有机化学和分析化学等化学各分支学科进行了个性化的选择学习,该门课程的指导教师认为他们在化学学科的知识水平达到化学专业本科二年级水平。这也是学生通过加速学习专门课程知识获得成长的一个鲜明反映。

3. 数学、科技试验班课程加速学习模式与学生专业取向选择

采用数学、科技试验班课程的加速学习模式,不仅提升了学生的整体素养与优势潜能的开发,而且促进了学生基于感兴趣领域的创新思维发展、人格的提升以及专业指向性领域的形成。试验班学生90%左右进入北京大学、清华大学等内地排名前十的高校或香港大学等境外高校,10%左右的学生出国深造。首届科技班三年来,共获得国际奖项5个、国家级16个、市级120个;数学班连续五年有学生获世界奥数金牌,其中2个满分;科技班学生在国内外核心期刊上发表文章十余篇(3篇SCI)、获得4个专利。

(1) 加速学习促进学生对创新领域、专业取向的认识

① 加速学习与对创新领域的认识。试验班在加速学习中对自身发展志趣聚焦有影响作用的,主要是专门课程与探究课程的结合,基础型课程加速学习的影响有限(但对学生的基础知识深化起到良好作用)。

上海中学的实践表明,学生的创新领域是个性化的,如果优势潜能领域在加速学习中得到很好的认识与开发,并与创新领域结合起来,那么学生基于该领域的创新思维与创新人格都能得到更好的发展。促进学生基于专门课程学习基础上的课题研究,成为锤炼学生创新思维(思维跳跃性与缜密性)与创新人格(坚忍性等)的重要载体。

学生创新思维的批判性与深刻性在不同加速学习的领域表现不同,如数学更强调思维的深刻性,实验学科则更关注思维的批判性与探究性。思维的跳跃性与缜密性结合,在科技领域创新人才早期培育上表现得比较突出。对于加速学习对学生创新人格的影响,更多的是强调坚忍性、意志力、抗挫折性以及科学

精神的培育等。

② 加速学习与学生专业取向选择。加速学习促进了学生的个性化知识构成,并影响学生未来创新发展领域的指向性。专门课程与课题研究有利于学生发展指向性领域的形成,并进一步推进他们未来的专业选择。上海中学对 2011 届毕业生在校选择学习的发展型课程及课题研究主题,与他们进入大学所选择的专业领域的匹配度进行了分析,结果显示:科技班在校期间所学课程与其升学专业的匹配程度最高(95.4%),其次是数学班(88.6%),最后是平行班(62.9%)。

(2) 加速学习与对创新人才早期培育的思考

加速学习是否有利于创新人才的早期培育,就看其能否促进学生的志、趣、能结合,是否激活学生的内在发展动力。高中阶段是学生思维与人格发展的基本定型期,经历义务教育阶段的洗礼与磨砺后,志向逐渐形成,兴趣逐步激活,优势潜能逐步显现,高中阶段推进加速学习模式,就应当在促进学生志、趣、能结合的课程建设上更多地予以关注。

加速学习模式要给予学生选择的发展空间,建设摆脱传统的同质化、统一化的取向,着力构建选择性与现代性融合的专门课程、探究课程,能促进学生志趣聚焦与优势潜能匹配,明确未来升学的专业取向。针对有潜质的高中生的专门课程区别于大学的专业课程,其有明确的专业指向,但不是专业知识的系统展开,不需要完整的学术性阐述,让学生通过对某一或某几个点的学习与探究,培养自身的学科悟性与对某一或某些领域的感觉。高中生的课题探究不同于大学及以上学段的课题研究,他们是在基础知识准备不完备、探究手段不充分的情况下进行的,必然是边学习、边探究、边补充、边提升。

不能让有优秀潜质的学生经历高中三年学习后对哪些领域感兴趣、哪些是自己优势潜能领域一无所知,对自己值得坚持的未来发展方向无所感知,这样不利于创新人才的早期培育。创新是个性化的,创新也是分领域的,加速学习模式就应当关注到不同潜质、不同领域的创新人才的早期培育,予以多样化的开发与实践。

(二) 华东师大一附中"知识结构"教学的实施

以"知识结构"教学作为课程实施策略,"适度"、"有效"、"丰富"地推进高中新课程的实施来培育学生的创新素养,是华东师大一附中为"高中生创新素养培育项目"做出的一个实验假设。知识结构教学主要是通过"建构"、"解构"、"重组"等操作,落实基础型、拓展型和研究型课程中的那些高阶认知目标,并以此增强高中课程教学与创新素养培育的相关性。

1. 问题提出

在操作层面,高中课程教学的突出问题可以归结为:① 教学资源的使用不合理;② 教与学的认知活动长期处于低水平重复;③ 适合主体个性化发展的校本课程建设举步维艰。

2. 实验假设

提出"知识结构"教学的操作假设,是因为它区别于"知识点"教学,有如下特点:① 从学科结构、特点、功能与价值的整体出发来规划教学,不拘泥于具体的知识点;② 选择"范例"作教学讲解,更注重课堂"生成",通过提供学科核心概念与知识结构,支撑个性化的自主学习,促使认知成果能够不断地"生成";③ 基于知识的结构联系,布置个性化作业,将有限的教学资源更多地用于"理解"、"分析"、"评价"、"创造"等高阶认知目标的达成。

下图是华东师大一附中以"知识结构"教学作为操作的切入点,为"创新素养培育"提供的实验假设的模型。模型将高中课程教学活动划分为"建构、解构和重组"等三个操作环节,以及"识记、理解、应用、分析、评价、创造"等六个目标梯度,并显示了它们之间大致的对应关系。

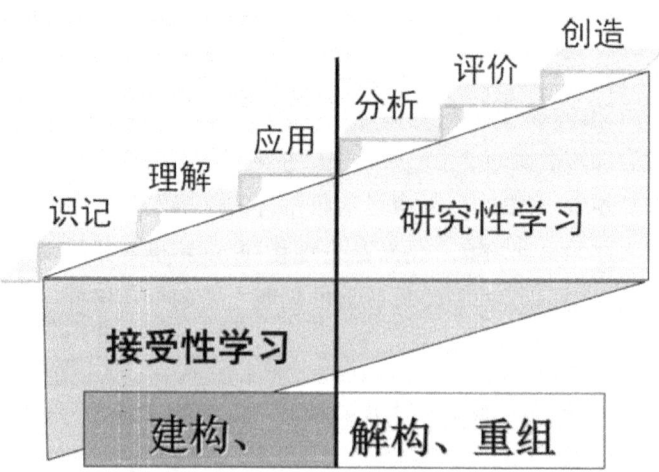

对应于"接受性"学习的是课程教学的"建构"操作。"建构"操作是帮助学习者在原有知识背景与学习经验的基础上，对学科事实、概念与方法的结构关系形成个性化理解。"建构"操作指向"识记"、"理解"、"应用"等三个认知目标。

对应于"研究性"学习的是课程教学的"解构"与"重组"操作。"解构"操作是教会学生追究知识结构内在要素之间、学科结论与客观现实之间的"非一致性"和"偶然性"。这体现了知识迁移性学习的教学要求。"重组"操作是将"解构"获得的问题研究智慧和直接经验，与通过选择而获得的问题性知识（间接经验）重新进行组合。"重组"是在独特的个性化体验与间接经验之间形成贯通。"解构"与"重组"操作指向"分析"、"评价"、"创造"等高阶认知目标。

3. 实践操作

"知识结构"教学的实践操作，文科重思辨、理科重实验、工具学科重应用。在遵循学科特点的前提下，"知识结构"教学也有一些基本的操作环节。如：① 分析学科知识结构的"要素"，包括学科事实、学科概念与学科方法等；② 围绕学科核心概念，在"要素"之间形成纵向与横向的联系；③ 根据学生实际，联系知识结构梳理的成果，确定建构、解构与重组等教学环节的操作时机；④ 将教学环节进一步分解为六级认知目标，根据目标进行教学设计……

下面，以历史学科的"知识结构"教学操作为例，具体说明建构、解构和重组等教学主要环节的操作。

（1）"建构"操作

"建构"操作的原则是：从学科知识的总体结构入手展开教学活动。

① 自主确定需要"识记"的学科事实和单元结构

《高中历史（第四分册）》的教材，包括下列五个单元和 19 个课时的教学内容：

第一单元　15—16 世纪西欧社会的演变

第 1 课　资本主义生产关系的萌芽

第 2 课　民族国家的形成

第 3 课　开辟新航路和早期殖民活动

第 4 课　文艺复兴与宗教改革

第二单元　17—18 世纪资产阶级革命

第5课　英国革命

第6课　启蒙运动

第7课　美国独立战争

第8课　法国大革命

第三单元　工业社会的来临

第9课　英国工业革命

第10课　资本主义经济制度的确立

第11课　工业时代初期的社会矛盾

第四单元　社会主义运动和马克思主义

第12课　社会主义从空想到科学

第13课　巴黎公社

第五单元　资本主义世界体系的形成

第14课　美国的扩张和强盛

第15课　德国的统一和崛起

第16课　俄国的改革和资本主义发展

第17课　日本明治维新

第18课　第二次工业革命

第19课　资本的全球扩张与帝国主义瓜分世界

为避免教学的低水平重复,课前布置预习任务:由学生自己在上述教材范围中,"随意"选择3—4课时的教学内容,按照前后联系的要求,进行整理和"识记"。目的是让学习者体验知识之间的联系,初步感受"自主"学习的主体地位。

教师根据学生预习任务完成的情况,确定下一步的教学活动和布置相应的操作任务。

② 布置操作任务——将学科知识进行归类

给出《世界资本主义发展简表》(见下表),作简单讲解。告诉学生,教材中所有的内容,都可以填入《世界资本主义发展简表》中的某个位置。让学生体验作为核心概念——"资本主义",它的四个基本内涵(以及世界环境)和三个历史发展阶段的结构关系。

布置操作任务:利用下表,概括(第四册)主要历史事实。

世界资本主义发展简表

资本主义	15—18世纪中叶（前资本主义）	18世纪中叶—19世纪70年代（工业资本主义）	19世纪70年代—第一次世界大战（垄断资本主义）
生产力	分工	蒸汽机时代	电气时代
生产关系	手工工场	工厂	垄断组织
政治制度	君主专制和立宪	君主立宪和民主共和	以民主共和为主
意识形态	文艺复兴与"人本"	启蒙运动与"理性"	"多元"发展
世界环境	殖民与原始积累	世界市场与"资"体系	全球扩张和瓜分世界

操作的层次是：a. 将高中历史第四册的第1—5单元的学科事实填入表中；b. 对表中内容的横向联系作简单解释；c. 对表中内容的纵向联系作简单解释；d. 对表中任意两个内容之间的联系做出解释。

这一操作任务的目的是在学科概念与学科事实之间建立联系，并将学习过程中的困难作为选择下一步需要讲解内容的依据。

③ 有选择地讲解事实、概念、原理和方法的结构关系

根据上述操作过程中出现的困难和问题，确定需要讲解的学科事实、概念、原理与方法的结构关系。

比如，前资本主义时期（表中第一列内容）的历史，主要是讲解"资本主义生产关系"（见下图）这一概念。

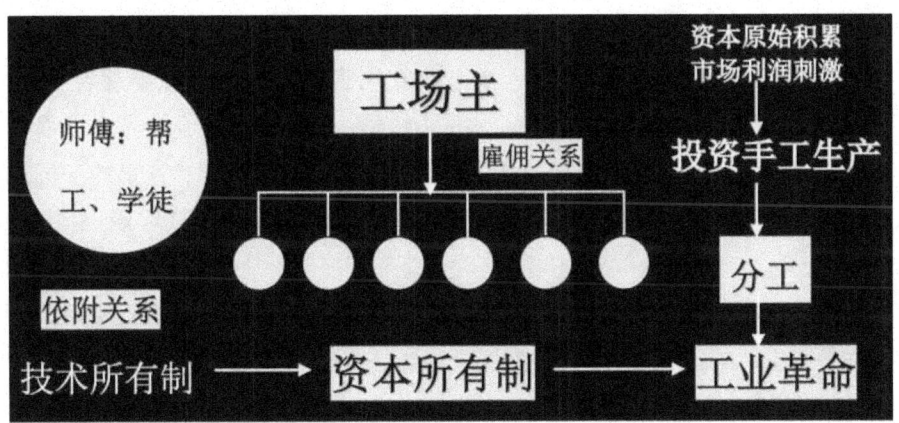

通过讲解，帮助学生"理解"各部分知识的结构联系：a. 资本原始积累与市场利润的刺激，使商业资本进入生产领域；b. 促使生产（过程中出现雇佣）关系、技术所有制发展为资本所有制；c. 当资本所有制成为社会的经济基础时，上层建筑的等级君主制开始向君主专制过渡，"人本"主义的意识形态也取代了"神本"主义；d. 资本所有制加速了"分工"，并为其后的工业革命准备了条件。

又比如，工业资本主义时期（表中第二列内容）的历史，重点讲解"上层建筑"政治制度和意识形态领域的革命与改革。讲解的目的是：a. 工业革命时期，经济发展对资本、市场和劳动力的新要求；b. 价格革命、资产阶级有钱无权、贵族阶级有权无钱等社会新矛盾；c. 提倡理性的思想启蒙运动；d. 英、法、美、德、俄、日等国的政治改革、内战与革命等要点之间，建立"资本主义"社会动态发展的结构性联系。

再比如，垄断资本主义时期（表中第三列内容）的历史，重点讲解资本主义高速发展的"世界环境"。目的是理解：a. 第二次工业革命、资本的集中和垄断促进经济高速发展，同时使国际竞争加剧；b. 帝国主义的国际竞争、民族解放运动和社会主义，是这一时期世界环境的基本特征。

……

理解教科书所持辩证唯物主义和历史唯物主义学科观点和社会矛盾运动的历史发展原理，也是"建构"操作的教学任务之一。如：由生产力、生产关系各要素构成社会经济基础，由政治制度、意识形态各要素构成社会上层建筑；经济基础决定上层建筑，上层建筑对经济基础具有反作用……

（2）"解构"操作

"解构"以知识的拓展为条件。操作形式是：通过引进新事实、新观点，或将"历史"放到更大的客观情境中（比如，法国大革命和中国的"文化大革命"，都可以在世界"民主化"进程的背景下）重新认识、"分析"和"评价"。这里的分析是学习主体个性化的"分析"；评价则需要主体自己选择相应的"客观"标准来进行。

历史学科的"解构"操作，可以根据学生实际，在不同的层面进行。操作的目的是产生新的认知刺激和认知冲突。比如：

① 学科事实层面的"解构"

目的是要让学生明确，历史学科的特点决定历史"事实"不能够通过人为的

"实验"再现。在叙述历史因果联系的文本之外,一旦发现还有其他新的事实存在,结论就完全有可能被改变。

操作要点包括:a. 明确"史料"、"概念"是为了说明"历史事实"的"证据"与"工具",而不是"史实"本身;b. 要理解"第一手史料"具有不可替代的价值,又要以科学研究态度遵循"孤证不立"的立论方法;c. 通过相应的学习主题,学会使用"概念"来给"历史"下结论的方法。

操作的内容主要有:a. 收集史料证据;b. 以新的证据对原有的概念性结论进行再研究。

② 概念与原理层面的"解构"

操作目的是帮助学生理解"历史"学科具有"人文学"的性质。学科概念和原理的"科学"性是相对于其自身的"人文"性而言的。

操作要点有:

a. 帮助学生了解历史学科研究前沿的信息

开设讲座,介绍社会史学、心理史学、心态史学、结构主义史学、历史人类学、计量历史学、新经济史学、新叙述史学、大众史学、比较史学、地理文化史学等"新史学流派"的全新视角。对照教科书的历史唯物主义观点,深切地了解它们对世界历史所做出的完全不一样的解释。

b. 体验不同民族的史学理论架构及其概念运用

借鉴美国出版的专题历史研究性学习教材——《发现美国的过去》,在教学过程中运用这些学习材料,了解海外同龄人的历史学习情况,进而理解历史学科的概念运用是可以如此的不一样,从而拓宽学生的学习视野。

c. 体验历史评价中的"研究性"思维

选择学生感兴趣的主题,收集从不同视角进行评价的观点,体验历史学科"思辨"活动对认识"历史"所具有的价值。比如:从中国农民战争发展史的视角和世界近代工业化、民主化发展进程的视角,对"太平天国运动"进行评价,其得出结论就可能完全相反。

(3) "重组"的操作

"重组"是在对原有知识经验的可靠性与合理性再探求的基础上,获得的一种对知识和经验的贯通感,包括对文化差异和多元价值的宽容态度。重组不仅是知识与经验的联系,更重要的是通过这种联系,获得学科思维与研究意识层面的个性化发展。就这个意义上来讲,"重组"是更高层面的学习"建构"的开始。

"重组"的目的是影响主体价值观的形成和促进思维方式的科学化进步。教学的实践操作主要是在这样两个方面:① 适时开设"跨学科课程";② 以跨学科的思维意识,展开主题研究活动。

"跨学科课程"的内容结构,由"学习论"、"逻辑与系统思维"、"伦理与修身"等三大板块构成。

"学习论"板块的教学,引进了"认知目标分类"的理论知识,要求学生以自己的学习作为研究对象,需要完成的研究性学习任务是:学习元认知策略,分析自己课程认知水平的达成情况,并组织交流发言,以改进和完善学习群体的思维与行为方式。

"逻辑与系统思维"板块的教学,设置了问题识别、问题提出和问题解决的知识讲座,学习计算机系统动态分析和演示的"VB6.0"和"STELLA"软件操作,让学习主体体验系统结构性问题解决的整体动态性,影响和促成其思维方式朝系统化的方向发展。

"伦理与修身"板块的教学,则规定学习者设计一项转变自己行为方式和思维方式的"修身"计划,活动过程是要求师生共同践行"修身"计划,交流修身成果……

结合跨学科思维进行的历史主题研究活动内容有:① 马克思主义和韦伯的制度主义;②《发现美国的过去》;③ "太平天国运动"的评价等。操作要点包括:① 针对"解构"操作发现的问题,提出研究假设;② 学习新知识基础上的思辨活动;③ 将思辨结果形成文本,展开交流。"解构"与"重组"具有研究性学习的特点。

"知识结构"教学的"建构"、"解构"与"重组"操作,体现了由低到高的认知目标梯度,对于规范课程教学、避免低水平重复具有重要意义;基于对学科知识结构的把握,解构和重组的教学操作,与创新素养的培育有着十分密切的关系。

4. 成果与成效

根据"知识结构"教学的"建构"、"解构"、"重组"等操作实践,编写和印制了《上海市"高中生创新素养培育实验项目"——华东师大一附中实验成果系列文本》。

系列文本分为三个专题。专题一:梳理"学科知识结构框架"。内容主要是高中各学科从学科"事实"、"概念"、"方法"等知识要素入手,构建学科的知识结构,提供理解学科内容的"上位概念"和"系统结构"。

◆《高中历史学科基于知识结构教学的课程设计(初稿)》

◆《基于知识结构教学实践的高中经济常识校本课程设计(初稿)》

◆《高中化学"创新"学科笔记(初稿)》

◆《高三化学实验教学纲要(初稿)》

◆《高中作文主题模块与思维训练(初稿)》

专题二:"拓展型、研究型课程"设计。内容主要是关于组织学生联系学科知识、社会现实及自身经验,在事实、概念、方法、结论等层面进行个性化的"解构"操作,并提供个性化的作业,让学生实现对学科知识和个性体验的"重组"。

◆《基于图形计算器的数学活动(初稿)》

◆《基于单片机技术的创新设计课程(初稿)》

◆《系统思考和系统动力学——科学决策的思想、方法和工具(初稿)》

◆《STELLA 软件的操作入门——科学决策实验室的工具(初稿)》

◆《跨学科课程(讲稿)》

◆《修身课程(案例)》

◆《创新工坊活动案例(案例)》

专题三:"基于知识结构教学的习题集"。主要是围绕学科的"上位概念"设计和选择习题,实现少讲、精练的目的。

◆《基于学科知识结构教学的数学复习习题集(初稿)》

◆《高一地理上册知识点梳理及习材(初稿)》

华东师大一附中基于"知识结构"教学的"高中生创新素养培育"的实验,有效地促进了教师思维方式的转变和进步;推动了课程教学有效性研究,真正落实了新课程标准的设计要求;为学生个性化创新潜能的实现,提供了更多的选择与更多的可能。

(三)复兴高中教材重组模式

复兴高级中学在探索培育学生创新素养的实验中,以"营造创新型环境,打造创新型教师,培育创新型人才"为目标,提出开发创新教材应满足学生发展需求的理念。

1. 教材重组策略

(1) 为不同基础学生设定不同需求

首先,复兴高中将校本创新课程设置及相应教材开发分为三个层次,旨在为不同的学生提供不同程度与方向的创新引导。

第一层"全体参与",也就是设置的大部分创新课程及相关教材面向每个学生,这些课程及教材包括学生必须掌握的知识类课程和简单的实践类课程,培育学生基本的创新素养;第二层"选择参与",让一半以上的学生参与进来,在第一层基础上,学生根据兴趣选择性参与研究性学习,从不同的方向继续提升创新素质;第三层"项目参与",适合少部分具有较大潜力的学生,根据各类资源支持和提供的项目,基于项目进行自主性探究与团队性合作,促进学生的创新素养获得更大的进步。

(2) 为不同学习需求学生开设不同课程

① 关注接受与探究,长课与短课结合,促进三类课程整合。用基础型课程夯实学科知识,用拓展型、研究型课程培养各种素质,使学生的思维、表达以及发现、解决问题能力等各方面都得到锻炼。

② 关注知识与能力,实践与体验结合,促进四类素养同步。培育学生创新意识,培养学生创新品格,发展学生创新思维,锻炼学生创新能力。

③ 关注课内与课外,研修与社团结合,促进校园内外贯通。校园内外活动分为三个重点:高一年级以"观察"为主,主要任务是拓展视野,积累创新素材;高二年级以"体验"为主,主要任务是互动参与,获得创新感悟;高三年级以"实践"为主,主要任务是动手践行,提升创新能力。

(3) 为不同要求课程设计不同经历

① 以人文课程学习为主的学生的学习内容是:着重安排学习与提高社会活动的组织能力、领导力和工作奉献度,以及对社会生活具有观察思辨、系统思维、伦理判断等能力的课程;着重安排提升即兴演讲、辩论、想象与创意的能力,培育沟通技巧、必胜决心与应对逆境韧力的体验。三年学习中至少安排以下经历:一次大型活动的策划、组织和实施;一项社会调查的安排、实践并形成报告;一个社会实践的创意、设计和落实操作;一篇学习论文的提出、资料收集和撰

写；一段校外学习经历；一个月国外相关学校的学习经历。

② 以科技课程学习为主的学生的学习内容是：着重安排学习对自然科学发展能产生较大兴趣和爱好，以及对科学实验有设计、执行、归纳、分析、整合、逻辑推理等能力的课程；着重安排提升学生的悟性和潜能，打下非常扎实的自然科学及数学功底，组织参与勤动脑、勤动手、不怕挫折精神的体验。三年学习中至少安排以下经历：一项科学实验的设计、组织和实施；一个科学主题活动的创意、筹划和操作；一次科学考察的策划、组织和实施；一篇科学论文的提出、撰写和答辩；一段校外学习经历；一个月国外相关学校学习经历。

（4）为不同学习经历编制不同教材

① 根据课堂教学模式编写教材

复兴高中设计了基础学力课程中"长课"教学模式和在发展性学力课程中"研修课"教学模式，并在重组编写的教材中包含了这两种模式。复兴高中将二课时连上的教学模式称为"长课"。不过这不是简单的课时延长，而是根据授课内容、知识结构和能力层次，将教学形式和内容有效重组，以教材内在联系和思维引导为主，重新设计教学内容和过程，重点关注学生未来发展所必需的知识和技能，以及创新探索的意识和品格，着重基础学力的培养。同时，复兴高中将提升学生发展性学力的教学模式称为"研修课"。分为学科研修（目的在于将纯理论知识与社会现实结合起来，引导学生通过日常的生活理解去学习理论知识）、外出考察（让学生对社会现实有亲身体验和经历，加深对理论知识的理解）与专家讲座（进一步从较高端引导学生，使学生对理论知识和社会现实之间的结合点有更深的理解）。主要着眼于巩固基础知识，激发创新思维，培养问题意识，提高观察与分析能力。对学生而言，具有更多的选择性，允许学生根据兴趣选择参与，从不同的方向和角度提升创新素质。

② 根据教学需求安排编写教材

第一，关注教材的结构变化。传统教材往往以教师主导教学为主体，不利于学生自主学习能力的提升。复兴高中重组教材要重视真正发挥学生学习的主观能动性。第二，关注教材的内容变化。传统教材往往以学科知识结构为主体，不利于学生实际解决问题能力的形成。复兴高中重组教材要重视真正发挥学生学习能力的实用性。第三，关注教材的题材变化。传统教材往往以学生获得学习结果为主体，不利于学生把握学习过程。复兴高中重组教材要真正重视学生的学习经历,提出教材题材设计的关注点。

总之,复兴高中确立和遵循的创新教材编制的原则是:

一个主题:寻求探究课题,有助思维促进。

二个主角:学生和教师,突出主体和主导。

三个环节:课前引领,以点促面引发思考;课堂教学,专题研讨师生共振;课后反馈,留有空白激发兴趣。

四个要素:师生交互,设计引导形式上和实质上的师生活动;突出亮点,主题必须是能引领学生的思考,能结合学生的经历,能激发学生的兴趣;挖掘深度,三课合一,从基础内容入手,既要考虑知识的拓展,又要引领课题的探究;重组整合,在对统编教材把握的基础上,经过选择,进行重排,得出新的可探究课题。

五个特性:逻辑性,将学期或学年整体教学过程内容形成体系,章节之间具有推进结构;唯一性,有独特结构和过程,不易被常规课取代;适切性,适应学生的年龄特征、身心特点、知识结构和认知能力;自然性,与基础型教材进度保持一致;大容量性,适应长课的时间安排和学生的思维容量。

 案例

"研修课"数学《三角函数》重组编写教材

(一)学习目标

1. 了解三角函数,适当研究其性质和特点。

2. 发现生活中的数学,感受数学美和数学思想;理解数学与其他相关学科的关系及对其发展的影响。

3. 在现代技术条件下,利用网络等多种手段学习知识进而解决问题。

(二)学习建议

可以借助三角函数来研究很多物理、地理学中的自然现象;追寻历史的足迹,三角学的发展史也十分引人入胜;在美丽的艺术作品中,也常常用到三角函数图像作为素材;运用现代的信息科技可使我们更好地拟合函数,绘制图像。数学、物理、信息科技、历史、艺术和地理就这样在三角函数中联系起来了。

你和你的小组同学可以从以下几个活动建议模块中任选一个或多个感兴趣的模块进行研究。下面是一些预备知识:

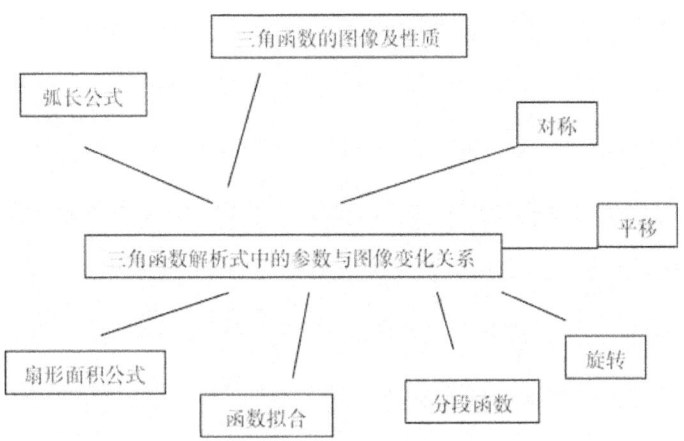

1. 模块一：三角函数与自然现象

确立所要描述的自然周期性现象（如潮汐、太阳高度角等）。收集相关数据，根据数据绘制一个尽可能契合的函数图像来描述该现象，并给出该图像的代数解析式。

参考问题1：你能用三角函数来描述潮汐现象吗？

参考问题2：南北极圈上任意一点，一年四季白昼时间变化也可以用三角函数来描述吗？

2. 模块二：三角函数与物理小实验

确立所要描述的周期性运动（如小球单摆、车轮上一点的运动轨迹等）。设计相关实验，以获得拟合函数所需数据。根据数据绘制一个尽可能契合的函数图像来描述该运动，并给出该图像的解析式。

参考问题1：你要怎样设计这个小球单摆的实验才能获得拟合函数所需的所有数据呢？

参考问题2：车轮上一点的运动轨迹也可以用三角函数来描述吗？

3. 模块三：三角函数与中学数学

三角函数具有很多奇妙的数学特征，你能否予以推广呢？

参考问题1：周期性和对称性是三角函数的显著特征，那么周期性与对称性是否有什么内在联系？对称性、周期性研究：数学组可以运用几何画板研究三角函数的对称性和周期性。

参考问题2：构造新函数——将三角函数与所学指对幂函数进行奇妙构造，借助几何画板探究新函数的相关性质。

4. 模块四：三角函数与模型制作

现实生活中，三角函数与许多模型制作也有密切关系。

参考问题1：有没有关注书后"探究与实践"中"制作弯管"的模型，试着解开弯管背后的秘密！

参考问题2：恰逢校庆之际，试试利用三角函数设计校庆纪念品模型！

5. 模块五：三角学发展史

通过上网、查阅书籍等方法，收集整理三角学史的相关资料（文字、图片及数字材料等）。

参考问题1：三角学是怎么发展来的？

参考问题2：最早人们把三角学运用在什么地方？

6. 模块六：三角函数与艺术作品

三角函数不仅是自然界的设计师，它还给艺术带来了许多灵感。

参考问题1：不同的乐器发出不同的声音，而这些声音与三角函数又有何关系？

参考问题2：你发现艺术作品中的三角函数图像了吗？

（三）实施建议

1. 确定小组成员组成，明确选择模块主题。

2. 小组成员明确各自在分组活动中的角色，合作完成项目。

3. 活动期间利用网络、书籍等资源查找相关资料，遇到困难可以向老师和同学求助，采纳有效的意见继续完成项目；实时记录讨论过程。

4. 进行研究成果的展示，可以是ppt演示，也可以是实物展示、编制简报等；在汇报课上解答其他同学的疑问。

5. 对活动成果进行评比打分。

（四）评价建议

活动结束后别忘了思考一下，你在整个活动中有哪些收获？有哪些困惑？有哪些建议？请记录在下面的表格中。（略）

（五）资源库（略）

2. 成效

2012年11月，复兴高级中学完成了数学、语文、外语、物理、化学、生命科学、历史等七门学科创新重组的一套教材（六本）的初步编写，将于2013年上半年试点印刷发行,并在校内推广试用。

复兴高级中学校本创新课程开发和校本创新教材重组编写是一个探索,特点是编写与教学的过程同步进行。它带给复兴高中的启示是这种探索可能带来以下几方面的变化:

一是提升学校教师的理论认识。构建以学习者为中心、以学生自主学习为基础的新型教学过程,引导学生把静态的知识结论建立在动态的思考之上,把抽象的概念、规则建立在形象的感知之上,努力将教材内容动态化、情境化、形象化,使其更符合学生的思维习惯和认知水平,使学生体验知识的发生和发展过程,更真切地感受到学习的魅力,逐渐进入学习角色,感受到创造的快乐,激发了学习爱好。

二是学生的精神面貌有明显改善。参与实验的学生在各方面都显示出朝气蓬勃的精神面貌,他们认为自己处于优秀团队之中,对个人成长充满热情,显得阳光自信、融洽得体,整个集体风气形成一个良性循环的积极向上态势。

三是学生的思维活跃情况有显著提升。通过长课和研修课教学,无论是在学校教室内还是在科研机构里,无论是在课堂教学中还是在动手实验时,参与实验的学生的提问水平和动手能力都让任课老师和指导专家欣喜。

[案例：教材重组、编写案例]

课程

市北中学在学生创新素养培育实验项目的推进过程中,确立了"全面教育"的理念,即"人文修养提升、科学思维优化、审美人格养成"三者并重,协同发展；整合与完善课目、课型、课时设置,初步形成了科学的、有利于学生全面发展的层次多、选择空间大的课程方案。下面以《文史哲经典学习引例》课程为例,介绍重组教材。

1. 对教材重组的基本认识

作为对学生一生发展有重大影响的中学基础教育,应让具体分科课程跨越不相关联的鸿沟,融会贯通,为学生的人格发展打下良好的基础。教师也应树立新的教学理念,设计新的教学形式,并根据学生的实际情况,对不同科目课程进行融合,打破思维定式,整合学生知识结构,而其中对现有教材进行开发重组是很重要的内容。对现有教材进行开发重组,即教师不拘泥于教材,对教材内容进行加工重组,让教学内容更精彩,使教学素材更利于调动学生的学习积极性,使教材内容更利于学生知识体系的构建,努力提高新课程改革的质量。陈军老师说,"教材重组"是本课程的抓手,"重组"的目的是为了形成"问题场"。而教学过程实质上就是以预设的"问题场"为载体激活学生思维的初级平台,然后不断使在场学习者生成出新的、富有创意的、个性化"问题场"。这门课程的最大特点有三个:

第一,师生都是学习者。主讲教师是问题讨论主持人;参与教师依据不同学科背景随即点拨;学生来自不同班级,积极参与讨论。这是一个以问题为导向的学习共同体。

第二,综合素养协同发展。课程虽名为"文史哲",实际上随着讨论的深入,时时涉及每一个中学学科,文理互通的情形十分普遍。

第三,教材利用效益最大化。每节课都调用到学生从小学、初中以来所学的若干科目教材内容。以"人与自然"为例,有语文、历史、音乐、物理、政治、经济、地理等方面。重新组合这些早前学过的教材内容,形成"问题平台",重新焕发教学生机。学生在"生"、"熟"、"新"、"旧"、"文"、"理"之间互动,认知视野、思维活力与强度都得到拓展与提升。

2. 教材重组的做法

2010年9月,在实施创新素养培育实验项目时,陈军老师起草了《文史哲经典学习引例》课程大纲,经学校审议后正式开课。方案要点如下:

(1) 课程名称:《文史哲经典学习引例》。

(2) 内容模块:模块一,人与自然;模块二,人与社会;模块三,人与自我。

(3) 每一模块的课时:8课时。

(4) 模块教学点及教材重组:以"人与自然"这一模块为例,分设四个教学点,分别重组的教材是:黄河与庄子《秋水》;长江与郦道元《江水·三峡》、李白《早发白帝城》;郦道元《江水·三峡》现代汉语和英语翻译;梭罗《瓦尔登湖》与王维《山居秋暝》、《竹里馆》。

(5) 教学环节:执教者导入;参与教师点拨;学生讨论与写作;执教者归纳;课后练习(阅读或写作)。

(6) 班级学习者组织:学生30—40人(来自不同班级);教师5—10人(不同学科);讨论主持人——执教教师。

《文史哲经典学习引例》课程是以经典文例导读为主线,围绕一个主题,进行发散型的思维,把与所选文例相关的文学背景、历史知识、哲学思索等贯穿起来,从古至今,由内至外。这样的融合型内容,不拘泥于具体知识点的深入探索,而在广度上极力延展,对于开拓学生的眼界是一个很好的训练。每篇古文例都既有文学情感的灵动,又有史学事实的隐喻,更有哲学思索的火花,另外随着现代自然科学发展而成体系的地理学、生物学、物理学等相关科目的知识,也能在经典文例中找到阐发点。

相对以往课程模式,本课程不只注重师生之间的互动交流,引导学生主动发言,更邀请了众多其他学科的教师一起互动。这门课类似于研究型课程,课堂由主讲老师主持,其他的老师、学生都是研讨活动中的一员。学生与学生之间、学生与老师之间、老师与老师之间都有积极的对话交流机会。《学记》有云:"虽有佳肴,弗食不知其旨也;虽有至道,弗学不知其善也。是故学然后知不足,教然后知困。知不足,然后能自反也;知困,然后能自强也。故曰:教学相长也。"各学科老师都参与到教学活动的互动中,对老师与学生而言,都是一个相互启发的传授过程;而老师之间也是一个取长补短的过程,"教学相长"的群体就扩展到了不同层次,这也是培养教师团体意识、提升教师教学技能、融洽师生关系的一个新的尝试。

"古者学子从师受业,谓之从游",师生"从游"关系的建立,很好地体现了学习过程的引导与习得状态。《文史哲经典学习引例》课程是师生"从游"关系的一个实践,主讲老师引导同学积极思考,其他科目老师也做相关知识发言,师生共建的学习氛围是"优游不迫"、"欣然自得"。良好的学习氛围的营造,也是一门课程取得较好效果的必要条件。在课程改革的大背景下,在课程内容创新的同时,课程形式承继教学精神的精髓,也是市北中学开展创新型课程的一个原则。

正如航行在大海中的船只需要罗盘指引方向,开设此类创新型研究课程也需要主讲老师较宽的知识面和极高的主导课堂、掌控讨论方向的能力,如果不能适时地引导、总结,那么自由的课堂讨论就会变成各抒己见、漫无目的的"一盘散沙",这对老师自身的学科知识以及个人应变、即兴演讲等能力都是一个全面的考查。市北中学在开设这类课程时,对主讲老师进行了层层把关,挑选的都是有丰富教学经验、有深厚知识涵养的骨干教师。开设《文史哲经典学习引例》课程的就有既有深厚理论素养、又有多年实践经验的陈军校长,为其他教师树立了一个榜样。

3. 重组教材的课堂实施

《文史哲经典学习引例》的课堂里除了主讲陈军校长之外，各科老师都有代表列席。他们不仅仅是旁听者，也是该课的参与者。陈老师每讲到一个知识点，便会请相关学科的老师上台为大家详细解说，课堂里洋溢着交流互动的融洽氛围。其中就有这样一堂课，主题是由《清明上河图》引发的哲学思考。教学环节如下：

（1）历史老师石丽静介绍《清明上河图》的主题；

（2）运用想象，描写《清明上河图》中的场景，师生交流；

（3）师生分析《鲁提辖拳打镇关西》中的场景，分析"打"的文字；

（4）政治老师张爱群讲北宋的经济与法制；

（5）布置作业：阅读《东门行》，其中描写一个人要离家出走，他出走以后是做了郑屠呢？还是做了鲁提辖这样的人呢？或是做了后面要讲的《捕蛇者说》里面的捕蛇者那种人呢？

历史老师先为同学们讲解了《清明上河图》中景物的历史背景，主要表现了北宋城里、城郊不同的生活境况，结合 2010 年上海世博会"城市，让生活更美好"的主题，以小见大，分析北宋时期的政治、经济、农业等状况，介绍了"市"的发展历程。陈老师则通过问题引发大家思考，让同学们根据看到画以后的思考和联想，把虹桥的热闹场景用文字描写出来，互相交流、点评。接着，陈老师又引出《鲁提辖拳打镇关西》一文，对比分析其中影射出来的北宋生活图景，师生一起讨论打镇关西的过程描写，体悟文字的精妙性，并结合政治老师给同学们介绍社会的本质等相关知识，思考更深层面的社会问题，如经济、制度、法律等。

案例

教学实录（节选）

陈老师（陈军）：大家认识她吗？

学生：认识。（学生鼓掌）

陈老师：对，石老师，石丽静老师。请讲，石老师。

石老师：《清明上河图》其实在谈北宋的都城——汴梁，或者说叫汴京，或者说叫东京，它的这么一个市井的风貌。所以呢，我考虑了半天，还是希望能够由远及近、由大到小，所以我们……

陈老师：石老师，就是北宋的首都叫东京。

石老师：对！

陈老师：对吧，东京所在地我们叫汴梁，现在叫什么？

石老师：叫……就是河南的开封……体现出它经济繁荣的一面。我们已经看到了在这条街的拐角处有商铺，到里面也有商铺，熙熙攘攘……如果大家去揣摩《清明上河图》当中街景的描述的话，可以看到店铺当中做各种买卖的都有。有些比较大的商家，门前也会挂一个牌子，类似我们说的招牌一样。这样你就看到了城市功能发达的一面。

陈老师：(有一段议论，在此省略)现在我请同学们做一个现场练习，写一段文字，描绘一下画面上虹桥的繁忙热闹的场景，把有形的画变成文字。一会儿写好后，我们交流一下。依据是这幅画，写的是想象。我限制个时间，不超过五分钟。

（五分钟后）

陈老师：我们交流一下。

学生1：在河道当中有一座桥，熙熙攘攘的人群像一条河流，涌进了一条河道，中间掺杂的各种声音，无论是嘈杂、喧嚣的，无论是一种低语或是一种叫喊，都融合在一起，一会儿又安静了。

陈老师：她写了画上没画出来的东西——声音。这完全是想象出来的，你看这桥上多少人讲话，嘈杂的声音，各种声音都有，画中所无啊。

学生2：青石板上不断响荡的脚步声，恍若印证着这一片街市的喧哗，掺杂着商贩的吆喝声、船家的喊叫声，恰带着驳船行过的汴河的流水声，谱写了一曲属于东京的曲调。

陈老师：再读一遍。

（学生2重复）

陈老师：脚步声、吆喝声、还价声、流水声，都是画中没有的，具体化了。

学生3：船要过桥，船夫开始组织人们将船桅收起来，船桨慢慢停下来，船上本来喝着茶、聊着天的也出来张望，桥上挑扁担的也放下担子靠在桥头伸长脖子盯着船，岸上商铺中也出来不少看热闹的人挤上了桥。

陈老师：同学们注意一下，她有一个非常重要的特点，就是善于聚焦。她聚焦在那条船，跟作者一样，张择端也用到聚焦。船上的人怎么样、拉绳的人怎么样、桥上的人又怎么样，目光的焦点，聚焦给我们启发。再来。

学生4：行人三五成行，桥上显得有些拥挤，他们有的在讨论一会儿该买些什么，有的神色有些慌张，似乎有什么急事吧。

陈老师：你怎么想到神色有些慌张呢？

学生4：因为桥上有太多人要通过，不能快速地过去。

陈老师：写桥上的人很多、很热闹，这些大家都想到了。为什么你想到神色慌张？这就有故事了。我非常欣赏这句话，这句话后面还带着故事呢，故事里面有故事，精彩的一笔啊。

学生5：桥上的人熙熙攘攘，个个行色匆匆，大家的脸色各不相同，有的兴奋喜悦，脚步轻快，想着能早点回家和家人团聚；有的面色凝重，仿佛要去完成一件重大的事。

陈老师：写各种人的脸色表情的丰富，好。接着下一个。

学生6：家家户户的人都从家里跑出来，从家里跑出来看河中的大船，他们从没见过……

陈老师：这么大的船……

（学生笑）

陈老师：虽然话不多……完了吗？还有呢？

学生：……

陈老师：我最欣赏她一点，写小孩、写老爷爷是肯定对的，我高度赞扬她写了从来没有看见过这么大一艘船。为什么呢？你看桥上桥下怎么这么多人聚焦在这个地方呢？她找到了根源了，但是按常理来说，习以为常不会如此聚焦，她找到了一个理由。大船，没见过，所以当时社会经济发展繁荣，远道而来的、新的船来了。

好的，我们6位同学简单交流了一下所写的，都有特色，我希望你们听课以后，能把这六位同学所写的东西化为自己笔下所写的东西，作为自己的写作材料。以上是市北中学同学所写的，下面我们转到作品上，是一位著名作家所写的，他同样用生动的文字展现了另外一种北宋的图景。

4. 课程实践效果

市北中学开设的《文史哲经典学习引例》系列课程，是结合学生创新素养培育实验项目的推进，提升学生人文修养的创新型拓展课程，在教学内容、教学方法、师生互动关系等方面都有新的举措,也是对传统的授课模式的一种突破,是大学通识教育的前奏曲。把文史经典带入课堂,把自然科学引为补充,把时事热点联系串讲,就是引导学生"觉悟",使他们一方面有丰富的想象力和创造力,有独立的意志人格;另一方面有健全的判断能力和价值取向,有"家国天下情怀",对社会民生、时势发展有自己的担当和创见。教与学都不拘泥于某一方面的知识,不拘泥于考试要点解读,这也是创新型课程的特点之一。目前,市北中学也在进行物理、化学、生物、劳技等实验探索课程的开发,这一系列课程都是提高学生综合素质的有益实践。

归纳起来讲,开设《文史哲经典学习引例》系列课程的意义有以下几点:

第一,这门课将文、史、哲相关知识联系起来,立体化施教,全方位育人,其目的是为了培养学生的综合思维能力,学会将知识贯通并运用。

第二,它创设了一个对话的平台和机制,是一种新的课堂模式,教师和学生是平等的,共同围绕一个中心话题进行交流,在能力展示的同时相互启发、学习,多位教师的合作指导能够对学生素质的提高形成强大的合力。

第三,它是培养青年教师的一种务实形式,各学科的青年教师共同参与活动,这样的学习氛围有利于对教师人文修养的培养。

二、宽松和谐的课堂教学方式与师生关系探索

培养学生创新素养的主阵地是课堂教学,需要在每一节课中加以落实,这是目前基于班级授课制的课堂教学的最行之有效的方法之一。

教育者、受教育者是教育教学活动的基本要素。教育的过程是最基本的认识和实践活动,是一种双边活动,由教师和学生共同组成。教师要努力上好每一节课,通过让教师变成学生、学生变成教师的角色转换,引导多位学生一起研究,启迪学生发现和解决问题。师生关系对学校教育中的班级气氛、教学活动的组织及效果、学生的学业成绩等都有直接的影响。建立一种新型的师生关系,既是新课程实施与教学改革的前提和条件,又是新课程实施与教学改革的内容和任务。

松江二中在巩固学生基础知识和基本技能的同时,结合探索能力、"重组知识"的综合能力和应用知识解决问题的实践能力等创新素养培育,设计"统整与

协同"的教学模式进行教学实验,探索在基础型课程教学中建立良好的互动式师生关系,渗透创新素养培育的教学模式。

奉贤中学以导学制课堂教学方式,激发学生创新潜能;坚持以学案导学为载体,改善学生学习方式,为激发学生创新能力提供基础;探索导学制教学范式,营造激发学生创新思维和创新能力的教学环境。

项目组以为,只有在开放的课堂教学环境中,加强师生互动、平等的交流,才能迸发出思维的火花。

(松江区统整协同教学改进的实施)

由于受传统教学思想的惯性影响,高中数学课堂教学往往将关注点落在学生学习的"效率"上,课堂教学中尽管有一定的师生互动,但教师掌控型互动占绝大多数,即使学生间有一定的相互讨论,但也是在教师预设的探究活动中进行的。因此,这样的教学互动难以碰撞出师生间或生生间的"思维火花",学生在经历知识的形成过程中,缺乏再次发现的探索能力、"重组知识"的综合能力和应用知识解决问题的实践能力的培养,不利于学生创新素养的培育。如何在课堂教学中平衡学生学习"效率"与"创新"两者的关系?

1. "统整与协同"教学模式实验

(1)"统整与协同"教学模式

在"效率与创新"模型理论指导下,"统整与协同"的教学模式是在整个单元教学中,围绕一条主线——单元内容,进行"统整"与"协同"。"统整"指的是:教学内容、教学时间、教学资源、教学方法、学科内和学科间的统整。其中,"教学内容、教学时间的统整"的目的是使学生集中时间学习基础知识和基本技能,提高效率,从而留有更多的时间进行小组讨论等学习活动;"教学资源、教学方法、学科内和学科间的统整"的目的是拓宽学生的学习视野,发展学生发散性思维,为培养学生创新素养做准备。"协同"主要指的是:教学中师师、师生、生生互动协同。其中"师师协同、师生协同"主要指单科(数学)协同,对班级的学生采取集中讲授、小组讨论、独立学习或者个别指导的方式,来完成某一单元的教学活动;"生生协同"主要指在独立探究的基础上开展"交流汇报、研讨质疑"的过程性学习。"协同"的主要目的是激发学生的学习兴趣,促进其形成创新素养。

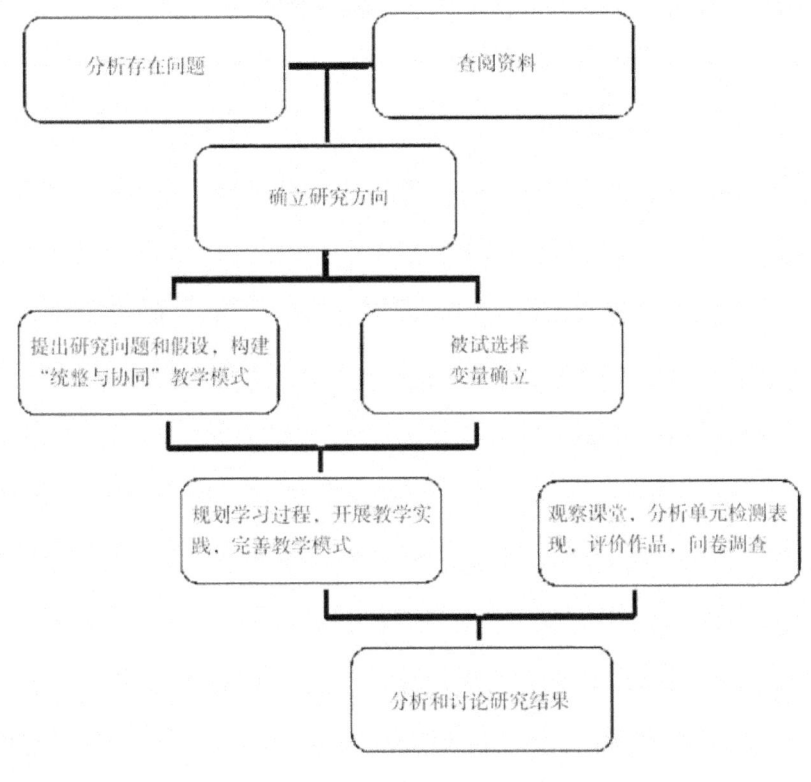

研究过程

（2）实验的研究方法和过程

本研究主要采用实验研究法。设置试验班和对照班，对比了"统整与协同"教学模式和平时常规教学模式对培育学生创新素养的效果差异，在检验模式效果时，运用定性和定量研究方法考查教学实效。

本研究历经的研究过程包括以下6个步骤：

第一步：分析存在问题、查阅资料、确立研究方向。

第二步：选择被试对象和单元教学内容，确立实验的自变量和因变量。对试验班实施"统整与协同"模式的教学，对照班进行常规教学。以《平面向量的坐标表示》为例，开展基于创新素养培育的"统整与协同"的单元教学实验。确立教学模式为自变量，创新素养提升为因变量。

第三步，确立研究问题和假设，构建"统整与协同"的具体教学模式。本研究主要解决三个问题：如何安排能促进学生创新素养培育的"统整与协同"的教学；如何检测"统整与协同"教学的效果；"统整与协同"教学的效果如何。

其中"统整与协同"的具体教学模式操作流程可以总结为如下五个阶段：

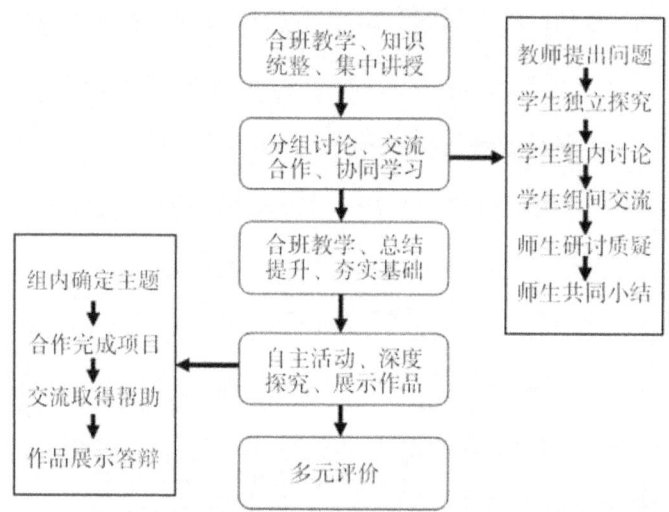

第四步：规划学习过程、开展试验班和对照班的教学实践。试验班和对照班的学习内容一致，但因采用的教学模式有差异，因此学习内容的顺序相应调整。通过听课和评课的研讨活动，不断完善"统整与协同"的教学模式。

第五步：选择和开发评价工具。通过观察学生课堂参与情况、分析单元检测成绩和表现、评价项目活动的作品以及问卷调查等方面，运用定性和定量研究方法加以评价。

第六步：分析和讨论研究结果。对收集到的数据从定性和定量方面进行分析讨论，比较教学模式对于学生创新素养发展的影响。

本实验相比以往课堂教学的主要突破点及亮点如下：

① 合班教学、知识统整、集中讲授

这一阶段，教师需要传授学生新的知识内容，并为下一阶段的协同学习与分组讨论做好知识上、技能上的必要准备。此阶段，由教师协同团队（5—6位数学学科教师组成）通过结合各种教学资源，对教材新内容进行二次开发与统整，使得教学内容有助于学生进一步以辩证的、相对的、发展的观点认识和学习知识，从而挖掘学科课程潜在的创新素养的培育价值。同时适当压缩课时，其目的是在界定学习目标和保证基础型课程达标的基础上,挤出时间提供给基于高层次内容和学生个人兴趣的不同于传统课堂学习的学习活动,为培养学生的创新素养创造客观条件。例如,在向量单元的教学中,常规教学(按照教材呈现的单元内容)安排和试验班对教学内容的"统整"安排对照如下(见下表)。

常规教学和"统整"教学安排的对照表

	常规教学		"统整"教学	
	内　　容	课时	内　　容	课时
附录	向量	1	向量、向量的加减法、实数与向量的乘积	1
	向量的加减法	1		
	实数与向量的乘积	1		
平面向量的坐标表示	8.1　向量的坐标表示(正交分解)及运算	2	8.2　向量的数量积	1
	8.2(1)　向量的数量积	2		
	8.2(2)　向量的数量积的坐标表示	1	8.3　平面向量分解定理 8.1　向量的坐标表示(正交分解)	1
	8.3　平面向量分解定理	1		

② 分组讨论、交流合作、协同学习

合作学习作为一种学习模式,在提高学业成绩、形成学生对学科的积极态度、发展批判性思维能力等方面有着积极的作用。同时,合作学习关注学生能否将其所学应用于合作情境之中,而不仅仅停留在知识的掌握程度和技能的训练水平上,这对于改善当下僵化的传授式的教学方式无疑是有利的,同时也为创新素养的培育提供轻松的交流氛围等客观条件。参考"合作学习"的学习模式,松江二中将本阶段的教学流程设计如下:提出问题→独立探究→交流汇报→研讨质疑→共同小结。在提出问题环节,根据基础型课程学习中章节的特点,由教师协同团队设计具有一定综合度的数学问题。接下来,以教师给出的问题为依据,学生在教师的主导下自主探究,不能解决或没有把握的问题则由每位学生做好质疑和研讨的准备。接着,按事先分好的小组开展活动(每组成员由特质不同的 5—6 人组成,进行"强弱搭配")。教师协同团队的成员分散于各个讨论小组,参与学生讨论,并适时进行指导。最后,根据学生探究结果,结合交流研讨的情况,师生共同完成小结。这样就完成了师师协同、师生协同、生生协同的协同学习环节。

③ 合班教学、总结提升、夯实基础

在"效率与创新"模型中,曾指出学校的教学既要使学生创新地学习,也要保证学习的效率。因此,在"分组讨论、交流合作、协同学习"环节结束以后,松江二中安排了合班教学、总结提升的环节,帮助同学们对新知进行总结与提升。在这一环节,要完成的工作是知识的梳理、方法的提炼与思想的揭示。在提高学生学习效率的同时,也为学生发展培养其创新素养提供了坚实的知识基础。在《平面向量的坐标表示》的单元总结中,松江二中以学生、教师共同构建知识网络图作为教学手段,促进知识之间联系的网络图形化表征的形成。教师以"设$\vec{a},\vec{b}\neq\vec{0}$,请写出$\vec{a},\vec{b}$平行的多个充要条件"为问题导引,学生从向量平行的定义和向量运算两个维度思考,结合向量坐标与向量图形的联系,在广泛联想和交流的基础上,建立了如图的知识网络:

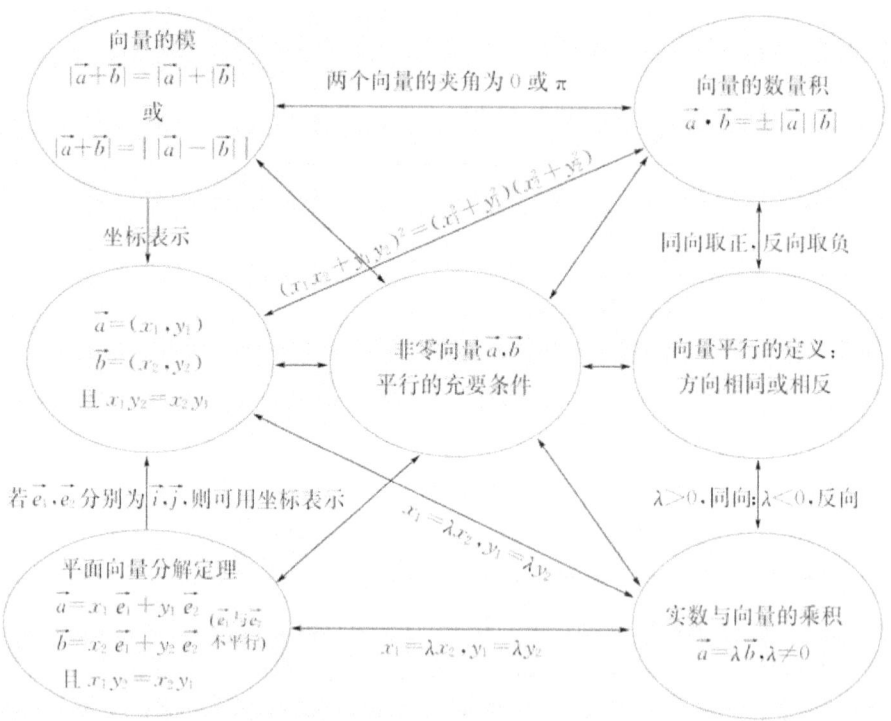

④ 项目活动及成果展示

基于项目活动相关理论的指导,在这一环节,松江二中设计将其划分为以下四个阶段进行:第一阶段,全班学生与教师共同探讨本次项目活动的主题,自由组合,形成活动小组,每个小组根据各自的兴趣,选择活动、制订活动计划、撰写活动计划书。第二阶段,小组成员明确自己在分组活动中的角色,按照各活动建议的要求,收集整理相关信息,合作完成项目。第三阶段,向教师和其他组成员汇报目前小组活动的进展和碰到的困难,听取有效建议,完善活动项目并策划成果展示的形式。第四阶段,展示完成的作品,并准备回答其他同学和教师提出的各种问题。

2. 实验教学效果

高中数学课堂教学中良好互动式师生关系的建立以有效平衡学生学习的"效率"与"创新"为保障。在"统整与协同"教学模式实施中,师生在课堂教学中互动形式多样,学生参与课程程度、问题解决能力都有了显著提高。尤其是在项目活动中,学生通过小组合作、生生互动,不仅巩固了已学基础知识,更加强了知识重组、再发现的能力,使这种模式成为培养创新素养有效探索途径之一。

(1) 师生互动形式多样,学生参与程度提高

为了解"统整与协同"教学模式对学生学习情况的影响,学校设计问卷,调查了学生在课内、课外学习中的表现。调查结果显示,两个试验班大部分学生认为三节集中讲授课因为有预习要点和学案,更便于自主学习。在课内,教师和同学的提问量有所增加,小组讨论中学生的大部分问题都可以由组内的同学帮助回答,在组组交流和全班交流时,讨论发言机会有所增加。在课外,71%的学生认为与同学讨论的次数明显增加。

此外,学校根据拍摄的"统整与协同"教学视频,分析了学生在课堂教学中的参与程度。经视频分析发现,讨论课是"统整与协同"教学的主要授课形式,师生在讨论课中主要互动形式为师生应答切磋、生生互动讨论,占了整节课约70%的时间。讨论课中,学生不仅参与讨论的时间较长,而且在讨论的各环节中形式多样,如在组内交流时能阐明自己观点和辨析他人观点,在全班交流时能在"思索各种差异性解答"中不断尝试和优化,促进自我反思和深化认识。

授课教师在教学过程中,也发现实验教学讨论课中的"协同学习"环节为课

堂教学的氛围带来的显著变化,学生在组内交流、组组交流、全班交流时表现出了一定的问题意识、发现意识、怀疑意识,这不仅锻炼了他们演绎、推理的基本技能,也有助于他们感受探索的乐趣。

(2) 项目活动生生互动,学生重组知识、再发现的探索能力增强

"项目学习"作为一种多用途的教与学模式,在"统整与协同"教学模式的最后阶段实施。它要求学习者以向量知识为中心,在充分选择和利用最优化学习资源时,在探索、体验、操作、制作等实践活动中,获得较为完整而具体的知识,形成专门的技能并促进各项能力的发展。学生在项目活动中的表现也充分体现了再次发现知识的探索能力、重新组合知识与创造新知识的能力。如 P 同学所在的小组通过参阅资料研究了向量叉积及应用,他们将向量叉积和数量积从定义、运算性质等方面作了较深刻的比较,而且列举了涉及叉积运算的角动量守恒定律在秋千中应用的多个问题。L 同学所在的小组提出,在"如果地球表面一个较小的范围可以近似地看作为一个平面"的前提下,松江二中可以在这个平面上利用经纬度构造一个平面直角坐标系,从而进行向量研究的想法。

(3) 学生解决结构不良问题能力提高

研究者设计了包含结构良好与结构不良这两类问题的测试卷,以此从学生问题解决的表现中,考查学生在"统整与协同"教学模式下创新素养的形成情况。从测试结果可以看出:对照班学生在结构良好问题解决中表现略优于两个试验班,而试验班学生在结构不良问题解决中的表现明显优于对照班。这在一定程度上说明了"统整与协同"教学有助于提高学生解决结构不良问题的能力,即有利于学生创新素养的培育。如在解答结构不良问题时,试验班同学给出的解决方法多样,其中能用几何法解决该计算问题的试验班学生人数的百分比明显高于对照班。这种应用数形结合思想解决问题的能力差异还充分表现在其他关于结构不良问题的解答上,他们通过"以形助数,以数解形"使抽象问题具体化,变抽象思维为形象思维,从而把握数学问题的本质,这是试验班学生在讨论课中习得数学再发现探索问题的一种思考方式。

松江二中的本次实验探索提升了教师二次开发教材和团队合作的能力,加强了对"教师是学生学习的促进者"理念的认识。教师把教学的重心放在

如何通过教学模式的调整,建立良好师生互动关系,促进学生的"学",同时培养学生的创新素养上。当然,本实验课程内容中涉及抽象思维要求不是太高、思维跨度不是很大,当面对如函数、立体几何、排列组合的应用等内容时,"统整与协同"教学模式如何进行调整以适应其教学是值得今后继续探索的问题。

(二)奉贤中学导学制课堂教学激发高中学生创新潜能

为了更好地激发学生的创新素养,实现学生主动发展,奉贤中学凝练并形成了"敬本重学、奉文育贤、主动发展"的办学理念,进一步明确办学方向,创设"温馨课堂",通过采用导学制课堂教学方式,激发学生主动发展潜能,促使每个学生"学有所爱、学有所思、学有所长、学有所成",从而激发高中生创新潜能。

1. 什么是"学案导学"

所谓"学案导学",就是学生根据教师设计的学案,认真阅读教材,了解教材内容后,根据学案要求完成相关内容,学生可提出自己的观点或见解;教师通过学案引导学生正确地确立学习目标和适切的学习策略,增强学生学习的主动性和积极性,培养主动探索精神和自主学习能力。这样既能满足高中学生思维发展的需要,又能满足自我意识发展的需要。教师更重要的是培养学生的自主学习能力、学习习惯,从学会到会学。其目的是让学生能有序、有针对、有选择、有感悟地学习,并能充分地调配学习资源,安排学习过程,养成良好的学习品质和学习习惯。

2. 学案的形成

学案的形成有以下几个要素:一是学案所制定的学习的目标,既要符合国家课程标准,又要符合学生的学习基础和能力水平。为此,我们根据《国家课程标准》,结合本校学生的具体实际,系统编制了《奉贤中学课程执行纲要》,将学科三年的目标细化到每课时,为编制优质学案提供了基础保障。二是依靠学科教师集体智慧,通过教研组、备课组活动,重点研究学案的内容设计。三是以基于学案导学的有效性作业设计,正确认识作业的功能,提高作业的有效性,并创新作业形式,培养学生的创新能力,起到减负增效的目标。

(1) 系统编制了《奉贤中学课程执行纲要》

高一年级化学《氧化还原反应》案例(2 课时)

课时	教学内容	教学目标(高一)		限制性要求
		教学目标	目标细化	
建议2课时	氧化还原反应（第一课时）	1. 理解氧化还原反应的本质和特征 2. 从电子得失的角度来理解和分析氧化还原反应	1-1. 复习巩固初中学过的四种基本反应类型以及从得氧、失氧角度分析氧化反应和还原反应 1-2. 能够理解氧化还原反应的本质 1-3. 初步理解用化合价升降的观点和电子得失的观点分析氧化还原反应 1-4. 能够判断氧化剂、还原剂、氧化产物和还原产物	1. 氧化还原反应方程式的配平暂时不作要求 2. 涉及氧化还原反应的计算仅限于电子数计算以及根据方程式的简单计算 3. 电子守恒法的计算,试验班可以介绍
	氧化还原反应（第二课时）	1. 掌握"双线桥"法、"单线桥"法表示电子转移并分析数目 2. 了解常见的氧化剂、还原剂,能够比较氧化性、还原性强弱	2-1. 能够正确判断和书写有关电子转移的方向和数目 2-2. 以氯气为例,可以介绍歧化反应、归中反应,并分析其中的化合价升降、氧化剂、还原剂 2-3. 分析对象可以多元素化合价变化 2-4. 掌握常见氧化剂、还原剂,在同一个反应中氧化性比较和还原性比较 2-5. 发生在不同物质、不同元素之间,氧化剂中某元素部分被还原,或还原剂中某元素部分被氧化	

(2) 进行作业身份的认定,优化基于学案的有效性作业,达成学习目标简约专一、知识梳理有序集成、能力要求分解递进的作业

① 通过对原有作业建立"身份证",力求删减偏题、怪题等低效或无效的习题。建立基于课程标准的作业"身份证"制度,为作业结构的优化奠定基础。

"身份证"是指以批注的形式对学案上原有习题的参考答案、测量目标(知识与技能、过程与方法)、难度系数、实施状况(如学生的错误情况及其原因)进行讨论和标注。对以往学案上的习题进行反思和筛选,让作业设计更科学有效。

以下面的物理习题为例,批注中包含答案、知识点、答对率和错因。

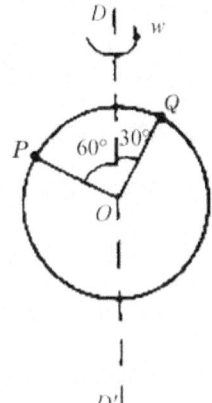

批注[zsp1]:
答案: 2.18 m/s、12.56 rad/s、15.78 m/s²。
知识点:同轴转动模型、线速度、角速度和向心加速度。
答对率:74%。
错因:圆周运动的转动半径理解不正确。

如图所示,一个半径为 0.2 m 的圆环,绕通过直径的轴 DD' 做匀速转动,周期为 0.5 秒,试求:P 点的线速度、角速度;Q 点的向心加速度。

② 改进作业结构,凸显学案导学功能,体现课程标准要求。具体策略是作业分层和适当增加实践体验类、阅读类、开放类、挑战类、设计类等作业形式,满足不同学生的需求。

以高一物理"动能"(学案《动能》)为例。

a. 设置"核心问题"栏目。以问题为导向,让学生明确问题,带着问题进入学习,同时成为整个学案设计的线索。这些问题不仅关注知识与技能、过程与方法,还包括与社会生活的联系。

b. 设置"课前导学"栏目。包括"背景学习"和"教材研读"两个子栏目。"背景学习"主要激活学生已有知识基础及生活经验,如通过"历史回眸"让学生查找相关文献,走近科学家;"教材研读"针对学生容易困惑的地方通过问题引导思考,为学生有效地进行知识建构。

c. "课后学习"可设计"A 组(基础巩固)"、"B 组(拓展提高)"和"C 组(挑战自我)"三个层次的作业。A 组共设计 8 题,从动能的概念复述到简单应用,还包括实验过程和方法,为必做作业;B 组 4 题,对动能概念进行了横向拓展和纵向深入,建议选修物理的同学做;C 组 2 题,属于"挑战类开放型作业",供有志从事物理研究的学生做。

挑战题(C组)如下所示：

◆ 请你设计一个能验证"动能大小和质量成正比、和速度的平方成正比"的实验方案，具有可行性，能够在实验室内完成实验。

◆ "投石机"号称是"中世纪的原子弹"，你知道它的类型、原理和威力吗？请查阅文献，写一篇介绍投石机的小论文，并且制作一个投石机的模型。（参阅视频网址：http://ent.joy.cn/video/908459.htm）

d. 设置"作业反馈"栏目。让学生关注自己完成作业的过程，包括完成时间、情绪，对其中的困难提炼表述，并填写在反馈表中，为教师提供建议。

（3）通过设计"题组"训练，提升作业的品质

如以数学学科为例。在课堂例题中，针对基础知识编制横向关联式（平行型、对比型）题组，针对基本思想方法编制纵向递进式题组。课后作业，编制横向沟通式题组（归纳型、归因型、归法型），加强基本题型的解题能力；编制纵向递进式题组，培养学科思维能力，减少不必要的重复，又让不同层次的学生都能取得相应的发展。同时，在文档格式上进行改进，作业文档的右边批注可以留给学生反思，也便于教师统计。

3. "学案"的编制过程

（1）编写原理

序进原理：教师根据不同对象的发展水平，有步骤地呈示知识和经验的结构化程度，组织好从简单到复杂的有序累积过程。

情意原理：充分激发学生的学习动机、兴趣和追求的意向，促进学生终身发展能力的形成。

活动原理：教师精心、合理地组织各类行为活动与认知活动，充分发挥学生活动的自主性，促成行为结构与心理结构迅速互化。

反馈原理：教师及时地、有针对性地调节教学，师生共同参与评价。

（2）编制原则

突出集体的智慧和力量，保证学案编写的质量；强调学案教学体现学生和教师的个性；注重学生使用学案的指导；强化例题和习题遵循课程标准，注重知识的梯度、难度和覆盖面；倡导作业的分层。主要包括以下原则：系统性原则、课时化原则、问题化原则、参与性原则、方法化原则、层次化原则、生活化原则、适切性原则等。

(3) 编制流程

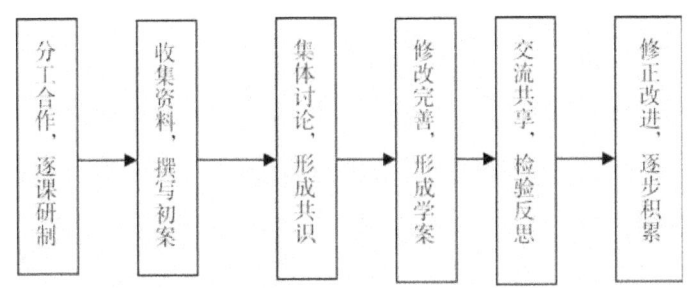

奉贤中学学案编制流程图

编制流程的过程中形成以下共识:问题探究是学案的关键;知识梳理是学案的重点;阅读思考、质疑释疑是学案的特色;巩固、练习、反思是学案的着力点。

(4) 各年级、各课型的学案形式

① 基础年级学案

高一、高二年级,学案板块设置上更强调基础教学,学案比较细化,更注重知识的生成、梳理、迁移和归纳,板块设计上强调体系的逻辑性。学案板块一般分为:学习目标、学习重难点、预习导引、问题探究、实践感悟、提高训练等。

② 高三学案

高三的复习学案更注重知识的对比迁移,提高学生的综合应用能力,形成学案的"四化建设",即:"基础知识系统化、系统知识重点化、重点知识题型化、典型题型阶梯化",着重知识的梳理、方法的提炼,通过题组的变式训练提高能力。学案板块一般分为:考纲要求、要点回顾、例题精学、头脑体操、跟踪练习等。

③ 不同课型学案

新授课学案:注重知识的生成,问题设计要有启发性。对教材中学生难以理解的内容作适当的提示,设置阶梯引导学生自主学习,在自主解决问题中培养能力,激发求知欲。

习题课学案:主要以专题形式,以有针对性的一类典型例题导思,归纳方法,通过变式或题组练习来实践感悟。

复习课学案:注重知识的体系和知识点的相互关联,更多采用章节知识网络、表格形式对比巩固知识。充分利用学案引导学生自主归纳、练习,教师注重疑难问题的指导。

实验课学案:注重动手操作技能的培养,为实验操作搭建平台。

4. "学案"与"教学"的几个关系

(1) 学案与教案的关系

学案是教师集体经验和智慧的结晶,具有普适性;而教师的教案可以学案为基础设计,具有一定的个性化。教学中应避免学案代替教案。

教案与学案的关系

项目	教 案	学 案
目的	为教师上好课,预设教学方案	为学生学习提供指导学习方案
性质	着眼于如何"教",侧重于使学生"学会"	着眼于如何"学",侧重于使学生"会学"
角色	侧重教师主导	侧重学生主体,主动地"学"

(2) 学案与学习笔记、作业和学习参考资料的关系

要充分利用学案而不能以学案代替笔记,指导学生学案与笔记有机结合;学案中有作业及其指导,但学案不能完全代替作业本;学案要精选习题,不能搞成学习参考资料汇编。

(3) "学案"与教师个性的关系

使用学案既要体现共性,又要体现个性。学案编制尽管经过集体讨论,也一定存在主体负责编制者个人的个性特点的印记。学案具有一定的普适性,但使用学案教学时应符合教师的个性特点。

5. 学案使用的基本顺序和操作要点

(1) 学案使用的程序

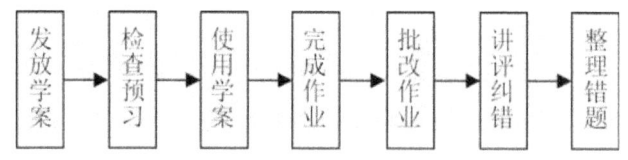

奉贤中学学案使用程序

(2) 学案实施的主要阶段和操作要领

① 课前预习阶段:教师在上课前1—2天,将学案发放给学生,指导学生进行自主预习,使学生带着学案中的问题走进课堂。

② 课中学习阶段:师生可通过讨论,交流疑难问题,教师进行引导、点拨、分析、归纳,使学生在主动状态下进行合作、体验、探究活动。

③ 课后巩固深化阶段：指导学生及时对学案进行消化、整理、补充，然后完成课后作业并做好反思。

6. 基于"学案"的教学范式

2011 学年，奉贤中学优化学案导学，探索"二二三四教学范式"。

（1）基本内涵

两点，是指低起点夯实基础、高视点培养能力。低起点，即面向全体，针对差异。奉贤中学认为，最基础的知识和能力最有迁移性，最基础的知识和能力最有生命力。高视点，即落实三维目标，提升思维品质，让学生学会学习。

两度，是指小坡度设置台阶，高密度训练思维。小坡度，即搭建思维支架，减少学习难度，提供成功条件；高密度，即小步快进，优化学习过程，有效训练思维。前者是遵循认知规律的需要，也是后者得以实现的前提。

三动，是指学习动手实践、动脑思考、动嘴表达相结合。

四导，是指"导读、导思、导研、导行"，核心是通过教师导教，使学生"善读、善思、善研、善行"。实现学生学习由被动接受到主动探究、机械操练到意义建构的转变。

（2）结构示意图及技术路线

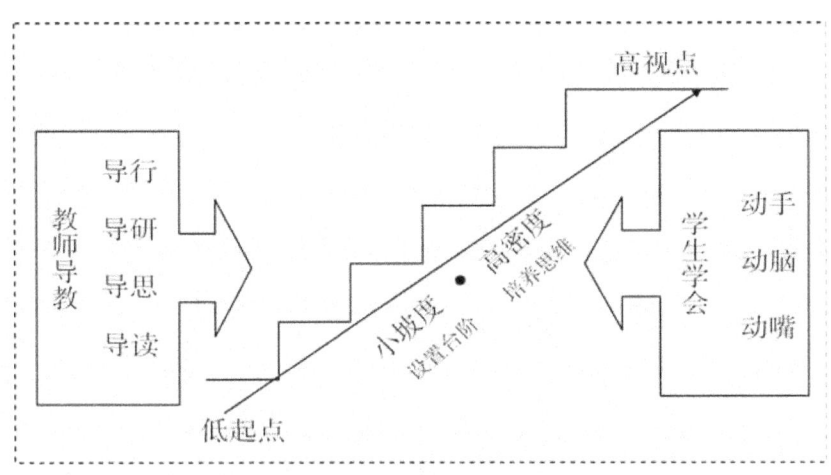

奉贤中学"二二三四教学范式"示意图

"两点"是教学的起点和目的，"两度"是教学设计的策略，"三动"是组织教学的要求，"四导"是改善学习方式的途径。

① 课前设计落实"两点两度"。提前备课：轮流主备、集体研讨、优化学案；"四定合一"：备学生知识基础定起点，备学生思维特点定坡度，备课程执行纲要定密度，备课程目标定视点。

② 课中优化体现"三动四导"。导读铺垫，引发思考；导思启迪，促进三动；导研引路，活动探究；导行应用，行为跟进。

③ 课后巩固强化拓展知识。围绕"两点两度"，使作业目标简约专一、知识梳理有序集成、能力要求分解递进；聚焦"三动四导"，设计学科挑战性任务和长作业。

经过近半个学期的探索，"二二三四教学范式"深入人心，各学科积极实践、主动构建。如数学教研组在学案导学基础上，探索概念课、习题课、复习课和试卷讲评课的"二二三四教学范式"；外语组探索课文阅读和报刊阅读在课前自主预习、课中探究学习、课后练习实践阶段的实施流程；物理学科立足学科本体和学生特点，初步构建了学科"二二三四教学范式"。

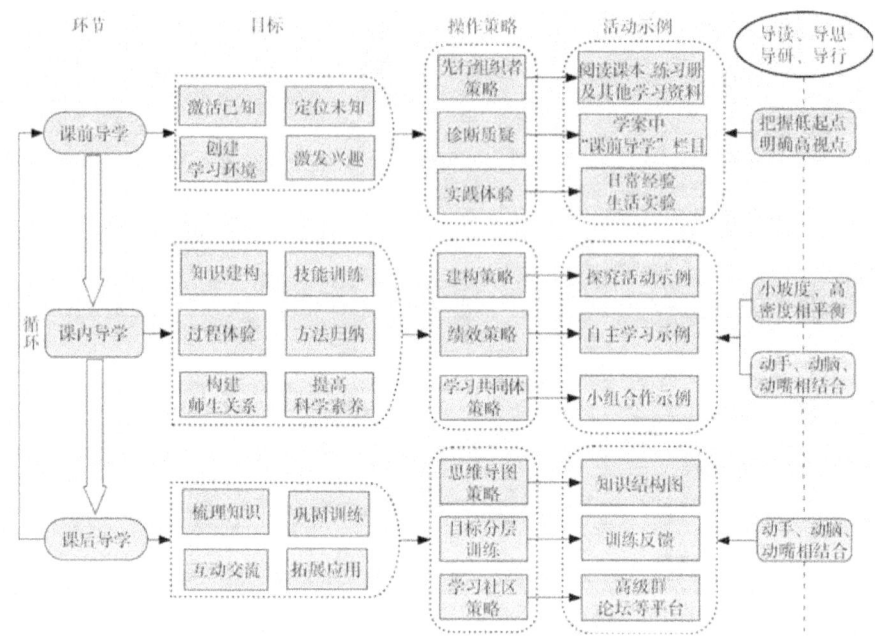

奉贤中学物理学科"二二三四教学范式"

第一步：课前导学，立足"低起点"，明确"高视点"。
第二步：课内导学，体现"两度、三动"。
第三步：课后导学，挑战自我，强调"三动"。

7. 实践效果

（1）形成了系列学案。

（2）教学方式的不断改善，学生对课堂教学的满意度不断提高。

（3）学生的自主学习习惯不断养成，学习方式有了较大的转变。

（4）教学质量稳步提高。

（5）学生的个性特长得到培养。

（6）教师的专业能力有了大幅度的提高。

（三）市北中学培育学友文化，重塑高中师生互动式教学关系

教与学的关系，是学校教育中一个很重要的关系。因为教学活动是师生之间的双主体实践，师生关系对教学关系起着重要作用。一般而言，有什么样的师生关系，就会有什么样的教与学的关系。师生关系和谐程度的高低直接决定着教育质量，即师生发展质量的高低。因此，优化或重构教学关系就必须首先构建新型的师生关系。

1. 学友文化——新型师生关系的一种范式

学校是一个小型社会，是具有教育属性的群体共生的人文环境，这就决定了学校群体生活的社会性和生态性。市北中学在多年"创造适合学生的教育，引导学生登上巨人的肩膀"办学理念的指导下，积极探索并逐步构建起了具有自己特色的学校文化——学友文化。

市北中学将"学友文化"定义为：以促进不同主体的学习、发展与进步为目标，以人格平等、相互尊重为前提，以情感双向认同和愿景共同驱动为核心，浸润于学校一切人际交互中的教育文化形态。市北中学倡导的学友文化，关照群体生活的多样性和个体生命的唯一性，以培育学生的创新素养为根本取向，不以创新为少数学生或某一类型学生的专利，而力求使不同特点的师生聚集在一起，形成不同的学习群体，在师生之间、学生之间产生思维碰撞，从而激发创新的火花。

培育"学友文化"，就是为了让教育成为彼此之间生命唤醒和生命价值实现的过程，让学校成为学生展示个性才华和创新能力的舞台。

2. 基于学友文化的师生互动式教学实践

市北中学依托学友文化，加强了师生互动式的课堂教学模式的探索，主要有以下几种实践的途径：

（1）问题导向的跨学科教学

整合资源、多主体互动的授课方式，给学生提供了参与知识形成、发展过程的机会，拓宽了学生思维的维度，增加了学生思维的深度，让学生学有所思、学有所得；同时，也促进了各科教师对学科教学进行更深层次的思考，告别了平日里单一的"备课—讲课"模式，对教师自身的学科知识以及个人应变、即兴演讲等能力都是一个全面的考察。

（2）在常规课堂中引领学生发现和解决问题

市北中学在创新试验班数学教学中开展了"翻转课堂式教学"的尝试。这是一种充分体现教学相长的课堂实验。数学金老师在《失误，也能带来精彩》一文中推介了"翻转课堂式教学"尝试的体验与收获。

 案例

失误，也能带来精彩

S同学问的一个问题，我花了12个小时（下午两点到夜里两点）仍没有解决，但我觉得我所做的艰苦探索的过程还是有向学生介绍的价值。

第二天，在给我的同学和北大数学系的学生发去了求助信以后，我向全班同学分析了我种种不算成功的尝试，并问S同学题目是哪里来的。他告诉我，题目源于网络论坛，论坛中有解答思路，只是他看不懂。我向他索要了解答思路，掌握了本题的证明方法，我想这也是一种教学相长！

教师如果总是略去艰苦探索的过程，把思维过程中完美的那一段呈现给学生，老师讲的越多、越细，学生的思考就越少，对老师的依赖性就越大，那么留给学生的只能是记忆和模仿。

相反，教师说出自己的困惑，展示自己百思而不得其解的问题，让学生无从依赖，只有创新，却能够激发学生的探究愿望和创新热情，也给了学生显示聪明才智和创造潜能的机会。

"翻转课堂式教学"通过教学方式的转变，使学生的学习主体地位得以保证，使学生、教师、教材融为一体，以思维发展贯穿课堂教学的全过程，实现有效教学。同学们是这样来描述他们的学习情景的：

"课堂上，我们会和金老师争得面红耳赤，有时甚至分不清谁是老师、谁是

学生；我们会一起探讨数学问题，尽管那些知识高考永远不会考到；我们会传阅同学用乒乓球制作的正十二面体，惊叹他的鬼斧神工。数学不再只是成堆的试卷与习题，而是融入了我们生活的方方面面；数学也不再是应试教条的科目，而是一种不计得失为之付出的纯粹的追求……"

（3）经营班级学友文化

在对传统的班级教学管理进行考察时，市北中学发现两面性：一方面，这种管理既有助于各位任课教师各负其责地工作，较大可能地挖掘教师的教学潜能；另一方面，通常会引发教学矛盾。由于所有的教师都希望自己所教的学科上，学生能够取得优异的成绩，于是教师之间极容易产生抢夺课时、抢夺学生的现象，下课拖堂等更是司空见惯了。加之任课教师之间缺乏相应的沟通和协调，他们对学生的理解也不相同，如历史教师认为一个学生历史学科成绩差是因为他把大量的时间用在数学学习上，但实际上他的数学成绩也是不理想的，缺失良好的学习基础和学习方法才是该学生真正的学习障碍。

所以，在建设班级学友文化中，必须让班主任成为班级教学力量的协调者。班主任要协调所有的任课教师的力量，在相互分享、共同谋划学情的基础上，制订班级学习规划和个体学习规划，然后分解计划与实施，化解教学矛盾。

（4）建设学科学习研究小组

学科学习研究小组是由每个班级部分学生自主参与，学科负责老师指导，以自由开放的教学模式，贯彻联系课堂内外的教育设想。在市北中学，学科学习研究小组主要以社团的形式出现。

市北中学的社团亦称"学友团"，注重"开放、互动、体验"，是建立在学友文化基础上的社团活动，让有着共同兴趣爱好的学生聚在一起，通过自己喜欢的方式进行探讨、切磋、研究。其主旨就在：让每个社团成为学生培育创新素养的平台、成为学生发表创新观点的讲台，让每项活动成为学生自我教育、自我管理、自我表现的时空。学生的学友关系可能在社团活动过程中体现得最为淋漓尽致。

①"溯光"文学社团

"溯光"文学社团是上海市学生明星社团，始创于1999年，发展至今，目前有社员近百名。总社下立四大分社：溯光编辑部、"说文解字"汉字研究社、芳草地文学社、"我要飞"诗社。四大分社各自有专门的刊物，即：校报《溯光》、汉字研究集《甘棠》、文学杂志《芳草地》、诗刊《且来浅唱》。

市北中学每周三的社团活动日,为各社团的学友们提供了交流切磋的平台。溯光文学社的活动地点在图书馆,每到周三中午,图书馆的阅览室都是一派热闹景象。各分社的同学团坐在一起,交流自己的最新作品和创作心得,这是心灵的交流。在这样一个和谐、自由的氛围中,社团学友们的文学素养和创作水平都得到了不同程度的提升。

"说文解字"汉字研究社着眼于汉字研究,规范汉字用法,以弘扬祖国优秀传统文化为己任。为了激励同学们开展文字研究的积极性,社团以《甘棠》作为发表学生研究作品的园地。这种专门研究常用汉字的书籍在书店里是看不到的,这种体例的创新形式也是绝无仅有的。

为了让"说文解字"汉字研究社的同学们的作品能及时和全校同学见面,也为了促进同学们的研究热情,经学校党总支部研究同意,在每周一次的"国旗下讲话"中加进"说文解字"板块。这一创新形式不仅激发了研究者的热情,还让全校同学分享他们的研究成果。这一举动在校园内引起了热烈的反响,极大地推动和促进了该社团的各项研究任务。

② 数学杂志《简单》

由首届创新试验班学生创办的校本数学杂志《简单》,源于数学课上的课堂对话。第一期主编黄晟达说:"数学课上,每一分钟的体验都有它特有的价值,每一分钟的思想火花在一生的求知道路上都应该是刻骨铭心的,因此当老师说要把这些想法记下来编成杂志的时候,大家都觉得很对,于是正如你所看到的,第一期杂志诞生了。"

《简单》杂志由学生自己写稿、审稿、编辑、排版。杂志中有数学小论文、数学小说、数学游戏攻略等,文章虽然"简单",但都有学生自己的想法。这些创作唤起了同学们对数学问题的思考,论文的发表更是对学生巨大的鼓励。

《简单》虽然"简单",但对学生本人来说是一种创新,每一次体验、每一种思想火花都见证了学生的成长。

(5) 开展"手拉手"工作

学生个性各有差异和学业出现自然分层是客观事实。因此,市北中学就需要为学习困难的学生补缺补差,鼓励教师利用教学业余时间义务为学生作辅导。加课是错的,补课是对的,有"缺"才要"补"。让学习困难学生走出困境,是教师师德的基本内涵。市北中学规定每学期班主任都必须对全体学生进行家访,掌握学生各方面的情况,有针对性地开展学生的思想教育工作。发展中有特殊情况的学生,始终是班主任"手拉手"工作的重点。市北中学每一位任课教师都对自己所教的学习有困难的学生进行义务补缺补差,课间休息、下午放学,都能看到任课教师主动进行个别辅导的身影,他们都有一到两个学生作为"手拉手"的辅导对象。家长和学生说,"个别辅导手拉手,点点滴滴见师爱"。

由于学校以"拉学生"为抓手,建立立体化、多层面、多角度的"手拉手"机制,从而弘扬了主流精神,促进了师生和谐。"拉"的过程,也就是教师师德修养不断提高的过程。

3. 基于学友文化的师生互动式教学成效

实施基于学友文化的师生互动式教学,使学校在以下几个方面发生了深刻的变化:

(1) 建立了平等互助、教学相长的新型师生关系、生生关系

建立平等互助、教学相长的师生关系,应高度重视学生的主动参与、亲自研究、动手操作,强调师生间的交流与合作,旨在让学生积极主动地思考,不仅要让他们"在思考",更要让他们"会思考"。因此,广义的"互动"教学是指交往过程中,师生之间经过竞争、合作、协商与妥协达到一致,由此而形成相互理解、相互学习、相互促进、相互影响的人际关系。

(2) 引领了学校文化的变迁

文化建设、文化变迁从本质上而言是生活方式的转变,必须通过具体的管理举措来引导。市北中学一方面采取青年教师高级研修班、集体研讨、文化熏陶等方式,在团队研究、教学方法改进方面,使教师的团队合作能力和文化素养明显提高;另一方面,学生学习方式的改进,对于其创新素养的培育,以及形成相对稳定的学习和生活习惯也产生了深远的影响。

(3) 一定程度上提高了教育教学质量

创新试验班的教学逐步取得成效,2012年高考中,全班同学的高考分数均超过了一本线。该班级物理学科研究小组由班主任张森担任指导教师,在全国中学生物理竞赛中,获市一等奖2人次、二等奖3人次、三等奖8人次。

(4) 学生的创新潜能有效释放

学生创新潜能的释放依托于教育教学和管理模式的改进。市北中学通过

创设学友文化,从课堂教学、教学评价等方面引导教师和学生教与学的方式的转变,使教师的能动性、学生的创新潜能得以充分释放。学生的好奇心、求知欲、探索精神得到呵护和培育;形成了自主学习、独立思考的思维习惯;营造出崇尚真知、追求真理的氛围等。这些都为学生的禀赋和潜能的充分开发,创造了一种宽松的环境。

三、有利于学生创新素养发展的活动或社团建设与实施研究

社团活动是课堂教学的有效补充,能激发每一位学生的进取心,唤醒每一位学生的创新意识。社团活动有以下几个特点:从活动主体来说,学生是社团活动的绝对主体,有共同志向的学生凝聚在一起而成;从社团活动的内容来看,体现出综合性、趣味性、体验性的特点;从组织形式来看,强调互动交流,具有宽松的氛围。比起课堂教学,在社团中,学生掌握更多的主导地位,自主研究、自组活动、自我管理成为主要的活动方式,指导老师往往只是做辅助工作。

校园社团是结合理论与实践的一个很好的平台。社团活动是综合实践活动课程的有效尝试,是中学校园文化的重要组成部分,是校园生机和魅力的体现,是培养当代中学生综合素质的重要途径,也是发挥团队文化建设及作用的重要载体。

在创新素养培育的大背景下,在保留"自理、自律、自主"等自组织运行模式的特点的基础上,社团活动的内容和组织形式也需要发生适当的变化:把创新素养培育元素融入社团活动,提高学生社团活动的创新性;学校对社团活动提供必要的支持,提高社团活动的品质;加强社团活动的国际性。

创新素养的培育,需要改变教师完全掌控教学的局面,应该使学生成为课程与教学的真正主体,在同伴合作的团队中,提升创新素养。

(一)复兴高中学生社团的自组织运行

学生社团是由学生自发地根据自己兴趣所组建的自我管理的学习团体。复兴高级中学于1998年成立了沪上第一家中学生社团。近年来,面对上海市实验性示范性高中推进创新素养培育的课改形势,复兴高级中学将"以德育为

核心,以培养学生的创新精神与实践能力为重点,以学习方式的改进为特征"作为教育改革的指导思想,大胆创新并不断完善了新型校本课程——社团活动。

1. 复兴高级中学学生社团简介

复兴高中学生社团经过十多年的探索和努力,目前已形成学术类、科技类、体育类和艺术类等四大类共 42 个学生社团。社团的参与对象为全体高一、高二年级学生,总数约为 800 余人。社团的指导教师包含校内 29 名、外聘 8 名。活动场地涉及 14 个学生教室、各类体育场馆(如排球馆、乒乓房、体操房等)、阅览室、阶梯教室和专门教室(如分子实验室、植物组织培养室、心理咨询室、音乐教室等)。社团活动的时间一般为每周三下午 4:00—5:00。

在复兴众多的社团中,涌现出一批"明星社团"。例如:

(1) 植物组织培养社。组培社一直秉持学生自主的理念,由高二学生向高一学生传授组织培养的操作方法,尽管社员大多分组活动,但仍互帮互助,知识共享。科技节上,组培社员现场销售亲自栽培的手指花卉和盆栽花卉,得到全校同学的欢迎和热捧。

(2) 环保 DIY 社。社员们不仅掌握许多环保的知识,还坚持变废为宝的理念,利用身边的废弃物,制作出许多艺术作品,在学校多次开展新颖的艺术创意展示活动。

(3) DV 俱乐部。在每次社团活动时,传授 DV 制作与摄影技术,分享优秀社员作品。俱乐部教会社员用心感悟生活,用镜头诠释彩色的世界和留住精彩的时刻。

(4) DNA 分子探秘社。让分子世界不再神秘,学生通过在专业的分子实验室中的研究,完成自己感兴趣的课题,在实践过程中也使他们的知识面和能力得到了提升。

2. 复兴高级中学学生社团的自组织运行模式

学校团学联下设社团部,社团部的设立旨在管理社团日常活动,指导社团运行发展,组织社团活动展示等,帮助每个社团更好地将先前的管理与活动经验传承下去,在实践过程中不断发展与完善,在每次新老交替的过程中完成社团的自组织管理,使其制度化、有序化、高效化。

(1) 确立自理的基本措施

① 执勤。每天中午为社团部的工作时间,期间受理如请假、转社或退社等事宜。

②查社。每逢社团活动时间，为确认社员到社情况，社团部的干事会将点名夹发至每位社长手中，并安排各社团对口干事在课后收回点名夹，查看社团上课情况，掌握社团的出勤率。

③打分。对口干事收回点名夹后，根据社长、社员和指导老师的出勤率进行综合评分，掌握各社团的开展情况，为期末社团的评比提供材料。

④告知。为未正常参与社团课的同学填写缺课通知单，于第二天中午发放至各位同学手中，并提醒同学缺课3次即处分的相关规定。

（2）建立自律的制度体系

①对口干事制度。对口干事的主要职责是辅助社团自组织运行，为社团提供个性化、定制化、专业化和人性化的管理。干事们根据自己的兴趣与专长确定所负责的对口社团，每位对口干事负责2—3个社团的管理。除收发社长工作手册、通知各类事项、收取点名夹等常规工作外，对口干事还会深入社团，定期与社长进行交流以了解社团的特点与状况，并为社团量身打造适合的发展方向。对口干事们在一系列工作中，锻炼了交流与沟通能力，丰富了管理经验。

②定期座谈制度。每月社团部会举办"社长月月谈"定期座谈会，为社长们提供各抒己见、交流心得、分享经验、诉说困扰、集思广益的工作平台。通过交流，社团之间碰撞出灵感的火花，从而形成完善社团自身发展的举措。这种座谈制度使社团与社团部之间的交流更为规范化、常态化，在帮助社团解决实际问题的同时，也督促了对口干事制度的落实与完善。

③社团评优制度。社团评优机制是对优秀社团的肯定和勉励，也是对其他社团的督促与鞭策，更是通过这种优胜劣汰的管理方式，维持社团健康、良性的发展。社团评优主要以星级社团评选为主，星级社团的评选从日常活动情况、社长工作、受欢迎情况、社团成果等四个方面展开，分为一星至五星。优秀社团除获得荣誉称号外，还将获得一定的奖金用于社团进一步发展和壮大。对于后进社团，将面临为期一个月的"社团拯救时间"，那些通过努力仍无法改善的社团将被关闭和淘汰。

（3）创立自主的主题活动

读书节、艺术节、体育节和科技节是学生自主创立的四大主题活动，在这四大活动中，社团承担着重要的工作和任务。在一个月左右的筹备时间里，每个社团都要面对诸如展示方案、彩排表演、道具制作、场地布置等难题，这些无不需要社员们周密的设计部署、精细的规划组织、和谐的团队配合与默契的成员协作。可以说,每场展示既是一次机遇,更是一次挑战。虽然不乏挫折与失败,但每完成一项挑战,社员们都收获了一份舒心快乐、一次历练成长、一种成就体验。

社团活动不仅在潜移默化地激发着同学们的兴趣,拉动校园文化的发展,更在校园内刮起一阵阵旋风,可以说社团为校园带来了一次又一次别开生面的校园文化展示活动。

3. 自组织运行的学生社团有利于创新人才的培育

（1）社团活动丰富了学生的社会体验经历

各类学生社团通过校内、校外的科研活动和实地考察,实现了课内学习和课外实践的有机结合。通过亲身体验、主体内化、自我教育,引发了学生的积极思考和有效探索。学生的精神面貌有了显著的改善,思维的活跃程度有了明显的提高,学习的效率有了大幅的提升。社会体验也成为复兴创新人才孵化的重要途径。

例如,学校的模拟联合国社就向学生提供一种社会体验的活动经历,使学生的行政管理能力大大提高,如组织和策划会议的能力、研究和写作的能力、解决冲突和求同存异的能力、运用英语的能力、公开辩论的能力,以及沟通交往的能力等都获得了发展。

（2）社团活动提升了学生的应用知识能力

在社团活动中,学生可以利用课堂上学过的知识,从更多的角度、更宽的视野,提出基于问题解决的新方案和新思路,并通过社团活动进行研究和探索。复兴高中认为,应用知识的过程也是创新素养培育的必经之路。

 案例

应用课堂知识解析"耐克"函数

数学社的社员们发现,学校大多数同学穿的运动鞋是"Nike"牌,此外在日常生活中,他们也时常会发现一些美丽的造型和线条,于是联想到可以应用课本上熟悉的函数曲线,去拟合那些漂亮的线条,又可用函数曲线去设计和创造新的、更美的艺术。

许多参观过2010年上海世博会的游客,都会买上一本世博护照,然后盖上精美的印章,社员们再次发现,这些印章中就蕴藏着曲线。于是,学生借助电子

书包平台,运用几何画板软件和师生互动平台进行新的函数曲线拟合与创造。

$y_1 = -0.08(x+5)^2, -13.5 \leqslant x \leqslant 0$

$y_2 = -0.1(x+5)^2 + 2, -14 \leqslant x \leqslant -2.72$

$y_3 = 0.2x^2, -2.72 \leqslant x \leqslant 2.72$

$y_4 = -0.1(x-5)^2 + 2, -2.72 \leqslant x \leqslant 9.47$

$y_5 = -0.1(x-6)^2 + 4, 0 \leqslant x \leqslant 11.63$

$y_6 = 0.02(x-20)^2 - 10, 0 \leqslant x \leqslant 5$

$y_7 = 0.02(x-31.8)^2 - 10, 9.47 \leqslant x \leqslant 16$

$y_8 = 0.02(x-34.9)^2 - 10, 11.63 \leqslant x \leqslant 18$

社员们通过探索耐克函数,体会到世界从来不缺乏数学美,只是缺乏发现数学美的眼睛。

(3) 社团活动张扬了学生的创新思维能力

作为一名高中生,应当在学习书本知识之余,完善自己的课外积累,不断培养自身的思考与创造能力,用更独到的眼光去发现问题,用更新颖的方法去解决问题。

案例

创造无限的环保 DIY 社团

复兴环保 DIY 社团致力于校园环境教育,它充满着艺术氛围、自主意识和创新精神。社团的活动形式多样丰富,除了传统授课的形式,更多的是探讨、合作和动手实践。学习的资源除了书本,更多的是亲身体验。在接受知识的同时,更多的教学是鼓励社员们用自己的方式传达思想。

2008 年国家"限塑令"的效应,启发社员思考规章制度的作用,从而促成了上海市中小学首例"校园环保规章条例"的诞生。

2012 年社员们开展了一项名为"我行我不塑,拒塑我最行"的环保主题活动。活动倡议的是:谨慎对待塑料,拒绝一次性消费与使用,反对随意地丢弃。这个活动是从限塑的角度出发,在全校展开规模可观并行有实效的环保宣传。该活动被《上海学生导报》报道,还被多家网络媒体分享与传送。

其中有草坪上大型的视觉展示活动的创意解读:

彩色基调——春天的草坪上红绿相印,以及 20 多个窨井盖都被色彩涂鸦起来!彩色背景中活动着黑白鬼怪。借助强烈的视觉对比传达的创意是:塑料的发明大大地便利了人类生活,可是如果我们不以谨慎的态度去对待它,总有一天,塑料将会像鬼怪一样,骚扰我们富足多彩的生活。

活动中除了大型的视觉展示,学生还开展了绘画冰棒棍和环保袋的活动。他们用丙烯颜料将平时收集来的冰棒棍绘制成个性书签,用以倡导不要随意丢弃;他们用自己绘画的个性环保袋代替塑料袋,用以倡导反对一次性使用。

黑白色调——"拒塑怪人"有 3 层楼高的规模,表层附着废旧塑料袋;"小鬼怪"是身穿废旧塑料制品制作的环保服饰的社员,社员用鬼怪造型警示师生们要谨慎地对待塑料制品。

2012 年,社员们又参加了同济大学建造节中学生邀请赛,包括上海中学等名校在内的上海十几所中学队和国内七所高校代表队同场竞技。比赛的要求是在 8 小时内用纸板材料搭建一个可供学生学习、生活和休息的房子。最后,社员们的作品"快乐栖居"脱颖而出,获得金奖。

各种环保主题的创意活动激发起学生思考人与动物、人与人、人与环境之间的关系,从而建立责任意识。学生创造的艺术感染力让环保意识深入人心,从而点燃创造的灵感,用 DIY 的精神把许多的不可能变成可能。

(二)上外附中创新教育视域下学生社团发展和支持课程群建设

上外附中设有 14 个学生社团,其中模拟联合国社团、根与芽社团、心理社、赛智社、学生公司等都被评定为市、区级明星社团。

随着学校社团建设的不断成熟,上外附中的社团活动越来越走向国际,从而也面临越来越大的挑战:在国际平台上,需要更娴熟的语言技能来表达自己、辩驳对手;需要更厚实的文化底蕴去理解和沟通来自多元文化背景的伙伴;需要更开阔的视野和角度来分析和思考需要解决的问题;需要更多的专业知识和技能来提高问题解决过程中的独创能力;需要有新的突破来推进学校社团的持续发展。

1. 实验目标

聚焦创新素养培育视域下学生社团建设的持续发展,创建与社团主题相匹配的支持课程群,加强社团成员胜任素养的拓展,以此推动社团建设的与时俱进,进而推动以社团建设为切入口的校本课程改革的深入。

2. 操作思路

(1) 在特色学生社团建设的基础上,暂选模拟联合国社团和赛智社团为创新素养培育实验试点社团。

(2) 由于学校七年一贯制的特点,因而在创新素养培育对象的选拔上,能够基于学生初中 4 年在校情况,按程序选拔品学出众的若干学生,并根据其个人兴趣和专长,将学生分入模拟联合国社团或赛智社团,同时启动相关支持课程的学习。

(3) 尝试充分利用高校课程资源的快捷方式,根据社团的主题,建设相关支持课程群。

(4) 鉴于经验以及人力和物力的限制,先采用试验班的形式运作。根据实验成熟程度逐渐推而广之,推进学校拓展型课程和研究型课程层面的课程改革。

(5) 实验项目历时 3 年,强调创新实验课程学习与社团活动的紧密结合,课程学习采用课堂学习和学生自学相结合、学期中学习和假期中学习(实习、海外游学)相结合、校内学习和社会见习与实习相结合等方式,尽可能为学生提供多元的学习经历。

3. 课程实施

2010 年 9 月建立首届创新试验班,学员 32 名。

2011 年 9 月建立第二届创新试验班,学员 32 名。

具体课程实施情况如下:

课程实施情况一览表

课程板块	教学形式	课时安排	授课教师	管理教师
通识课程	大班	2 课时/周×15 周,每周一下午	大学教师	试验班班主任
专业课程	小班	4 课时/周×15 周(2 课时 + 2 课程)每周六上午 8:00—11:30	大学教师	社团指导老师
实践课程	小班入社团活动	3 课时/周×15 周,每周五下午	社团指导老师	
自学课程	个人、小组	课余、假期	试验班班主任、心理老师	

4. 课程群体系

支持课程群体系建设,围绕社团建设的三个方面展开,分别是"社团主题"、"社团综合性"与"社团实践性"。以此为引导,建设了相应的支持课程群,包括专业课程、技能课程以及通识课程。

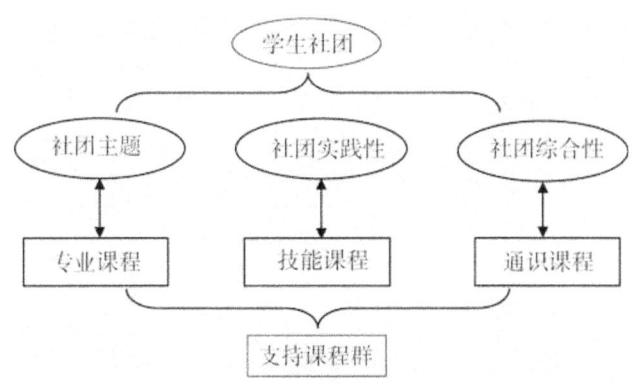

支持课程群体系

(1) 社团主题与专业课程群

每个社团都有自己的主题。社团的主题决定着相关支持课程的核心内容及其辐射领域。可以说,专业课程内容的设置围绕着社团主题展开,而社团的有序运作也有效促进了学生专业知识的学习。

(2) 社团实践性与技能课程群

社团运作与课堂学习有所不同,它更多地依赖于学生的自主参与和实践操作。因而,在注重专业理论学习的同时,能够提供方法、技能及相应训练的实用课程便显得十分重要。它能够以开阔的学习内容及富有针对性的实践平台促进教与学、教与练、教与用的高度结合,有力支持学生课堂之外的持续发展。

(3) 社团综合性与通识课程群

关注创新素养培育的社团活动,需要厚实的文化底蕴、宽阔的知识和视野为基础。因而,除传统的直接学习之外,学校还提供了大量内容丰富、视野开阔的高端通识课程,全力打造创新素养培育的丰沃土壤,让学生在社团活动中收获诸如语言表达、人际沟通、执行策划、问题解决、跨学科知识等综合能力的提升,以此支持社团的综合性特色。

上外附中创新试验班学年课程示例

社团名称	专业课程	技能课程	通识课程	实践课程
模拟联合国社团	国际关系特点探析 国际政治漫谈 国际关系分析导论 当代中美关系史话	*英语高级写作 *英语演讲 *文件写作	*涉外礼仪 *涉外法律（上/下） 视觉艺术 逻辑学 *名家讲座，如：一个职业外交官的故事——美国前国务卿、前驻沪总领事滕祖龙教授	蔚蓝领袖训练营 哈佛中美学生领袖峰会 斯坦福大学游学夏令营 校内模拟联合国会议实践 各类国内外模拟联合国大会，如：哈佛大学、耶鲁大学、莫斯科大学、香港中文大学、北京大学、北京外交学院等中学生模拟联合国大会
赛智社团	*经济学原理（微观经济学） *经济学原理（宏观经济学） *创业管理 市场营销基础	*英语写作 会计学 财务报表制作 团队企划案设计		SAGE南非世界杯比赛 SAGE布法罗世界杯比赛 SAGE中国区比赛 "爱·上海"义卖活动 上海市公益游园会、公益伙伴日 《货币战争》名家讲座等 校内赛智社团项目实践

* 标注为双语或英语授课课程

5. 支持课程群建设的实践与思考

（1）坚持外语为工具的特色理念

在创新试验班的课程设计中，上外附中坚持以外语为工具，支持和服务于学生的学习。

（2）课程群内容的选取原则

① 坚持民族性与国际性的统一

都说民族的就是世界的，缺失了民族特色与文化底蕴的国际化终究是苍白而单薄的。作为一所开放程度较高的外国语学校，上外附中的学生经常处于中西文化的交汇点，因而在引导学生理解和接纳多元文化的同时，上外附中始终关注"民族传承与国际视野统一"这一命题。

首先，专业课程设置方面，在通过《国际关系热点探析》、《国际金融》等课程培养学生国际视野的同时,特别加入了如《海洋与中国》、《用经济学智慧解读中国》等涉及本国国情、历史、文化的课程。支持学生找寻到中西文化及时代发展的平衡点,立足中国,放眼世界。

其次,在通识类课程中既有诸如《货币战争》、《欧债危机》等关于国际热点话题的名家讲座,也有为学生特设的富有中国特色的选题,如著名记者宣克炅关于《微博时代的中国媒体与年轻人》互动讲座课等。大量内容丰富且颇具时代感和民族感的信息,在无形中宣扬民族精神的同时,不仅为学生提供了与名家一同了解当代中国的机会,更激发了他们对祖国的热爱,令其深切感受到自己对国家未来发展所承担的使命与责任。

上外附中坚持立足母语文化基础之上的国际化博采众长,期待融会贯通之后的自我提升。

② 关注课程内容的前瞻性与适切性

首先,创新实验项目的定位之一是为资优学生提供拓展学习和加速学习的平台,因而课程内容必须具备先进性与前瞻性。为此,上外附中选择部分高校课程,经调整后供创新试验班学习。

其次,考虑到试验班学习对象的特质,他们都是经层层选拔而产生的实验对象,都是常规学习中的佼佼者,只有在学识上更有深度和广度的课程才能够吸引和激发到他们,但同时又必须切合高中生认知能力的实际,考虑到他们的兴趣、能力、当下的心智成熟度及未来的人格发展。基于对课程内容的严格要求,上外附中指派课程负责老师与大学授课教师保持联系,参与制订课程计划并全程听课,监控课程内容和授课方式,及时反馈课程效果,以此方式沟通大学课程的领先与高中教学的需求,确保大学移植课程在高中创新情景中的适切性。

(3) 有关社团活动与课程学习的衔接

 案例

来自模拟联合国社团的报告

上外附中模拟联合国社团成立于 2004 年底,2005 年即被上海市教委评选为"上海市十佳明星社团",2009 年被北京大学评选为"全国五佳模联社团"并颁

予"团体 5 周年杰出贡献奖"。

经问卷调查统计，模联社团当之无愧地成为学校发展设计中的特色之一，"模联"活动给学生带来的收获主要包括英语运用能力、对国际时事和国际关系的认知和把握能力、人际沟通能力、磋商、游说和演讲能力、撰写正式文件能力、资料搜集整合能力、语言组织能力、团队合作能力等方面的综合素质的提升。

伴随着"上海市普通高中学生创新素养培育实验项目"的开展，上外附中确立了创新背景下学生社团发展和支持课程群建设的研究重点，模联社团因其鲜明的特色而被列为试点。实验方案如下：

（一）上外附中提供相关的专业和通识课程学习及社会实践

为创新试验班模联社团的学生已提供的专业课程：《国际政治漫谈》、《国际关系热点探析》、《中美关系史话》、《国际关系分析导引》、《美国宪法与美国政治》、《联合国的过去与未来》、《西方政治与文化》、《海洋与中国》、《欧洲外交风云路》、《科学思维与当代政治分析》、《国际争霸实录》；

通识课程：《涉外法律》、《涉外礼仪》、《英语演讲》、《逻辑学》；

实践活动：蔚蓝领袖训练营、斯坦福大学游学夏令营、哈佛中美学生领袖峰会、耶鲁国际中学生模联大会及各类国内外模联大会等。

（二）上外附中关注课程所学与社团活动的衔接

1. 社团所需与课程所学的针对性衔接设计

（1）"模联"活动需要学生了解联合国组织机构的相关背景，上外附中请上海外国语大学法学院教授为学生教授 15 讲"联合国的过去与未来"专业知识。

（2）为使"模联"队员更好地了解国际政治和国际关系的本质，请大学教授主讲"国际政治漫谈"和"国际关系热点探析"专业课。课程采用青少年喜闻乐见的漫谈形式，寓思想性、世界性、趣味性于一体进行授课，力图使学生在学习该课程之后，增加国际政治知识、了解我国外交政策、开阔国际战略视野、丰富专业素养内涵。

（3）当"模联"社团谈论到中美国家关系及各自的立场和利益集团时，复旦大学教授任军锋为学生做了"美国宪法与美国政治"讲座，上海图书馆讲座中心客座教授窦晖则带来了"中美关系史话"讲座。为使学生具有分析事物本质的科学思维，增强逻辑性，上海外国语大学教授汪卫华传授了"国际关系导引"和

"科学思维与当代政治分析"专业课程。

（4）"模联"社团对学生的英语综合运用能力以及礼仪等方面有很高的要求。因此，创新试验班为学生安排了"英语演讲"、"英语高级写作"、"国际礼仪"等非常实用的通识课程。

2. 模联社团骨干成员所学向全体成员辐射的衔接

按规定程序选拔后进入创新试验班学习的学生一般被认定为社团骨干，但由于创新试验班规模的限制，骨干人数很有限。上外附中必须关注社团骨干成员所学向全体成员辐射的衔接，才能使课程支持力最大化。

上外附中采用以下方法促成"模联"社团骨干成员运用课程所学针对全体成员的培训：

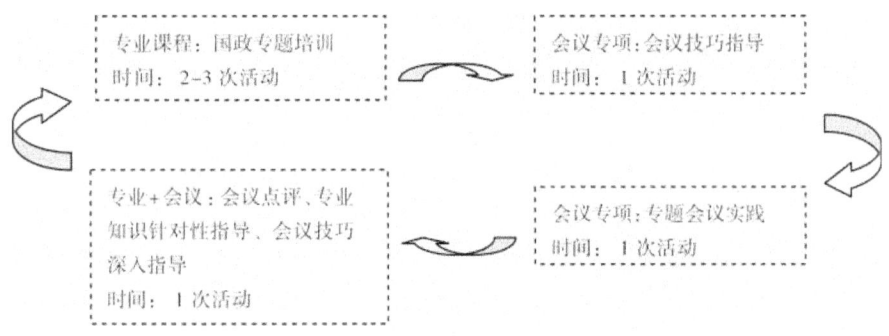

模拟联合国社团活动与创新班实践课程的衔接

每6周完成一个专题培训，增进全体社员对国际问题的深入认识，明确科学探索国际问题的方式。针对专题内容的小规模会议实践与会议技巧指导，既节省了社员在繁重学习任务下筹备会议的时间，又增加了社员熟悉会议流程、增长会议经验的机会，使社员在以后的大型会议中能够有更出色、成熟的表现。

6. 实践成效

兼具国际视野和社会意义的课程选择和设计，在关注学习内容实用性的同时，更考虑到高中资优学生的学习能力及兴趣。上外附中的学生在政治、经济、文化等知识的浸润下和教授的引导支持下，逐渐习惯了探索式学习，也养成了良好的自主学习习惯，大大提高了学习的能力和品质。

四、有利于创新素养培育的学校教育教学制度建设与环境营造

创新素养的培育是长期的、潜移默化的过程,除了显性课程的实施起到直接的作用以外,那些有利于师生创新的制度、机制、文化氛围也起到不可忽视的作用。创新素养的培育不仅需要课堂教学的小环境,还需要整个学校,甚至整个社会的大环境的支持。

在创新素养培育的试验阶段,学校需要为创新素养的培育提供更加合适的课程,需要建设相应的课程制度来保障学生的课程权益和需求得到满足。为了引导创新素养的培育,学校通过综合素质评价、论坛、教师培训、基于信息化平台的资源共享、激励创新的制度建设等来营造人人愿意创新、人人能够创新的氛围。

(一)曹杨二中有利于学生创新的学校教育教学制度

曹杨二中在"践行博雅教育,博雅文理综合试验班(社会人文类拔尖创新人才早期连续培育与博雅教育中的创新素养培育)课程设计、教学模式的实验研究"与"坚持人文德育,以社会实践活动为载体培育全体学生创新素养的实验研究"两个方面,坚持了多年。曹杨二中把着力点放在了"总结经验、不断完善,建立健全有利于创新素养培育的教育教学制度"上,力图通过课程方案、遴选机制和评价体系的改进和完善,使创新素养培育制度化、常态化。

1. 研制创新素养培育课程图谱

曹杨二中在"文理相通、人文见长"办学理念的指引下,从高等学校的通识教育的发展趋势,以及未来上海发展的特点出发,确定了学校三年发展规划(2008年1月至2011年12月),明确了学校发展方向,努力打造富有中国文化底蕴且能够参与国际合作的现代学校。在三年规划中,确立了"博雅文理综合试验班"等创新试验班项目,在理科基础较好的学生中开展人文见长的博雅教育实验。

创新试验班课程结构及学时分配如下页图所示:

课程难易程度 ↑

大学特许课程
与相关大学培养目标相衔接、得到认证的课程,学时 10%

研究型及实践体验课程
经典导读、研究方法指导、社区服务、学科社会实践、南京生存训练、社会考察、国外游学,学时 20%

基础课程 1、2
学业考和高考学科拓展、体育、艺术、环保、机器人、心理健康等基础型课程,学时 70%

→ 课时量

曹杨二中课程、课时总图谱

(注:此图参考了德国一级高中课程设置、美国 K12 国际高中课程方案和上海市高中课程标准)

曹杨二中创新试验班课程结构

	DSD 理工班	博雅试验班	理科试验班	平行班
特许课程	工程实验与实习			
	创新(MRCC\FS)	学科研究前沿	学科研究前沿	生涯指导
	大学计算机	科学史概论(+1)	科学史概论(+1)	文理综合(+1)
	大学德语	史学方法(+1)	普通物理(+1)	人文社会(+1)
	大学英语	社会学基础(+1)	实验技术(+1)	数理科技(+1)
实践体验课程	专业/教授导读	国际政治		英语口语(+1)
	机械制图 CAD	区域经济		数学拓展(+1)
	轨道工程(+0.5)	口述历史		艺术鉴赏(+1)
	TI 使用(+1)	研究方法指导	TI 使用(+1)	学习方法(+1)

（续表）

	DSD理工班	博雅试验班	理科试验班	平行班
实践体验课程	大众汽车实习	江村社会调查	大众汽车实习	假期社会调查
	南京生存训练	南京生存训练	南京生存训练	南京生存训练
	社区服务及学科社会实践、游学	社区服务及学科社会实践、游学	社区服务及学科社会实践、游学	社区服务及学科社会实践、游学
基础课程2	名著鉴赏 （2×3+3）	人文名著鉴赏 （2×3+3）	名著鉴赏 （2×3+3）	名著鉴赏 （2×3+3）
	工程数学 （2×3+3）	数学思维训练 （2×3+3）	数学竞赛辅导 （2×3+3）	高考数学 （2×3+3）
	德语DSD （5×3+3）	外国文学鉴赏 （2×3+3）	大学英语先修 （2×3+3）	高考英语 （2×3+3）
	化学实验基础 （2×2+5）	化学实验基础 （2×2+5）	化学竞赛辅导 （2×3+3）	高考化学 （2×3+3）
	物理KPK （2×2+5）	物理实验基础 （2×2+5）	物理竞赛辅导 （2×3+3）	高考物理 （2×3+3）
	哲学智慧与批判 （选修+5）	哲学智慧与批判 （选修+5）	哲学智慧与批判 （选修+5）	哲学智慧与批判 （选修+5）
	文明对话与视野 （选修+7）	文明对话与视野 （选修+7）	文明对话与视野 （选修+7）	文明对话与视野 （选修+7）
	生物多样与环保 （选修+7）	区域经济与减灾 （选修+7）	生物多样与环保 （选修+7）	生物多样与环保 （选修+7）
基础课程1	语文（3×3）；数学（3×3）；英语（3×3）；物理（2×2）；化学（2×2）；政治（2×3）；历史（2×2）；地理（3×1）；生物（3×1）；信息（2×1）			
	1. 课程类：艺术（1×3）、劳动技术（1×2）、体育与健身（3×3）、心理（0.5×1）、环保（0.5×1）；			
	2. 活动类：除体育活动（2×3）和班团队活动（1×3）外，高一至高二年级开设的各学科类社团活动（3×3）、学科社会实践（1×1）；			
	3. 社区服务与社会实践类：学军、学工、学农、学雷锋、社区志愿服务、十八岁成人仪式（20天/年=20×8课时=160课时）；			
	4. 两会两操：晨会或午会（每天15—20分钟）、广播操和眼保健操（每天30分钟）			

说明:(1) 本图谱原本是用不同颜色区别不同课程区域的,并且每个单元格都超链接了该课程方案,为了印刷方便,去掉了颜色和超链接。

(2) "2×3+3"表示每周 2 课时,开 3 学年,高三再加 3 课时。

(3) 下面以理科试验班的分年级课程和课时分配加以详细说明:

① 高一年级

基础课程每周 26 课时。其中:语文 3、数学 3、英语 3、物理 2、化学 2、政治 2、历史 2、地理 3、计算机 2、体育 3、艺术 1。

实践体验课程每周 3 课时。其中:校班会 1、心理 0.5、环保 0.5、学科社会实践 1 课时、理化实验技术(采用集中授课方式:18)、社会生存训练(南京,采用集中授课方式:(2+3+2)×9=63)。

特许课程每周 5 课时。其中:数理化竞赛辅导 2、科技英语 1、理化实验技术 2(采用集中授课方式,方案另定)。

课外实践与活动每周 2 课时。其中:体育与健身活动 2(每周 2 课时,分散安排、确保每天 1 小时)、中科院上海分院理化实验见习 20 天(暑假集中安排)。

② 高二年级

基础课程每周 24 课时。其中:语文 3、数学 3、英语 3、物理 2、化学 2、政治 2、历史 2、生命科学 3、体育 3、艺术 1。

实践体验课程每周 3 课时。其中:校班会 1、学科社会实践 1、理化实验应用设计 1;再走大师路——学农与农村社会考察(利用学农集中安排)。

特许课程每周 6 课时。其中:数理化竞赛辅导讲座 2、CAP 英语(大学英语先修)2、实验通用技术 2(其中 CAD 软件 KASA 的使用 0.5、机器人 0.5、电子技术 1,采用相对集中授课方式)。

课外实践与活动每周 2 课时。其中:体育与健身活动 2(每周 2 课时,分散安排,确保每天 1 小时)、中科院上海分院理化实验见习 20 天(暑假集中安排)。

③ 高三年级

基础课程每周 24 课时。其中:语文 4、数学 5、英语 5、理科 5、政治 2、体育 3。

实践体验课程每周 2 课时。其中:校班会 1、艺术赏析 1。

特许课程每周 8 课时。其中:数理化竞赛辅导讲座 2、大学英语先修课程 2、实验通用技术 2、理化检测实验应用 2;工程设计、微积分初步等课程可以在高考结束之后集中安排 10 天。

课外实践与活动每周 2 课时。其中:体育活动每周 2 课时,分散安排,确保每天 1 小时。

2. 创建综合评价体系

博雅教育实验一开始,曹杨二中就意识到传统的评价方式不能体现博雅教育的本意,单纯的学业成绩不能记载学生在人文创新素养方面的积累和发展足迹。基于此,曹杨二中通过校园网开辟"博雅之窗",为博雅试验班学生和其他有潜力、有兴趣的学生创设"多边机会、多种途径、多元方式"的博雅教育环境。相对成熟后,曹杨二中又依托九久读书人文化公司,在复旦大学的指导下,建立能够供十个学校(复旦附中、南师附中、杭州二中、北京十一学校、深圳中学等)共同使用的"博雅网络书院"。十个学校组成相对独立又紧密联系的网络书院,成立校内师生伙伴学习小组,学生实名制注册会员后进入。要求学生做到四个"一"(一个书院学生一周内围绕一个主题至少写一千字的文章),参与讨论或评论别的同学文章,参加寒暑假社会实践,撰写社会调查报告;也可以将一学期的写作材料(15000 字以上)围绕一个主题进行重写,压缩到 2000—3000 字,形成高质量的作品。

在评价上,曹杨二中为博雅试验班的每个学生配备了博雅导师,要求博雅导师每周和学生进行一次面对面的交流,每月重点点评并推荐一个学生的网络随笔,并根据学生表现评选"博雅之星",推荐学生参加每年的复旦"博雅杯"征文比赛。导师的评价和学生参加比赛的成绩作为"评先推优"的重要依据。

通过一轮三年的试验和调整,"曹杨二中创新素养培育综合评价体系"可用一个数学公式来表示:

$$P=(1-J)\times 70+(1-S)\times 20+(1-T)\times 10$$

其中:J 是"基础课程"的百分位的平均值(曹杨二中有网络阅卷系统和传统的评价软件),它可以是一个阶段的部分学科,也可以是整个学段的所有学科的重要考试成绩的百分位平均值,它的权重为 0.7;S 是"实践体验课程"的总评的百分位平均值,权重为 0.2;T 是"特许课程"的总评的百分位平均值,权重为 0.1;P 为综合评价总分。

依据 P 值,在高一、高二阶段确定试验班与平行班流动的人选,在高三确定"评先推优"的优先顺序。

这个评价体系的权重与课程结构和学时分配设计完全匹配,既尊重传统、实事求是,又能引导学生自主转变学习方式,积极参与社会实践活动,注重能力培养,从制度上保障了创新素养培育的有效开展。"有所侧重"主要体现在针对不同类型的班级开设不同的"实践体验课程"和"大学特许课程",其具体评价关注的不同。下面选其一二加以说明:

(1) 同济大学承认 DSD 试验班"大学特许课程"学分,开 CHINESE ADVANCED PLACEMENT 先河

2012 年 3 月,在上海市教委、普陀区政府与教育局的支持下,同济大学以中德工程学院、交通运输工程学院、机械与能源工程学院、汽车学院为主导与曹杨第二中学着手共建德语理科实验基地。实验涵盖多门大学课程、创新项目、创新实验实习。同济大学向苗圃计划内的学生全方位开放大学优质师资、高端实验室与课程,并通过招生考试制度改革为学生适度释放高考压力。曹杨二中在原有 DSD 试验班的基础上,对学校课程进行进一步的整合,为对理工科有兴趣、喜欢动手操作、具有钻研精神的学生提供参与大学先修课程、实验室研究与创新项目的平台与空间。

同济大学特许曹杨二中开设的课程科目、学时及相应学分

特许课程科目	学　时	学　分	选/必
大学英语	40/80	4/8	选
大学德语	240	24	必
机械制图与CAD	68	4	选
专业导读	30	3	选
教授导读	10		选
*创新项目	20	2	选
实验与实习	30	3	选
计算机	40	4	选

(2) 博雅班突出"社会考察"和"文化苦旅"的评价,注重批判意识和学术能力培养

博雅文理综合试验班增设"5+1"拓展内容:"国学"、"文学"、"哲学"、"历

史"、"科技"和"社会"(社会考察、时事述评)板块,未设置地理板块。设置了主题演讲、学生博雅论坛、时事述评、创意大赛等活动课程,培育学生的批判意识、批判能力和想象力,改变学生不敢、不能、不会批判的现状,促进学生创新意识的萌发。

实践体验课程新增了"重走大师路——江村社会调查"和"博雅西部行——甘肃贵州农村考察",利用学农和寒暑假实施。在课题结题后,学校邀请高校教授进行报告的答辩,并给以评价,所得分数的百分位认定为 S 值。在首届社会调查报告答辩中,受邀的复旦大学和华东师大的两位教授对曹杨二中学生表现出的学术修养赞不绝口,对曹杨二中能引导学生坚持在真实的环境中寻找真实的问题、在创新素养培育中加强复杂性的训练予以肯定。

特许课程为"研究方法指导"、"社会学基础"、"史学方法论",聘请复旦大学等高校教授开设讲座,并以研究论文评分百分位作为 T 值,择优推荐参与复旦"博雅杯"征文比赛。

(3) 平行班实施"八个一"工程,全面提升每位学生包含创新素养在内的综合素养

坚持"德育为先"原则,每个学生须写出一篇社会调查报告(含志愿者服务和时事述评);坚持"身体为基"原则,每个学生须取得一张学校长跑或游泳证书;坚持"健康休闲"原则,每个学生须取得一张棋艺证书;坚持"艺术修身"原则,每个学生须取得一张艺术修身证书;坚持"国际理解"原则,每个学生须取得一张学校语言证书;坚持"第一动力"原则,每个学生须取得一张科技活动证书;坚持"技术应用"原则,每个学生须取得一张机器人证书;坚持"和谐共进"原则,每个学生须取得一张社团成员证书。平行班的学生可以自行选择 8 张证书中的 6 张证书,每张证书按 5 分计入 S 值。

曹杨二中关于课程方案和评价体系三项制度的建设,为该校扎实有效地开展创新素养培育的实验研究起到了关键性作用。

(二)上海市实验学校发掘学生优势潜能,设计学生特需课程

早在 25 年前,上海市实验学校就提出了"发展学生潜能、尊重学生个性"的办学理念,并在学制、教材、课程、教师专业发展等方面进行了实验研究。学校构建了"核心课程",落实国家基础型课程,提高学生潜能发展的关键能力。在

此基础上,建设学校特有的"学养课程",丰富学生的成长经历体验,满足学生潜能多向度的需求。当具有特别天赋尤其是具有创新素养的学生不满足学校提供的面向全体的课程时,学校开始从机制上探索,寻求为学生个性化需求量身定做的"特需课程",拓展部分学生不定向的特长发展。三大课程体系,共同完成学生潜能开发的目标。

1. 为何要设计"特需课程"

作为一所十年一贯制的学校,上海市实验学校在学制、课程等方面拥有着独特的弹性优势,这也为"特需课程"改革实践提供了良好基础。基于学生潜能发展及创新人才多元化、个性化的发展需求,上海市实验学校提出"特需课程"的理念。经过一年多的实践,目前"特需课程"的内涵已逐渐清晰。首先,特需课程面向有特别学习需求的学生。也就是说,是学校所提供的核心课程、学养课程仍不能完全满足其发展需求的学生。其次,学生自身要对某一领域有特别的志趣,这种求知兴趣和学习动力,拥有自主内驱力,能够持续探究。再次,学生提出特需后,还须经过专家鉴定,确定其具有特别的潜能、具有一定的天赋才华。

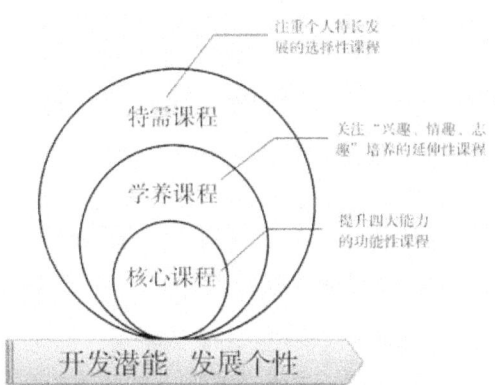

值得指出的是,学校特需课程虽然指向"特需",但本质并非精英教育。它是植根于学校核心和学养课程的"高级课程"体系,平台面向全体学生开放,每位学生均有自愿申请订制"特需课程"的机会。课程申请的审核标准突破了单一的学习成绩高低,只要在某方面拥有特殊兴趣和过人之处或发展潜质,均可入选。实践表明,享受"特需课程"者中,有各学科均衡发展的优秀同学,但更多的是某方面特长突出同时其他方面存在"短板"的学生。

课程应该适应学生的需要，而不是让学生去适应课程的需要——"特需课程"颠覆了学校设置课程的逻辑起点。一般学校提供由几百门选修课组成的"课程超市"，激发和满足学生需求。而"特需课程"则是从学生需求出发，为其"量身订制"相应课程。将学校"提供"课程的过程，分解成学生"提"、学校"供"两个环节。"学生特需—老师特备—学校特供"，实现按需服务、个性化学习的变革，探索"尊重学生个性差异的潜能开发"的新模式。

2. "特需课程"的实践构架

目前，学校的"特需课程"体系涵盖四大方面：一是为潜能发展多元的学生提供因需而设的课程；二是为潜能发展节奏差异的学生提供弹性灵活的学制；三是为潜能具有优势的学生提供相应的学习环境；四是为所有学生提供可选择的课程资源。

（1）课程因需而设

上海市实验学校首位享受特需课程的是闵同学。这位写作小天才因一度痴迷于网络小说创作，导致多门学科成绩不及格，无法跟上班级正常授课进度。学校在2010年批准他休学半年搞创作。返校后的过渡期内，鉴于他文理科目发展不均衡的现实情况，为他制订了"体育、班会课等集体课程正常跟班学习、语文英语免修、数理化由教师一对一加强辅导、每周半天时间写作"的特需课表。这张"特需课表"，帮助闵同学顺利度过了过渡期，回复到正常的学习轨道。

为了满足更多学生的个性化需求，2011年秋季开学起，学校在高一年级正式推出"特需课程"。50位同学自主申报并通过审核，获得每周自主而个性学习的时空。"各国经济政策对美元指数的影响"、"物理实验与探究"、"变速直线运动的研究"、"生活用品中的化学知识与化学实验设计"、"行为、色彩与性格"、"古诗词、古文修辞研究"、"马克·吐温短篇小说解读及欣赏"、"风景油画创作"、"世界各国风景名胜及风土人情"、"动植物线描"、"上海百年风雨"、"植物与人的生活"、"从肢体语言看心理"、"现代音乐"、"电子杂志制作"……每周三下午，获准"特需课程"的同学分赴各自的学习场所，享受特需课程服务——有些同学是教师一对一辅导，有些同学以小组为单位活动，有些同学则在图书馆或自主学习室自主学习。

目前，学校的特需课程框架日益丰富和完善，具体架构参见以下图表：

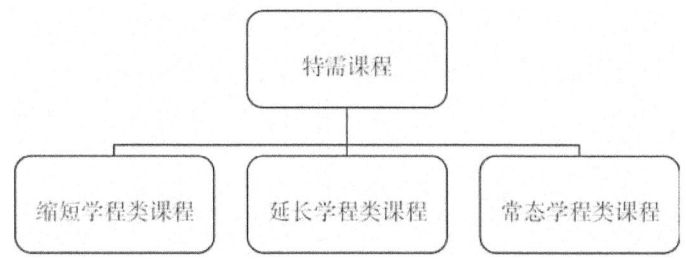

课程形态	课程内容与形式	课程说明
缩短学程类	全部学科课程加速	通过安排跃级课程学习或设立学生自主学习研究室,帮助部分学生10年甚至9年完成本需12年的基础教育,提前进入大学
	部分学科课程加速	
	部分学科免修	
	部分学科自修	
延长学程类	国外游学(国际交流生)	通过境外交流、抽离式学习或者创作假、研究假的方式,适当延长1—2年,帮助部分学生加强优势潜能,满足个性化强烈需求
	创作研究(文学或工程发明)	
常态学程类	国际课程(A-level、AP)	五大模块内容学生可以根据各自需求"置换",并通过小组合作式学习或个体自主式学习,帮助大部分学生充实学习经历和经验,为高等教育阶段学习打下良好的基础
	学养课程(Ten for Ten)	
	实践课程(科学实验)	
	社会交往(情感体验)	
	特长课程(活动展示、创意社团)	

(2) 学制贯通,学段无缝衔接

设置"特需课程"的逻辑基础,是尊重学生的个体差异、帮助学生扬长发展。从小学到高中贯通的学制,为特需课程提供了"无缝衔接"的支持体系。

首先,发现学生的差异和特长,是提供特需教育的前提。上海市实验学校从小学阶段为每个学生提供"个性图谱",并坚持记录到高中。这份由老师、家长和学生三方共同记录的过程性档案,可以为学生学段衔接和个性化教育方案提供重要参考。同时,拥有某方面个性特长的学生可以跨学段上课,实现灵活对接。

其次,充分利用学校初中升高中免试直升的优势,为初中三年级学生开设直升班特需课程。在 5 月至 6 月为这些学生提前开设多样化的高中特需课程，搭建初高中无缝衔接平台，具体有为初三年级学生提供 4 周或 8 周抽离式中短期课程、提供不同个性需求的特需课表、由高中段教师提前介入初高中衔接课程等。

（3）抽离式学习，提供时间、空间的自由度

当前，部分高中通过分层分类走班制等方式，增加学生个性化学习的"弹性"。但大规模的分层分类无法穷尽学生的个别需求，还要在师资、教学场地等方面增加多倍成本。上海市实验学校的特需课程改革，通过"抽离式学习"，破解了该矛盾。

以"常态学程类特需课程"为例，此类特需学习并不改变学生的学习时长，但增加学习内容的弹性。如针对优秀初中毕业生的抽离式中短期课程，一批优秀孩子可提前 4—6 周衔接高中课程；针对高一年级参加"特需学习"项目的学生，其日常基础课不变，每周三下午进各自的"自主学习室"，以个人或者小组为单位，在"特需导师"带教下进行个别化学习；初中也有部分学生试行弹性课表：如王同学擅长电脑平面设计，其周一下午英语拓展课被"置换"成了平面设计，周五的社团活动也变成了电子杂志设计学习等。

"班级授课＋抽离式学习"的特需学习模式，时间弹性、学习内容弹性、师资配置弹性……学生不需要执行统一课表，甚至可以自己根据需求制订课表；不需要按统一进度，甚至可以自主安排学习的时间和空间；不一定待在教室里上课，图书馆、自主研究室、甚至校外学习场所都可以；不一定按统一学制，甚至可以根据自己的节奏弹性选择或长或短的学制……这些都有效兼容了通识学习与特长发展。

（4）跟踪学生特需的实证研究

从闵同学开始，"特需课表"的每位学生，都成为上海市实验学校教育改革实证研究的对象和目标。同时，学校还在个性化课程建设上进行了积极的探索和改革，旨在让更多学生的个性得到充分尊重，其优势潜能得到充分发展。

在此基础上，学校专门设立了研究课题——"特需课程的设计、开发与实施"，开始从局部案例转向学校课程改革整体研究，在学校原有的核心课程、学养课程的基础上，针对学生多元潜能、优势潜能和个性化需求，进行特需课程的设计、开发和实施途径的研究。

3. 特需课程的成效与成本

（1）成效

一年多的"特需课程"教改实践，成效初显。首先是一批学生特长凸显。特需课程的设置，既保证了基础课程、升学率，又为学生自主学习、个性发展、优势潜能培养提供了相对自由的时空。扬长避短、取长补短、护长容短——基于学生能力"长""短"、学习时间"长""短"、课程内容"长""短"的辩证关系，特需课程在实践层面突破了一些传统拘囿。以高一年级50位"特需学生"为例，在年终的学习成果答辩会上，不少学生在油画、金融等各自领域取得长足进步，这在以往普通教育模式下是无法实现的。很多学生的"扬长发展"的路径，也开拓了更多多元的升学和成才模式。以闵同学为例，若在传统教育和升学模式下，这位"差生"可能很难考取二本高校。但高中期间他在写作方面的长足发展，为他尝试影视编导、戏文专业等艺术特长专业打开一扇门。目前，该生已被上海戏剧学院戏文系录取。特需课程"扬长发展"的理念，将帮助更多"特异性"人才开拓全新的成才路径。

其次是学校"供需"关系变化，反过来推动教育理念与模式的变革。学生提出"特需"、教师做好"特备"、学校保证"特供"。教师要不断根据学生的"特需"，做好专业"特备"。一要备学生，了解学生的需求、保护学生的兴趣、识别学生的潜能；二要备自己，具备课程理念、具备专业能力、具备专业眼光。所以教师不仅要寻求专业的纵向发展，还需重视专业的横向发展，一专多能是学生发展对教师提出的更高要求，教师不仅要上好一门专业课，还需掌握一到两门拓展课的专业技能，以满足学生多元化的学习需求。另外，带社团、指导竞赛、辅导实验、组织大型学生活动等，都将作为评价教师的指标。这些都有助于推动教师专业能力的发展。而学校要做好"特供"，"扬长"的理念、多元化成才导向，也给应试教育的常规教学模式带来革命性的冲击。在特需课程的导师制配置、建设学生创意工作室、积极开拓校外教育资源等方面，学校应进行资源整合与管理。

（2）成本

从班级授课一对多，到满足特需一对一，师资、课程、场地等资源需要重整，似乎要增加不少成本。但其实一年实践运作显示，增加最多的是管理运营成本，实质性的支出增加不大。首先，实验学校小学到高中贯通，在常态类课程的"特需"中，一些跨学段的学习可以直接插班到其他年级，并未增加成本。以史同学初三时的特需学习为例,他擅长数理化,周二、周三的物理和化学课程,"置换"到高中部高一(3)班去学习;而语文课则需要"降级"学习,拓展课时间到初二(3)班学习阅读和作文。他的"特需学习"并未增加学校的师资和场地成本,仅是科研处、教务处在统计特需要求、安排课表时的管理成本增加。其次,特需课程学习方式灵活自主,很多学生泡图书馆和网络自主查资料、小组研讨等,"一对一"、"一对多"的指导老师每周2课时提供点拨指导。再次,有部分特需拓展超出学校师资的范围,学校搭建家长和校外专家指导团队平台。可见,特需课程在很大程度上满足了学生的个性发展需求,但成本增加并不多,具有可推广价值。

4. 特需课程引发的思考

学生"特需"倒逼教育改革,"特需课程"作为一项教改举措,在不断深入推进的过程中,一直在不断突破各种障碍。如压缩基础课程才能腾出时空,日常教学要减负增效;课程结构要调整,学科教育要统整……一些内部条件,学校可以通过改革来满足。但更多问题,如评价、升学通道等,需要宏观政策的支持,呼唤顶层制度设计的突破。

首先,学生的个性特长素养如何纳入现行考评体系?从育分到育人,评价体系面临挑战。如何鉴定一名学生具有某方面的发展潜质?如何准确评价其接受"特需课程"教育后的成效?当前的考试集中于学科能力,但如何认定学生多元特长,在当前教育中还存在空白。建议完善机制,成立一个由自然科学、人文社科等各方面专家组成的第三方专业委员会,在学生申报特需课程和结束课程学习的始末两端,对学生的发展潜能和教育效果进行判断。这种权威判断结果,也可以为学生的继续培养和升学深造等提供参考。

其次,在学生多元差异、扬长发展的基础上,高等教育与基础教育如何衔接?通过"特需学习",学生得到了自主学习的体验、发展了潜能、发挥了专长,但这些无形的教育价值和财富,无法通过传统的分数考核来量化,而且相互之间没有可比性。如何开发完善"定性"的评价体系,全面、忠实地记录孩子的成长过程?学生各展所长,这些"长"如何纳入高考评价体系?建议高考和自主招生为更多"偏才"开门。其实,上海高中推行学业水平考试已经提供了很好的平台:在学业水平考达标的基础上,各高校可以按专业方向自主选拔相应方面表现出突出的专长学生。扬长录取,引导中学和学生各取所需,避免为"避短"造成的应试负担。

上海实验学校打造"特需课程"的做法，鼓励各高中根据生源和教学特色多元发展，有助于高中打造各自特色品牌，让学生和家长从按分数、升学率选择转为按个人需求与学校特色匹配选择，推动高中办学多元、特色发展。

（三）晋元高中有利于学生创新的学校环境营造

通过制度环境的建设，引导学生摒弃功利、浮躁，认识真的自我，明确创新素养对于自己未来可持续发展与幸福人生的追求所具有的重要意义，从而以自主、开放、合作、探究的方式投入学校创设的各种创新学习与实践活动之中，实现自身创新素养的全面提升和个性化发展。

1. 秉承文化基因，确立学校的创新文化精神

1999年成为上海市首批现代化寄宿制高中后，晋元高中将"文化立人，科教兴邦"的传统文化精神与建设社会主义现代化强国的时代精神相结合，提出了"学会选择、主动学习、卓越发展"的"选择教育"办学理念。这个时期的晋元人，脚踏实地，孜孜以求，以"选择教育"的办学理念为依归，通过多层次、全方位的活动推进，形成了富有晋元特色的"和谐包容、合作进取、追求卓越、崇尚一流"的学校文化，并将之内化为广大师生的自觉行为，引领学校办学水平不断跨上新的台阶。

2. 着眼创新发展，强化利于学生创新的制度环境建设

为使"和谐包容、合作进取、追求卓越、崇尚一流"的学校文化精神真正成为学生在创新学习与实践中的精神支柱和内在动力，对学生转变学习方式、发展自身创新素养发挥内化引导作用，学校依托已有制度环境建设的基础，通过榜样追踪、专家论坛、平台搭建等多种方式，强化学生"敢于想象、勇于实践、乐于创新"的学习追求，激发学生参与创新学习与实践的内在动力，促进学生创新素养的发展。

（1）榜样追踪

学校通过与中国人才研究会人才学专业委员会合作，创建了晋元高级中学创新人才教育实验基地。借助人才学专委会专家团队的智力优势和科研力量，对学校近十年来毕业的创新素养发展优异的校友进行了跟踪研究。通过专家设计的针对性的问卷调查、原班主任或指导老师联络了解、请这些校友向母校写信进行自述等方式，对这些学生创新素养的发展进行跟踪了解，并对他们在母校的创新学习与实践的经历，以及创新素养发展的过程进行回顾分析、归因整理。然后在全体学生中进行宣传介绍，让学生从这些鲜活榜样的生动事例中，理解高中阶段转变学习方式、发展自身创新素养对于个体未来发展的重要作用，对于社会进步、人类发展的重大意义，进而借鉴并逐步转变学习态度和学习方式，逐步形成"敢于想象、勇于实践、乐于创新"，重视自身创新素养发展的良好的学习文化。

（2）专家论坛

学校定期邀请中国人才研究会顾问、上海市人才研究会副会长、华东师大人才发展研究中心名誉主任叶忠海教授，中央人才工作协调小组特聘国家中长期人才发展规划专家组成员、国家人社部 CETTIC 面试考官、认证专家委员会副主任委员赵永乐教授等来校专门为学生就"人才成长原理"、"创新的基本知识与原理"、"科技领军人才成长特点和开发启示"、"从硅谷鬼才乔布斯的一生看创新创业人才的成长"等主题和内容，对学生如何通过创新的学习与实践活动提高自身创新素养进行针对性的培训；同时，定期与不定期地邀请院士校友项海帆、国际发明大王包起帆、著名文学家和文艺评论家余秋雨、著名作家张抗抗和叶辛等来校为学生就其科技人生、发明人生、创意人生和文学人生现身说法。形象直观、针对性强的培训与讲座使学生深受感染，对于建设良好的创新学习文化发挥了极其重要的作用。

（3）环境感染

学校将"敢于想象、勇于实践、乐于创新"以特大字号镌刻于学校创新实验室大楼上；与此相映，学校创新实验室的通道走廊上，书写着爱因斯坦"想象力比知识还重要"的名言警句，在创新实验室外墙上挂着学校五大院士校友的照片、介绍和赠语，橱窗里摆放着学生结构设计创新的作品及简介；同时，学校建设了覆盖全部校园的无线网络，在教学区各层楼通道安放可随时上网的电脑，全天候开放图书馆、阅览室，为学生在参与创新学习与实践活动的过程中，探究问题、查找资料、自主学习，提供随时、随地、随需的支持。另外，学校还在校园活动区的过道旁，展示学生科技小发明设计制作的太阳能、风力互补供电路灯等成果；并组织各个班级充分利用墙报板画、班级文化角，布置各种激励质疑问难、善于思考、大胆创新的言辞图案、学生作业、作品创意等。这些构成了学校多彩创新的校园环境,时时刻刻、如影随形地感染、影响着学生。

(4) 平台搭建

学校每年投入上百万元人民币,为学生搭建创新学习与实践的平台。建设了由结构创新、金融创新、艺术设计、天文地理实验室组成的创新实验中心,配合学生开展结构制作、金融探究、艺术设计、天文观测与地球探秘等课程的学习与实践;学校还坚持开展各种创新社团活动并常规化;每学年举办大型科技节活动并制度化;充分发挥年级组、年级学科备课组的作用,以年级为单位,每学期分别举行参观上海科技馆、上海海洋馆、上海博物馆等场馆活动及学科创新素养培育活动并系列化。学校为学生搭建多种创新学习与实践的平台,让学生在实践活动中学会学习、尝试创新,发展自身创新意识与创新能力。

(5) 制度配套

为保证学生在社会实践、科技创新、艺术运动等方面具有浓厚兴趣和特长,能够有时间和精力开展自己的创新学习与实践项目,学校在教学管理方面为他们配套建设了鼓励、支持其开展创新学习与实践项目的专门的教学管理制度,以适应其学习特点和时间安排的要求,尽量满足其个性化的学习需求和创新素养发展的需要。这种个别化、差异化的教学管理主要包括:允许学生在一个学期或两个学期的时间节点内,根据自己参与创新学习与实践活动的时间安排,确定学科课程学习进度、考试时间,通过自学完成学科课程;为这些学生的学科课程学习提供专门的学程,安排专门的课程辅导老师;为他们参与创新学习与实践活动举行专门的学科课程考试;为他们的创新学习与实践项目安排或聘请专门的指导老师,由学校承担全部经费等。这些举措有力支持了学生创新学习与实践项目的开展,有效促进了他们创新精神与实践能力的发展。

3. 立足教育创新,关注促进教师创新的制度环境建设

为使"和谐包容、合作进取、追求卓越、崇尚一流"的学校文化精神真正成为教师在实践中,为了学生创新素养的全面提升与个性化发展,进行教育教学创新的精神支柱和内在动力,对教师不断更新教育理念、探索教育方法、提高教育创新的意识和能力、提升培养学生创新素养的理论水平和实践智慧,发挥浸润内化作用,学校在已有制度环境建设的基础上,通过构建创新激励机制、强化校本培训、加强实践研究、搭建创新平台等多项措施,优化教师进行教育创新的制度环境建设。

(1) 构建创新激励机制

为给教师营造民主宽松、自由多元的环境,激励教师教育创新的主动性和创造性,大胆探索适合学生创新素养培育的全面渗透与针对培养的教育模式、教学方法,优化教师教育文化的建设,学校本着"关注过程、兼顾结果"的原则,构建了以阅读分享、随笔记录、论文评选、论坛发言、研修实录、现场观摩等作为知识管理手段,强化教师校本研修过程,关注教师日常行为、经验提升、课题研究与成果进展的过程管理体系。同时,学校配套建立了"瑞华奖教基金",设立了"教育教学创新行动奖"、"教育教学创新成果奖"(简称"两奖"),奖励在培养学生创新素养的课程开发、活动组织、教学模式、教学方法等方面具有创新表现及优秀成果的教师。

(2) 强化校本培训

以培养学生创新素养为核心,建设学校教师的教育文化,首先要整体提升教师队伍的教育创新意识和理论水平。为此,学校以理论培训、案例学习、科研活动为抓手,大力开展校本培训。

学校专门聘请包括中国人才研究会、华东师范大学、中国石油大学、南京解放军后勤学院的博导教授在内的专家来校对全体教师进行创新教育的理论培训。通过理论培训,全体教师对创新教育的意义、教育理念、教育原理、教育策略、教育原则,以及相关实践案例,有了比较深入的了解。同时,每个学期学校还专门举办教研组长、首席教师培训会,请市教研室主任、全国及上海市名师、知名专家来校做有关创新教育的报告或讲座,对骨干教师团队进行创新教育实践方法和案例经验方面的培训。每个学期,学校还举办多场创新教育论坛,让全体教师分享、交流各自在培养学生创新素养的教育实践中的做法与经验。多个层面的理论培训与经验交流,不仅提高了全体教师的创新教育理论水平,丰富了他们的案例知识,也潜移默化地提升了教师的教育教学创新意识。

同时,为迅速提高教师进行创新教育的科研水平,学校与中国人才研究会合作,组织教师参与中国人才研究会有关创新人才培养的课题研究、教材编写、论文撰写、创新论坛等活动,结合学校自己组织开展的学科渗透中学生创新素养培育、综合实践活动中学生创新素养培育的课题研究,教师队伍聚焦学生创新素养培育的科研能力得到了较大提升。

(3) 加强实践研究

以培养学生创新素养为核心的学校教师教育文化的形成,最终还是要取决于教师队伍的教育教学创新精神与能力是否真正得到了整体提升,是否在培养学生创新素养的实践中得到发挥和体现。为此,学校在围绕教师教育文化建设的校本培训的基础上,采取多种措施,加强实践研究。

首先,学校以校长为学校制度环境建设的"总责任人",发挥思想上引领、行动上带领和情感上凝聚的领头羊作用。中层干部具体担任各部门及学科建设的负责人,带领教研组长、实验教师和学科教师,在专家的指导下开展各项专题性和日常性实践研究。进一步降低重心,发挥教研组长的引领作用和实验教师的辐射带头作用,引领团队深入理解创新教育的理念,学习创新教育的实践方法,进行实践反思、协作交流、改进提高。课题组、年级组和教研组聚焦学生创新素养培育,形成整合开展实践研究的行动机制。

同时,学校依据尊重、平等、民主的学生观,关注问题意识、质疑精神、发散思维、动作技能等的培养,形成教学特色的标准,在教师队伍中选出不同学科的优秀教师,组建学校名师工作室,让他们与特聘的全国、市、区特级教师组成的专家团队、学校管理团队共同组成学校创新教育专业引领团队,充分发挥其在价值引领、过程指导、评价推进和质量管理方面的作用。以学科渗透创新素养培育为抓手,通过围绕教学目标的设计、教材内容的开发、教学活动的开展、策略方法的应用,以及学生学习兴趣、学习习惯以及思维能力与实践能力的发展等,不断优化、发挥"晋元好课标准"和"学科渗透创新素养培育教学评价表"的导引作用,加强对教学方法、教学过程、教学效果的引导、指导与管理。

然后,学校以教学设计、观课评课、反思总结为内容的"前移后续"、"滚动研究"、"同课异构"活动作为校本研修的常态,构建与主要实践研究过程相应的制度体系。包括以"摘录提炼、撰写体会、交流分享"为内容的理论学习制度,基于教研组的"集体解读课程标准,确定创新素养培育生长点,共同讨论教学设计思路,个别化设计教学与集体讨论、反思修改"相结合的备课制度,以"记录师生主要活动和结果,从中分析原因、归纳策略、判断目标达成"为要求的听课制度,以"端正心态、发现问题、改进建议"为重点的"捉虫式"评课制度,以及基于"同伴互评、个人反思、改进重建"的总结制度等。以制度规范实践研究过程,努力提高教师团队在创新教育的实践研究过程中的自觉性、有效性。

（4）搭建创新平台

为加速教师教育文化的形成，学校以信息技术与课程整合为抓手，共进行了五轮信息技术与课程整合攻关。五轮整合的主题、重点研究内容、参与研究的学科、进行公开展示的公开课情况及展示范围如下表所示。五轮信息与课程的整合，为教师教育教学创新实践提供了极佳平台，有力促进了教师教育教学创新精神与能力的发展，加速了学校教师教育文化的成型与发展。

信息技术与课程整合展示活动情况一览表

主题	重点研究内容	学科数	展示课数	范围
信息技术催生崭新课堂	信息技术的引入改善教师教学方式，提高课堂教学效果	8个	18节	上海市
探究有效整合，转变学习方式	通过信息技术与课程整合，改变学生学习方式	12个	32节	上海市
优化教学手段，发展学习能力	借助信息技术，提高学生的学习能力	14个	34节	全国
跨时空、多主体、高效率	信息技术与课程整合——网络教研活动	14个	36节	全国
满足需求，自主发展	依托信息技术平台，满足学生个性化学习需求	9个	12节	全国

4. 建设成效

通过建设有利于学生创新发展的制度环境、推进晋元创新素养培育，几年来，全体学生在全面发展的基础上，创新精神和个性特长得到了长足的发展，分别在基础科学、工程应用、科技发明等各类竞赛中获得国际和全国大奖22项，上海市奖项93项，其中国际、全国和上海市冠军、一等奖共27项。

通过建设以促进学生创新素养为核心的有利于教师教育创新的制度环境、推进晋元创新素养培育，几年来，学校教师队伍教育教学创新的意识与能力有了很大的提升。近年来，有2位教师成长为上海市特级教师，8位教师分别担任了区特级教师工作室、学科带头人工作室主持人，数十位教师分别荣获市、区各种荣誉称号,多位教师分别在全国学科教学大奖赛、名师赛、创新大赛,以及市、区的教学大赛中获得一等奖。学校多次分别荣获全国、市、区教师队伍建设先进单位的称号。

上面提供的是部分学校在创新素养培育教学改革创新方面的案例,从中可以觉察到:首先,所有学校都有改革的意识,把创新素养培育都纳入到课程教材改革、课堂教学变革、社团课程的组织实施以及制度机制建设方面;其次,多数学校实验项目关注操作性,把理念、理论转化为学校的实际行动;第三,各个学校在创新素养的培育实践行动方面取得了成效,积累了经验。

同时,晋元高中需要认识到:培养学生创新素养的教学改革与创新是一项艰巨的工作任务,需要付出长期的努力。学校在创新素养培育过程中,需要考虑教材创造性地使用、课堂教学、社团活动、制度建设等方面的关联性、协调性。创新素养的培育,课程、教学、教师等几个要素缺一不可。

第五篇　培育学生创新素养的专设课程开发与个性化学程研究

如何培育高中生创新素养，有两个方面值得关注：第一，从创新素养的角度考虑，目前高中生最缺失的创新素养是哪些方面；第二，从课程教学的角度考虑，高中生创新素养培育中需要强化的是哪些方面。从创新素养角度而言，高中生普遍缺失的是高阶思维、文化素养以及问题解决能力；从学习经历角度而言，提高高中生实践体验、丰富学习经历是非常必要的。

基于上述问题，本篇从高阶思维、通识课程、创新实验室、社会考察和游学、行动学习等五个方面，用创新素养培育实验学校的成功案例展开：第一，从高阶思维入手，论述高阶思维的指导意义及辅助性课程；第二，介绍学校通识课程的设计，论述在课程中渗透创新的可行性、成就和改进意见；第三，建设创新实验室，让学生在体验操作中培育创新素质；第四，介绍拓展视野、增加经历的课程，包括社会考察与实践、海外研修；第五，论述行动学习课程的实施。

一、高阶思维训练与辅助性课程

高阶思维，是指发生在较高认知水平层次上的心智活动或认知能力，包括分析、综合、评价、创造等。学生的高阶思维不是天生的、一成不变的，而是通过学习、训练可以培育的。高阶思维的培育需要相应的课程教学内容和方法的支撑。

学科教学是高阶思维培育的主阵地，因为在校高中生70％以上时间都在学科学习中度过。高阶思维的培育并不是理科的专利，文科也可以大有作为，关键在于采用合适的教学方式，如探究性学习、合作学习、讨论、角色扮演等方式都能提高学生的高阶思维。当然，为了进一步强化学生高阶思维的培育，不仅可以在日常的学科教学中贯彻落实，还可以专设哲学、社团辩论、逻辑思维等辅助性课程。

（一）市西中学学科教学中的高阶思维训练

1. 为什么要着重培养学生的高阶思维

（1）对于高中学科教学中高阶思维培养的理解

高阶思维是一种跨学科、跨知识领域，能对思维予以评价的思维。思维能力历来被视为创新能力的重要因素。不论是对已有知识或作品的审视、反思，还是对新知识的融合、构建，以及对新项目的设计、完善，都离不开思维水平的支撑。高阶思维的培养是"高中生创新素养培育实验"的核心内容之一，是实验工作内涵提升、水平提高、质量发展的需要。

高阶思维培养要面向全体学生，要融于学校的日常学科教学中，这是学校在实验过程中明确提出的思路。除了开发构建高阶思维培养的专设课程外，必须倡导在学科教学中开展培育学生高阶思维的课堂教学改革实践和研究。

（2）高中学科教学中高阶思维培养的实践原则

① 高阶思维能力需要培养和训练

哈佛大学心理学教授 D. Perkins 认为，良好的思维能力是一种技术或技巧上的训练结果，良好的思维能力需要相应的教学支持，包括一系列有针对性的练习。

② 高阶思维能力需要高阶学习的支持

高阶学习在教学模式的属性上，属于建构主义学习模式。如探究发现法、研究性学习、合作学习、讨论、案例学习、角色扮演、项目研究、模拟性决策、问题求解学习活动等。

建构主义学习模式提供了以学习者为中心的环境，展现了基于过程的教学模式，营造情境化的学习氛围，注重生成知识和批判性思维的运用，对于高阶思维的培养起到良好的效果。

③ 高阶思维培养应根据教学目标分类图式进行自我反思

Bloom 等人提出的教育目标分类学说（认知、情感和技能的目标），为教师评价自我教学是否有利于促进学习者的高阶思维能力提高，提供了一种便利的图式。根据这种目标分类图式，教师可以反思自己的教学是处在低阶思维层次

(知道、领会和应用层次)还是高阶思维层次(分析、综合和评价层次),教学是否期望学习者将所学的知识应用于分析问题的情境,教学方法和学习任务是否要求学习者运用元认知和问题求解的技能等。这些反思有助于教师设计促进学习者发展高阶思维能力的教学。

根据建构主义学习模式研究,高阶思维能力的发展应当与具体的课程和教学整合起来。在具体的高阶思维教学方面,教师可以运用高阶思维学习目标的行为动词来做参照,检测自己的教学设计是否有利于促进学习者的高阶思维发展,研究学习者的学习活动是否体现高阶思维培养,判断教学所创设的活动条件是否有助于学习者高阶思维训练。

④ 高阶思维能力的培养必须融合于具体教学中

最有效的高阶思维能力发展方式,应当融合于具体教学活动中,亦即在完成课程学习内容、实现教学目标的同时,发展高阶思维能力。这种融合可从以下三个方面来思考:学习的维度、元认知和高水平的理解、为深度思维和理解而教,将其归纳如下表所示:

融合高阶思维能力的教学思考框架

学习维度	1. 获得与整合知识	(1) 陈述性知识——建构意义、组织知识或储存知识; (2) 程序性知识——建构方法、内化方法或使方法个性化
	2. 活化知识与建立知识间的联系	(1) 比较——阐释相似点和不同点; (2) 分类——根据事物的特点分类; (3) 归纳——从证据中推断原则或法则; (4) 演绎——运用原则或法则推断结论; (5) 分析错误——批判性的自我思考; (6) 建构支持——对观点、主张提供理论或事实的支持; (7) 抽象——阐释主题所蕴涵的意义; (8) 分析观点——对问题或主题阐述自己的观点
	3. 有意义地运用知识	(1) 决策——运用相关标准从多样化中选择; (2) 调查研究——聚集相关信息; (3) 实验——寻求解释; (4) 问题求解——克服障碍,解决问题; (5) 创造——发现更好的方法

(续表)

学习维度	4. 思维习惯	(1) 自我调节的思维——对自己的思维有自觉的意识； (2) 批判性思维——聚合相关支持，所坚持的观点明确； (3) 创造性思维——为寻求新方法而持续不懈地努力
元认知和高水平的理解	1. 自觉意识	知道自己知道什么、不知道什么（反思自己的知识）
	2. 控制调节	(1) 学会学习； (2) 建构性的学习活动； (3) 知识的建构
为深度思维和理解而教	针对学习的维度、元认知和高水平的理解，创设各种教学条件，发展学习者的高阶思维和高阶学习技能	

2. 学科教学中高阶思维训练的实践探索

随着对高阶思维内涵的理解、对高阶思维培养意义和方法的进一步认识，市西中学开始了实验工作。经过两年来的实践，初步梳理、总结出培养学生高阶思维的途径。

(1) 高阶思维培养需要营造开放的学习环境

 案例

从补血剂了解二价铁的化合物

[教学过程]

学生小品：《补血的故事》

教师小结：通过刚才的小品，大家对于缺铁性贫血这个化学知识有了一个大致的了解，也知道亚铁离子在人体中发挥着重要的作用。那么，亚铁离子在溶液中又表现出怎样的性质呢？这就是这节课研究的重点。

教师讲述：其实对于二价铁我们并不陌生，它所对应的化合物，我们接触过的有绿矾（$FeSO_4 \cdot 7H_2O$）晶体、氯化亚铁（$FeCl_2$）溶液等。在你们的桌面上有一瓶氯化亚铁溶液，观察一下是什么颜色。

学生回答：浅绿色溶液。

教师引导：本节课从探究氯化亚铁这种盐溶液的性质入手，研究二价铁的

性质。

提出问题1：在桌面上，除了氯化亚铁溶液，还有氢氧化钠溶液、硫氰化钾溶液、蓝色石蕊试纸、氯化铁溶液，以及数只试管。结合这些试剂和仪器，大家展开讨论：二价铁可能有哪些性质？推测或判断依据是什么？可以分别设计怎样的实验方案加以验证？

学生分组讨论汇报，相互补充：

1. 二价铁可以水解，依据是强酸弱碱盐溶液可以发生水解，设计方案是用蓝色石蕊试纸检验溶液的酸碱性。

2. 二价铁可以与碱性溶液（氢氧化钠溶液）反应，依据是碱与盐反应可以生成新盐与新碱，设计方案是用氯化亚铁溶液与氢氧化钠溶液反应。

3. 二价铁能够被氧化为三价铁，依据是二价铁的化合价可上升为+3价，设计方案是用氯化亚铁溶液与氯水反应，然后用硫氰化钾溶液检验是否存在三价铁离子。

学生实验验证，汇报实验现象：

1. 氯化亚铁溶液可使蓝色石蕊试纸变蓝。

2. 氯化亚铁溶液与氢氧化钠溶液反应产生沉淀。

3. 氯化亚铁溶液与氯水反应，然后加硫氰化钾溶液，溶液变红。

学生质疑：不同小组看到的氯化亚铁溶液与氢氧化钠溶液反应的实验现象不一。

学生描述：

小组1：看见白色沉淀，现在变为绿色沉淀。

小组2：只看见绿色沉淀，现在接近灰绿色，在试管壁上出现红褐色沉淀。

小组3：在试管内，液面的表面一层为红褐色沉淀，内部为绿色沉淀。

教师引导：同一个实验，接近的操作，却出现不同的现象，这是为什么呢？

提出问题2：红褐色沉淀可能是什么？如何产生的？它产生的原因、快慢和试验操作中的哪些因素有关？如何证明？

学生分组讨论，回答：

小组1：红褐色物质是氢氧化铁，我们在氯化铁溶液中加入氢氧化钠溶液，看到红褐色沉淀与试管壁上的物质相似。

小组2：红褐色物质的产生与空气中的氧气有关，我们把灰绿色沉淀取出，滴在滤纸上，很快转化为红褐色，是由于跟空气的接触面增大了。

小组3：我们做了一次实验,在氯化亚铁溶液中加入氢氧化钠溶液,保持相对静置,可看到一丝丝白色沉淀,慢慢转化为浅绿色,振荡后,逐渐转化为灰绿色,一会儿看到试管壁上有红褐色物质出现,我们认为这个实验中不能振荡。振荡,就有空气进入试管,与沉淀接触反应。在前面的实验中,我们知道二价铁具有还原性,能被氧化剂氯水氧化,空气中的氧气也有氧化性,也会把二价铁氧化。

（在学生遇到问题时,教师没有直接解疑,而是让学生进一步分组讨论,用实验验证结论,培养学生尊重实验现象、严谨求实、认真细致的科学精神。）

教师小结：通过这一实验现象的讨论,我们可以知道：白色的氢氧化亚铁沉淀在氧气的作用下转化为氢氧化铁的红褐色沉淀,说明二价铁极易被氧化为三价铁的性质。

教师设问：氢氧化亚铁的沉淀是白色的,氢氧化铁的沉淀是红褐色的,为什么在这里出现了一种绿色沉淀？

学生积极发言：（略）

提出问题3：如果我们现在想要制备一些纯净的氢氧化亚铁的沉淀,如何设计合理的实验方案呢？

学生讨论并设计方案：我们要制备出氢氧化亚铁沉淀的同时防止被氧化,在试管中先滴加氢氧化钠的溶液,然后在氢氧化钠的溶液表面加少量不与水反应的液体。

（学生发现了问题,不是照搬书本知识了解白色、红褐色是什么物质,而是提出问题,这种忠于实验现象、大胆质疑的精神是值得提倡的。在高阶思维的培养中,我们首先就应该从鼓励学生大胆发言、勇于表达见解入手,培养严谨求实的学习态度和反思能力。）

学生方案展示：

1. 比如用煤油封,然后用长的胶头滴管吸取一滴管的氯化亚铁溶液,将它深入到氢氧化钠溶液的底部,然后缓慢滴加,就可得到氢氧化亚铁的沉淀。

2. 在一个较大的试管中加入少量氯化亚铁溶液,用煤油封,接着直接放入一小块钠,因为钠与水反应生成氢氧化钠,再与铁离子反应生成氢氧化亚铁沉淀,而且反应中释放的氢气还是一种还原性的气体,提供还原性环境,可以防止二价铁被氧化。

3. 使用电解池的原理,用氢氧化钠溶液做电解液,铁棒做阳极,碳棒做阴极,同时在氢氧化钠溶液上面用苯液封。

4. 使用原电池的原理，用吸氧腐蚀制备。

教师小结：大家设计了不同的实验方案，这些方案都是围绕着隔绝氧气、减少氧气的量进行的，再一次说明了二价铁极易被氧化为三价铁的性质。

(2) 运用先进的信息技术

运用信息技术来促进学习者高阶思维能力的发展，是当前高阶思维教学研究的新视角，也是把信息技术作为认知工具技术的应用观，具体体现在：

其一，学习者只有充分运用高阶思维，才能正确、有效地使用认知工具。① 评价信息：评定信息的可靠性和有用性；判断观点或产品的评判标准；根据相关性和重要性优先考虑某些选择；识别推理中的谬误和错误；通过实际检验验证观点和假设。② 分析信息：识别组织范型，并按共同特征将事物分类；识别观点背后的假设；识别文本、数据或创新观点的大意或中心思想；找出信息中的顺序或连续顺序。③ 贯通观点：比较（对照）相似点和不同点；分析或展开某一论点、结论或推理；从普遍概括性或原理推演到具体事例；从数据推断出理论或原理；识别因果关系并预测可能的结果。

其二，学习者要运用认知工具生成（产生）新知识，才能充分展现创造性思维能力，完成相关的活动。① 综合技能：类推思维（创造和使用隐喻、类比）能力；总结大意和组织结构的能力；事件与预期结果的关系假设能力；计划某一过程的能力。② 对过程、结果和可能性的想象能力：流利地表达或产生尽可能多的观点；预测由某些条件引起的事件或行为；对有趣的可能性进行思辨和怀疑；视觉化地产生心理图像或心理预演行为；观点的灵感顿悟或预感。③ 精细加工信息，对信息赋予个人意义：通过增加细节和事例扩展相关信息；为不同的目的修改、加工或更改想法；将观点用于不同的情景以发展观点；通过采取不同的观点来改变思维类型；通过举例和应用使普遍的观点具体化。

其三，学习者使用认知工具时，可以通过复杂的思维解决问题和表征知识。① 解决问题：感知问题、研究问题、陈述问题，找出若干解决方案，选择解决途径，建立可接受性。② 设计产品或提出观点：想象某个目标、陈述某个目标，发明产品、评估产品、修改产品——扩展、延伸、改进。③ 做出决策：确定某个问题，产生若干解决方案，评估结果、做出选择、评定选择。不同的认知工具使学生用到不同的思维技能。

(3) 因课制宜，探索不同的教学策略

高阶思维培养的途径，需要因课制宜、因人制宜，采用合适的教学策略，从而达到激发思维、提高课堂效能的目标。以下是市西中学课堂中比较常用的教学策略,结合具体案例作一阐述。

① 任务设计式

高阶思维的培养应该有高阶学习方式的支撑。高阶学习的着力点之一,就是问题(任务)解决的学习方式。富有挑战性、真实性、困惑性的问题,以及特定的学习任务、理解任务、研究任务,能够激发学生的求知欲,激发学生的批判性分析,调动学生的思维活动。

在课程内容"重新组织"的背景下,通过问题设计来组织课程内容,强化教学中的问题(任务)设计,强化教师在教学设计中规划好"基本问题"和"单元问题",从基本问题着眼,从单元问题着手,循序渐进,体现基本问题的思想精髓,激发学生全身心进行探究学习,对所学的知识进行深刻理解,是促进学生高级思维能力发展值得提倡的教学方式。

 案例

影响光合作用因素的实验设计与探究

教学内容	教师行为	学生行为	教学说明
引入	提问:我们前面已经学习了光合作用的理论知识,大家还记不记得,影响光合作用的环境因素有哪些	复习学过的相关知识,回答问题	复习以前学过的知识,并引出新的内容
探究影响光合作用因素的实验的初步设计	1. 提问:以光照强度为例,通过怎样的实验方法来知道光照强度对光合作用的影响; 2. 提问:大家觉得这样的设计有没有问题,如何改进; 3. 结合学生的问题,分析实验设计的三个关键变量,使学生初步了解实验设计需要关注的几个要点	1. 根据教师给出的题目尝试初步设计相关实验; 2. 在教师引导下尝试分析设计的不足之处,在此过程中体会实验设计的要求; 3. 了解实验设计的三个基本变量	高中学生很少接触实验设计。通过让学生进行尝试,引导学生关注几个要点,学生可以更科学地进行实验设计

(续表)

教学内容	教师行为	学生行为	教学说明
利用真空渗水法处理过的叶圆片尝试进行第二次实验设计	1. PPT 介绍真空渗水法的基本准备过程； 2. 提问：利用处理过的叶圆片，我们能对设计进行怎样的改进？要求学生结合前面介绍的实验设计要点，利用叶圆片进行第二次设计； 3. 学生讨论后共同探究出合理的实验设计，并进行全班合作实验操作； 4. 在等待结果的过程中引导学生尝试设计实验结果记录表； 5. 对实验结果进行记录、分析，最后引导学生共同得出结论	思考教师提出的问题，尝试给出自己的实验设计方案，并通过讨论与交流来分析其合理性，最后通过实验操作与结果交流得出结论	学生原有的设计中没有有效控制无关变量，通过对新方法的介绍，引导学生体会合理的实验方法对实验成功的重要性，进一步锻炼实验设计能力
传感器使用方法的简单介绍	通过真空渗水法，我们在一定程度上更好地控制了无关变量。但这个实验依然只是一个定性实验。如果我们需要更精确地定量测定光照强度对光合作用强度的影响，可以怎么做呢？简单介绍相关传感器作用，并进行演示	观察与了解教师介绍的传感器，初步体会技术进步带来的积极意义	通过了解相对比较尖端的实验仪器，学生在对三个实验设计进行纵向比较的过程中，能体会生物技术进步的积极意义

这节课以课堂问题的生成、讨论和解决为主线，通过集体的讨论与分析，论证学生对原有知识理解的错误和不足，并完成实验设计，验证预想的结果与结论。这节课既落实了课程标准所规定的知识与技能要求，又让学生体验了自主探索的过程，锻炼了思维品质，提高了创新热情。

这节课的教学设计，即教学内容、教学方法等与学生高阶思维能力发展的对应关系，可清晰地从下页表中看出。

	高阶思维		学生活动	教学成果
分析	区分	从现有的材料中区分出无关和相关的、重要和不重要的	"以光照强度为例,我们能通过什么方法来探究其对光合作用的影响呢?"学生小组分析老师给出任务中的相关信息,尝试初步设计相关实验方案	学生学会分析任务(探究问题)中的相关信息,并初步能将各相关信息要素综合在一起(设计实验方案)
	组织	确定一个结构中各要素是如何作用的		
评价	检查	发现一个过程或者结果的矛盾或错误;确定一个过程或者结果是否具有内部一致性;察觉实施程序的有效性	在教师引导下尝试分析设计的不足之处,在此过程中体会实验设计的要求,了解实验设计的三个基本变量	学生学会如何根据外部准则(实验设计的原则)检查和判断过程(实验设计方案)的恰当性
	判断	发现一个结果和外部准则的矛盾,确定是否一个结果有内部一致性;发现一个给定问题的程序的恰当性		
创造	假设	基于标准来产生可选择性假设	在老师介绍真空渗水法的基础上,结合前面学习的实验设计要点,利用叶圆片进行第二次设计,并进行实际操作实验	学生学会将所学到的知识运用于解决新的问题情境,完成新的相关任务
	设计	为完成某些任务设计一种程序		
	制作	发明一个产品		

② 问题抛锚式

通过叙述故事性的和真实生活中的"锚"(情景),让学生观察问题、分析问题、定义问题,在质疑和批判中抽象概括事物的真理,这就是我们常说的"抛锚式教学法"。抛锚式教学在很大程度上具有"问题设计"的背景,但是其"基本问题"、"单元问题"的划分则不一定很清晰,而"抛锚"以后的"解锚",正是学生高阶思维培养的重要契机。

 案例

静电场中的两次观察

通过实物投影仪,讲台上的装置被清晰地投放在大屏幕上:一个广口瓶,橡皮塞中央插了一根铜棒,瓶身外绕了几圈粗导线。一个直流高压电源通过开关,一端和铜棒相连,另一端和粗导线一端相连。老师打开橡皮塞向瓶中喷入浓烟,然后塞紧瓶塞,只见瓶中烟雾弥漫、一片浑浊。然而随着开关闭合、五万伏高压的加载,瓶中的烟雾浑浊立刻消失了,瓶中又重新恢复了清澈透明。

同学们被魔术般的"表演"完全吸引住了。数秒的沉寂后,教室里开始了热烈讨论。老师将同学们的观点予以集中:① 瓶中形成了磁场,烟雾分子因磁场吸引而消失;② 瓶中形成了电场,带电粒子因电场力作用被吸附到铜棒和瓶壁上。

瓶中怎么会有磁场呢? 铜棒和导线没有构成回路,没有电流,不可能形成电流的磁场。烟雾中有带电粒子吗? 通常的物体都是电中性的。老师提出了新一轮的问题,教室里重新寂静了,大家都不知该怎样回答。

"我为大家再重新做一遍实验。不过,这次我要调整电压,请大家注意瓶中的效果。"老师重新开始操作,只是在瓶中充满烟雾后,将电压调到了300伏、500伏、800伏……每隔几秒,电压都重新调节一次,调到上万伏时,瓶中的"魔术"再次出现。

"为什么电压低的时候没有效果,一定要上万伏的高压呢?""是啊,几百伏也应该有电场,照理说也应该对带电粒子有电场力呀?"同学们的探究兴趣又一次被激发了。这一次,问题的关键变成了为什么要加载高压。经过讨论、研究,同学们终于完成了"静电除尘"的解释。

"抛锚"后发现问题,是学生视觉因素与思维因素结合的产物。将观察的结果进行分析和研究,得出正确的结论,属于bloom认知过程领域分类的"分析",它包含有"区分"、"组织"的二级指标,而"分析"所对应的思维水平正是高阶思维。

"抛锚式教学"在学科教学中已经得到了广泛的运用:语文教学中环境描写的赏析,数学教学中函数图像的分析,地理教学中地震成因的探究,艺术课程中作品的感悟等。这些都已成为培养高阶思维的教学方法。

③ 项目学徒式

基于项目的学习,也称为学徒式学习模式。按照这种方法,学习者能够生

成问题,最终产生一个能反映(表现)知识整合的产品。通过学生对身边事物的观察、动手制作,培养分析和设计能力,进而达到创新素养培育的要求,落实高阶思维的培养。

 **案例**

机械开关电路的制作

学生已经了解了利用机械开关(单刀双闸、双刀单闸)制作"自动开闭的窗帘",本课前留给学生的制作问题是"5个灯泡和5个编号开关,根据需要,合上几号开关,就有几盏灯发光"。这个制作完全是开放型的,开关的选择、灯泡的连接方式、供电系统等都可由学生任意设计。从教学目标特别是高阶思维的培养目标看,是在培养学生的分析和创造能力。

典型的学生设计图如下:

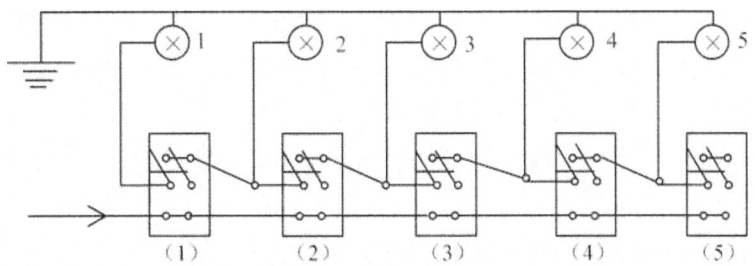

采用双刀双闸:初始时"刀"在上,所有灯不亮。

当"刀"拨向下时,可以实现设计要求。

但为什么这样设计?原理是什么?学生"分析"的水平尚不到位,所以在评价他人制作时,显得不够从容。

从我们所学的直流电知识看,最简单的就是串联、并联。

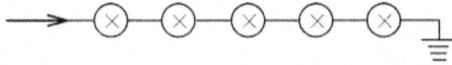

如果我们用开关调节了串(并)灯的个数,不就可以实现设计要求了吗?在这个引导的启发下,学生立即给出了串联控制电路。

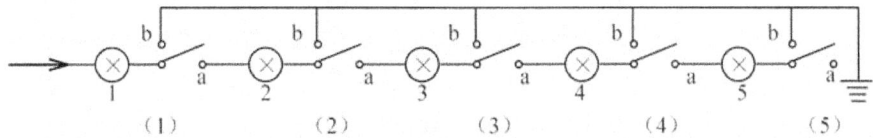

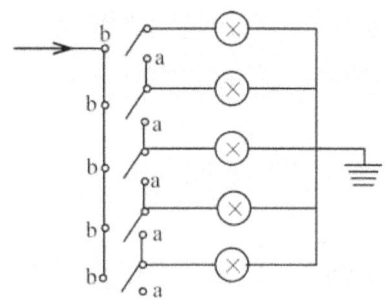

初始时单刀全部在 a 上,其实是所有灯串联。任何一个开关动作都是开关前面灯的串联,而切断了后面的连接。

接着对于并联的电路,学生也开始了审视,黑板上出现了如右的电路:

初始时,单刀全部在 a 上,形成并联,任何一个开关动作将使该灯与"上面"的灯并联,断开了与"下面"灯泡的连接。

这个案例中,教师对于学生的项目制作的指导,注重了"分析"环节的把握,使学生有了"评价"的依据:"完全可以采用单刀单闸开关,为什么要用双刀?""那就是一个并联设计嘛","并联好,发光亮度相同","串联的灯泡越多,亮度越暗","N 盏灯的处理也完全可以这样",学生的参与替代了教师的点评。

认知纬度中的记忆、理解、应用是不能缺少的,但创造一定离不开分析和评价。

④ 课堂辩论式

通过辩论,培养学生识别问题和选择问题的能力,是批判性思维、思维敏捷性的外在表现。辩论总是从相关信息的收集、分析、筛选和汇总开始,对辩论题进行分析破题,再经过相关内容的学习,最后形成辩论计划及辩论稿。这样的练习对学生高阶思维培养有极大的价值。

案例

传承民族文化比创新民族文化更重要吗

正反双方的学生分组对辩论题进行相关信息的收集和学习,了解"什么是民族文化","有哪些民族文化的表现形式","有哪些民族文化添加了创新元素"。正方学生很快确定了辩论计划,牢牢抓住"传承是发展的基础"这一点进行辩论;而反方学生因为受到相关信息的干扰,在破题环节略显困难。

于是,教师作为启发者介入讨论,了解反方学生的困难所在——学生认为"基础更重要"这一点似乎很难抗辩。那么是否有可能在辩题界定的部分,把传承定义为其他?是否有可能在定义辩题时将两者对立起来?在这些问题的启发下,反方学生的抗辩计划渐渐成形。要探寻如何有效地使得现有的民族文化

得以保存并发展壮大,可以将传承和创新设计为两种对立的手段,传承可以被定义为没有任何改变的继承,任何细微的变化都赋予创新的色彩。从而再说明没有任何改变的继承只能使民族文化逐渐消亡,只有顺应世界潮流的创新才能使民族文化发展壮大。再举出大量实例来证明创新元素在民族文化发展中的重要性,如改良的中山装和旗袍、经过设计的老北京布鞋、利用蓝印花布元素制成的晚礼服、青花瓷外壳的U盘、进入电脑字库的篆体和行书、民族音乐和节奏与街舞动作的合成等。反方的辩论底线和方案设计成功了。

在每一次辩论的前期准备和活动过程中,学生都是以学习者的身份,集体承担建构知识的责任,在与辩题相关的特定领域中,自觉自主地进行相关内容和信息的学习与分析,师生、生生间对某个真实的问题进行深入探讨,即使对某些权威性的观点也进行建设性的批判使用,不存在明显的对错,没有绝对的"正确答案",这样才能激发学生思考和学习的兴趣。

在课堂教学中设计和组织辩论活动,可以使学生应用已有的认知,多途径学习和理解新的知识构建,将新旧认知进行重组和再创造,这是行之有效的发展高阶思维的教学活动设计。

有意识地培养和训练、开展高阶学习活动,根据教学目标分类设计(反思)教学,将高阶思维的发展融于具体教学活动中,以及运用信息技术作为认知工具,这些都有助于促进高阶思维的发展。高阶学习是发展学习者高阶思维能力的重要路径,而问题(任务)设计则是决定能否有效展开高阶学习的前提与关键,这是未来学科教学研究的核心课题或发展的生命线。

(二)复旦中学学科教学中的高阶思维培育探索与实践

1. 目标导向:人文特色与博雅教育中的高阶思维

学生多元发展、学校特色发展是当今学校的两大使命。复旦中学秉承"传统与现代、传承与发展、改革与创新"的基本理念,确定了通过探索创新素养培育走人文高中发展之路,并以博雅教育作为培育创新素养的基本途径。

学校希望在创新素养培育的实践与探索中,通过博雅教育,为学生开拓文化视野的同时,完善其身心素质,增强社会责任感;提升学生研究能力的同时,增强其探索、发现、进取的精神,形成探究与发现的思维及行为习惯,培育符合时代特征的"博学笃志,切问近思"的复旦学子。

创新素养培育的目标决定了博雅教育不仅要强调知识的通贯,更要强调人文素养与科学素养的完善;不仅要关注学习领域的扩展,更要关注学习方法与思维方法的养成。

因此,培育高阶思维(见下表)成为复旦中学创新素养培育的核心和关键。在创新素养培育项目的实践中,学校尤为关注学生"鉴别与选择"、"质疑与推理"、"解读与阐释"、"评价与论证"、"实践与创造"等高阶思维能力的培养与发展。

高阶思维过程维度分析[①]

分类	替换说法	定 义
1. 分析——将材料分成若干组成部分,并确定这些部分是如何相互关联的		
区别	识别、辨别、聚焦	按照恰当性或重要性辨析某一整体结构中的各个组成部分
组织	寻求一致、整合、概括	确定事物和情境的要求,识别其如何共同形成一个一致的结构
归因	解构	判断当前材料背后潜在的观点、偏见、价值或意图
2. 评价——依据标准和准则做出判断		
检查	协调、检测、监督、测试	对某一操作或产品检查其是否内在一致
评论	判断	基于外部准则或标准来判断某一产品或操作是否恰当
3. 创造——将要素整合、重组以形成一个连贯的整体、一个新模式或结构		
生成	假设	表征问题和基于标准提出其他假设
计划	设计	形成一种解决问题的计划
贯彻	建构	执行计划以解决既定的问题

2. 课程实践:整体规划和推进学科教学中的高阶思维培育

复旦中学高阶思维的培育,始终贯串于创新素养培育项目的整体实施过程中。学校围绕"课程·课堂·践行"这一主线,以课程为载体,以课堂为核心,在课程序列的构建、课堂形态的变革、学子践行的开展中,推动项目的纵深发展,

---

[①] 转引自王帅:"国外高阶思维及其教学方式",《上海教育科研》,2011年9月。

而高阶思维的培育也得以有序、有效地开展。在"课程·课堂·践行"的全面探索中,推进高阶思维培育要遵循三个基本原则。

其一,在课程建设方面,坚持源于基础、高于基础。坚持基础型课程的校本化实施,同时构建拓展型、研究型的"文化"主题轴综合课程,形成能够反映学校文化、促进学校特色与教育品质形成的课程序列,构建高阶思维培育的有效载体,使高阶思维培育成为学校文化的重要元素。

其二,在课堂转型方面,坚持源于知识、高于知识。通过教师教学方式的改变,引领学生完成学习方式的改变,以知识为基础,以能力为核心,从关注知识的识记到进行知识的运用与创造,探求高阶思维的培育方法。

其三,在学子践行方面,坚持源于生活、高于生活。通过践行活动让学生回归生活,形成对生活的认识,学会做学问、做人和做事,提升高阶思维培育的成果。

(1) 博雅课程建设渗透高阶思维培育的基本目标

从2009年开始,学校在寻求基础型课程校本化实施的同时,重点探索拓展型、研究型的"文化"主题轴综合课程的构建。经过将近4年的建设,博雅课程序列已经初具雏形(见下图:复旦中学博雅课程结构;下页表:复旦中学博雅课程内容与目标),形成包含基础型、拓展型、研究型三类课程在内的四大模块:文化继承与理解模块、生命探究与审美模块、逻辑思考与批判模块、社会践行与创造模块,各个模块的课程目标中都凸显出对高阶思维培育的要求。

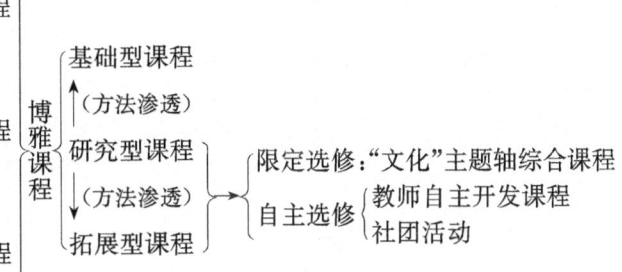

复旦中学博雅课程结构

复旦中学博雅课程内容与目标

模块名称	具体内容	培养目标
文化继承与理解	① 语文、外语、历史、政治 ② 寻梦复旦园、文化与人生、西方文化掠影、跟着环球游画看世界、相辉文化讲坛 ③ 中华经典诵读、影视文学鉴赏、英语阅读教程……	① 拥有丰厚的文化积淀和宽广的文化视野 ② 学会鉴别与选择,具有良好的文化扬弃能力、文化包容能力、跨文化理解能力 ③ 认同并欣赏中西方文化精华,具有文化传承意识
生命探究与审美	① 生命科学、体育、艺术(美术、音乐) ② 绿色家园、男篮女舞 ③ 西洋古典乐器、舞之韵街舞、第六元素、神奇的星球……	① 拥有基本的美学常识 ② 学会解读与阐释,形成较强的对美的感受、鉴赏、表现和创造能力 ③ 尊重生命,善待自然,关爱社会,提升生命智慧和生命质量
逻辑思考与批判	① 数学、物理、化学 ② 史料解析入门、数学与人文、掌中求索 ③ 历史中的历史、物理与人文、数学思维……	① 知道并理解特定知识的产生与发展过程 ② 学会质疑与推理,能够批判性地发现问题、富有逻辑地思考问题、创造性地解决问题 ③ 形成探索与发现的志趣和不断进取的精神,形成学生自主创造活动的内在动力
社会践行与创造	① 地理、信息科技 ② 博思学子讲堂、文博研学 ③ 燃烧与爆炸、创意实验社、救助高烧的地球、环保实践活动、我用DV看复旦……	① 拥有解决生活中与社会中实际问题的基本知识 ② 学会评价与论证、实践与创造,在多种真实的问题情境中具有灵活的社会胜任力和践行智慧 ③ 具有社会责任和关注民生的情怀,能够实践与创造

注:具体内容中,① 基础型课程;② 限定选修的拓展型、研究型课程,即文化主题轴综合课程;③ 自主选修的拓展型、研究型课程,含教师自主开发课程(103门)和社团课程(21门)。

这些课程为高阶思维的培育提供了丰富的学习资源。如《辨砖识屋——史料解析入门》这一课程(该课程是历史学科的基础型、拓展型和研究型课程相结合的课程),让学生明白,历史讲述过去发生的事情,其自然进程已无法再现,因而时间性(既往性)无疑是历史知识区别于其他学科知识的最重要特质之一。为了寻求"历史"(房屋)的真相,后人只能借助于过去所遗留的不同形态的资料,即史料(砖瓦)这一间接"中介",搜集、甄别、选择各类史料来证明历史结论,甚至得出"新"观点。

这些课程不仅构筑了高阶思维培育的有效载体,更能将高阶思维培育融入学校整体课程培养目标中,成为学校文化内涵的组成部分,从而确保了高阶思维培育的常态性与稳定性。

(2) 高阶思维培育融入学科教学的过程

把高阶思维培育融入学科教学过程中,是培育高阶思维的最有效途径,而课堂则是学科教学的主阵地。因此,在构建课程序列、创设培育载体的同时,复旦中学着手变革课堂形态,以教师教学方式的改变引领学生学习方式的改变,提升学生的高阶思维能力。

课堂转型首先从语文学科开始,逐渐扩展至历史、政治、英语等学科。在两年多的实践探索中,以"体现学生的自主思辨过程、体现学生的合作探究过程、体现教师的引领导学过程"为基本原则,一些学科逐渐形成了培育高阶思维的基本策略。

① 语文课堂:在"读—问—行"的学习过程中培育高阶思维

语文是语言与思维的辩证统一,这一本质属性决定了语文教学中进行思维培育的必然性与必要性。语文教学中进行思维培育的基本原则是思维训练、语言训练相结合。遵循这一基本原则,语文教学在近 3 年的课堂转型实践中,逐渐形成了具有语文学科特色的高阶思维培养方法。

a. 读(诵读·静读)

"松声、涧声、琴声、鹤声……皆声之清者,而读书声为最。"在复旦语文教学中,渐行渐远的琅琅读书声正重新回归。诵读不再被简单地认为是语文教学方法,而成为语文教学的基点和整体策略。要注重恰当的选材和有针对性的指导,让学生在诵读中整体感知、培养语感、熏陶情感、启发思维。

除了诵读,静读同样重要。要在课堂中留出充分的时间,指导学生有目的、有步骤地静读,调动其知识积累与生活经验,在咀嚼中品味,在质疑中感悟。

b. 问(切问·追问)

首先是学生的切问。鼓励学生在读的基础上提出质疑,并由学生自己思考、讨论、解答,以此培养解读文本、论证观点的能力。

其次是教师的追问。教师要充分关注学生在问答中体现出的思维状态和水平能力,准确把握教学主旨,适时提出有效问题,引导学生正确、深入地发展思维。

c. 行(创编·演绎)

"知之非艰,行之惟艰",行是知的运用与提升,是思的内化与创新。在复旦语文课堂中,学生的"行"往往通过编演课本剧的形式得以呈现。学生要在揣摩语言、解读人物、搜集资料的基础上编写剧本,在理解剧情进展、领悟人物性格、领会角色定位的基础上演绎剧情。同学们分工合作、各显其能,使得解读与阐释能力、推理与想象能力、实践与创造能力得到有效训练。

② 历史课堂:在"知—悟—论"的学习过程中培育高阶思维

历史是据史料建构的关于过去的人与事的论说,还包含"以人为本"的理性探究及理解的过程,有其独特的中心思想与技术方法。因此,历史学科在学生高阶思维的培育上可以大有作为,而"基于问题的史料教学"则有利于这一功能的实现。

a. 知(亲历·体验)

历史因与学生距离遥远而难以激起他们学习与探究的愿望,而史料却能从时间或空间上拉近学生与历史的距离。"基于问题的史料教学",要运用史料创设历史情境,使学生亲身体验历史,形成认知上的共鸣与反差,在共鸣中认同、在反差中质疑,实现情绪和思维上的调动。

b. 悟(对话·解读)

通过史料创设情境,使学生亲身体验历史,是有效运用史料的第一个层次。第二个层次则在于让学生与史料进行"对话",以加深认识与理解。而"对话"能否发生、是否有效的关键在于问题,所以"基于问题的史料教学"的第二步是设置与解决问题。教师可以自己设置问题,但更重要的是让学生在史料的阅读与解析中自己生成问题,与史料进行深度"对话",挖掘史料中的有效信息,形成解决问题的基本策略,加深对历史本质的理解。

c. 论(评述·重构)

有效运用史料的第三个层次在于让学生与史料进行"对质",让学生对史料进行批判性分析。所以,"基于问题的史料教学"的第三步是基于史料对历史进行评述与重构。教师可以选择一个主题,给学生多段史料,指导学生鉴定真伪、判断价值、提取有效信息、识别矛盾与偏见,进而得出自己的结论。在学生参与重构历史的过程中,分析、判断、评价、创造等高阶思维可以得到充分培养。

(3) 学子讲堂构筑高阶思维培育的展现平台

学子讲堂是复旦中学以学生为主体、由学生自主选择、通过不同方式进行讲学的平台,在呈现学生研究性学习成果的同时,集中体现学生的分析、综合、评价、创造等思维过程,展现并优化思维质量与思维品质。这是培育和发展学生高阶思维的重要载体。

就时间而言,学子讲堂具有很强的自主性,每周1—2次,每次1课时。

就空间而言,学子讲堂具有很强的稳定性,学校设有专门的人文研学中心馆和人文素养展示馆。

就形式而言,学子讲堂具有很强的开放性,注重实践与体验。从呈现形式上可分为讲演、辩论、赏析、演绎四类;从组织形式上可分为课内学子讲堂、年级学子讲堂、校内学子讲堂、校际学子讲堂四类。

就内容而言,学子讲堂具有很强的现实性,贴近学生的生活与学习实际,反映社会生活与科技进步,涉及历史文化探源、社会问题评论、戏剧艺术赏析、自然现象探究等领域。学子讲堂的内容与基础型、拓展型、研究型三类课程紧密衔接,为三类课程的课堂教学提供了新的理念与形式,三类课程的课堂教学为学子讲堂提供了丰富的内容与素材。

在学子讲堂中,学生走上讲台,老师退居幕后,在看似简单的角色互换下,实现了知识与智慧、课堂与社会、志趣与专业的链接。把学子讲堂这种"学生走上讲台,老师退居幕后"的形式恰当运用于三类课程的教学中,有助于促进学科教学对学生高阶思维的培育与发展,学生"讲"(讲演、辩论、赏析、演绎)的过程是其高阶思维展示和深化的过程。把学子讲堂这种"学生自主学习、合作探究"的理念运用于三类课程的教学中,有助于学生高阶思维的提升。

经过将近4年的实践,强调学生自主学习的"学子讲堂"和关注大师智慧引领的"相会讲堂"一起,形成了复旦两大教育载体。让学生在独立思考中产生创新意识,是培养创造性人才的重要基石。

3. 融通互补：深化人文博雅教育中的高阶思维培育

在创新素养培育项目深入推进的过程中，复旦中学对于如何在博雅教育中培育学生的高阶思维，形成了一些体会与思考。

（1）博雅教育与高阶思维培育的融通互补

2012年7月，学校在博雅班进行了一次无记名问卷调查。学生的回答不仅说明学校的高阶思维培育初见成效，同时也深化了学校对博雅教育与高阶思维培育关系的认识。

博雅教育与高阶思维呈现出一种融通互补的关系。一方面，只有拥有高阶思维，才能真正实现为学之"博"，即知识、能力、志趣的全面提升，才能真正成就为人之"雅"，即做人、做事、做学问的融会贯通；另一方面，在高阶思维的培育中落实博雅的教育理念，可以开发学生自我潜能，使之实现自我价值。

（2）问题导学与教师素养提升的相辅相成

问题（或问题性的任务）是培育学生高阶思维的教学设计的核心。教师设计的问题，要让学生投入到分析、评价和创造等高阶思维过程中去，学生仅靠回忆所学知识是不行的。在教学过程中，教师需要根据学生的思维进展情况，适时设置若干合理的问题，引导学生的思维由点到面、由平面到立体、由再生到创造的深入发展，亦即由低阶思维向高阶思维纵向发展，而教师自身的综合素养也在这一过程中得到提升。

关于如何进一步丰富博雅教育的内涵，提升高阶思维培育的成效，并最终推动创新素养培育项目的有效实施和学校教育品质的提升，是复旦中学在今后一段时期内必须思考的问题。

（三）市西中学培养学生高阶思维的专设课程

1. 开设培养学生高阶思维专设课程的必要性

学校是学生学习的主要场所，是习惯养成、知识更新、能力提升的主阵地。知识时代对人才素质要求所偏重的十大能力，包括创新、问题解决、决策、批判性思维、信息素养、团队协作、兼容、获取隐性知识、自我管理和可持续发展能力。培养高阶思维能力，要充分发挥学校教育的主渠道作用。

2. 专设课程内容

市西中学专设课程的发展目标为：拓展视野，强化动手实验能力，提高研究力度。市西中学开设的培养高阶思维的主要特色课程有:思维、创造、哲学、管理、对外关系、人力资源、科技、理财、艺术创作、能源、生命科学、信息、机械等。

3. 专设课程的主要目标

(1) 引导学生为了一定的目的,对某些观念和方法等的价值做出判断,在此过程中培养批判性思维,鼓励学生提出具有创新性的观点。

(2) 通过动手实践的课程,强化学生的实验能力,不断在实验中修正原有观念,建立新的思想。

4. 专设课程的特色组织形式

(1) 课程开设的周期有长有短:长的可以跨越4个学期,可以是1—2个学期,短的可以是几次讲座。

(2) 学生选课的自由度大:学生对课程的选择完全是自主的。

(3) 学习场地广泛:有创新实验室、传统的理化生实验室、开放式图书馆、开放式教室,以及与授课内容有关的校外场所。

(4) 学习时间灵活:有专门的集中时间,也有利用闲暇时间的普及型讲座,还有走出校园的双休日活动等。

5. 学校专设课程介绍

(1) 校本哲学课程

① 校本哲学课程的内容、目标

	内 容	目 标
哲学常识	哲学与社会生活	哲学是关于世界观和方法论的学说 马克思主义哲学为时代发展领航 学习哲学,运用哲学
	认识世界 尊重实际	探索世界的本原 把握人的意识的奥秘 唯物主义与唯心主义的根本对立 想问题、办事情都要从实际出发
	探索规律 实事求是	运动是物质的根本属性 物质运动是有规律的 尊重客观规律和发挥主观能动性 坚持实事求是的科学态度和作风

(续表)

内　容		目　标
哲学常识	把握联系　促进发展	世界是一个相互联系的整体 用联系的观点观察问题 事物是变化发展的 用发展的观点观察问题
	分析矛盾　辩证思维	矛盾是事物发展的动力和源泉 矛盾的普遍性和特殊性 用矛盾的观点观察和分析问题 两种根本对立的世界观和方法论 讲究科学思维方法，增强创新意识
	注重实践　寻求真知	实践的基本特征和基本形式 实践是认识的基础 基于实践的寻求真知的过程 尊重实践与尊重群众
	掌握理论　坚持真理	科学理论的指导作用 真理是客观的 真理是发展的 勇于追求真理，弘扬科学精神
	探求价值　服务社会	价值判断与价值选择 树立正确的价值观 创造有价值的人生
	放飞理想　完善人生	个人理想与社会理想 正确选择人生道路 承担使命，完善人生

一个成功的、受学生欢迎的哲学课堂一定是有思想深度的课堂，而这个思想不仅包括对教材观点和思想的理解，也包含教师本身的思考和在此基础上引发的学生的思考，从而促进学生运用理论和知识解决实际问题的综合能力。

例如，对于整体与部分的哲学辩证关系，学生有一定的认识基础。具体落实到国家和个人的关系上，往往会出现学生对国家的作用认识不明的情况，教师需要通过举例或情境创设等方式加以说明。

 案例

课 堂 辩 题

央视经济半小时的专题《关注强迁》，讲述上海市郊一栋建筑面积四百多平方米的私房被强迁时，屋主潘蓉为了阻止强迁，向工程车投掷自制的燃烧瓶。视频被剪辑为七分钟左右，删去了主观评论，保留了双方当事者的主要观点。

之所以选择以动迁为话题，以"上海潘蓉动迁案"作为典型事例是基于这样的考虑：动迁是近几年来广大市民的热点话题，国家、集体、个人的利益冲突十分激烈；动迁问题准确映射了整体与部分的关系，能够为学生提供一定的行动指导。这是一个能够引导学生走出单纯的"象牙塔"、直面社会的良好视角。

教师用PPT简单介绍了一下拆迁的背景，以及配合上海世博会召开而建设的虹桥交通枢纽工程的主要情况，提问道：一边是政府的重大工程，一边是近乎绝望的动迁户，暂且不论双方采取的手段，你站在哪一边？请表明态度，并说明理由。

大多数学生站在动迁户一边，理由很简单：动迁费太低，与上海高昂的房价根本无法相比。但也有好几个学生站在政府一边，认为与世博会配套的交通枢纽工程建设是上海的一件大事，对动迁居民的长远利益是有好处的。有同学补充道，潘蓉的房子原先只有两层，私自违章造了两层，即使动迁面积没有四百平方米，但动迁费也还是太低了。还有的同学则回应，那也只能拆除违章部分，不能在达成协议前强拆居民的合法房屋。

教师就从资本主义国家土地私有与我国土地公有、屋主只有房屋的产权这个角度出发来说明问题，同时指出我国从计划经济体制下的住房配给制到20世纪90年代的住房制度改革再到《物权法》的出台，法律还不够完善，各项配套措施也没有跟上，政府转变职能过程中还有很多思想意识有待扭转，所以在动迁问题上社会矛盾比较集中。但是公民权利在我国正得到越来越多的尊重，上海市推出动迁两次征询居民意见的新制度，可见动迁工作的不断完善。教师启发学生要以发展的眼光看待国家与个人的关系，避免偏激观点的产生。

(2) 社团辩论课上培养高阶思维的实践

① 辩论课程的作用

辩论本身所呈现出的就是辩手批判性和创造性思维的能力。在辩论赛中，通过对于辩题的解析立论、对于攻辩和自由辩阶段的假想、模拟、实战以及总结，能够大大提高学生的高阶思维能力。

② 辩论课程的学习

第一阶段：要求参加的同学准备5分钟陈词，主要做自我介绍和陈述加入辩论社的理由。

第二阶段：用一个月时间学习辩论的基本知识，即分别讲述四个辩手的不同作用，以及立论、攻辩、自由辩和总结陈词的过程与技巧。

第三阶段：播放历届的学校辩论赛、上海市的中学生辩论赛乃至国际大专辩论赛的决赛录像，让辩论社的同学点评场上同学的优缺点，并且随时提出自己的观点。

第四阶段：学期最后就是辩论的实战练习，也就是专设辩题，分为两组，在社团课上进行整场模拟辩论赛，或者参加市、区、校级的辩论比赛。

案例

中学生是否应该有人情消费

正方辩题是：中学生应该有人情消费。

我方认为，中学生应该有人情消费。所谓人情消费，是指人与人之间正常交往中的感情投资。它可以有效促进人与人之间的情感交往。无论从历史传统、社会环境还是中学生健康成长的角度来看，中学生都应该有人情消费！

首先，辩证唯物主义告诉我们：一切要从实际出发。礼尚往来的人情消费是中国人的传统，也是沟通人际关系的重要方式。中学生或早或晚都会接触到人情消费，适当的人情消费也是一种融入社会舞台的锻炼。

其次，适度合理的人情消费，可以使中学生有效地联络感情、增进友谊。人际关系需要去经营，遇到同学生日或者逢年过节发个贺卡、打个电话或发条短信，消费不多却联络了感情、表达了关爱。和谐的人际关系不仅可以使人心情愉悦、提高学习效率,对于人情消费的合理规划也锻炼了中学生的理财能力。

千里送鹅毛,礼轻情意重。适度合理的人情消费不仅有其存在的社会土壤,也有助于中学生的健康成长。综上所述,中学生应该有人情消费!

反方辩题是:中学生不应该有人情消费。

我方认为,中学生不应该有人情消费。人情消费,简单地说是日常生活中人与人之间人情往来的费用支出。如今很多人因为人情消费的大量支出而强颜欢笑,这是完全不必要的。

第一,中学生的"三观"尚未完全形成。对于这样一个特殊群体,过早地接触人情消费,将有导致中学生价值取向错位的极大风险。个人消费本应根据自身需要、经济条件等因素进行,但是有时却因人情等原因,不得不去消费。君子之交淡如水,真正的人情不应该建立在金钱之上。人情消费对于中学生的成长有极大的负面作用。

第二,中学生没有固定的经济来源。中学生消费的金钱几乎都来源于父母的辛苦钱。中学生人情消费违反了适度消费原则。中学生在没有固定经济来源的客观现实下进行人情消费,无疑加重了家庭的负担,对于生活在贫困线下的家庭而言更是雪上加霜。

真正的人情不是靠金钱维系的。以德国诗人罗高的话给大家敲响警钟:以酒交友,与酒一样,仅一晚而已!

选取同样的哲学原理作为立论依据,可以写出完全相反的辩题立论。在模拟自由辩论时,同学们要能随时转换思维,分别从正反两方面捍卫本方立论,寻找对方思路和逻辑上的漏洞。通过辩论赛的实战,参与的同学在逻辑的严密性、思路的流畅性和思维的创造性方面都明显提高了一个层次。

(3) 通过心理课培养学生思维的开放性

所谓思维定式,是指人们习惯使用以往的思维方式看待和解决问题。认知结构是个人对问题的认识和看法,代表个人对人、事所累积的经验。思维习惯能够节省时间、提高效率,但有时也会阻碍思维的发展。克服思维定式的有效方法是头脑风暴法。我们制订的活动规则如下:

① 不允许有任何批评意见。

② 欢迎异想天开（想法越离奇越好）。

③ 寻求各种想法的组合与改进。

④ 要求的是数量而不是质量。

活动规则的制定给予学生充分的想象空间，打破了学生长期形成的固有思维模式。学生在头脑风暴中不断汲取别人之长，修正自己之短，使分析、综合、评价、创造等能力得以提升。

（4）逻辑思维课程

课程分两个部分：常识部分和应用部分。

常识部分包括逻辑思维和非逻辑思维两个部分。逻辑思维分初阶的普通逻辑和高阶的辩证逻辑两块。非逻辑思维主要介绍直觉思维和形象思维。应用部分包括创新技法和案例两个部分。

讲课内容有40讲。讲课形式包括大课（3—6个班一起上）、小课（一个班）、长课（一学期）、短课（有点类似现在的微型课程）。除了直接面对学生讲课，还有广播课程和视频课程等，比较灵活。

属于初阶思维的普通逻辑，主要讲概念的种类、关系和逻辑特性，判断的种类和逻辑特性，演绎推理和归纳推理，以及论证等内容。

属于高阶思维的辩证逻辑，也就是辩证思维方法，主要讲事物是过程的集合体、事物运动是自身否定、真理是具体的、思维具体同一的规律等基本观点。辩证方法主要通过了解一些哲学家的思想观点，目前这块内容显得单薄，在教学内容和教学方法上难度比较大，有待进一步开发。

应用部分即技法和案例，经过长时间的积累，已有39讲，比如：比较、触类旁通、对称、发散、反馈、仿生、分类、观察、黑箱、黄金分割、立体思维等。通过案例、故事等方式，给中学生介绍思维方法，容易收到较好的效果。

（5）科技课程培养学生的动手实践能力和创造能力

① 乐高机器人实验室

乐高机器人是一种让人从幼年、青年、成年以老年都能持续把玩的益智玩具。教育所秉承的是4C理论，即：联系（Connect）、建构（Construct）、反思（Contemplate）和延续（Continue）。通过学习和体验人工智能技术的应用，可以激发学生学习新技术的兴趣，培养学生的创新精神和正确的价值观。

学校在建立实验室的前期做了精心的布局设计，本着以人为本、功能多变、氛围营造、器材充裕的理念，将实验室划分为讲解区、搭建区、编程区、展示区、测试区、竞赛区、储藏区。在乐高实验室搭建一天的吸引力远高于在传统课堂里学习一节课，这就是学生对创造性活动的渴望的真实体现。

② OM 创新实验室

OM 指的是头脑奥林匹克活动。头脑奥林匹克活动包含两项内容：长期题与即兴题。市西中学的 OM 创新实验室相应也有两间：一间为平时即兴题训练的教室，全部是旋转座椅，以便互相交流，促发灵感的产生；另一间为训练室，每年 9 月长期题题目发布后，会在里面进行创作和表演。

市西中学每周三中午有一节社团课。学生将利用中午时间参加头脑奥林匹克社团训练。头脑奥林匹克社团每学年从高一招收十多名学生，以扩充社团的人数。高二学生则带领高一学生进行平时的训练和长期题的策划。比赛人数的限制决定了更多的学生将以外援形式参加活动。

(6) 理财课程让学生学会长远规划

"青年理财"是培养青年人理财能力的课程。课程开设目的在于帮助学生在特定的文化和个人价值观前提下，掌握正确的理财观念，建立良好的理财习惯。许多年轻人需要有效地进行个人理财，为今后实现人生目标和人生理想打下基础。

课程的基本内容是理财的三个环节：攒钱、生钱、护钱。首先培养学生处理"金钱的时间价值"的能力，其次让学生设计出自己的"人生策略工作表"和"个人资产净值工作表"。考虑到中学生的特点，课程内容包含了一些理财基本知识，如开支与预算、全球货币结构、投资等。学生可以联系所学内容参加一些实践活动，如参观"上海银行博物馆"等。

二、培养通识的课程设计

高中教育作为基础教育，高中生创新素养培育要以通识教育为基础。高中生创新素养培育是高中教育目标之一，不是全部。很显然，高中生通识教育和创新素养培育是相辅相成的。高中学校创新素养培育课程，需要在原有课程方案的基础上进行适当的改进和完善,并不是对原有课程方案的全盘抛弃。项目实验学校在创新素养培育的探索过程中,要继承原有课程方案中好的一面,同时根据学校实际,根据创新素养培育目标,创造性地设计和实施。学校要处理好创新素养培育课程与通识课程的关系。学校在通识课程的设计中,需要从学生创新素养培育的角度重新架构学校课程结构,还需要从课程设置、课程实施、课程保障的角度设计学校课程体系,并设计某一学习领域或某一学科的课程。

(一)格致中学创新素养培育课程结构设计

格致中学以"让创新发生在每一位师生身上"作为创新素养培育实验项目推进的理念,通过营造氛围、创设条件、搭建平台,让学生和教师的创造性都能得到不同程度的提高。

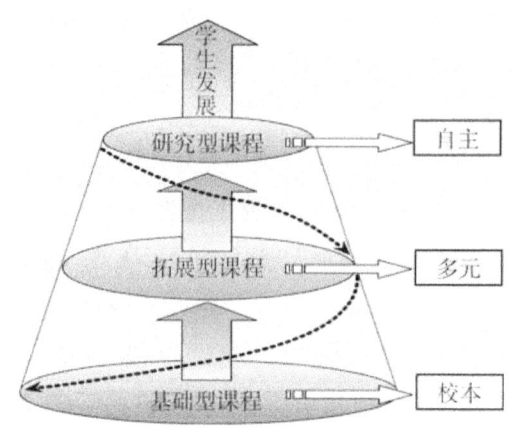

格致中学立体化课程体系

1. 构建立体化的三类课程,为创新素养培育夯实基础

格致中学的课程建设立足于培育学生的创新素养,指导思想是:基础型课程校本化、拓展型课程多元化、研究型课程自主化。学校将现有的国家课程、地方课程和校本课程进行校本化的整体设计,使基础型、拓展型和研究型三类课程互为一体,构成更为优化的立体课程体系。

基础型课程校本化,目的是为创新人才培养提供高水平、少学时、高效率的基础型课程,夯实基础;拓展型课程多元化,目的是为创新人才个性发展提供丰富多样的、具有发展潜质的自主选择课程;研究型课程自主化,目的是让学生展开自由思维之翼,尝试创新实践。

目前,格致中学已形成了由四类(公民人格类、文化科学类、身心意志类、创意技艺类)、八群(民族历史和文化、科学知识和技能、人与自然和社会、艺术审美和体验、心智体能和意志、社会研究和社团、学科竞赛和实践、世界文化和交流)、120多门课程组成的格致课程群。这四大类课程互为联系、互相补充,形成了既注重和谐发展,又注重个性特长的课程体系。

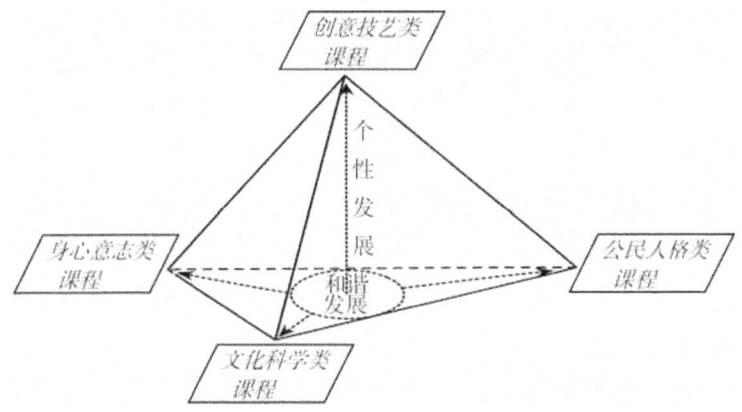

四类课程构建学生成长"金字塔"

在构建四类课程的基础上,格致中学不断探索课程的有效实施,逐步形成了"夯实基础、寻求拓展、鼓励研究"的课程实施基本原则。

(1) 公民人格类课程

此类课程旨在培养创新人才的政治素养、道德修养、民族精神、公民意识、全球意识、领导能力。

主要的基础型课程包括:语文、政治、历史、地理、艺术。

主要的拓展型课程包括:格致学、邓小平理论导读、党课学习、经典哲学、国际风云、当代中国外交、中华经典文化讲堂、中西文化比较等。

主要的研究型课程包括:课题研究指导、大别山考察活动、我身边的哲学个案调查、生日派对创意策划、班歌创作、班徽设计、校服设计等。

与上述课程设置相关的学生社团主要有:邓读会、模联社、天文协会、学生电视台、学生网站、茶艺社、音乐剧社、动漫社、新叶社、书画社、心理社等。

（2）文化科学类课程

此类课程旨在培养创新人才的科学精神、人文素养、科学态度、科学方法、探究能力、共生意识。

主要的基础型课程包括：语文、数学、外语、物理、化学、生命科学、政治、历史、地理、信息科技。

主要的拓展型课程包括：自然学科先导、人文学科先导、数学观点和思维方法、数学建模、物理原理与方法、自然哲学的数学原理、化学中的自然辩证法、化学科学前沿、生命科学前沿导读、鸟类观察与研究网络平台、天文观测等。

主要的研究型课程包括：课题研究指导、个性化学习方法、科学与社会发展、天文观测中的科学知识、3S技术的拓展性应用、电子游戏与创新思维、科学史探研、文学流派研究、外语学习规律研究等。

（3）身心意志类课程

此类课程旨在培养创新人才的意志品质、健康心理、关爱生命、合作竞争、运动技能、健身习惯。

主要的基础型课程包括：体育、心理健康、生命科学。

主要的拓展型课程包括：围棋、国际象棋、击剑、射击、游泳、瑜伽、跆拳道、形体芭蕾、奥林匹克知识、体育竞技规则、生活中的心理学、生命的感动、心理危机疏解等。

主要的研究型课程包括：课题研究指导、体育竞技项目研究、棋类与智力发展、高科技与体育、运动与健康、药物与健康等。

（4）创意技艺类课程

此类课程旨在培养创新人才的创新意识、创意谋略、创作才能、创造技能、表演才艺、审美情趣。

主要的基础型课程包括：物理、艺术、劳技、信息科技、政治、化学、生命科学、地理。

主要的拓展型课程包括：创新学、自然科学建模、物理创新实验、化学创新实验、头脑奥林匹克、智能机器人、文学创作、影视创作、辩论赛、英语课本剧表演、篆刻艺术、创意剪纸、环境小硕士、理财与金融常识、模拟联合国等。

主要的研究型课程包括:各类创意设计、模拟联合国竞赛方案设计、英特尔大赛创意设计、环保小产品设计与制作、专利申报、成功企业家个案研究、商业投资方案设计、模拟企业、商业营销与信誉等。

格致中学课程实施遵循"重视德育、成人为先;科文结合、体现创意;知行结合、注重践行"的基本策略,在合理提高基础型课程要求的前提下,为试验班学生量身定做突出创意、创作、创新、创造的拓展型课程和研究型课程。

格致中学课程实施的主要载体是"搭建校本课程创生平台"。在学校课程开发中,鼓励教师与学生共同学习、共同成长,成就学生个性发展、教师专业成长及学校特色形成的共赢局面。此外,为参与课程开发和建设的教师创造外部条件,如组建专家顾问团、举行主题教学展示、组织专题讲座等,帮助教师提高课程改革的认识,调动参与课程开发的积极性。

格致中学在实施中还强调三类课程资源的开发与整合,即以格致文化为特色的文化资源开发、以校友和教师为代表的人力资源开发、以社区机构和社会活动为主要途径的社会资源开发。

2. 重点打造创意技艺类课程,为学生提供创新实践机会

在全面建设四大类课程的基础上,格致中学重点打造"创意技艺类"课程,目前已开发并实施42门创意技艺类课程。

格致中学确定六门创意技艺类课程为限定性拓展课:"格致学"让学生了解近代自然科学发展;"创新学"让学生了解发明创造办法;"经典哲学"让学生了解中外经典哲学观点;"理财与金融常识"让学生了解金融常识;"关注生存环境"帮助学生了解环保意义;"综合才艺拓展"旨在培养学生高雅的审美情趣。

近40门自主选修创意技艺类课程,也尽可能满足学生的兴趣发展。如"发明创造与专利申请"让学生体验创意谋略,增强产权意识;"话剧创作与表演"让学生提高创作才能,展示表演才艺;"环保方案设计"让学生养成环保习惯,增强责任意识。

3. 以创新试验班为抓手,以点带面推进全面课程实施

格致中学于2010年设立了创新试验班,采用学生自荐与学校认定相结合的方式,组织专家团队从"学业水平、特长爱好、心理特质、综合素质"等方面对申请者的创新潜质进行综合评价,遴选合适的学生进入创新试验班。

首先，创新试验班的课程遵循"夯实基础、注重创新"的设置原则，每周开设两次创新课程与活动，由物理、劳技、艺术学科与创新教育教研组合作设计并开设。比如：参观考察各类科学场馆及展览活动、在创意工作坊学习"创新思维与方法"课程。其次，对该班的基础型课程的教学进行改革，比如：语文学科开设"经典阅读和语言交际"课程，注重公民人格养成和人文素养积淀；英语学科开设"Skills Development Program"课程，侧重培养学生批判性思维。创新试验班的课堂教学和作业设计也大胆尝试创新。课堂教学中鼓励运用发现教学法、问题教学法、讨论教学法等教学方法，作业设计中特别注重"一题多解"。

4. 成效

格致中学以创新试验班为抓手，全面带动学校的课程建设，取得了显著成效。近年来，学校学生获得国家专利712项，涌现了一批具有很强创新实践能力的学生。2009届邓同学，在两年里共获得19项国家专利。2010届李同学被评为"全国第四届中国少年科学院小院士"。2013届郁同学设计制作的"微型蒸汽机反冲实验"获第26届英特尔上海市青少年科技创新大赛一等奖。

（二）市西中学四套体系课程

市西中学自2010年申报上海市高中生创新素养培育项目以来，将培养学生创新人格、创新思维以及创新专业素养作为学校工作的重要任务，将在创新素养培育背景下的学校课程建设作为课程改革的主攻方向，为学生提供丰富的课题内容和形式，形成了"课程、课堂、课题"三课联动的格局。

学校除了基础型、拓展型、研究型课程外，还有多种教学组织活动，如德育活动、社团活动、社会实践等，形成了多元课程体系。

1. 创新素养培育背景下的课程设置原则

学校在开展课程建设中主要遵循了以下几点原则：

（1）谋求课程基础性、选择性和自主性的统一，建立多元化综合性的课程体系；

（2）注重以建构主义教学原则构建课程体系，着重培育学生批判性思维与高阶思维；

（3）注重课程类型、课程内容和课程形态等方面的调整和完善，培养学生实际运用知识的能力；

（4）增设综合性、实践性等新的课程，以满足学生全面发展的需要；

（5）注重国家课程统一性与学校课程灵活性的动态平衡，赋予学校更多的课程自主权；

（6）倡导学生自定学习计划，实行学生选课指导制度和学分制管理；

（7）注重教师和社会参与、政策支持以及过程监控；

（8）课程评价功能由侧重甄别与选拔转向侧重发展，由刚性的单一化评价标准走向弹性的多元化标准等。

2. 创新素养培育背景下的课程建设方式与内容

（1）强力压缩基础型课程

市西中学的学生从整体上显现出较高的学习素养与实践能力。基于学生的学习基础与能力，以及实现创新素养培育的需要，学校通过改革课程设置，强力压缩基础型课程，调整课时，优化课型，将原来的每周39节课压缩至35节课。

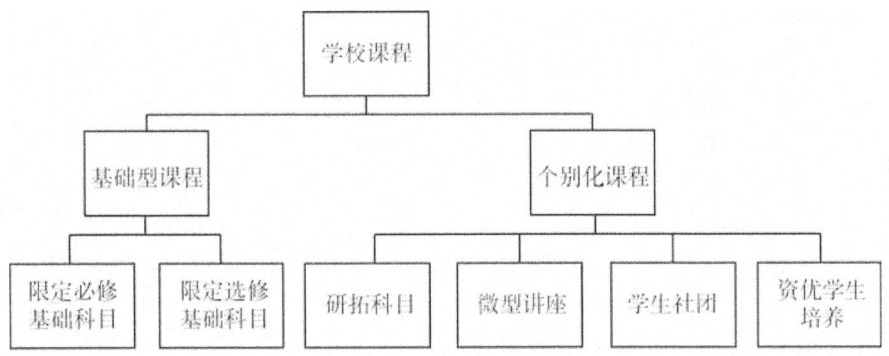

市西中学课程设置图

市西中学的课程设置由学习领域、科目、模块三个层次构成。学习领域有八个：语言与文学、数学、人文与社会、科学、技术、艺术、体育与健康、综合实践活动等。科目有：语文、英语、数学、思想政治、历史、地理、物理、化学、生命科学、信息技术、音乐、美术、体育、心理、综合实践活动等。每个科目的课程内容由若干模块组成，分基础模块、研拓模块和微型讲座模块。每一模块都有明确的教育目标，构成相对完整的学习单元；模块之间既相互独立，又反映学科内容的逻辑联系。基于上述思考，市西中学设置的周课时表如下：

市西中学高中周课时设置表

年级		高一		高二		高三	
	课程科目	上学期	下学期	上学期	下学期	文科班	理科班
基础型课程	语文	3	3	3	3	3	3
	数学	3	3	3	3	3	3
	外语	3	3	3	3	3	3
	物理	2	2	2	2		
	化学	2	2	2	2		
	生命科学			3	3		
	科学					2	2
	思想政治	2	2	2	2	2	2
	历史	2	2	2	2		
	地理	3	3				
	社会					2	2
	艺术	1	1	1	1	1	1
	体育与健身	3	3	3	3	3	3
	信息科技	2	2				
	周课时数	26	26	24	24	19	19
拓展型课程	语文写作	1	1	1	1	2	3
	数学研究	1	1	2	1	2	3
	英语听力	1	1	1	1	2	3
	物理 TI	0.5	0.5	1			
	化学 TI	0.5	0.5	1			
	加一拓展				4	4	4
	校班会	1	1	1	1	1	1
	周课时数	5	5	7	8	11	14
个别化课程	基础拓展	2	2	2	2	5	2
	特色研拓	2	2	2	1		
	健康教育与活动	1	1	1	1	1	1
	周课时总量	35+1	35+1	35+1	35+1	35+1	35+1

基础型课程的压缩为个别化课程的设计与开发提供了有力的支撑,也对基础型课程的质量保证提出了更高的要求,教师必须在被缩减的课时里完成同样的教学任务,这就促成各教研组更加细致地研究国家及地区课程目标与课程标准,有计划、有步骤、逐层递进地开展教学活动。比如英语与语文学科,在原本每周缩减一节课的基础上,再各拿出 0.5 节课时组织分层走班教学,取得了良好的效果。

(2) 设立创新试验班,开发创新素养培育课程

① 培育目标:三位一体的创新素养

市西中学高中生创新素养培育目标,定位在培养学生的创新人格、创新思维和创新专业素养等三个方面。

② 精心准备:学生遴选、师资组建和规划设计

学校精心设计"创新型人才试验班"的遴选工作,通过文化测试、综合面试、初中实验的发散型与创造型设计和操作、计算机应用操作能力测试、机器人结构模拟、搭建、翻越障碍操作等七大项目,选拔出两个理科(实验)班。除帮助学生完成高中阶段的学业外,还将聚焦学生在某些领域的学习专长,为今后专业的可持续发展奠定基础。

为此,学校与复旦大学、同济大学等高校有关院系签订了联合培养协议:聘请部分高校的领导、专家,组成"市西中学创新型人才基地顾问团";聘请包括国家两院院士和国家重点实验室研究员在内的专家学者组成"市西中学创新型人才基地导师团";成立"校内学生重点研究项目"教师指导组;与高校联手建设专用教室和学生研究实验室,并初步规划了部分重点发展项目,如生物技术与环境保护、机械系统与机器人、新型能源和汽车、金融研究、人力资源、公共关系等。

学校还对课程的开发进行了规划:

a. 依托高校,提升人才培养的层次。高中生创新素养培育工作应该依托高校和科研机构的力量,开展高校和中学衔接联动方式的实验。借鉴和学习高校在人才培养中的方式,包括选课制度、导师制度、推荐制度、评价制度等。依托高校和科研机构专家学者、国家级领军人物等的高层次指导能力,使高中教育现有的人才培养层次得以提升。

b. 激发兴趣、发展特长、全面发展。学校在激发、引导、发现学生的指向性兴趣和特长方面开展实验。建设必要的硬件条件,开设相关的课程和课题研

究,以"项目带动"的方式,激发和引导学生指向性兴趣,为创新型人才的"创新专业素养"的达成和发展进行早期奠基。同时,学校也注重创新型人才"文理兼通、全面发展、综合提高"。对于偏理学生,必须加强人文精神的培养;对于偏文学生,则要加强科学精神的指导。

c. 以点带面、点面结合、相互支撑、有序发展。高中生创新素养培育工作,将"以面支撑,以点突破",以点带面、点面结合、相互支撑、有序发展。"面"上的工作,要形成学校创新型人才培养的氛围,整合上海市创新型人才的培养的要求和学校现有的办学模式、课程设置、教学策略、管理方法等,形成"创新型人才"培养工作系统化建设机制,突破原有人才培养模式,组建"高中生创新素养培育实验项目试验班"。"点"上的工作,应在厚实学生基础、发现学生创新专业素养的同时,培养发散思维,使得"创新型人才"较早形成专业发展兴趣和意向,为今后的专业发展奠定基础。

③ 积极实践:基础夯实,专长突破

创新试验班在课程设置上,除开设学科基础型课程外,还开设了指向性兴趣专长基础课、指向性兴趣专长理论课、指向性兴趣专长实践课、专业发展社会课程,以及健身类课程。

学科基础型课程以现行教材为蓝本,包括语文、数学、英语、物理、化学、生命科学、思想政治、历史等;指向性兴趣专长基础课以模块结构设计为主,包括思维、创造、OM、哲学、金融、公共关系等;指向性兴趣专长理论课分文科类、理科类,文科类有管理、对外关系、人力资源等,理科类有能源、生命科学、信息、机械等;指向性兴趣专长实践课包括实验方法、实验操作、学生研究活动等。

创新试验班还为学生创新能力发展搭建平台。如组织学生参加高校夏令营活动、参加高校导师课题的学习研究活动、参加科研科技考察活动、参加各种竞赛活动,并汇编整理学生的论文,为学生的成果展示、专利申请等提供帮助。

创新试验班开展了对于试验班学生发展情况的全程跟踪和评价研究。根据高校自主招生的政策,探索形成由高校导师、学校导师共同参与的评价推荐机制。

④ 开拓创新:创立文科创新试验班

2012年,学校细化了对于两个理科班学生选拔的方向,根据学生在综合评价中所展现出的专业特长与潜能,再分为理科创新试验班和科技创新试验班,并新设文科创新试验班。

文科创新试验班旨在培养文理兼通、人文见长的社会人文类人才,为高校文科专业培养高素质的文科优秀预备人才。文科创新试验班学生要高质量完成上海市高中新课程方案中规定的全部必修课程,形成合理的知识结构,开阔宽广的人文视野,积累深厚的人文素养,具备前沿的创新意识,以及具有熟练运用技术信息的能力。其重点可以概括为"识"与"能"。"识",包括胆识、知识、见识、学识;"能"即能力,包括各科知识的综合应用能力、人文思辨能力、实践与创新能力。

与理科创新试验班和科技创新试验班不同的是,文科创新试验班更注重人文学科门类间的高度交叉与融合。文科创新试验班所设人文课程主要有语文、历史,还包括了哲学、政治学、语言学、逻辑学、艺术学、美学等各类学科,进行整体设计、统一规划,形成以文史为主、融合其他学科的共建格局。

文科创新试验班注重从实际出发,从听、说、读、写、思、辨六方面和学习技能方面进行训练,使学生初步掌握学习技巧,提升实践能力,为今后进一步的精、深、专的学习研究奠定良好基础。

市西中学三类创新班的设立,为资优学生提供优质的学习环境和学习机会,并力求以点带面,使效益辐射全校,带动学校全体学生素质的提高。

(3) 构建学校整体课程,全面推进全校学生创新素养的培育

学校全面梳理了近年来各教研组开设的校本课程,形成了多元融合的体系,包括学校德育课程、教研组特色的拓展型课程、研拓一体化课程、微型讲座课程、思维广场课程和学生社团课程。

① 坚持"好学力行"引领,优化特色德育课程,培养创新人格

市西中学的德育课程经过多年实践探索,积淀了学校"德育理论课程"、"德育综合实践课程"、"德育发展课程"为系列的德育课程体系,其中包括青年党校、校园活动、理论学习等,也包括学校的特色活动,如高中生见习居委会主任、心理疏导周、生命教育实践研究等。德育课程对于学生爱国主义教育、民族精神和生命教育的培养有特别重要的意义。学校赋予德育工作新的内涵,为培养学生创新人格创设平台。

例如,在青年党校的课程中,市西中学组织学生讨论"创新发展的内涵";心理辅导课程中,市西中学引入创新人格的特征与培养;在世博会的参观考察中,市西中学要求学生描绘印象最为深刻的创造性工作。

② 积极开展拓展课程群建设，大力开发校本拓展型课程

学校鼓励学科教师从学生学习的实际状况出发，对国家课程、地方课程进行校本化开发和实践，着重通过多方面、多层次的拓展型课程，开拓学生的视野，提高思维能力。

英语教研组在整合三类课程的基础上，构建了校本课程科目主题群。教研组一方面将原有的校本课程科目进行归类，使课程成阶段式或递进式发展；另一方面努力开发学科特色校本课程，将其由点向面辐射，注重课程可持续发展。英语教研组针对学生特点构建课程培养链，形成"基础——拓展——研究——创新"四级课程指标，根据学生的兴趣与能力差异提供不同的课程。

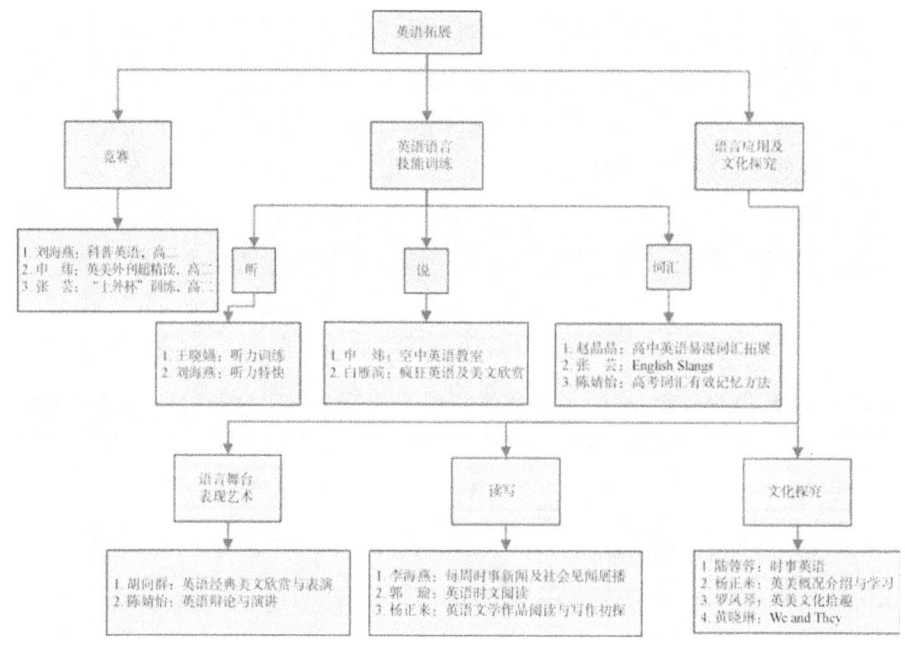

市西中学英语教研组校本课程科目主题群

又如物理、化学教研组，为了加强实验教学、培养学生的动手实践能力，专门开设了 DIS 实验拓展课，同时结合拓展型课程和创新教育，开设了自动控制、身边的物理、化工技术、机器人技术等课程，将传统实验、拓展实验和自主开发实验进行了有效整合。

③ 研拓一体化，校本研究型课程的大力开发

研究型课程的开发旨在通过质疑、发现、分析、解决、总结，培养学生的批判性思维和创新实践能力。学校将拓展型、研究型课程方案进行了优化，提出了"一体多阶"的整合模式，将拓展型和研究型课程统整为校本课程，分为人文艺术、语言学养、科学素养、综合技能、实验拓展和国际视野等六大类别，实现校本课程拓研一体化（详见下表）。

市西中学 2011 年研拓一体化校本课程表

课程类别	课 程 名 称
人文艺术	人文基础，我读宋词，影视基础，广告与创意，从经典音乐中感悟大师音乐人生，历史人物评传，《史记》的人物形象赏析，中国古代诗歌赏析，历代哲理诗词赏析，唐诗鉴赏
人文艺术	徐志摩研究，走进语文课本中的大师，大漠深处的"东方卢浮宫"——敦煌莫高窟文化与艺术探究，社会学问题研究
语言学养	英语影视及歌曲欣赏，空中英语教室，唱歌学俄语，英文短篇小说欣赏，现当代英美散文欣赏，英语文学欣赏，趣味英语阅读（Reading for Fun）
语言学养	走遍德国，英语时文阅读，高考英语词汇研究
科学素养	生物拓展，体验一次科学探究的历程，生物与环境课题，科技竞赛，考据党集中营
科学素养	趣味化学，化学解题技巧与方法，物理思想方法，天文小行星研究，化学定量实验
科学素养	趣味数学，应用数学，数学模型与数学建模，利用 TI 图形计算器探究数学问题，探究身边的数学
综合技能	Flash 动画入门，Photoshop 图片修改，Illustrator CS4 图片制作，用 Alice 学编程
综合技能	静态模型，乐高机器人，机械工程设计，青年理财，趣味装饰制作，生活中的经济学，生涯规划成长训练
综合技能	中国象棋、羽毛球、桥牌、乒乓、三国杀
综合技能	网络信息安全，上海城市交通建设及发展规划的研究

(续表)

课程类别	课 程 名 称
实验拓展	化学实验探究与实践,生命科学新轨迹
国际视野	Media and Culture, History Film Club, Conformity and Individuality, Film Studies, Discrete Mathematics, WAP-国际理解课程
	西方文学漫谈,面对历史和我们自己——"二战"屠犹,中西文化差异比较

研拓一体化课程模式提升了校本课程的效能,优化了课程编制,改变了以往单一、平铺的发展模式,从"拓展——研究——创新"三个维度进行了立体定位。校本课程的开发设计在拓展学生视野的基础上,强调了学生研究性学习,强调了培养学生的高阶思维和创新能力。

研拓一体化促成了校本课程选择的多样化,为学生创新素养的培养搭建了广阔的平台。学生开展研究性学习不再受到只能选择一个科目的限制,只要有感兴趣的校本课程,都可以在教师引导下开展自主或合作的课题研究,参与论文答辩。

④ 开发微型讲座课程,拓宽学生视野,与时俱进

2012年,市西中学开设"微型讲座"课程,拓展"制度化教育"之外新的教学空间,补充了基础型课程的"划一性教育"的不足,形成了尊重学生个性化发展需求的"因材施教"。"微型讲座"体现个人、社会、自然的内在整合,体现科学、艺术、道德的内在整合,体现社会热点和时代意识的内在整合。

⑤ 开发思维广场课程,寻求新的教学模式的变革

2012年,学校在"传家楼"开发了两个楼层共880平方米的"思维广场",这是一个集图书馆、电子阅览、信息查询、讨论交流等功能于一体的开放空间,既有学生个别化自主学习空间,又有半开放的小组讨论和师生互动空间。学生自主安排学习时间和内容,自主开展互动与讨论,着力发展批判性思维与高阶思维能力。思维广场课程强调思维碰撞,促进团队合作,极大地激发了学生的学习兴趣。

⑥ 学生自主建设的社团活动课程

学生社团也是培养学生创新素养的重要环节。学生社团课程的开发采取

自下而上、自上而下相结合的方式,开设的课程有四种:a. 与学科相结合的社团课程,如"计算机编程社";b. 与兴趣活动相结合的社团课程,如"旋风棋社";c. 与一技之长相结合的社团课程,如"手工制作坊";d. 与主题活动相结合的社团课程,如"古典诗词社"。

3. 创新素养培育背景下的课程设置保障

(1) 完善制度,建立保障机制

市西中学建立和完善了课程管理与实施中的多项制度建设。如课程准入制度、选课制度、随堂检查制度、教案互评制度、交流反馈制度等,保证课程的高质量运行,保证课堂教学的有效性。

(2) 加强研修,打造高效师资

在"未来名师学校"的培训中,市西中学讨论了"什么是创新素养"、"什么是高阶思维"、"创新素养的培育应该聚焦在哪里"、"如何提高课堂教学的有效性"等,围绕教育发展纲要、课改理念、成功案例以及课程实践中的难点等展开定期交流,提高教师减负增效教育行为的自觉性。

市西中学组织了以教研组为单位的教研组研修活动,开展课程标准学习的专题研修活动;组织分层教学的专项研讨活动,开展教学展示课、研究课的观摩活动,以及课题研究的交流活动,在交流研讨中理解"高阶思维培养"的教学有效性,使"创新素养培育"成为教研组学科建设的重要内容。

为了促进"创新素养培育背景下的课程建设",市西中学还将课程的整合、校本课程的开发与实施等问题纳入了学校的新一轮发展规划,定期开展专题讨论。

(3) 智慧校园建设,记录学生学习经历

学校全面引进 IC 卡智能管理,科学、有效、持续地记录学生在校期间所有学习经历,并作为学生评价的有效途径。智慧校园建设与数字化校园最根本的区别在于,智慧校园的设计与开发体现着现代教育理念的实践要求,如通过 IC 智能卡和校园网络,学生可以在自主安排学习的过程中,对学习的时间、空间、内容以及指导教师进行"预约",向其他同学发出讨论的"邀约"。这样的学习更好地体现了学生学习的主动性和自觉性,更好地体现了教育个性化的要求。

学生在校期间参加的每一项活动,都能通过智慧校园网络得以全程记录。

在毕业之际,学校将赠送每位学生记录高中学习经历的光盘,学生也仍将持有市西校园网的账号。

(4)挖掘社会教育资源,为课程建设提供支撑

2009年以来,市西中学陆续同复旦大学中文系、生物系,同济大学汽车学院,南京大学化学学院等单位签署了学生联合培养协议。

2010年以来,学校四个课题组近20名学生带着红外遥感课题来到基础物理研究所,就研究工作请教了相关博士生、研究员。青年理财课程聘请肯德基专业人士来校讲学,并组织学生参加了中学生理财知识竞赛。2010年5月,学校与上海电视台《大师》栏目签约,利用午休时间播放《大师》系列作品。2012年5月,学校与上海话剧艺术中心签订了联合培养协议。

(三)松江二中促进学生创新素养培育的人文素养课程建设

针对创新试验班学生开设的"翱翔计划"人文素养课程,旨在通过博雅专题讲座、人格示范讲座、文本精读与泛读、假期外出考察等教学形式,引导学生掌握科学有效的学习方法,树立自由、平等、民主、博爱、公正、宽容等现代核心价值观念,开拓文学、文化、历史视野,培养创造性和批判性思维,提升发现问题、分析问题、解决问题的综合能力,培养基础扎实、后劲充沛、自主发展的松江二中人。

1. 促进学生创新素养培育的人文素养课程目标设计

松江二中将人文素养课程的教学总体目标,设定为培养具有"独立之精神,自由之思想"的健全人格的现代公民,再分别从求真(理性之批判)、审美(艺术之赏鉴)、向善(道德之行为)三个维度建构具体的教育目标。主要内容如下:

(1)人文素养课程总目标:塑造独立人格(独立之精神,自由之思想)

著名物理学家爱因斯坦在《论教育》中有一个著名论断:"教育的最终目的就是培养独立自主的完整的人。"所谓"培养独立自主的完整的人",即指塑造独立人格。当今世界科学技术迅猛发展,社会生活日益丰富,只有独立性较强的人才能具备创造性地处理现实问题的能力。青少年独立特征的发展将成为他们走向社会、实现自我的必由之路。

(2) 人文素养课程教育分目标

① 训练创造性和批判性思维(理性之批判:求真)

创造性思维是一种具有开创意义的思维活动。批判性思维的本质是评价,旨在引导学生超越感觉,跟着理性走,运用科学方法提出问题、分析问题并解决问题。

② 积淀文学文化素养(艺术之赏鉴:审美)

人类文化源远流长,为人文素养课程提供了丰富资源。针对学生对文言文的畏惧心理,松江二中人文素养课程引导学生精读《论语》、《史传文学》、《唐宋八大家文选》,逐步加深对文言文的鉴赏力。

③ 继承发扬人文精神(道德之行为:向善)

人文学科是集中表现人文精神的知识教育体系,关注人类的价值和精神表现。松江二中始终坚持"以人为本",以培养思想道德和专业文化知识双优的高素质人才为宗旨,培养具备人文素养的现代公民。

2. 促进学生创新素养培育的人文素养课程内容构建

在课程内容的构建上,松江二中根据以往开设社团课和选修课的经验,把人文素养课程的内容具体分为博雅讲座、人格示范、经典导读、时文泛读、写作指导、文化考察等六个模块。

(1) 博雅讲座:依据学生不同学段的学习需求制定教学内容

高一年级侧重于人文素养课程的学法指导讲座,做好初、高中有效衔接指导工作,引导学生初步制订三年的学习规划,掌握适应高中阶段的学习方法。

高二年级侧重于人文素养课程的核心知识讲座,开拓知识视野,构建人文素养知识体系,引导学生把握时代脉搏。

高三年级侧重于人文素养课程的高考指导讲座,指导学生有效地应对高考和各种自主招生考试,培养良好的应试素质。

(2) 人格示范:主要依据人文课程的育人价值,制定教学内容

通过人格示范讲座,高一年级侧重于"求真",培养学生求真求实的学习精神,探索真理、追求真理、坚持真理;高二年级侧重于"审美",提升学生的艺术鉴赏力;高三年级侧重于"向善",培养学生的社会责任感和使命感。

(3) 经典导读：主要依据经典阅读的难易程度，制定教学内容

高一年级侧重于中国古典诗词——《古诗诵读一百首》的诵读指导，丰富情感体验，陶冶道德情操。

高二年级侧重于中国古典经史经典——《论语》和《史记选》的导读，克服文言文阅读的心理障碍，培养探索精神。

高三年级侧重于中国古典散文——《唐宋八大家文选》的导读，掌握文学鉴赏方法，培养对语言文字的感受力。

(4) 时文泛读：主要依据时文阅读的主题内容，制定教学内容

高一年级侧重于中国现当代文学经典作品，每周拓展阅读 5000 字左右，了解中国现当代文学二十家的代表作品和主要特色。

高二年级侧重于外国现当代文学经典作品，每周拓展阅读 8000 字左右，了解外国现当代文学二十家的代表作品和主要特色。

高三年级侧重于哲学、历史、美学、文化领域的经典篇目，每周拓展阅读 10000 字左右，了解文史哲学领域的主要思想。

(5) 写作指导：主要依据写作课程的思维属性，制定教学内容

高一、高二主要是基于创造性思维培养的创意写作，旨在激发学生的写作热情，培养想象力和创新精神。高三主要是基于批判性思维培养的批判写作，旨在提高学生发现问题、分析问题、解决问题的能力。

(6) 文化考察：主要依据文化考察的主题内容，制定教学内容

高一年级：侧重于寄情山水之旅。

高二年级：侧重于名人故居之旅。

高三年级：侧重于文化考察之旅。

3. 促进学生创新素养培育的人文素养课程实施方案

在课程实施方面，松江二中及时组织召开翱翔计划人文素养课程工作会议，讨论并通过了人文素养课程规划书和课程安排表，为课程的顺利实施奠定了基础；讨论和成立了松江二中人文素养课程领导小组和实施小组，为课程的顺利实施提供了人员保障；创建了松江二中人文素养课程资源库，为课程的顺利实施提供了资源保障。

此外，松江二中要求上课老师在授课形式上尽量采用导学式，让学生在老

师的指导下,利用课余时间读书学习,发现问题、研究问题,开展自主探究性的学习。

例如,松江二中在开展基于批判性思维的高中作文训练的过程中,主要通过开展合作性学习创建学习共同体,创造新型的学习文化,鼓励学生大胆假设、小心求证,寻求合理的问题解决之道。教师在课堂上提出一些富有挑战性和思辨性的话题,学生需要重构已知的知识和信息,提出假设,发现新的结论。

松江二中教师按照日本教育家佐藤学制定的原则,先将学生分成若干学习小组,每组四人,分组查找资料,开展探究性学习,然后在课堂上讨论。教师从学生的讨论中及时捕捉符合批判性思维训练的知识要点,让学生总结讨论之后的想法,并撰写成文。

4. 促进学生创新素养培育的人文素养课程评价方案

在课程评价方面,松江二中考虑到人文素养课程的特殊性,要求课程领导小组和实施小组注重课程对学生的长期影响和隐性影响,引导学生走上自主发展之路。

在人文素养课程的评价上,松江二中更为注重学生自我评价和小组评价。在对教师的评价上,更加注重学生和家长对教师的评价。在评价标准上,松江二中参考了希尔伯特·迈尔制定的《优质课堂教学的十项标准》,让教师参照进行自我评价。其具体内容如下:① 清晰明确的课堂结构;② 高效有效的学习时间;③ 促进学习的课堂气氛;④ 清晰明确的教学内容;⑤ 创建意义的师生交流;⑥ 丰富多样的教学方法;⑦ 促进个体发展的空间;⑧ 巧妙地安排练习任务;⑨ 明确地期望学习成果;⑩ 完备的课堂教学环境。

5. 促进学生创新素养培育的人文素养课程实施成效

松江二中开设人文素养课程以来,学生的人文素养明显提高。在上海市作文竞赛、上海市古诗文大赛、上海市辩论邀请赛、上海市社团联展等活动中,松江二中学生连续数年获得佳绩。

在人文素养课程的开发过程中,松江二中教师的素质也在迅速提高。如王召强老师开发的人文素养短课程《史传文学讲读》获得松江区短课程评比一等奖;李潇老师主编的江上文学社社刊《江上》获得上海市社团联社刊评比一等奖;陈浙豫老师指导的戏剧社在上海市戏剧节上获得一等奖。

三、创新体验活动课程

创新素养的培育，一方面要夯实基础；另一方面要强调经历和体验。创新素养的培育中，实践体验是非常重要的内容，这些课程的实施需要一定条件支持，比如创新实验室。所谓创新实验室，并不是传统的、封闭的、狭义的实验室，它可以是理科实验室，也可以是文科实验室，它改变了传统实验模式，使大量验证性实验成了探究性、研究性学习活动。

创新实验室建设并不都是白手起家，要根据学校课程实际进行设计，有的需要新建，有的需要改建。创新体验活动课程，需要处理好实验室系统建设的问题、长远和短期建设的问题、实验室建设与课程建设的问题、实验室建设与创新素养培育的问题等。

本节重点介绍三所学校的创新实验室建设与体验活动课程。市西中学以九个不同主题的创新实验室为例，介绍了创新实验室建设理念、着重培养的创新素养、实验室课程及实施、教师队伍等。晋元高中以"结构设计创新"与"金融创新"实验室为例，证实创新实验室的建设、课程实施与学生创新素养之间的关系。松江二中重点阐述了DPSA（数字化、个性化、自主化、自动化、开放性）泛在学习系统的规划，以及数学与科学实验中心、人文与艺术创意中心、信息与技术工坊中心等三个实验中心的建设。

（一）市西中学创新实验室建设

根据学校高中生创新素养培育的要点，从2010年开始，市西中学重新设计与建设了创新实验室。在实验室的设计和建设中，市西中学明确提出：实验室要为学生实践能力的培养、创意的孕育提供条件；要开拓学生视野，发展学生思维，为学生的人格塑造提供环境；要为学生的自主活动、自我探究、研究性学习提供服务；要为学生的选择性学习、个性化学习、差异化发展、特长发展提供环境；要注重科技创新能力的培养，更要兼顾文理相通和艺术素养的积淀；不仅要服务于资优生和特长生，更要为全体学生的发展提供软硬件条件。

在整体规划实验室的设计和建设时，学校注重每一个实验室的定位和独立功能。既注重让学生体验尖端技术,也注重普及型教育;既注重动手操作,也注重思维培养。在动手动脑、手脑并用的过程中,体验市西"好学力行"的校训。

1. 创新实验室——高中生创新素养培育的环境

2010年至2012年初,学校已经完成了九个不同主题的实验室建设,分别是:生物技术实验室、能源实验室、化工技术实验室、头脑奥林匹克实验室、数学建模实验室、自动控制实验室、乐高机器人实验室、静态模型搭建室和汽车实验室。

创新实验室名称、基本建设及着重培养的能力

名称	基本建设	着重培养的能力				
		学科能力	思辨能力	设计能力	制作能力	实验能力
生物技术实验室	实验室划分为组织培养专用室、DNA扩增与凝胶电泳区、微生物实验室、离心与分光光度区等实验区域,配备了芳香油提取装置、果醋发酵装置、昆虫培养装置等	●	●	●		●
能源实验室	提供可近距离接触火力发电、风力发电、太阳能发电和核能发电的演示平台,四个超大的发电装置能进行动态演示甚至人机互动。实验室有水流发电、太阳能利用、电能转化为机械能的模型制作,也有形象说明机械能守恒的过山车模拟搭建	●		●	●	●
化工技术实验室	以水处理为核心,除了常规的化学实验仪器外,还有超净台,物理、化学、光学等传感器,以及水质分析仪等,可以完成水质测试、环境分析、污水治理方案的验证	●	●	●	●	

（续表）

名称	基本建设	着重培养的能力				
		学科能力	思辨能力	设计能力	制作能力	实验能力
头脑奥林匹克实验室	实验室开辟了道具制作区和表演区，安装了车床、钻床、简单电器、声光电合成等加工设备，布置了国际比赛规则所要求的比赛场地	●	●	●	●	●
数学建模实验室	提供立体几何搭建实体模型近60种，还配有TI图形计算器，能完成各种数学建模的快速分析、函数制图功能。实验室的青年理财课程能让学生了解理财，活用数学知识，进行简单的金融分析	●	●		●	●
自动控制实验室	为学生提供学习自动控制和电子电路的环境，提供常规电路的搭建模块，以及电路测量、电路焊接的专用操作台和相关设备。实验室设计了"机械开关—电磁开关—半导体开关—逻辑电路—集成电路—微机控制"等实验学习内容	●	●	●	●	●
乐高机器人实验室	以乐高教育系列机器人为核心硬件，将储藏区、搭建区、编程区、竞赛区有机地整合在一起，可学习机械搭建与程序控制机械装置的机器人基础知识，也能在实验室进行机器人竞赛的专项训练	●	●	●	●	●

(续表)

名称	基本建设	着重培养的能力				
		学科能力	思辨能力	设计能力	制作能力	实验能力
静态模型搭建室	搭建室针对如何制作高仿真静态模型,设置了储藏区、透明展示区、精密加工区、搭建区、摄影区、资料查阅区	●	●	●	●	
汽车实验室	不仅展示汽车大型教学板,还提供剖面汽车组件的演示平台。在实验室正中还有一部全尺寸的汽车解剖模型,所有材质与真车一样。可以近距离观察、亲手触摸零部件、拨动操纵杆来体验汽车的运作;还可以进行小型遥控汽车和遥控航模的制作	●	●	●	●	

2. 实验室核心课程——高中生创新素养培育的保障

实验室的建立为培育学生的创新素养奠定了很好的基础,同时,还有强力有效的核心课程来支撑。根据建构主义思想,市西中学将联系(connect)、建构(construct)、反思(contemplate)、延续(continue) 的 4C 元素,融入学校实验室课程开发的理念中;根据创新素养培育的要求,市西中学把学生学习、研究、实践的内容整合到实验室核心课程中;根据大课程观,市西中学把基础型课程、拓展型课程、研究型课程、学生社团课程的内容,整合到实验室核心课程中。下表是部分实验室核心课程的教学计划。

课程名	模块	教学方法	教学内容
能源	能源的知识（2课时）	教师讲述,学生查阅资料	了解能源的概念、常规能源、新能源、一次能源、二次能源、能源的使用和危机
	能源模型的参观（1课时）	实地参观,教师讲解	参观火力发电、风力发电、太阳能发电、核能源模型,以及进行风力发电模型演示

（续表）

课程名	模块	教学方法	教学内容
能源	发电机原理（1课时）	教师授课，教具展示，学生体验	发电机工作的原理展示，体验发电机发电与外界条件的关系
	制作水力发电机模型（4课时）	学生动手制作	用结构式积木搭建场景，搭建发电机模型、水力冲击系统，用发电机让各种灯泡发光展示发电效果
	制作机械能守恒模型（4课时）	学生动手制作	轨道设计搭建，轨道平整度调适，小球运动的能量守恒说明
	学习太阳能发电（4课时）	学生动手制作	太阳能电池板电动势、内电阻的测定，太阳能发电储存实验，太阳能动力的应用
	制作风能发电机模型（4课时）	学生动手制作	风力发电机（水平、垂直）功率测定，风能动力小车安装
	学生课题研究作品介绍（4课时）	学生展示，教师点评	重力发电模拟装置、太阳能滴灌模拟装置
乐高机器人初级课程	乐高机器人零件的初识（2课时）	教师讲述，学生体验	乐高零件按大小、形状、颜色的分类体验，结构搭建零件的体验，乐高马达的体验，乐高传感器的体验
	乐高机器人基础搭建体验（2课时）	教师讲述，学生体验	学生按照自己的想法搭建一部三轮可行驶的小车，并互相评价
	乐高机器人规范搭建体验（4课时）	教师讲述，学生体验	学生按照乐高搭建手册提供的方法改进搭建的小车，并比较自己的搭建方法和搭建手册提供的方法有何区别
	搭建能自动停在终点线上的小车（4课时）	教师讲述，学生体验	将搭建的三轮小车用 NXT 控制器直接编程的方式编写程序，在不用传感器的前提下实现能停在黑线上的规定动作，15 分钟小组竞技交流，比赛成绩记入平时成绩

(续表)

课程名	模块	教学方法	教学内容
乐高机器人初级课程	制作能上阶梯的机器人小车（8课时）	教师讲述，学生体验	上阶梯机器人的爬阶梯规则解读、上阶梯机器人的实现策略分析、上阶梯机器人的低落差阶梯上行搭建调试体验、上阶梯机器人的高落差阶梯上行搭建调试体验、上阶梯机器人分小组竞技交流、上阶梯机器人加负载分小组竞技交流
	机器人走黑线体验（4课时）	教师讲述，学生体验	光传感器配合机器人车体搭建、机器人能看到黑线停止并做出指定动作、单光传感器机器人能沿黑线行进指定距离，并能看到十字黑线交叉处自动转向

实验室核心课程的构建，成为支撑起学校"高中生创新素养培育"实验的一个重要保障。

3. 实验室课程的教学——高中生创新素养培育的支撑

创新素养的培育不仅需要有创新氛围的建设与核心课程的保障，还需要有多样化的教学模式注入活力。这些教学模式必须有助于学生思维特别是高阶思维的培养，必须有助于创新设计、创造欲望的呵护。

实验室核心课程开发建设基础上的教学是多种形式的。以生物技术实验室为例，课程的教学构建了"三结合"的教学模式，如下表所示：

结合课程	教学方式	教学范例
结合基础型课程	利用课堂教学时间，全班同学集体使用实验室。这种模式主要解决了课堂教学中有关生物技术的难点	学习观察微生物、DNA扩增等，提高实验室常规设备的应用普及，提高设备的利用效率
结合拓展型课程、研究型课程和社团课	以学生的自主实验探究为主要形式，满足学生对生物技术深入学习和探究的需求	引导学生探索研究不同的染色剂对有丝分裂细胞的染色效果
结合课后时间	学生可以在事先登记的情况下自由使用实验室（部分有一定操作技能要求和一定危险性的实验，如高压蒸汽灭菌、36V较高电压的凝胶电泳等，需在教师的指导下进行）	指导学生在螃蟹的动物行为上探索，对螃蟹的螯足将如何对外界刺激作出反应做详尽记录

此外，能源实验室采用的"学徒制"教学法，乐高机器人实验室常用的"半野生"教学法，数学建模实验室的任务驱动教学法，自动控制实验室的基拓融合教学法，静态模型搭建室的自主学习模式，汽车实验室的比较学习模式，都形成了市西中学创新实验室"高中生创新素养培育"背景下极具个性的教学模式。

4. 教师队伍——高中生创新素养培育的基础

高中生创新素养的培育，需要教师教育理念的转变，需要校本课程的开发，需要教师教学模式的调整。创新实验室的建设与实验室核心课程的开发，必须建立在教师队伍建设和专业化发展的基础上。

5. 创新实验室的建设硕果累累

市西中学的创新实验室自建成以来，每年在实验室活动的学生超过 1500 人次，常年活跃在实验室的人数超过 100 人，年累计课余开放时间不少于 800 小时。放学后泡实验室，已经是热爱创新的学生的习惯。

（1）学校组织超过 15 位教师参加了 TI 图形计算器教师培训，其中 3 位教师获得上海市主讲教师资质；

（2）学校组织 3 位教师参加了全国及上海市每年的机器人教师技术培训，其中 1 位成为乐高机器人教师团主讲教师；

（3）学校组织 10 多位教师参加了上海市 2049 课程的培训，其中 1 位被聘为教材审编专家；

（4）学校每年组织教师参加上海市头脑奥林匹克教练的培训，现有该项活动的主教练 4 位，助理教练 6 位；

（5）学校创新实验室的 3 位指导教师被聘为华东师范大学特聘教授。

此外，学校正式出版的校本教材，如《汽车世界》、《能源的呼唤》、《机器人搭建基础》、《LABVIEW 小程序设计》、《用 TI 图形计算器学数学》等，也成为"高中生创新素养培育"实验中学校创新实验室核心课程开发的标志。

（二）敢于想象、勇于实践、乐于创新的晋元高中创新实验室

1. 晋元学生创新素养发展的需求

为了解晋元学生创造力发展的基础，学校参考托兰斯创造性思维测试（TTCT）的做法，针对学校确定的"创新素养"的结构要素，编制测试问卷，对参与实验项目的 2013 届四个创新试验班新生进行了测试。

试卷将创新人格分为动力因素、导向因素和保障因素三个维度。从好奇心、求知欲、认知兴趣、成就动机、创新兴趣等五个方面描述动力因素；从创新意识、价值观、态度、信念、理念等五个方面描述导向因素；从自信心、独立性、幽默感、情绪稳定性、意志力等五个方面描述保障因素。

试卷将创新能力分为观察能力、想象力、创新思维和创新技能等四个维度。从观察的目的性、条理性、理解性、敏锐性、准确性等五个方面描述观察能力；使用图形填充测验描述想象力；从打破思维定式、问题意识/批判意识、发散思维、直觉思维、聚合思维/分析思维等五个方面描述创新思维；从动手能力、实验能力、资料查找能力、语言表达能力、物化能力等五个方面描述创新技能。

试卷将每个维度的总分设为30分，中间值为15分。问卷测量被试为2013届高一试验班和平行班学生共318人，占总人数的3/4以上。问卷样本分布如下表：

样本分布情况表

年级	组别	人数
高一	试验班	157
	平行班	161

问卷数据统计主要采用了图表分析法、独立样本t检验和单因素方差分析，比较了试验班和平行班学生各项创新维度及创新能力总分之间的差异。测试的统计结果分别如下表所示。

2013届新生入学创新素养发展基础测试统计数据

年级	组别	创新人格			创新能力				总分
		动力因素	导向因素	保障因素	观察能力	想象力	创新思维	创新技能	
高一	试验班	23.67	25.83	22.09	20.91	18.03	20.76	21.21	152.50
	平行班	19.47	21.68	18.79	18.51	13.94	14.90	17.88	125.17
	t	7.06	6.13	5.49	4.95	6.74	8.50	5.10	11.74
	p	<0.01	<0.01	<0.01	<0.01	<0.01	<0.01	<0.01	<0.01

问卷测试结果表明,晋元高中高一创新试验班新生在创新人格和创新能力的 7 个维度上,平均得分均高于 15 分,且经独立样本 t 检验表明,试验班各项得分均显著高于平行班得分,即他们在创新人格的动力因素、导向因素、保障因素和观察能力、想象力、创新思维、创新技能等方面均高于平行班人群。这符合学校作为上海市实验性示范性高中的地位,也说明学校在试验班学生的选择上具有一定的预见性。

另外,问卷测试结果亦表明,高一新生在创新人格和创新能力的 7 个维度上,平均得分距离满分 30 分皆有一定差异,特别是在想象力、创新思维、观察能力、创新技能等四个方面差距显著,平行班学生的想象力甚至还低于 15 分。

因此,基于晋元高中"选择教育"尊重差异、满足需求的办学思想,需要为学生创设一种带有一定综合性的意义情境与任务过程,以激发学生的想象力、创新思维和创新技能。

2. 项目的设计与建设

要落实关于创新实验室项目的想法,需要对创新实验室项目进行整体的设计与建设,解决学校需要哪些实验项目、创建怎样的实验室等问题。

(1) 实验项目的设计

设计什么样的实验项目,除了前面提到的教育思想、学生发展需求(即目标)等方面外,应该根据学校既有、将有的课程特色与资源来决定。学校在同济大学院士、上海财经大学金融学院院长的亲自参与下,选择"结构设计创新"与"金融创新"两个内容作为学校的创新实验室项目,并将两个创新实验室项目设计为:

① "结构设计创新"项目

以土木结构设计创新的综合性实践活动为载体,让学生经历土木结构设计创新从思维产品到物化产品的过程:

a. 增强对于创新学习与实践的好奇心,逐步养成乐于探究与创新的情感,感受创新对于社会进步、自我发展的意义。

b. 掌握结构设计创新活动所必备的基础知识、实验技能,能运用创新思维和创新技能解决结构设计创新中的实际问题。

c. 初步养成敢于质疑、批判的创新意识,发展以观察力、想象力、创造力为核心的创新能力。

② "金融创新"项目

以模拟金融活动及模拟产品设计创新的综合性实践活动为载体,让学生经历模拟金融活动及产品设计创新从思维产品到物化产品的过程：

a. 感受金融知识的价值，提高识别金融风险的能力，形成理性投资、价值投资和长期投资的理念。

b. 掌握基本的金融技能，激发建设上海国际金融中心的责任感。

c. 培养创新精神，提高自主能力，以及运用金融知识解决实际问题的能力。

无论"结构设计创新"项目，还是"金融创新"项目，都是基于创新实验室环境而开展的综合性实践项目，对于晋元学生通过团队合作和研究性学习的方式发展创新素养，具有重要的孵化作用。

(2) 创新实验室建设

创新实验室是"结构设计创新"和"金融创新"项目学习的重要条件，应该聚焦实验项目的设计，按照综合性实践活动设计"研、学、做"结合的要求进行。具体为：

① 结构设计创新实验室

由研学室、制作室、试验室三个部分构成。在研学室里，学生可基于信息化平台与导师团队的支撑，发现问题、研讨问题、产生创意、设计方案；在制作室里，学生可应用包括激光切割雕刻系统在内的各种制作工具和平台，亲自动手制作作品；在试验室里，学生可利用振动平台和微机控制电子万能试验机，对作品进行抗震和加载试验。

② 金融创新实验室

由"两室一平台"组成。研学室主要用于教师备课和指导学生进行课题研究，配有教师电脑以及悬挂式 LED 显示屏，能实时提供金融商品行情资讯；实验室主要用于学生上课以及进行模拟投资操作，配有互动式电子白板、笔记本电脑；"上财金融市场虚拟平台"是金融实验室使用的主要软件，它以当今中国金融市场的数据为基础，搭建了一个可以让学生模拟在真实情况下进行各种金融产品交易的平台。

3. 创新实验室项目的推进

"结构设计创新"与"金融创新"项目的设计，确定了项目主线，明确了预期目标。创新实验室的建设为项目开发创设了必要的研学环境与实验条件。

(1) 创新实验室课程的开发

① 结构设计创新实验室课程开发

学校与同济大学土木工程学院合作，开发了由两个层面组成的结构设计创新实验室课程。

a. 基础型课程：包括《科学史话》、《数字化实验探究》、《电脑制图》、《图书情报初步》、《成功源自创新》、《土木工程与可持续发展》、《结构的力与美》等。学生可以获得进行创新活动所必需的原理方法、技巧技能、案例知识，发展形象思维和发散思维。

b. 拓展型课程：包括《力学初步》、《结构设计与制作》、《编程初步》、《结构SITP活动》等。面向创新试验班学生选修，侧重培养资优学生的观察能力、想象能力及创新实践能力。

结构设计创新实验室课程的内容与安排列举

课程及主题		主 要 内 容	课时安排
基础课程	科学史话	(1) 科学从远古起航 (2) 冲破中世纪的黑暗 (3) 科学在众星闪耀中走向辉煌	6课时
	数字化实验探究	(1) 数字化实验系统概述 (2) 数字化实验模板的初级设计 (3) 数字化实验模板的高级设计 (4) 数字化实验创新实践	7课时
	图书情报初步	(1) 信息、知识的含义与异同，四大媒体传播信息的特点 (2) 如何利用各类目录、工具书来查找资料 (3) 如何利用各类网络资源 (4) 使用数字图书馆 (5) 如何建立自己的学习资源库 (6) 综合利用各类资源拓展学习空间	8课时
拓展课程	力学初步	(1) 材料力学基础知识 (2) 几何组成分析初步 (3) 静定结构分析初步 (4) 超静定结构分析初步 (5) 结构动力分析初步	12课时
	结构设计与制作	(1) 结构设计创新的基本思想和方法 (2) 结构设计创新的基本技能 (3) 结构设计创新的案例分析 (4) 结构设计创新实践 (5) 结构设计创新竞赛	4课时

② 金融创新实验室课程的开发

学校与上海财经大学金融学院合作，开发了由三大类课程组成的金融创新实验室课程。

a. 基础型课程——《理财有道》

由金融创新课程与政治学科教学整合生成，供高一年级金融创新试验班学生必修。主要由晋元高中政治教师执教。课程分为若干个主题，用浅显易懂的语言介绍金融常识、分析金融现象，让学生提高自主探究能力，增强创新精神。各主题内容如下表所示：

主 题	内　容	课时安排
巧借银行之力	怀揣银行卡，走遍天下都不怕 不可不知的支票 如何向银行借钱 花明天的钱，圆今天的梦 要住房，银行贷款来帮忙 解决临时资金需求的方式——透支 银行存钱须知 储蓄存款的艺术	4课时
风云多变的股市	百面多变的股票 股票"主人"权责利 涨跌交错的牛熊股市 世界著名的股价指数 中国证券交易的场所 股市风险溯源 重负重任——中国证监会 股票分析法	6课时
未雨绸缪的保险	保险是什么 保险有哪些种类 你会做保险规划吗 买保险时的注意事项 保险不赔就亏了吗 保险公司怎样理赔 怎样打点保险、储蓄和投资	4课时

(续表)

主 题	内 容	课时安排
雾里看花的外汇	汇率——外汇的价格 你能看懂外汇牌价吗 汇率变动的影响 认识世界上主要的汇率制度 防范外汇风险——一堂重要的必修课 外汇管制——外汇交易中的防火墙 预防下雨的稻草——国际储备	4课时
千金难买的信用	信用是金 最古老的信用形式——"高利贷" "不要钱"的买卖——商品的赊购与赊销 最现代的信用形式——银行信用 银行是怎样创造信用的 警惕民间信用的风险 信用交易的载体——信用工具	4课时
神秘莫测的货币	货币是什么 货币不能购买一切 商品是什么 并非所有物品都是商品 货币是怎么来的 货币是用什么做成的	4课时
光怪陆离的证券	由"摊派"到"抢购"看国债 经济发展的催化剂——国债投资 杨白劳也会"欺负"黄世仁——债权人风险 请专家理财——证券投资基金 用脚投票——封闭式基金和开放式基金 证券精英——投资银行	4课时

b. 拓展型课程——《像经济学家一样思考》

这一课程在高一、高二年级开设,供金融创新试验班学生必修,主要由上海财大的专家团队执教。包括"聚焦金融危机"、"投资决定财富"、"经世之学、富国之道——浅谈财政和税收"、"公共管理的经济学视角"、"面对经济全球化"、"中国成为第二大经济体的思考"等系列讲座,共计30课时。学生通过学习与实践,可以提高对金融现象的分析能力,逐步树立金融风险意识,感受经济全球化的趋势。

c. 实践研究型课程——《金融设计高手》

在高一、高二年级开设,供金融创新试验班学生选修,由上海财大金融实验室主任和研究生担任指导教师。以金融市场虚拟体验和金融创新产品设计为主,包括"实验金融学"和"金融产品设计"两大主题,共计50课时。"实验金融学"主要利用"上财金融市场虚拟平台",深化学生对证券市场的理解程度,培养投资决策能力;"金融产品设计"主要通过设计新的金融产品,使金融问题得到创造性解决。

(2) 创新实验室课程的实施

无论是"结构设计创新实验室课程"还是"金融创新实验室课程",必修课程中除讲座、观摩、外出活动类课程实时安排外,其他均按时段排进学校课程表。课程的实施要根据内容特点与目标要求,以"导读概论"、"自主学习"、"讨论交流"、"总结汇报"、"案例分析"、"实验探索"、"实践运用"等灵活组合的方式进行。

由于选修课程由创新试验班学生自主选择,按同一时间走班学习,因此学校充分利用结构设计创新实验室、金融创新实验室的研学与实验功能,通过高校走班、参加大学社团活动等模式,以先学后做、边学边做、先做后学等教学方式,灵活运用,优化组合,推进课程实施。

4. 创新实验室项目的评价与成效

学校将创新实验室课程纳入常规管理体系,对实验课程的实施进行写实记录,包括上课内容、获奖项目、作业记录等,每周汇总、反馈、存档。为了避免将课程实施重心引向对最后作品和竞赛成绩的关注,学校还针对创新实验室课程的主要教学环节、学生主要经历及发展可能,构建了"关注过程、强调体验、突出想象、参照结果"的评价机制。

(1) 建立学生成长手册。让学生填写成长手册,将参与创新实验室项目的体验、感悟进行即时记录。

(2) 建立学生个人档案。对学生平时学习中的生成性资料进行归档管理。

(3) 参加校内外创新实验室项目活动,根据学生的实际情况设计评价量表。

（4）参加高校、上海市、全国"结构设计"及"金融创新"比赛，对学生进行作品与表现结合的综合评价。

（5）将学生在活动或竞赛中获得的成绩，作为一项评价内容进行适当评价。

（6）通过问卷调查，对学生参与创新实验室课程学习与实践后创新能力、创新人格的发展进行统计测评。

综合以上评价信息，给予学生完成创新实验室各门课程的等第和学分，全部课程结束后汇总给出总学分。

经过对参与创新实验室项目的试验班学生在高一末、高二末进行结构与测量指标与前测相同的问卷测试，得到与高一入学时创新素养发展基础相对照的数据与图表，分别如下表及下页图所示：

2013届学生创新素养发展状况测量数据表

年级	组别	创新人格			创新能力				总分
		动力因素	导向因素	保障因素	观察能力	想象力	创新思维	创新技能	
高一初	试验班	23.67	25.83	22.09	20.91	18.03	20.76	21.21	152.50
	平行班	19.47	21.68	18.79	18.51	13.94	14.90	17.88	125.17
	t	7.06	6.13	5.49	4.95	6.74	8.50	5.10	11.74
	p	<0.01	<0.01	<0.01	<0.01	<0.01	<0.01	<0.01	<0.01
高一末	试验班	23.83	25.90	22.14	21.33	19.75	21.27	22.37	156.59
	平行班	19.58	21.71	18.85	18.71	14.25	15.01	18.03	126.14
	t	3.90	3.70	3.52	2.52	6.45	6.78	3.42	7.74
	p	<0.01	<0.01	<0.01	<0.01	<0.01	<0.01	<0.01	<0.01
高二末	试验班	23.99	26.04	22.41	21.75	20.06	21.55	22.53	158.33
	平行班	19.63	21.85	18.88	18.83	14.48	15.18	18.1	126.95
	t	5.78	3.10	2.92	2.35	6.96	6.02	2.69	7.94
	p	<0.01	<0.01	<0.01	<0.01	<0.01	<0.01	<0.01	<0.01

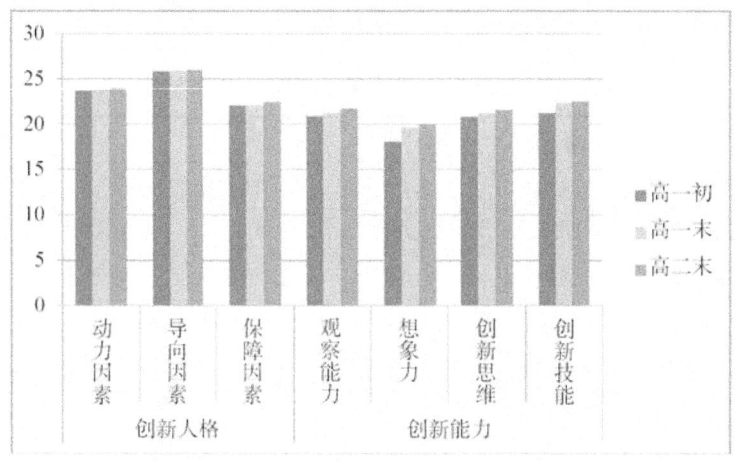

2013 届试验班学生创新素养发展状况测量数据柱状图

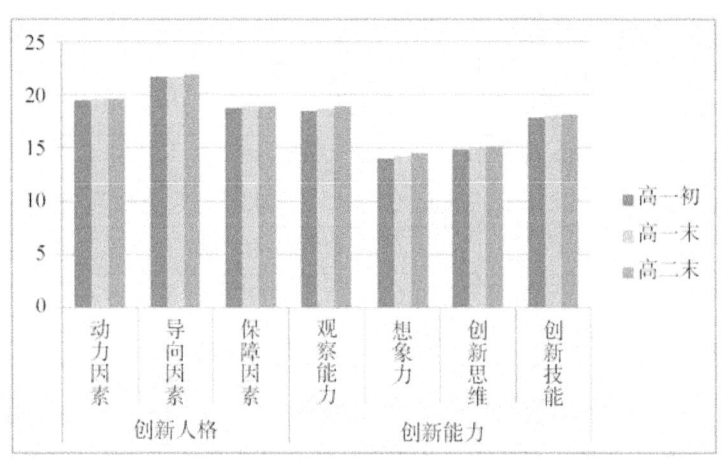

2013 届平行班学生创新素养发展状况测量数据柱状图

测量仍以 2013 届创新试验班和平行班学生为样本(人数占年级总人数 3/4 以上),通过三个学段得分的比较发现,经过一个周期创新素养培育课程的学习与实践,创新试验班学生在创新人格、创新能力的各个维度上均呈现不断上升趋势,在想象力与创新技能方面的表现更为突出。

相比之下,平行班学生在各个维度上虽也在增长,但是速度较慢。且通过单因素方差分析(下页表)可见,创新试验班学生的创新能力在各项维度上的得分及总分在年级分组上存在显著差异,即年级越高,得分越高,创新能力越强;而平行班学生在年级分组上的差异则不显著,其创新能力增长不如试验班学生显著。

试验班与平行班学生不同年级之间单因素方差分析

	维度	高一初	高一末	高二末	F	P
实验班	动力因素	23.67	23.83	23.99	4.42	<0.05
	保障因素	25.83	25.90	26.04	8.10	<0.01
	导向因素	22.09	22.14	22.41	6.94	<0.01
	观察能力	20.91	21.33	21.75	4.34	<0.05
	想象力	18.03	19.75	20.06	10.05	<0.01
	创新思维	20.76	21.27	21.55	4.31	<0.05
	创新技能	21.21	22.37	22.53	5.86	<0.01
	总分	152.50	156.59	158.33	4.60	<0.05
平行班	动力因素	19.47	19.58	19.63	0.18	>0.05
	保障因素	21.68	21.71	21.85	0.18	>0.05
	导向因素	18.79	18.85	18.88	0.01	>0.05
	观察能力	18.51	18.71	18.83	0.14	>0.05
	想象力	13.94	14.25	14.48	0.20	>0.05
	创新思维	14.90	15.01	15.18	0.04	>0.05
	创新技能	17.88	18.03	18.1	0.03	>0.05
	总分	125.17	126.14	126.95	0.22	>0.05

学校在创新素养培育课程设置的实践研究中,努力坚持按照预定的评价方案,对学生进行过程性、体验性、成果性评价。综上所述,课程设置与实施两年多以来,晋元高中 2013 届学生的创新意识和创新能力,特别是想象与设计的能力、动手实践的能力,都有明显提升。

从创新情感的发展看,课余时间主动到创新实验室进行自主实验探究的学生越来越多,部分优秀学生已有成为科技创新人才的志向;从学生取得的创新成果来看,2011 年 9 月,在全国中学生结构设计创新邀请赛中,晋元学生代表队获得了团体二等奖、趣味赛一等奖,并打破华东地区高校大学生比赛记录,还获得了结构赛二等奖、T 恤设计三等奖。

"结构设计与创新"系列课程,因为其综合性、探究性、实践性俱佳的充实课程模式,在教学实施中走班高校、参加大学生社团活动与结构设计比赛等加速成长模式、先做后学、边做边学等教学方式,对学生创新能力和创新人格的形成发挥了良好的作用,成为上海市普陀区全区学生区域走班学习的精品课程。

(三)松江二中的创新实验室建设

2010年,松江二中被正式列为上海市高中学生创新素养培育实验项目承担学校。于是,松江二中开始着手创新实验室的创建工作。在传统实验室功能不变的情况下,松江二中以化学和数电模电实验室、单片机实验室、机器人制作实验室、数字编辑室为突破口,进行创新实验室的试点工作。

例如,松江二中建设了生活中的化学实验室,包括4间普通化学实验室、1间化学社团实验室、1间电子天平称量室,还有1间数字化创新实验室正在装修中。另外,配有3具实验装置及物质结构模型陈列于玻璃橱。在化学实验课程设计上,松江二中逐步形成了系列的分层递进课程。

在实验教学上,松江二中采用开放式的教学方式,将学生分成3—4人小组,每个小组按照"课前查资料、做前看资料、动脑用知识、动手做实验、做完细思考"的程序安排课堂内容。教师指导学生运用知识正确操作,培养学生处理信息、正确表达的能力。

在组织与管理上,选修课程和社团活动以学生志愿选择为原则报名参加;创新试验班的课程主要利用周五下午的时间进行,每两周学科间轮换一次。实验室的日常管理由实验准备室的老师负责,在中午甚至是下午放学后,只要指导老师同意,社团活动课题研究小组可以进入实验室进一步研究,全天候开放实验室已经得到试行。

化学创新实验室的建设,不仅为选修课程的开设与社团活动的开展创造了条件,更在让学生自主发展方面做出了有益尝试。学生体验到化学的魅力,学会更好地合作与沟通,具备一定的应用化学知识处理实际问题的能力。

再如,松江二中将数电模电实验室、单片机实验室、机器人制作实验室整合为自动控制实验室,形成一个综合性实验室,其涵盖了电气信息类、控制科学与工程类等相关专业的重要基础实验室。实验课程的最大特点在于重视实践和技能的培养,要求学生动手操作或自主构建,对学生技能形成和创新能力培养的作用是潜移默化的。课程设置和实施注重分层教学,既面向全体学生、又满足特长学生的需求。同时,还对多个功能各异的实验室进行统一管理,提高实验室的使用效率。

经过近一年的建设,松江二中的生活中的化学实验室、自动控制实验室(包括数电模电实验室、单片机实验室、机器人制作实验室)被首批入选为全市23个创新实验室案例,并被编入2011年9月出版的《创新实验室里的时代脉动——高中创新实验室案例撷英》一书中。

对于培养学生创新素养和满足学生个性化、多样化发展的要求,实验教学还有很多明显的不足。在实验课程建设方面,学校拓展型、研究型课程的比例偏低,且偏重于理化生,偏重于现象重现、结论验证和操作规范,现代化程度偏低;在学生动手实验方面,只能在课程框架和学校安排下使用,无法做到灵活自由;在实验室使用方面,器材管理烦琐,管理人员偏少,缺少综合型、设计型、研究创新型的实验项目仪器设备等。这些现象制约了创新素养培育的实施和发展。

为此,学校提出构建"松江二中创新素养培育 MATHIS 实验苑"(其中 MATHIS 是数学、艺术、技术、人文、信息和科学这6个词语英文单词的第一个字母的组合)的设想。

1. 实验苑建设构思

(1) 建设目标

"松江二中创新素养培育 MATHIS 实验苑"建设总体目标是:经过6年两轮的建设,建成 DPSA(数字化、个性化、自主化、自动化、开放性)泛在学习系统,数学与科学实验中心、人文与艺术创意中心、信息与技术工坊中心等3个实验中心,具有上海市先进水平、较强辐射能力和符合创新人才培养要求的整体性多功能实验苑区,成为松江二中创新素养培育项目的亮点。

建设的具体目标如下:

① 形成教育教学理念先进、管理规范科学、实验课程体系完善、内容多样丰富、教学方法和手段先进的高中创新素养培育课程体系;

② 开设的拓展型、研究型实验比例达到所有实验的40%以上;

③ DPSA 泛在学习系统较为完善,实验教学和管理的信息化、网络化建设达到先进水平;

④ 全面开放实验室,形成开放共享机制;

⑤ 形成多样化的实验教学方法和手段,实现网上预习和预约实验,把虚拟仪器和实际仪器相结合,把仿真实验和实物实验相结合;

⑥ 实验苑建设达到一定规模,苑内创新实验室有20个以上。

(2) 功能与特色

"松江二中创新素养培育 MATHIS 实验苑"是对传统实验室的变革和再

造。其主要功能是：在 DPSA 泛在学习系统下，提供申报系统、门禁（识别）系统、跟踪系统、监控系统、评价系统，实现学生创新实验（课程、课题、项目）的自主管理和自助服务（网络申报、网络学习、实践创新、学分管理等）。其主要特色有：通过建立多层次的实验教学开放共享机制，提高实验室开放度与示范服务水平；以各种教育技术全面推进实验教学方法改革，将实验苑建设成为教育教学理念先进、实验设施完善、管理制度健全、实验教材多样、实验类型丰富、实验方法创新、评价考核多元、特色鲜明、开放共享的一流实验教学苑地。

（3）内容构成

"松江二中创新素养培育 MATHIS 实验苑"的内容构成如下图所示：

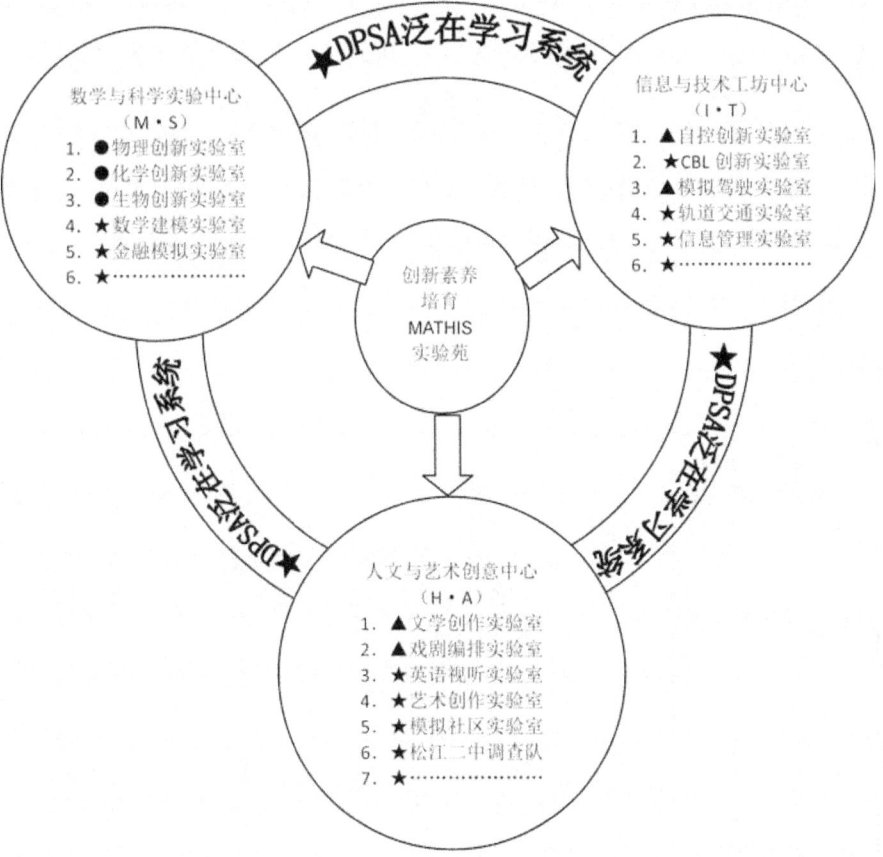

"松江二中创新素养培育 MATHIS 实验苑"内容构成示意图

标记说明:▲表示已建需升级改造的实验室;●表示在建的实验室;★表示计划筹建的实验室。

2. 实验苑课程设计

创新素养培育实验课程要对基础型课程进行改进和对三类课程进行整合,强调全体学生共同提高。

实验设置分为三个层次:基础型实验,供全体学生使用,目的是让学生学习和掌握基本实验程序、基本操作技能、基本实验方法、常用仪器使用,以及掌握数据处理的一般方法和对实验结果的评价等;拓展型实验,供部分学生发展兴趣使用,目的是提高学生的综合思维能力和应用知识技术能力,它将增加实验的难度,改变过去由教师排好实验、学生来做实验的状态,让学生在教师指导下,自己设计实验、选择仪器、查阅资料、写出实施方案等;研究型实验,供确有潜能的学生使用,目的是为了充分发挥优秀学生的潜质,初步培养学生的科研创新能力,它具有很强的开放性,实验大多以项目或课题的形式进行,部分实验可以得到一些原创性的成果并公开发表。三个层次的实验体现了普及、提高和深化的逐级实施原则,使实验课程更具选择性和递进性。

(1)课程目标

创新实验室相关课程的具体目标如下表所示。

松江二中创新实验室课程目标

创新素养培育 MATHIS实验苑	课　程　目　标
DPSA泛在学习系统	1. 构建申报系统、门禁(识别)系统、跟踪系统、监控系统、评价系统,实现学生创新实验的自主管理,形成基于新型实验室的一套较完善的软硬件系统和管理模式 2. 通过网络申报、网络学习、实验创新、学分管理等途径,为学生自主创新活动搭建平台
数学与科学实验中心	1. 深入学习科学实验的理论、方法和技能,强化实验方案的自我设计,分析实验过程和实验误差,重视对实验方案和实验结果的评估 2. 提高科学素养,增强创新意识,培养实事求是、严谨认真的科学态度,养成交流与合作的良好习惯

(续表)

创新素养培育 MATHIS 实验苑	课 程 目 标
信息与技术工坊中心	1. 培养信息的获取、加工、管理、呈现与交流的基本能力；对信息及信息活动的过程、方法、结果进行评价的能力；流畅地发表观点、交流思想、开展合作和解决问题的能力 2. 提高技术素养，发展以信息的交流与处理、技术的设计与应用为基础的技术实践能力，努力培养创新精神和创业意识
人文与艺术创意中心	1. 获得创作与表现、反思与评价、交流与合作等能力，初步形成正确的世界观、人生观、价值观，塑造健全的人格，具有一定的人生规划能力 2. 培养人文艺术修养，提高对生活进行评价和反思的能力，将情感体验借助人文艺术形式表现出来 3. 初步养成运用人文艺术的视野反思和评价科学技术的习惯，深入思考人文艺术与科学的关系

（2）课程设置与教学内容

实验课程的设置与三类课程的开设紧密结合，融入三类课程之中。实验课程每学期既单独在选修课中开设，又在学科教学中适时安排，学期总课时应不少于 40 节。

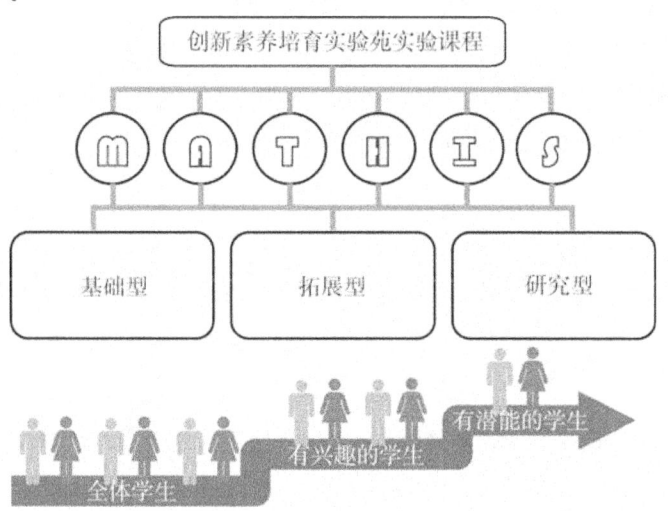

创新素养培育实验苑实验课程的内在关系

（3）教学方法与过程

实验过程是一个探究的过程，要改变"重结论、轻过程"的做法，重视学生探索、发现的经历和体验。实验的教学过程应该强调"探究过程"，明确实验目的，优化实验的设计、操作、观察、团队合作、分析论证、评估交流等过程，培养学生的对比观察能力和科学探究精神。

实验的教学方法要注意充分利用 DPSA 泛在学习系统，引入现代技术，综合运用基于问题的探索发现法、任务驱动教学法、示范设计教学法、开放式教学方法以及互动讨论教学法，建设开放性实验空间，建立以创新能力培养为导向的多元化实验考核评价体系，实现实验教学过程和方法多媒体化、网络化，倡导以学生为中心的实验教学模式，形成以自主式、合作式、研究式为主的学习方式，为学生自主学习以及研究创新活动提供条件。

3. 实验苑建设的实施和推进

"松江二中创新素养培育 MATHIS 实验苑"的实践推进计划分两轮进行。

第一轮实施分三个阶段进行：① 第一阶段（启动准备阶段）：确定实验苑项目建设理念，成立实验苑建设组织机构，拟定建设规划方案；梳理已有各类实验室，第一批重点加强建设 2-3 间实验室作为实施范例；完成动员与阶段培训任务，做好财务预算。② 第二阶段（组织实施阶段）：全面落实实验苑项目建设方案，申报各中心实验室建设，"生活中的化学实验室"、"自动控制实验室"推广示范，确定重点建设的创新实验室，各实验室建设和使用同步有序进行，同时做好总结和交流工作。③ 第三阶段（评估总结阶段）：制订松江二中创新实验室评估方案，对实验苑项目各中心实验室进行检查、评估，为第二轮实施做好全面准备。

第二轮实施的具体任务是实验苑项目建设完成并全部投入使用；重点形成多元、多样、多层次的实验室体系；实现对学校已有的工程类创新实验室全天候开放、全程化管理，建立数字化学习环境、资源、管理、评价系统；把拓展型、研究型实验的比例提高到 40% 以上，发挥重要的辐射、示范作用。

学校成立"松江二中创新素养培育 MATHIS 实验苑"建设领导小组和工作小组等组织机构，设立专项实验经费和"讲座教授基金"，形成结构合理的实验师资队伍，按一定标准对创新实验室设施设备进行配置。

4. 成效与成果

（1）实验苑建设规划初步形成。"松江二中创新素养培育 MATHIS 实验苑"的建设，既能从培养未来创新人才的高度着眼，为学生提供多种类型的课程和个别化的教学；又能促进教师的专业发展，提升教师的课程意识；同时，还能激活学校教育资源，形成良好的教学运行机制。在学生自主选择、自行设计的基础上，实验苑既能使学生对传统实验进行重现和验证，又能成为学生迸发创新思维火花的实践苑区；营造研究性学习和体验性学习的实践环境，是学生在数字化环境下进行创新实践的崭新平台；突破当前实验室在种类、功能、资源、管理、学习方式等方面的瓶颈，形成多元、多样、多层次的实验室体系；建立数字化学习环境、资源、管理、评价系统，实现学校已有的创新实验室全天候开放、全程化管理，为学生提供 DPSA 泛在学习的过程和资源。

（2）部分创新实验室初步建成并投入使用，新的一批创新实验室正在筹建中。对已经建成的两个首批示范创新实验室进行深度开发和使用，完善课程建设，充实和保养实验设备，既发挥其实验教学功能，又发挥其对其他实验室建设的示范功能。新一批化学创新实验室、物理创新实验室、数学应用创新实验室、CBL 创新实验室、英语视听教室、语文多功能教室、金融模拟投资创新实验室等7个创新实验室的创建计划已经制订好。

（3）实验课程的建设有了突破性进展。如以化学基础型课程为依托，合理整合拓展型课程和研究型课程，设计与创建了分层递进的化学实验课程体系。高一上学期，以课本实验为基础，设计《化学实验基础》课程；高一下学期，设计《趣味化学实验》课程；高二年级开设《化学实验研究》课程，从趣味实验、疑难实验、异常实验和创新实验等四个角度入手，提升学生探究化学问题的意识和能力。该课程由学校教师和外聘的大学教师联合执教，利用学校社团活动时间指导学生自主开展实验研究。

（4）师生在实验室建设和教学上都取得了一些进展。徐志琴老师的《〈静电的利用与防范〉中避雷针实验的设计》获第二届全国教育技术装备与实验教学优秀论文评选一等奖；余方喜和殷莉莉老师的《高中化学实验课程建设的思考与实践》获第二届全国教育技术装备与实验教学优秀论文评选二等奖……学生也在上海市英特尔青少年科技创新大赛、上海市百万青少年争创"明日科技之星"评选活动、上海市"白猫杯"化学知识与应用技能竞赛中频频获奖。

四、拓展视野增长见识的课程

与学科教学相比较,社会实践因其具有较强的综合性、实践性、开放性、生成性等特征,在培养学生的创新素养和能力方面具有无法比拟的优势。社会实践活动不仅能够拓展学生的视野,还可以提高学生自主探究、研究性学习的能力。如何有效地开发、利用社会实践活动的教育功能,往往关系到创新素养培育的实际成效。

社会实践活动不是为了活动而活动,它需要系统设计和思考,包括明确社会实践活动的目标,处理好社会实践活动与学农、学工、军政训练、夏令营、节庆活动、社团活动的关系。学校在社会实践活动过程中,要明确提出活动要求,同时要给学生创造充分的自主活动空间,还要以适当的方式来进行评价,并根据学生实际需求提供条件支持。本节通过介绍曹杨二中的社会考察与实践、向明中学的春假社会实践课程和格致中学的海外研修项目,阐述实践类、社会类、国际类等课程实施及其效果。

(一) 曹杨二中的社会考察与实践课程

以"南京生存训练"为代表的曹杨二中一系列社会实践活动在全市乃至全国都有广泛影响。从立项开始,曹杨二中就首先提出了总结学校连续多年"坚持人文德育,以社会实践活动为载体培育全体学生创新素养"的有效经验,形成高中阶段社会实践活动规范化实施的有效策略。

1. 对社会实践课程探索和构建的过程

曹杨二中很早就注重对社会实践教育的研究,以王志刚校长为主的专家起草的《关于进一步落实中小学社会实践工作的若干意见》(沪教委德[2010]2号)明确提出,中小学生社会实践活动主要包括考察(调查)体验类、社会服务与技能训练类、军政训练类、农村社会实践类、科技文化活动类、志愿者服务类、生态文明体验类等内容。围绕这些内容,曹杨二中对社会实践活动课程的开发、探索和构建历经了三个阶段:第一阶段为社会实践主题教育活动课程个案开发和设计阶段;第二阶段为重大社会实践活动课程统整阶段;第三阶段为社会实践大课程建设探索阶段。

目前,学校正对多年形成的主题教育系列、重大社会实践系列、班级社会实践活动系列、特色夏令营系列、志愿者服务系列、重大节庆纪念日活动系列、校本节日仪式系列等七项实践活动进行全面回顾,同时又将道德意识、责任意识、审美意识、环保意识、生命意识、国家意识、人格意识的培养与教育,结合相关活动分年段排列,使之上升为社会实践课程,融入学校的课程体系之中。

2. 近年来曹杨二中社会实践课程的新发展

2010年,曹杨二中成为"创新素养培育实验项目"首批试点学校。前期关注社会实践活动课程的德育功能,在新的历史阶段,曹杨二中更加注重社会实践课程的创新教育功能。曹杨二中提出了"人文引领创新"的教育观念,对社会实践课程的设计进行了新的调整,使之在高中创新素养教育中上升到一个新阶段。

(1) 统整社会实践活动,建构社会实践大课程体系。曹杨二中把校内外开展的社会实践活动从课程的类别、性质、实施对象、组织主体等方面进行了划分,形成了一个有机的社会实践大课程体系(见下表)。

社会实践大课程体系

类别	课程名称	地　点	时间	组织主体	课程性质	实施对象
市教委规定的社会实践课程	军政训练	东方绿舟	每年8月	学校	必修	高一
	生存训练	南京	每年3月			高一
	学农实践	东海农场	每年10月			高二
	学工实践	普陀区劳技中心/大众工业学校	每年11月/第二年4月			高二
特色夏令营活动课程	防震减灾	佘山	每年7—8月	学校	选修	特长生
	气象环保	每年选定不同的地点				特长生
	军旅之声	浙江嘉兴乍浦				特长生
	红色之旅	每年选定不同的地点				优秀生 特长生
	文化苦旅	每年选定不同的地点				优秀生 特长生

(续表)

类别	课程名称	地 点	时间	组织主体	课程性质	实施对象
高三特殊教育课程	高三励志教育	浙江绍兴	每年8月底9月初	学校	必修	高三
	成人仪式教育	嘉兴南湖	每年4月			高三
社会考察活动课程	华西村考察	根据考察地点定	根据学校学期计划确定	学校	选修	优秀生特长生
	江村考察					优秀生特长生
	"我所生活的上海"主题考察					高一
"双节"活动课程	科技节	本校	每年12月	学校	必修	全校
	艺术节					全校
社团活动课程	模拟联合国社	本校或自选地点	自行确定	各社团	选修	特长生
	影评社					特长生
	深蓝机器人社					特长生
	头脑OM					特长生
	……					特长生

(2) 对传统重大社会实践课程,开发设计多元主题教育活动,强化创新教育实效。每一项实践活动都包含着多元的教育内容,要突出创新教育的功效,必须深入开发和设计有内含的教育主题活动,根据教育目标再制订详细的活动方案,使社会实践活动更具有操作性。以下是南京生存训练的主题分解实例(见下页表)。

南京生存训练主题分解

社会实践名称	多元主题分解
南京生存训练	主题一:生存训练体验活动
	主题二:南京大屠杀纪念馆参观教育活动(何为生存?)
	主题三:研究性学习课题探究活动(如何生存?)
	主题四:雨花台主题教育活动(为何生存?)

(3) 根据社会发展的现状和人才的需求动向,选取社会实践内容,组织社会实践活动。比如,为了让学生更好地了解社会发展现状,在"学农劳动"社会实践中,曹杨二中突破了上海本地地域的限制,组织部分同学走出上海,到甘肃、贵州、江西三省若干国家级贫困县开展更富成效的学农实践,更好地了解我国农村现状。这次活动,曹杨二中的总体设计如下(见下表)。

"赴陇黔赣三省国家级贫困县学农实践"设计

活动名称	多元主题	教育目标	活动形式和要求
赴陇黔赣三省国家级贫困县学农实践	1. 参加贫困农户的农业生产劳动实践	增强劳动观念,培养责任意识、全局意识、合作意识和科学意识,培养吃苦耐劳的精神	一个小组深入一个农户或数个农户,尽可能安排一定的劳动时间和劳动内容
	2. "走进农家"进行贫困地区农村社会调查主题活动	引导学生以自主筹划、自我实现的方式,通过确定课题、围绕课题开展调查研究,培养和提高学生的研究性学习能力,引导学生关注"三农"问题	以小组为单位,到本村其他农户家庭,开展贫困地区农村社会调查及与课题有关的考察活动
	3. "红色考察"主题活动	引导学生追溯革命先驱坚定执著的革命理想、英勇无畏的革命气节、坚忍不屈的革命意志,增强勤奋学习的自觉性	各小组结合所在市县的"红色资源"(如井冈山、遵义会议会址、红军长征三大主力会师圣地等),自觉主动地接受革命传统教育

(续表)

活动名称	多元主题	教育目标	活动形式和要求
赴陇黔赣三省国家级贫困县学农实践	4."感受同龄学子学习生活"主题活动	引导学生感受贫困地区同人的学习精神,体会寒门学子的别样情怀,珍惜优越的学习环境和生活条件	各小组直接参与所在贫困县省级(或市级)示范中学同年级学生一天的学习生活,感受贫困地区学生的学习环境和学习生活
	5."今夜星辰"主题活动	引导学生了解真实、具体的自然地理、人文地理知识,体验对宇宙、自然、生命的感悟	承续曹杨二中东海农场学农实践的传统活动项目,充分利用偏远农村广袤星空这个有利的自然资源,讲述有关星座的故事和传说,了解天文常识

社会已进入工业化、信息化时代,曹杨二中选择更富有现代工业化条件的大众工业,组织学生进行学工实践。因为这一实践活动的条件还不成熟,曹杨二中目前仅在DSD班和理科班进行试点。

近年来,中国社会经济高速发展,曹杨二中选取中国经济发展的典范基地——江村,鼓励博雅班学生走出校园,重走大师之路,用双眼观察社会,在行走中体会社会的变化。

(4) 在社会实践活动中,让学生尝试进行规范性的科学研究。曹杨二中组织了许多的社会实践活动,如南京生存训练、重走大师路——江村社会考察、赴陇黔赣三省国家级贫困县学农实践等,要求学生不仅进行研究性学习的简单体验,而且更要有规范性的专业训练。从课题研究方案的拟定、课题研究的具体步骤,到课题研究成果的呈现,都严格遵循专业课题研究的程序。曹杨二中学子写出了如《江村地区民营企业现状调查报告》、《开弦弓村务工人员生活现状的调查》、《上海部分中小服装企业经营现状》等一批优秀的社会调查报告。

(5) 丰富技能训练类的实践和科学类的实验。曹杨二中尽力创设条件,完善实践课程,丰富技能训练类的实践和科学类的实验。在学习方式上,向设计学习和应用学习两个方面延展。设计学习包括设计一种产品、一项服务、一个系统,并给出实施的方法,如设计班级形象宣传、排除某一系统障碍等;应用学习更强调操作性和针对性,如特定地区草本植物的种植、公共厕所的改建与管理等。在科学类实验方面,曹杨二中近年开设了轨道交通实验、数学TI实验、头脑OM实验等研究型课程。

3. 学校重大社会实践课程的实施方式

(1) 明确的课程目标

经过探索,曹杨二中将社会实践课程的目标确定为:① 对学生进行爱国主义、集体主义和社会主义教育;② 加强中华民族优良传统、革命传统教育和公民道德教育等;③ 引导学生树立正确的世界观、人生观、价值观以及现代社会的人才观;④ 倡导"人文引领创新",促使学生自觉锻炼创新意识与实践精神;⑤ 人格的完善和创新精神、创新能力的培养。

(2) 多元的课程内容

实践活动课程超越了传统、单一学科的界限,强调多门学科之间的知识联系与综合运用。实践活动课程主要以主题或专题的形式来引导学生开展学习活动,主题范围包括学生与自然、社会生活、自我关系的基本情境,涉及具体的一项社会实践活动,需要依据实践基地的教育资源、活动内容和学生的身心发展水平、学习兴趣、生活需求以及跨学科的综合性知识为基础设计课程内容。例如,"南京生存训练"这一社会实践活动,曹杨二中设计的课程内容有:① 学科内容,包括南京的历史、文化、地理等内容;② 课题研究,包括课题选择、资料查找、调研方法等;③ 对孙中山的再认识;④ 对南京大屠杀历史的再审视;⑤ 生存技能,包括生活自理、识图认路、合理消费等。

(3) 有效的课程实施形态

经过长期的探索和实践,曹杨二中逐渐构建了"主体性、体验式、活动化、创新性"的社会实践活动课程的实施形态。

所谓主体性,即以人的发展为出发点和归结,坚持以学生发展为本,关注学生生命的尊严和发展特性,关注学生在各类教育活动中的自主意识。

所谓体验式,即学校在一切教育活动中都要注意把握特定场所,利用特定时间,营造特定氛围,构建有利于学生情感体验的教育氛围,让学生在充分情境化、生活化、人性化、养成化的氛围中,完成精神的升华、道德的发展和人格的完善。

所谓活动化，即把社会实践过程作为一个目标多样、内容丰富、情景特定、形式生动、评价完善的完整活动系统地推进。曹杨二中在重大教育活动中一贯重视研究活动目标、构建活动内容、创设活动情境、扩大活动形式、完善活动评价。

所谓创新性，即学校组织的一系列社会实践活动，以释放和激发每个个体的创造力、完善学生的创新性人格、培养学生的创新能力为目的。创新教育活动就是最大限度地释放、激发学生个体的创新潜能。

(4) 发展性的课程评价

评价是课程不可缺少的重要环节。评价不仅要关注学生对一般知识的掌握程度，而且要释放和挖掘学生多方面的潜能，了解学生发展中的需求，帮助学生认识自我、建立自信。曹杨二中在实施评价过程中记录态度、评价意见，以《上海市中学生社会实践活动鉴定表》和学校自制的评价鉴定表相配套，对每一位学生进行全面的课程评价：不仅有自评、互评，还有教师的综合全面的评价，这些构成了促进学生全面发展的评价体系。

目前，曹杨二中在试点实施"八个一工程"，即每位学生必须获取八张证书(社会调查、长跑或游泳、棋艺、艺术、语言、机器人、社团成员等)中的六张才能毕业，这八张证书中很多都与社会实践课程有关。学校还在试点将学生的社会实践优秀成果评价与学业成绩挂钩，成为推优的依据。

4. 学校重大社会实践课程的操作核心技术

曹杨二中不断总结重大社会实践活动的组织和实施经验，逐渐形成了社会实践课程的操作核心技术。

(1) 开发和设计社会实践课程，形成重大社会实践课程系列方案

学校要积极在国家课程计划留出的空间内对"社会实践活动"校本课程进行创造性的设计与开发，这是社会实践课程有效发挥其教育功能的根本保证。

社会实践课程的开发和设计要体现学校的办学目标，以充分激发学生的创造潜能和凸显学校特色为标准，从课程目标、课程组织实施、课程评价等方面设计详细的课程方案，形成整个课程实施的"图纸"，经过试点后进一步完善课程方案。

"上海大众工业学校学工实践"课程是曹杨二中2012年开发的课程，主要试点教育对象为DSD班和理科试验班学生。该课程的开发背景是让学生了解现代工业信息，学习现代化工业的基本技能。

 案例

"上海大众工业学校学工实践" 课程方案设计

（一）课程目标（略）

（二）课程的组织实施与活动安排

1. 班级实践前教育

班主任提前通知家长及学生，并告知学工纪律和学工物品要求，登记学生学工用的电工鞋尺码，按学工和住宿要求分好组并选派组长，将活动时间和安排印发给全体师生，进行纪律教育、安全教育。

2. 活动时间和安排

日期	时 间	内 容	地 点	负责人	备注
8	12:30	学生整队、集合，行李包裹装车	校门口	郭天翔	一切行动听指挥
	13:00	准时发车，前往大众汽车厂	曹安公路5288号	吴金放	
	13:40	乘坐游览车，观看汽车制造过程		吴金放	
	15:00	前往大众工业学校	嘉定环城路2290号	吴金放	
	15:30—16:15	到校后安排宿舍，放置行李，整理内务	男三号公寓（503、504）女四号公寓西（502、503）	沈菊芳 练子飞	A1、A2两组学习电气小制作，B1、B2两组学习陶艺
	16:15—17:00	集合至阶梯教室举行开班仪式	四教阶梯教室		
	17:15—18:15	晚餐、洗澡	第一食堂、浴室	王家雄	
	18:30—21:00	电气小制作（A1、A2）	电气实训室	胡晓东 金毓卫	
		陶艺制作（B1、B2）	乐陶苑	杜文强	
	21:30	熄灯休息		二中教师巡视	

(续表)

日期	时间	内容				地点	负责人	备注
9	6:30	起床						
	7:00—7:30	早餐				第一食堂	王家雄	
	参观实训项目	汽修	电气	车工	数控		(汽修)朱照峰 (电气)龚魏清 (车工)陆正兴 (数控)孙红专	每个项目结束后，由负责老师带至下一个项目负责老师
	8:00—8:40	A1	A2	B1	B2			
	8:45—9:25	A2	A1	B2	B1			
	9:25—10:00	课间操						
	10:05—10:45	B1	B2	A1	A2			
	10:51—11:30	B2	B1	A2	A1			
	11:30	午餐				第一食堂	王家雄	
	12:30—16:00	电气小制作(A1、A2)				电气实训室	胡晓东 金毓卫	
		陶艺制作(B1、B2)				乐陶苑	杜文强	
	16:30—17:15	洗澡				浴室	总务	
	17:15	晚餐				第一食堂		
	18:30—21:00	电气小制作(B1、B2)				电气实训室	胡晓东 金毓卫	
		陶艺制作(A1、A2)				乐陶苑	杜文强	
	21:30	熄灯休息					二中教师巡视	
10	6:30	起床						
	7:00—7:30	早餐				第一食堂	王家雄	
	8:00—11:30	电气小制作(B1、B2)				电气实训室	胡晓东 金毓卫	
		陶艺制作(A1、A2)				乐陶苑	杜文强	
	11:30	午餐				第一食堂	王家雄	
	12:30—14:30	电气小制作(B1、B2)				电气实训室	胡晓东 金毓卫	
		陶艺制作(A1、A2)				乐陶苑	杜文强	
	14:45—15:15	集中小结					郭天翔 任佳嘉	
	15:30	出发返校					吴金放	

（三）考核评价

1. 对学生的学工出缺勤情况、劳动态度、成果、遵守纪律情况、活动参与度、个人体会总结进行综合考核。缺席三分之一时间以上者，考核不合格。考核合格者发放由上海大众工业学校和曹杨二中共同签发的"创新素养培育工业技术实践活动"证书。

2. 个人自评、小组互评、班主任与教师鉴定相结合进行考核。经学工领导小组审核后将结果计入"中学生社会实践鉴定表"，作为高中阶段学籍材料保存。

3. 通过对实践作品的评价，给出不同的学工等级。

（2）研制和设计重大社会实践活动的教师指导手册，让教师对活动的指导"有章可循"

社会实践活动如果没有统一的要求和标准，就会呈现出较为混乱的局面，指导效果也会因教师水平的不同而出现差异。研制和设计相应的教师指导手册，从课程实施的目标、内容、方法、重点、难点、评价等方面做出详细说明，可以给教师提供活动指导的参考。

"学农实践"活动是每年都要组织的社会实践。曹杨二中在总结经验的基础上，研制了学农实践的教师指导手册，其中包括：学农课程实施流程、教师指导学生学农的建议、教师指导研究性课题汇总、班级主题活动设计、班务内容记录、年级班主任研讨交流会议记录、学农期间班主任对学生情况的考察记录等。例如，针对"主题活动的个性化设计"这一主题，涌现出一批学生优秀的创意设计。其中，"走进农家——今天我掌勺"活动创意设计如下图：

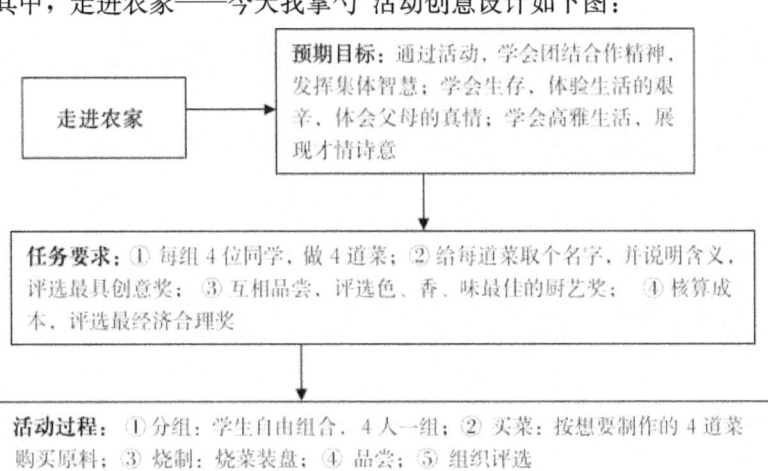

"走进农家——今天我掌勺"活动创意设计

（3）研制和设计重大社会实践活动的学生活动手册,让学生有目的、有秩序地参与活动

要保障活动教育的有效性,学生参与活动必须是有序的,而不是"放羊式"的。对于重大社会实践活动,必须研制和设计学生活动指导手册,让学生明确活动的目的、形式、任务、目标以及评价成效等。下面以"江村社会考察"为例,说明学生指导手册的部分内容。

 案例

"江村社会考察"学生指导手册（部分内容）

1. 活动目的

（1）知识与技能:通过参加社会调查,全面了解社会现象。尤其通过对某一特定领域的调查,深入了解调查对象的背景、现状、成因,形成对该领域的深度思考。在调查过程中,培养沟通合作能力,提升全面理性的思考方法。

（2）过程与方法:前期准备中,形成对社会现象的观察、分析能力;活动实施中,通过问卷、访谈、查阅资料等形式,提高社会调查的技能;撰写调查报告阶段,通过问卷分析学会透过现象看本质。

（3）情感、态度与价值观:通过亲身经历社会调查,形成对某一社会现象的理性思考,用自己的视野观察社会,提升社会责任意识。

2. 活动任务

选择一个主题进行社会考察,撰写一篇社会调查报告。为有效完成这一任务,设计了如下学习任务单:

(1) 基本情况				
小组成员				
组长姓名		班级或年级职务		成绩排名
(2) 课题研究项目情况				
课题名称				

(续表)

选题的目的与意义	
方法与过程（考察内容提纲及方式）	
参考书目（资料）及日程安排	
研究成果	
指导教师意见	签名：

(3) 项目延伸

活动反思	（优势与不足，收获与体悟）
活动成果展示方式	

（注：每个小组聘请一位指导教师，指导教师对学生活动进行全程指导。）

3. 相关课程内容拓展辅导（具体内容略）

(1) 江村发展状况介绍。

(2) 与此相关的政治、经济、社会、文化、历史的知识拓展。

(3) 社会调查研究性学习指导（附部分参考课题）。

4. 课程的评价

(1) 过程性评价：主要评价内容是学生参与活动的态度，包括拓展知识学习的态度，课题准备、课题研究实施过程、课题汇报的态度。评价方式实施指导教师评价、学生互评和自评相结合。

（2）终结性评价：主要评价内容是学生的社会考察课题实施的情况。评价方式是指导教师评价和年级部项目小组评价相结合。指导教师先对学生的社会考察报告进行等第评价（设置 A、B、C、D 四等），然后对获得 A 等第的课题进行现场展示、答辩以及评选，评出一、二、三等奖，所获一等奖给予结业总评加 10 分、二等奖加 8 分、三等奖加 5 分。所有社会调查报告成绩将作为结业总评的重要依据，而结业总评分是推优的重要依据。

（3）每位参与活动并完成任务的学生均可获得证书。

5. 成效

目前通过三轮修改，曹杨二中已形成了南京生存训练、东方绿舟军政训练、学农实践、十八岁成人仪式、"双节"活动等五大社会实践活动的比较成熟的方案。已出版了军政训练、生存训练、文化绿舟、学农实践、十八岁成人仪式、做一次科学漫游等六本重大社会实践活动的指导手册。今后，学校还要继续研制新的系列社会实践课程手册（课程建议、教师指导手册、学生活动手册），形成"学分制"评价体系与认证标准。

（二）向明中学的春假社会实践课程

不同于日常的春游活动，向明中学春假社会实践是学生"自主策划参与"的课程：学校领导高屋建瓴确定大方向；教师提供后勤与安全保障；学生作为课程设计和实施的主体，从自身兴趣出发，以历史文化遗存、社会现象、民风民俗、自然地理等为主线，自主确定春假实践地点，设计活动方案，确定主课题，并通过书籍和网络等查找有关信息，围绕主课题确立子课题，完成相关研究。学生自主决策，师生广泛参与，"独立"、"独思"、"独创"的教育思想从校内延伸到校外。

1. 课程目标

利用春假社会实践，让学生走入社会，探寻历史文化遗存，感悟风土人情。通过学生自主探究、自主创新的实践体验，提高创新思维能力和科学探究精神，锻炼交往、协作、组织、生存能力，了解中华民族的历史，激发爱国情怀。

2. 课程结构

本课程包括三个板块。

板块一：酝酿与选题

以学生为主体，策划春假活动方案（为时 3—5 天）。以历史文化遗存、社会现象、民风民俗、自然地理等内容为主线，学生自主确定春假实践地点，设计活动方案，确定研究主题，并通过书籍和网络等查找有关信息，围绕主题确立子课题，完成相关研究。

板块二：参观与考察

学生赴考察城市，按照活动方案，通过观察记录、访问访谈、问卷调查、实地调研等方式，广泛搜集信息，通过文字、照片、摄像等形式记录考察情况。

板块三：总结与展示

各小组完成社会考察子课题研究报告，在班内交流后汇总成班级报告，各班再以刊物、墙报、展板、网页专栏等形式进行交流展示，由班级、年级和学校层面评选表彰优秀成果。

3. 课程原则

本课程教育方法遵循以下原则：

（1）自主性原则

充分尊重学生的兴趣和爱好。课程强调面向学生的需求和生活世界，在地点选择、时间安排、主题确定、成果表达等方面有较大的灵活性，为学生发挥个性特长提供了广阔空间。

（2）过程性原则

让学生在实践中获得感悟和知识。在"课题设计"、"实地考察"、"问题探究"等活动中发现并解决问题，关注学生在活动中获得的丰富体验和个性化表现。

（3）安全性原则

精心安排春假社会实践活动的每个环节，确保交通、食宿、活动全过程安全到位。学校领导亲自深入第一线，做好组织指导工作，并做好家长意见反馈工作及安全预案。

4. 课程实施

（1）考察人员组成

① 学生方面：以"年级—班级"为单位。

② 教师方面：实行导师制。

每班实行三导师制（班主任及另两位教师）。导师的确定完全遵循自主原则,除班主任外,另两位导师由学生和老师双向选择确定。三位导师全程参与活动,在方案设计、主题确定、活动实施、反馈总结的过程中对学生进行指导,并参与小组课题研究。

(2) 考察时间安排

课程实施时间约 5 个月。通常在每年 1 月启动,选点设计方案,经过师生充分讨论、互动确定,在每年 4 月中下旬(期中考试后)赴实地考察,为期 3—5 天。考察过程中,三分之一时间为集体项目,三分之二时间是各班围绕主课题分线路开展子课题研究活动。考察结束后 1 个月内,各班完成课题研究,并形成班级报告进行交流。

(3) 考察地点选取

地点选取由学生与老师在充分酝酿、共同协商的前提下确定,先后选定南京、北京、扬州、绍兴、杭州等五个城市。原则上一个年级集中到一个城市,也允许部分班级独立于年级既定路线之外,尤其是对创新素养培育项目试验班,学校给予更大的自由,在时间长短、路线选取、方案设计、课题确立、人员组织、经费支持等方面,均给予特殊政策。部分班级的春假社会考察实践活动的主题如下表所示:

2013 届(1)班、2014 届(1)班、2014 届(2)班春假社会考察实践活动主题

班级	主题	小组课题
2013 届(1)班	行走在千年后的烟花三月 (2011 年 4 月 14 日—16 日)	古典与现代:赏扬州建筑艺术之美
		繁华与沉淀:探扬州历史文化名人之风采
		闲适与生活:品扬州之美食
2014 届(1)班	悟古都之底蕴,品首都之现代 (2012 年 4 月 17 日—21 日)	北京主要景点周边物价研究
		老胡同和老房子
2014 届(2)班	源起何处,紫竹清梦 (2012 年 4 月 17 日—19 日)	浦江之源,电能之源,梦想之源——安吉电文化探源
		浦江之源,竹韵之源,生态之源——安吉竹文化探源
		浦江之源,白茶之源,茶竹之缘——安吉茶文化探源

即使在同一个城市,每班学生研究的主题也会不同。如下表所示:

2013 届学生春假社会考察实践活动主题

(南京,2011 年 4 月 14 日—16 日)

班 级	主 题	小 组 课 题
高一(2)	六朝古都·十里秦淮	探寻秦淮风光
		探寻秦淮美食
		探寻秦淮文化
高一(3)	南京地质之旅	寻找火山遗迹——风景篇
		雨花石的由来——特产篇
		火山资源的利用——开发篇
高一(4)	走进六朝古都,追忆革命之路	辛亥百年纪念
		拒绝篡改,还原历史
		鲜血铸成的丰碑
高一(5)	品味沧桑——九朝古都的前世今生	文学作品中的古都南京
		南京与中国的朝代兴衰
		南京的宗教文化
高一(6)	探访文化古城,追寻历史足迹	南京之古代建筑特色和文化
		南京之近代建筑特色和文化
		南京之现代建筑特色和文化
高一(7)	南京的古迹保护与发展	南京古迹与公园绿地的融合,对上海古迹保护的借鉴意义
		南京古迹与商业区的融合,对上海老商业区开发的借鉴意义
		南京古迹与居民区的融合,对上海老城区开发的借鉴意义
高一(8)	探寻古都的非物质文化遗产	锦绣瑰宝古都云锦
		流光溢彩秦淮灯会
		源远流长饮食技艺

（续表）

班　级	主　　题	小　组　课　题
高一(9)	诗词歌赋辉映古都	诗词歌颂历史文化中的南京
		诗词歌颂民俗风情中的南京
		诗词歌颂自然风光中的南京
高一(10)	寻访历史名人足迹	寻访南京古代历史名人
		寻访南京近代历史名人
		寻访南京历史上的文化名人
集体项目(2—10班)	凭吊雨花台，参观南京大屠杀纪念馆	感受革命先烈的崇高理想和爱国精神，树立"为中华崛起而读书"的明确志向

5. 课程评价

本着在"活动中求发展，探索中求创造"的指导思想，对班级的评价在三个方面展开：

（1）准备期——问题提出和方案设计

① 问题提出：具有时代性，符合学生特点，能学以致用；具有创造性，能体现与众不同的特质。

② 方案设计：具有针对性，符合实际情况，能全员参与；具有可行性，能培养科学探究的精神。

（2）活动期——方案实施

① 有具体的实施步骤。

② 有明显的阶段指标。

③ 有完善的应急措施。

（3）交流期——学生感受和成果展示

① 学生感受：日记交流、照片传递。

② 成果展示：有完整的班级课题汇总报告，展示形式新颖有创意。

6. 课程保障

（1）成立领导小组。成立校长挂帅的领导小组，由德育处牵头，学校各职能部门协同完成。

(2) 落实人员安排。原则上每班有 3 位教师随行,其中有两位加入课题研究小组。

(3) 经费支持。学校自筹,并作为该课程的专项经费。

(4) 安全措施。对学生加强安全教育,并明确教师的职责。

① 发"告家长书",告知家长学校对春假的相关安排,并给出联系方式,有利于及时处理偶发事件。

② 各班事先分好小组,建立师生手机联络网。班主任老师必须随身携带本班学生以及家长的联系电话号码,并与年级组长、组内成员以及领导小组随时保持手机联络。

③ 往返前认真清点人数,每班至少安排 3 位教师负责管理。每班把学生组织成两个活动小组,安全有序地开展活动。

(5) 应急预案

① 突发事件处理原则:a. 保持镇静、沉着应对;b. 学生优先原则;c. 就地抢救原则;d. 报警、求援原则;e. 维持秩序、迅速疏散原则。

② 应急反应措施:a. 行政领导现场指导,全体教师随班管理;b. 所有教师的手机必须处于开机状态;c. 进入参观点后,由教师在出入口执守,观察学生情况。

7. 课程成果

(1) 在活动中获得自主发展

该课程本着以学生为主体的宗旨,由学生自行策划、组织。每个学生参与整个活动过程,学习统筹规划、经费预算;学习沟通交际、团结协作;学习实地调研、理性分析。

(2) 在探索中激发创造潜能

首先,"为什么要外出过春假"、"去哪里过春假"、"春假中我能做什么"极大地激发了学生的兴趣。在方案的设计中,学生和老师群策群力。其次,"我班的春假主题有创意吗"、"怎样的探究方向才能让同学各尽所能",在讨论视角中给予学生极大的自由度。再次,"意外的发生如何处理"、"任务的分配如何协调",师生全力以赴解决问题。最后,"怎样才能完美地展现整个春假过程"、"班级的特色如何体现",这些都需要学生独立思考,大胆设想,谨慎实施。

（3）实践中凝聚师生团队

在整个出行过程中，每个学生的集体意识都很强，遇到困难协作解决，班级凝聚力得到了极大提高。活动结束时，师生感情益深。

（三）格致中学的海外研修项目

开展中学生海外研修是开拓国际视野、提升创新精神、培养实践能力的有效途径之一。海外课题研修项目是学生独立进行或者团队合作开展的，要深入境外的友好学校、社区和家庭开展实境研究。

格致中学每年遴选若干项学生申报的研究课题，资助学生前往美国、法国、德国等开展课题实境研究。近年来，格致中学的学生在境外开展的各项研究中，以求真务实的精神、科学严谨的态度和合作交流的能力，得到友好学校的好评，也取得了一定研究成果。

1. 海外课题研修课程实施的具体做法

（1）课程形态。课题研修是格致中学开展的一种研究型课程形态，纳入格致中学研究型课程管理体系。学校将研究型课程排入课表，每周2节。高一年级侧重基础学习，在教师指导下完成自选课题的设计、申报、论证和立项工作；高二年级突出课题研究的实施和反馈，通过国内实践或海外研修等形式，完成课题的结题报告并交流展示。

（2）课程分类。学生课题研修按照研究地域分为国内课题研修课程和国外课题研修课程两类。国内课题研修面向全体学生，由教师指导，学生自由组合，不需要选拔。海外课题研修需根据不同的海外研修基地进行相应的遴选和评审，其研修过程分为选拔评审、国内准备和国外实践三个阶段。选拔评审阶段的前期主要包括课题设计、申报、论证和立项四个环节，后期包括实施、修订、结题和展示四个环节。在国内准备阶段，学校以聘请相关专家等方式为学生提供全程指导；在国外实践阶段，由海外研修基地对学生的实境研究提供帮助、指导和点评。回国总结时，学校对优秀实施项目给予不同额度的资助和奖励。

（3）实施时间。学生海外课题研修的国外实践阶段主要利用寒暑假以及"十一"长假进行。"十一"长假期间，国外学生正常上学，格致学生就能够真正深入学校、课堂、家庭和社区，与国外师生面对面地交流。

（4）课程报告。在推进学生海外课题研修过程中，学校组建创新教育教研组,对学生相关课题研究实施指导。学生课题研究指导主要由创新教育教研组在研究型课程中落实完成,如果课题研究内容超出指导教师的专业范畴,则聘请相关领域专家进行指导。

(5) 研修基地。为保证学生海外课题研修高质量完成,学校建立了一批海外课题研修基地。这些基地学校主要从格致中学的海外友好学校和一流高校中选定。目前,已确定的基地主要在美国、英国、法国、德国、澳大利亚等。从2010年下半年开始,先后有80多名学生到美、法、德等国家进行为期2—3周的课题研究活动。

2. 学生海外课题研修的体验与收获

(1) 大千世界任我行

作为第一批赴海外研修的学生,2010年10月,2012届5班的周同学只身一人赴德国柏林波茨坦席勒高级中学开展研究。原本与她同行的伙伴因为突发水痘不能前往,当老师询问她是否要延期或放弃,她觉得既然前期为此做了大量准备工作,而且这一机会千载难逢,不想放弃,也希望达成同伴的心愿。周同学表示,这是自己有生以来做过的最为艰难的决定,"其间有紧张,有犹豫,有忐忑,怕自己语言不过关,又怕自己遭遇不曾预料到的困难……但最后,我还是决定主动迎接这一挑战。现在证明我当时的决定没有错"。这个高二的女孩用自信的笑容印证着自己的行动。

周同学觉得,国外的学习和生活并没有想象的那么"恐怖",同学、老师都很友好,即使是路上遇到陌生的行人,也会互相微笑打招呼。她曾在法兰克福机场转机时,遇到一些小挫折。由于法兰克福机场很大,有A、B、C、D、E、F等多幢大楼。从A大楼进入的她,以为各大楼之间是相通的,却不料需要登上楼顶换乘一辆车才能到达C大楼。时间上的紧张让她感到茫然失措。由于完全不了解转机流程,她只能一路走一路问。所幸路人都非常热情地为她指点,最后她终于安全到达。"现在回想起来真的没那么可怕。但当时遇到问题时,自己心里确实还是很紧张,"周同学表示,"最重要的是这个过程,体验过了就会有经验。下次再遇到同样的境况,就会安慰自己,那就不会手足无措了。"

(2) 夏令营里草裙舞

2012届7班的王同学研究的课题是"夏威夷本土表演艺术与当地地理条件的关系"。她选择以深入当地的民俗和自然环境中的方式开展研究。她在美国夏威夷参加了由普那胡学校举办的校园文化夏令营活动,获得了第一手的研究资料。普纳胡学校是美国总统奥巴马的母校,也是格致中学的姐妹学校,每年都会邀请来自中国、日本、泰国等地的学生参与为期1个月的夏令营活动,期间不仅有课堂学习,还会教学员跳草裙舞,弹奏富有地方特色的乐器,栽种当地植物,爬火山,研究岩浆构成等。"走出课堂亲身体验对我而言意义非凡,我进入了一种从未体验过的高效的求知和学习状态。"王同学表示,实践不仅让她提升了动手和动脑的能力,也让她的研究分析能力和人际交往能力得到历练。

(3) 多看多听多体验

短至2周、长至1个月的海外研修经历,让学生看到不同于国内教育模式和社会环境的崭新一面,而带着课题融入其中的人生体验令他们在感到好奇与欣喜的同时,尤其关注自己的研究领域,并迫切希望发出属于自己的声音。无论是课堂教学、社团活动、城市交通与建筑,还是当地民俗和自然环境,纵览学生的课题方向,可见他们试图将中外的方方面面进行比较,从而提出自己的质疑和建设性意见。在比较和质疑中提出自己的观点,这本身就是一种探索精神的彰显。

学生在亲身体验中,将所见所闻的现象升华为比较、分析的能力。赴法国里昂圣·托马斯·阿奎中学进行课题研究的2012届7班的王同学和陆同学对中法两国对于保护历史建筑的态度差异产生了浓厚兴趣。他们在课题报告《关于法国古典建筑的研究》中这样写道:"在法国人的思维中,保护一座建筑最好的方法就是尽量不去改变它,让历史、建筑以及绿化融入生活。反观中国,近年来中国经济欣欣向荣,许多高楼平地而起,却是以牺牲大片老城区的建筑为代价的。并不是所有老房子都是具有价值的历史建筑,但这却不代表一切都必须以新换旧。"

(4) 开阔视野长见识

短暂的海外课题研修经历让学生受益匪浅。不少学生表示,与以往课堂上做课题相比,此次研究是一次"专职实境研究",开拓了眼界。2013届8班的杨同学的课题是研究中法公共交通的人性化设施。她在巴黎、里昂等地反复乘坐公交、地铁等,细心观察并记录温馨细节:"巴黎地铁里的扶手都有三个分叉,可以服务更多的站立乘客,地铁车厢出口都有专门的残疾人通道……"喜欢艺术的2013届5班的卞同学在卢浮宫看到了名作《蒙娜丽莎》,"和书本里的感觉完全不同,色彩让我震撼",她游览巴黎街景后,结合当地环境对起源于法国的印象派绘画感触更深了。

(5) 街头调查练胆量

做社会公共课题研究,对学生的研究能力是一次提升。学生都设计了详细的调查问卷,做对比研究、数据分析等,最后形成详细的课题报告。2013届9班的邬同学调查中美青少年志愿者服务情况,走访了美国当地大型的志愿者机构,统计了美国青少年做志愿活动的项目、情况等,与上海中学生的志愿服务进行比较分析。2013届2班的姜同学在街头调查纽约当地市民对室内装修污染的认识和措施,并归类整理。他发现,与中国家庭普遍使用活性炭、植物等除甲醛方式相比,美国家庭更偏向于选择专业公司处理装修废气,并定期检测。

除了调研外,美国的高中课堂也给上海学生留下了深刻的印象。最令上海学生羡慕的要数美国高中生的选课制。"在中国,一个班的学生都是共用一张课表,上一样的课程。而在美国兰卡斯特蒙诺学校,学生想学什么完全由自己做主,可以自主选课。"姜同学很兴奋地说,该校所有的教室都是按照课程固定的,而学生却没有固定的班级,下课后,学生在不同的教室间奔走,这一景象让上海学生很羡慕。此外,兰卡斯特蒙诺学校的高中生还有每天一节课的才艺展示时间,老师还会上台一起互动表演,与学生打成一片。

3. 基于创新素养培育的思考和收获

研究型课程是高中学生创新素养培育的一个重要途径。在如今的应试环境中,学生研究课题大多是"虚拟研究",从图书馆或者网络上查资料,几小时就能形成研究报告。格致中学鼓励学生开展海外课题研修,一方面是拓展高中生的国际视野;另一方面也是让他们回归"实境研究",做一个有想法的人。

海外课题研修课程涉及课堂教学、社会公益、社团活动、城市交通与建筑、服装、环保、当地民俗等众多主题。参与项目的学生在国内先设计好课题方案,由学校创新教育教研组评审,最后综合评定立项。课题组学生亲历国外生活,开展调查和访谈,修正研究方案,丰富课题论据。实践证明,海外课题研究不仅提升了学生的研究能力,其交往能力和应变能力也得到了历练,而这种能动性和自主性正是创新人才不可或缺的重要能力。

海外课题研修是一道复杂的综合考题,它不仅考察学生的调查研究能力,同时也考验其独立生活和应变能力。短期出国经历,没有旅行团安排布置,从机场出发到当地开展调查研究等，都由学生自己完成；做课题研究时，他们同时要克服诸多不便，如语言、出行、与陌生人打交道等，碰到突发情况也要自己想办法解决。带着课题海外研修，不是简单的走马观花、泛泛体验，它追求的是实学践行，这是高中生应有的治学态度。

海外课题研修还要注重前期筹备。为了让每个格致的学生都有机会独立或作为团队负责人研究课题，整个项目的确立和研究贯穿高一、高二阶段持续进行，由各学科教师骨干组成的创新教育教研组负责指导实施。当学生到高二被选送出国进行研究时，他们必须要达到一系列标准，如前期的准备工作充分、课题开题情况良好、确须出国研究以及英语水平达标等。

要进行创新型人才的培养，仅仅依靠课堂教学是完全不够的。格致中学模式主要是从三个方面对培养创新型人才起到关键作用的，分别是学生的独立精神、个性发展以及思维方式。

五、行动学习课程

行动学习法产生于欧洲。行动学习就是通过行动来学习，学习者通过参与实际工作项目或解决实际问题来发展能力。行动学习的关键原则是：每一个人都有潜能，这个潜能会在行动中最大限度地发挥出来。行动学习以学习者为中心，关注结构化的知识、质疑、反思、执行。在行动学习中，角色扮演是一种普遍使用的办法，是创新素养培育的有效途径之一。

这里重点介绍市三女中的教育剧场课程、进才中学的模拟联合国课程、华东政法大学附属中学的法政课程。这些课程都体现了行动学习的特征。如市三女中的教育剧场课程，是一种以戏剧元素为载体，注重学生对真实生活的内心体验、关注教育过程的新课程；进才中学的模拟联合国课程，内容包括五个学习主题：会议程序必修、能力锻炼必修、社交必修、社团建设必修和国际政治必修；华东政法大学附属中学"明德尚法"实验室的建设，模拟社会相关情景，以实验项目推进为手段，体验学校生活和社会相关岗位实践。

（一）市三女中教育剧场课程

"教育剧场"是20世纪中期在欧美国家广泛发展起来的、跨学科形成的新课程,它是运用戏剧元素和剧场进行教育的一门课程。对于市三女中来说,开设"教育剧场"课程既是满足学生发展需求的一种尝试,也是传承学校历史文化积淀的一种方式。

学校开设"教育剧场"课程的背景主要有四个:一是基于学校悠久的文化传统。学校前身为中西女中,圣玛利亚的戏剧艺术教学被看作是学校的一大课程传统。二是基于女生创新素质培养的要求。"教育剧场"是学校课程改革的一个新载体,以"跨学科、综合性"为特点,注重创新素质培养。三是基于多年与国外姐妹学校的交流所得。四是基于学校长期的社团课程积累。学校话剧社多年来一直是深受学生喜爱的明星社团。

"教育剧场"由教师引导学生参与戏剧创编与表演,课堂成为一个小小的舞台,学生扮演着不同的角色,但她们并非按照剧本刻板地重复,而是凭借对生活的理解和生活经验即兴发挥。这门课程通过编剧、舞台设计、演出、宣传,将文化产业的许多环节融入其中,有利于培养学生的实践能力;将社会生活现象融入课程内容,并由文本表现向形体表现、场景表现转换,培养学生的创新能力。

1. 课程实施过程

"教育剧场"课程在高一年级开设,每周 2 课时。

(1) 教学内容

这是一门实践类课程,注重在理论教学的基础上跟进大量操作环节,使学生通过从简单到复杂的艺术创作来巩固所学知识,挖掘思辨潜力,学会与他人交流。具体由以下四个模块构成。

① 舞台表演的基本知识

本模块的知识使学生了解与熟悉剧场,主要包括"舞台空间的基本构成"、"舞台表演的基本站位"、"如何在舞台上发生"、"舞台动作的表现力"、"灯光、音效、道具等技术手段的作用"、"幕后人员的任务与工作流程"等。

② 戏剧创编的基本技巧

本模块的教学内容使学生熟悉并掌握创作戏剧的一般方法,主要包括"创设情境"、"梳理人物关系"、"制造矛盾冲突形成戏剧张力"、"按逻辑推进戏剧情节"、"叙事性戏剧片段(实戏)"、"表现性戏剧片段(虚戏)"等。

③ 戏剧欣赏的入门方法

在本模块的教学中,指导学生关注以下这些元素,如"矛盾冲突的合理性和普遍性"、"主题思想的深刻性和普遍性"、"以有限的舞台空间体现多重时空"、"富有诗意的动作设计"、"精辟的台词"等。

④ 经典戏剧的欣赏品鉴

在本模块的教学中,市三女中首先介绍了近现代中外戏剧发展的历史,并让学生欣赏《雷雨》、《玩偶之家》、《四世同堂》、《傻姑娘与怪老树》等剧作。

(2) 教学形式

"教育剧场"课程非常看重学生即兴表现能力的培养,几乎所有的创意活动、台词及动作的设计都要求学生即兴完成。结合学校的教学内容和课程设计理念,通常采用如下的教学组织形式:教师引导学生实践性地参加热身活动(全班)、即兴创意表演(分小组)、排练(分小组)、联排(全班)、采访及演后谈(全班)。

① 热身活动

热身活动可以帮助学生放松身体、专注精神、营造氛围。常做的热身活动有"煎饼与包子"、"情绪圆圈"、"音乐冥想"、"占领空间"、"创意绘画"等。

② 即兴创意表演

即兴创意表演是教育剧场课程中非常重要的、有效激发学生创意思维的课堂活动。结合课程设计理念和教学内容的层层推进,即兴创意表演的具体形式也在发展,如"身体雕塑"、"集体造型"、"走入画面中"、"大画面设计"、"诗意动作设计"等。

③ 小组排练和全班联排

排练活动是对全体参与人员合作性的锻炼。教师带领学生研究文本,分析原著中的情节、人物以及核心矛盾,并明确改编规则。学生按小组确定表演内容,并设计表演形式,各小组成员明确分工,在教师指导下分组排练。教师召开组长会议,协调各组排练事务并设计串联方式,之后进行全班联排和演出。

④ 采访及演后谈

演出结束后的现场采访及演后谈,是教育剧场课程中学生与教师、演员与观众之间思想碰撞的重要环节,是教育剧场课程区别于专业戏剧课程的主要特征之一。整个交流过程既是对被访者的考验,也是对访问者思维的检测,同时对在场观众也是一个促进思考、加强沟通的过程。

(3) 教学评价

"教育剧场"作为一门实践类课程,其评价体系自然也是侧重学生课内外参与情况。学生成绩由以下几方面构成:① 个人舞台表演;② 承担幕后任务情况;③ 团队配合水平;④ 文案作业质量(如角色分析、剧本撰写等);⑤ 创意与态度加分。

 案例

关于"考试"话题的定格表演

(1) 设计思考

应试制度是教师、学生、家长最关心的话题之一,能否在"教育剧场"课上让学生深入思考考试问题,是教师设计这个教学活动的初衷。

(2) 教学目标

① 通过戏剧教育的方法,让高中学生学会符合逻辑的艺术表达,并有思辨性地思考当下校园生活。

② 学习戏剧表演中独白、对白、定格的系列创作元素。

③ 学会与小组同学沟通、协作,呈现5分钟创意短剧。

(3) 教学活动

① 六七人组成一个小组,讨论表现主题的情境和人物关系。

② 集体配合用静止的动作,先呈现矛盾冲突最高潮的定格画面一,之后呈现冲突产生原因的定格二,再表现矛盾发展的定格三。三个定格画面集中戏剧的矛盾冲突,所设计的故事要合理、有逻辑。

③ 定格活动要求设计者必须在规定时间内(如1分钟)设计出每个定格画面,还可不断减少设计时间,在最短的时间里表现出对主题的认识,能帮助教师了解学生内心的真实想法。

④ 连续设计出5个定格画面,就可以创造出一个戏的骨架,最后一个定格就是故事的结局。小组将5个定格串联起来,形成5分钟的短剧。

(4) 课后思考

学生即兴创意的结果令教师惊叹不已,她们多视角地表现了在考试制度的约束下,父母与子女、教师与学生、学生与学生之间的复杂关系。学生在此过程

中关注他人，反思自我，形成理性辩证的独立判断力，很多有意思的观察与思考在课堂上涌现：比如勤奋好学、成绩优秀的"好学生"形象并不容乐观；坚持理想和现实压力之间的两难矛盾；多元价值观中如何确立自我，追寻梦想；发现个人与社会之间的联系等。

围绕"考试"等不同主题展开的定格活动，给学生带来了很大的冲击。几乎所有小组都能在规定时间内创设出围绕主题的故事，学生在此呈现出的活跃程度和表达欲望是其他课堂上看不到的。课堂形态发生了变化，学生思维被打开了，"教育剧场"课已经超越了常规的文本课程，让学生的价值观、人生观、世界观的呈现有了载体。

2. 课程取得的成效

在"教育剧场"课程的实施过程中，市三女中明显感觉到学生和教师的变化，这些都是新课程所显现出的成效。

（1）创新团队不断完善

① 根据综合学科的特点，组成"教育剧场"综合教研组。在多学科的基础上又形成了校级、部门、教师多层次的特点，还聘请了外籍教师和戏剧学院专业教师，由此构成了市三女中的课程创新团队。

② 形成了一套行之有效的教学方法。比如，教师通常采用的方法是：热身活动（全班）、即兴创意表演（分小组）、编练（分小组）、合演（全班）、演后谈（小组或全班）。

③ 形成了一套较完整的校本教材。由教师自行编撰，目前这套教材已被第二轮教师继续采用和改进。

（2）课程效果获得肯定

在表演中提升自信心，每个学生能通过独白展现内心、大声说出自己、展现自己；在团队合作中迸发创意，学生已能设计出一些表达抽象概念的定格表演；在师生互动中学会思考。经调查，这一课程深受学生欢迎，也被家长肯定。教师也认为试点新课程的这一届学生比较自信和活跃。

（3）科研素材初具规模

"教育剧场"课程每个班级有学生负责课堂实录，每个学生都有课后心得。每个班级有一个学生课题小组在科研室指导下，对"教育剧场"课程进行研究。

优秀课题正进一步完善充实，任课教师有完整的教学总结报告。

（4）辐射作用不断显现

"教育剧场"对学生综合素养提高有巨大价值，其多元化培养学生能力发展的教学理念、灵活的教学方法，以及直观性、趣味性、互动性的教学手段等，对其他学科的教师是一个引领。担任新型课程教师的知识储备和综合能力有较高的提升，较强的探究精神和实践能力将激励更多的教师参与新课程创新实践。

3. 课程继续进展的思考

"教育剧场"课程虽然取得一定的成效，但远远还不到成熟的程度，有许多方面需要加强。

（1）进一步发挥新课程学科综合的优势

"教育剧场"综合多学科的知识构成课程内容。课程实施中以思考、实践活动为主，培养学生的创作、设计、团队协作、语言表达和表演能力。在评价环节，对学生学习结果的评价方式呈多元化、过程化的特点。

（2）进一步发挥新课程的育人功能

这一课程不是为了让学生演戏，而是让每个学生在学习剧场表演知识、戏剧创编技巧等教学过程中受到教育，得到发展。重点研究"教育剧场"这门课程是如何促进学生知识迁移、批判思维、问题解决等高阶思维能力发展的，定量分析课程对学生创新素养培育所起的作用。

（3）进一步发挥新课程促进全体教师发展的作用

市三女中已经多次以"教育剧场"为案例，进行全校教师大培训，产生了很好的效果。教师也提出了许多关于教师培训方面的迫切要求和合理建议。以此为契机，市三女中准备借助教师专业培训机构的力量开展对教师有一定内容体系的培训，使教师更快地提升专业化水平、更好地适应新课程的要求。

学校准备做到每两月开展一次新课程的专题培训活动，每学期开始或结束阶段可以进行两天封闭式培训。培训内容做到有连续性，形成一个较为完整的系列。

（二）进才中学模拟联合国课程设计与实施

1. 课程开发背景

"模拟联合国"是一项由学生组织、运作、参与的高端学术实践活动。模仿联合国及相关国际机构，依据其运作方式和议事原则，围绕国际上的热点问题召开会议。学生扮演各个国家的外交官,通过阐述观点、政策辩论、投票表决、做出决议等亲身经历,熟悉联合国的运作方式,了解世界大事对未来的影响,了解自身在未来可以发挥的作用。学生在"模拟联合国"的舞台上,既有机会了解当代国际佼佼者的思想动态,又能充分锻炼各种能力。

2. 课程目标

(1)让学生了解当今错综复杂的国际环境,树立正确的世界观,增强公民意识。

(2)培养学生学会从不同角度观察问题、分析问题和解决问题的能力,提升学生外交语言表达、时政论文写作、协调沟通等能力。

(3)改变学生的学习方式,拓展学习时空,拓宽国际视野,让学生养成敏锐的国际观察力。

(4)培养学生关注国际社会热点问题的意识,增强社会责任感和使命感。

3. 课程内容设计和教学安排

模拟联合国课程内容包括五个学习主题:会议程序必修、能力锻炼必修、社交必修、社团建设必修和国际政治必修。

模拟联合国课程内容

学习主题	内容组织	活动形式和方法
会议程序必修	1. 背景文件速读 2. 国家外交官角色扮演 3. 议题调研技能 4. 会议战略分析 5. 动议策略 6. 主席角色互换 7. 危机快速反应和处理能力	通过国内、国际热点专题考察研究,引导学生关注国际环境,以召开模拟会议的形式让学生在实践中提升
能力锻炼必修	1. 会场演讲技能 2. 核心磋商发言 3. 文件介绍演说 4. 辩论游说 5. 文件速写 6. 立场文件写作 7. 决议草案写作	整合各种资源: 1. 邀请多学科教师的参与,形成导师团队 2. 和其他社团合作,如史学社、辩论社 3. 小组合作,同伴互助

(续表)

学习主题	内容组织	活动形式和方法
社交必修	1. 外交着装礼仪 2. 迅速建交 3. 组建人际圈 4. 团队合作和竞争 5. 国家集团领导力 6. 文化环境适应	1. 利用各种资源,如多媒体视频资料、选修课等 2. 召开具体的模拟会议,在实践中提升
社团建设必修	1. 如何组织模拟会议 2. 如何开展社团活动 3. 如何担任主席 4. 如何组织同学参加区域性乃至全球性的活动	由有一定参会经验的成员组织引领,并参与组织会议的全过程
国际政治必修	国际热点专题	专题讨论

(1) 课时安排:10课时

第一课时:关于联合国以及模拟联合国的发展历程的介绍。

第二课时:从当前国际热点出发,收集资料、解读热点、辨析材料、形成观点。

第三课时:运用范例教学法,以北京大学全国中学生模拟联合国会议作为案例,让学生了解模拟联合国的机构和组织。

第四课时:由有经验的成员组织并参与一次有一定规模的校内会议。

第五、六、七课时:从代表的角色扮演、背景文件解读、文件的写作到外交礼仪、迅速建交和组建人际圈等各个维度带领学生分析、理解和体验。

第八、九课时:由参与者变为组织者,分组安排不同的会务和主席,角色互换,感受新的体验。

第十课时:分享在进才中学模拟联合国活动中的感受和成长。

(2) 模拟联合国活动内容

① 基本情况的了解:了解联合国相关规则流程;了解代表国家的外交语言、外交政策;了解各会场的背景文件以及后期文件写作格式。

② 会前工作:向各会场主席上交立场文件,跟其他国家代表进行私下磋商,

形成利益集团雏形。

③ 主发言名单：在规定时间内阐述国家整体或某方面问题的立场，让其他国家了解本国立场，寻求合作基础。

④ 有主持核心磋商：在规定时间内按主席点名顺序阐述某一具体问题的立场，让其他国家了解本国的基本立场和利益诉求。

⑤ 自由磋商：在限定时间内进行各代表国家之间的自由讨论，开展合作。

⑥ 会议文件：立场文件、工作文件、决议草案等文件构成，对推动会议进程有重要作用。

⑦ 地球村展示：通过服装、展板、饰品、歌舞等展示国家特色。

4. 课程实施

（1）模拟联合国会议流程

① 会前准备

这是会前不可缺少的重要步骤，准备充分可以有效推动会议进程。主要包括：

学术准备：研读背景文件，全面了解代表国家，查询议题相关资料等。

确定立场：根据本国国情确定总体立场，必要时完成立场文件的写作。

会前磋商：了解其他国家立场，找立场基本一致的国家进行深入磋商，了解立场对立国家的矛盾根源以及利益诉求。

非学术准备：如会场正装的准备、名片的设计和印刷。

规划会议进程：决定讨论问题的顺序和大方向，对会议走向有个初步规划。

② 会议中

在正式辩论和非正式辩论中都应积极发言，发言稿可以提前准备，但是发言要符合会议走向，语调要有起伏，切忌只念演讲稿。与其他国家磋商时要注意用语文明，以便得到更多的支持票。

国家集团中如意见不一致，可以根据国情做出一定妥协，但坚决不可完全推翻原有立场。根据会议进程可以开始相关文件的写作，并注意文件用语的规范性，保证文件质量，必要时可由国家集团内部分工完成。注意保持国家集团内部的团结与稳定，善于倾听不同意见并予以回应。

③ 会议结束后

反思与总结在参与会议过程中的优势和不足，在今后多加训练。

（2）教师对学生活动的指导

模拟联合国会议的召开，需要学生在会前做好充分准备，会中灵活应变，会后积极交流、反思和改进。进才中学模拟联合国社团聘请了政治、语文、历史、地理、英语教师组成导师团队，还和史学社、辩论社等其他社团合作交流。

参加活动前，指导老师要对学生进行专业的学术培训，比如：联合国概况以及目前关注的热点、联合国运作的规则流程、会场的各种文件写作、外交官的角色扮演、会议战略分析、危机处理等。这些学术必修的课程需要在日常社团课中进行反复练习。活动中，老师不仅要在学生的辩论游说、文件写作等方面给予学术上的指导，还要在外交礼仪、演讲技巧、心理和生活上给予关注。

2011年5月，进才中学决定主办"雅典杯"上海市模拟联合国大会。大会的筹备工作，从最初只有4页纸的会议计划到后来26页纸的具体实施方案，暑假里社团的师生们放弃休息集中头脑风暴5天，使整个大会流程初具雏形。大会的学术工作，从会场的设置、主席团的邀请、背景文件的撰写到危机的设置，从计划到细节落实，都需要老师的悉心指导。

5. 课程实施成效

上海市进才中学模拟联合国协会成立于2007年9月，是上海市首批学生明星社团。五年来，进才中学始终致力于培养参与者的思辨能力和全球视野，启迪公民意识和社会责任感，打造富于变革精神的新时代领袖人才。每年，进才中学模拟联合国协会都会组织学生参加地区性、国际性的模拟联合国会议，如北京大学全国中学生模拟联合国大会、复旦大学国际中学生模拟联合国大会、芝加哥大学模拟联合国大会、哈佛大学模拟联合国大会等。学生在学术成就、外交谈判、国际视野、团队合作等方面的能力都有了很大的提升。

社团发展至今，已形成较为成熟的管理体系和发展模式，在各个级别的模拟联合国会议中都取得了可喜的成绩。在2011年复旦大学国际中学生模拟联合国大会上，进才中学三位学生获得大会最高奖项——最佳代表奖，其中一位学生曾担任哈佛大学模拟联合国中国峰会的主席助理和2012年复旦大学国际中学生模拟联合国大会的主席团成员。

（1）模拟联合国增强了学生的学习规划意识、跨学科资源整合意识、全球公民意识

① 学习规划意识

模拟联合国活动要求学生在课余腾出大量时间进行学术准备,学生必须进行大量的前期调研、知识积累以及文件写作,而在我国目前的教育体制下,高中学生的课余时间并不充裕。如何提高学习效率,平衡学业和活动之间的关系,促使养成学习规划意识,对于高中生日后进入大学自主学习和深造具有重大意义。

② 跨学科资源整合意识

在每一次模拟联合国会议中,每个委员会的代表都会事先得到一个议题,这些议题涉猎范围广、较为复杂,从裁军与国际安全到卫生、教育和医疗,从能源开发与合理利用到食品安全与灾难应急机制等。在查阅大量文献资料时,学生对信息的收集和整合能力得到提升。

③ 全球公民意识

通过了解各种国家大事和关注国际热点和争端,学生拓展了国际视野。对于议题认真的思考和调研,让他们对各种社会现象有了独立思考能力。而全球公民意识的培养,正切合了"国家教育改革和发展纲要"的精神。

(2) 模拟联合国培养了学生的领导能力、自主学习能力、人际沟通能力、批判性思维能力

① 领导能力

模拟联合国活动是一种互动性极强的学习经历,学生不仅能够学习和讨论国际事务,还能锻炼组织、策划、管理的能力;能让青年人的领袖才能得到锻炼,为迎接国际化挑战作好充分准备。

② 自主学习能力

模拟联合国活动是一种自主性、创新性、研究性的学习方式。在准备过程中,学生需要查找和阅读大量材料,针对议题进行深入调研,不断发现问题、解决问题。

③ 人际沟通能力

当代中学生普遍缺乏分享、包容、合作的精神。在模拟联合国活动中,要想成为一名成功的"外交官",不仅要为了争取国家利益而坚定立场,更要进行有效的国际合作,并在适当的情况下做出一定妥协。

④ 批判性思维能力

在模拟联合国活动中,面对纷繁复杂的国际问题与国家间利益冲突,学生

需要逻辑思维能力与批判性思维能力,把握问题之间的内在联系,并不断怀疑和验证一些观点的正确性和真实性。

进才中学模拟联合国协会多次组织学生参加地区性、国际性的模拟联合国会议,取得了优异成绩。

(三) 华东政法大学附属中学"明德尚法"实验室建设

创办于1954年的华东政法大学附属中学,是上海乃至全国第一所政法类高校附中,校训为"明德精业"。近年来,学校秉承多年积淀的"明德"传统,与时俱进、开拓进取,确立了"尚法"理念,开发和实施了内涵丰富的"明德尚法"课程,创建了"明德尚法"主题轴综合课程载体和支撑平台——"明德尚法"实验室。学校以实验项目推进为手段,使学生参加学校生活和社会岗位实践;通过小组合作、大中学生合作等策略,培养学生成为具有"明德、尚法、精业"核心素养的现代公民;通过"外援+自培"的模式,促进教师的专业化发展,形成较为明显的办学特色。

1. "明德尚法"实验室建设背景

学校确立了培养"明德、尚法、精业"的现代公民的目标,并从认知、能力、价值观三个层面对学校的核心育人价值进行了梳理,逐步形成"明德尚法"教育价值体系。

为落实特色课程教育价值,学校在基础型、拓展型和研究型课程领域中,分别以"整合渗透"、"凸显特色"、"体验深化"为基本的课程开发方式,以"理解与领悟"、"体验与实践"、"反思与提升"为基本的课程实施方式,促进学生基础学力和整体素质均衡而有特色地发展。

为了有效促进"明德尚法"课程目标的落实,在华政附中教育指导委员会的指导下,学校遵循"兴趣驱动、自主实验、融入社会、重在过程"的原则,创建了模拟社会真实形态、推进实验项目、激发学生创新思维、重视学生创新体验的综合实践平台,即"明德尚法"实验室。

2. "明德尚法"实验室建设实践

(1) 设立"明德尚法"实验室目标

围绕"明德、尚法、精业"的主题轴特色课程教育价值和"管理人文、课堂民主、教师自主、学生自治"的文化建设需求,学校尽可能为学生提供丰富的实践平台,参与学校和社会相关层面岗位工作的实践体验,从而提升其综合素养。实验室建设模拟社会真实形态,帮助学生通过学会制定各类规则、程序,提高协商、调解、表达等能力,提升思辨、质疑素养,激发学生的创新思维。

为此,华政附中确立了实验室的工作目标:以实验室为载体,培养具有"明礼尽责、民主公正、乐学善思"素养的现代公民;依托实验室,探寻三类课程整合实施的有效途径,创新并促进学生学习方式的转变。

(2) 确立"明德尚法"实验室结构

根据实验室目标,华政附中确定"明德尚法"实验室由管理平台、运作平台、支撑平台等三平台构成。其中:

管理平台:由华政专家指导委员会、校课程办、学生管理中心组成,负责"明德尚法"实验室的日常管理与建设。

运作平台:确立和运行实验室项目,通过情境模拟等实验项目的运作,锻炼、培养、提高学生的创新素养和综合能力。

支撑平台:依托华政导师工作室、大学生辅导员工作站、华政法律学校第一分校、一中院校外法治教育基地、上海市人大等共建单位,为实验室开展项目研究与实践提供有力支撑。

(3) 制定"明德尚法"实验室运行机制(见下图)

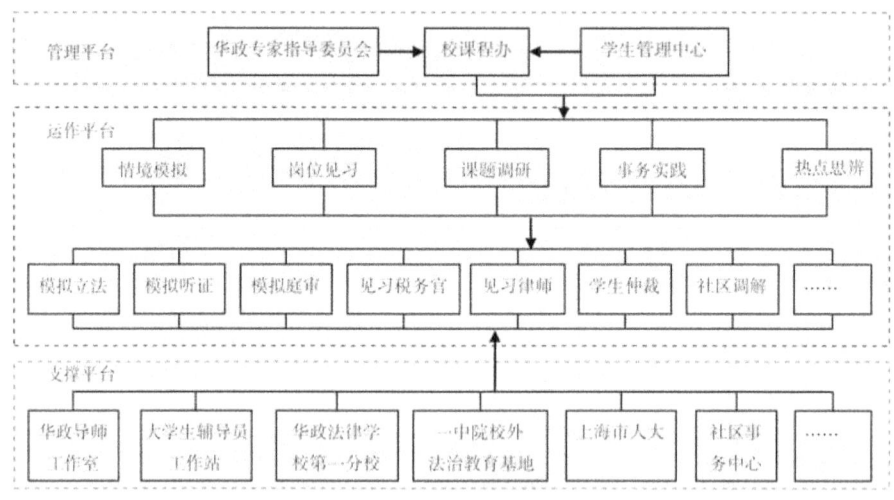

"明德尚法"实验室运行机制

（4）开发"明德尚法"实验室项目

根据学校现有资源和学生发展、课程实施的需要，华政附中首期开发出五个大项、十几个实验项目。

项目一：情境模拟（模拟立法、模拟庭审、模拟听证等）

通过三个实验活动，设置特定情境，模拟社会真实形态，了解相关法治活动的基本程序和法规法律的落实、执行，提出相关司法建议或展示活动成果。项目流程见下图：

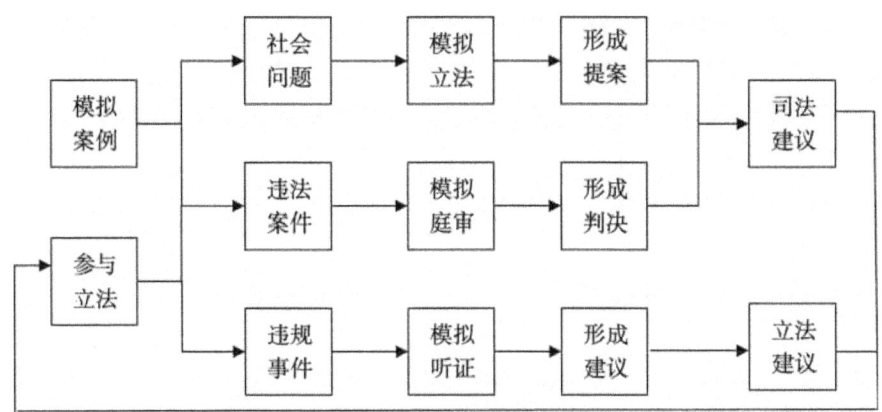

情境模拟项目流程

项目二：岗位见习（政府事务、司法事务、社区事务……）

学校与共建单位通过组织学生担任岗位职务并赋予相应的管理职责，通过让学生参与公共服务与管理岗位的实践锻炼，如假期组织学生开展"见习税务官"、"见习律师"、"见习社区物管"等岗位见习项目实践，提升学生的责任意识与实践能力。项目流程见下图：

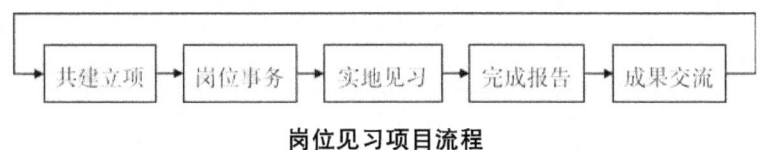

岗位见习项目流程

项目三：社会热点思辨（演讲、辩论、论坛讲坛）

围绕校园内外热点问题，通过组织校园辩论赛、演讲、论坛讲坛等活动，锻炼学生的语言表达、沟通交流、逻辑思维能力。项目流程见下图：

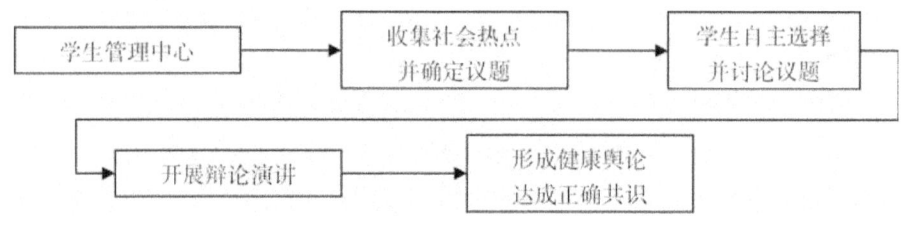

热点思辨项目流程

项目四：课题调研（自主课题、共建课题）

以社会实践（调查、考察等）、课题研究的方式，学生自主或与华政大学生、研究生合作开展相关的研究，通过项目选定、问卷调查、数据统计等环节，培养学生发现问题、分析问题与解决问题的能力。项目流程见下图：

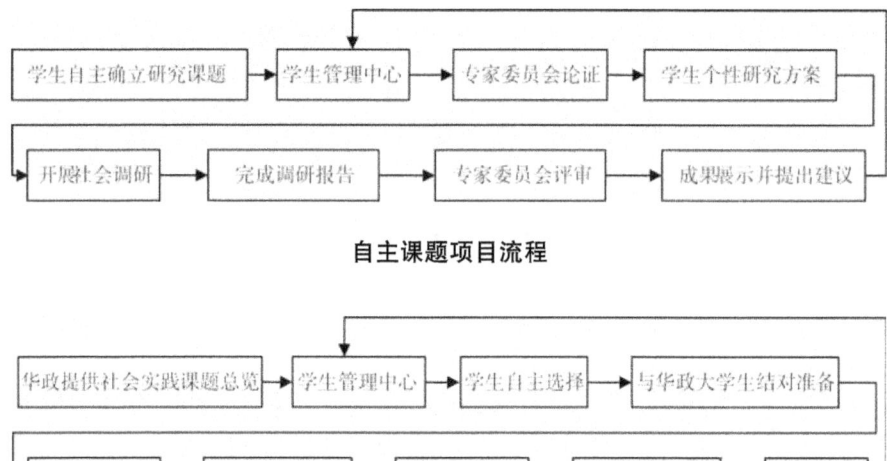

自主课题项目流程

共建课题项目流程

项目五：事务实践（学校事务、社区事务）

为学生参与学校管理和社会事务工作提供平台，学以致用，从而充分调动与发挥学生的积极性，培养学生的责任意识和奉献精神。如学校升旗手公开招幕、体育活动器材由学生会文体部自主管理等。项目流程见下图：

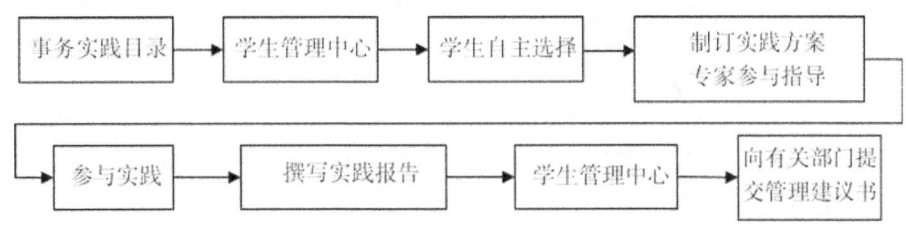

事务实践项目流程

(5) 实验项目评价

"明德尚法"实验室实验项目评价纳入学校课程评价系统，突出学生学习方式的转变和学习过程的评价，重视"明德尚法"核心素养的导向评价。

结合实验项目特点，设置相关荣誉称号：

个人荣誉称号：华政附中"明日法治之星"、"辩论之星"、"首席学生法官"、"最佳学生律师"、"首席学生公诉人"等。

集体荣誉称号：华政附中"最佳法治社团"、"最佳法治课题组"、"最佳辩论队"、"最佳竞赛团队"、"法治实践先进集体"等。

大学生荣誉称号："优秀大学生辅导员"、"优秀志愿者"等。

指导老师荣誉称号："优秀指导老师"等。

3. "明德尚法"实验室建设成效

(1) 初步完成"明德尚法"实验室建设

学校"明德尚法"实验室由四个实验室组成，总面积380平方米。

实验室1：主要开展模拟庭审、模拟听证、模拟立法等项目实践。

实验室2：主要开展热点辩论、课题研究、模拟仲裁等项目实践。

实验室3：主要开展实验项目培训、项目流程学习等项目实践。

实验室4：主要开展心理分析与疏导等项目实践。

(2) 师资队伍建设初显成效

华政附中在华东政法大学的支持下，逐步探索延伸高校教育资源，融合共赢，实现具有"五位一体"特质的大学附中育人模式建构，并形成了特有的师资队伍。

① 借力高校，组成一支逐渐壮大的优质高校师生指导团队

成立华政导师工作室。聘请华政资深教授、专家为导师，主要参与指导"明

德尚法"实验室建设、指导实验项目(课程)开发、举办讲座和参与项目指导。指导教师团队中,华东政法大学教授从原有的10位发展到36位。

组建大学生辅导员工作站。每年聘请60余位华政大学生、研究生、法律援助中心志愿者参与学校课程建设,指导专题教育、课题调研、法治活动、社团活动等相关课程的实施。

② 挖掘资源,建立特色课程专家资源库

与社会相关单位共建,建立"明德尚法"实验室活动基地,开发实验项目,储备专家资源。学校先后聘请市人大办公厅、一中院、二中院、市教育监督事务所、普世律师事务所、长宁区教育局等单位的相关专家,指导学校实验项目(课程)开发与运作,提供实践基地活动指导等。

③ 外援加自培,形成复合型教师队伍

依托高校资源,与华东政法大学各层面结对,形成部门、教研组和年级组、学生团体三个层面的实验项目(课程)开发、师资培训共同体,开设"笃行致知,明德崇法"专家讲座,促进教师的复合型专业发展。

(3) 实验项目案例与成果

① 模拟立法,关注社会生活

基于高二思想政治课中"宪法"的教学,结合社会立法进程如"养犬条例"的修订,或针对社会热点问题如学校午餐管理是否应该立法,开展模拟人大立法活动,并向市人大或市教育局等提出立法建议。

② 开展校园听证,促进民主管理

2010学年起,学校开展对小组合作学习模式的探索与实践,成效显著。但也有一些问题显现出来,如小组合作学习是否影响学生的独立思考、小组合作学习是否影响教学进度等。通过多方参与的听证会,集思广益,找到了优化课堂的十条建议。

③ 民主制定班规,推进自主管理

邀请华东政法大学专家、研究生给予班规制定的全程指导。每个班级成立班规制定委员会和监督、仲裁委员会,组织问卷调查,拟定班级班规制定流程,通过校园立法的形式开展班规的民主制定,并民主监督班规的实施,定期修订。通过研究法律与学校规章制度之间的关系,师生间相互商讨班规的内容、制定的程序、实施监督方式等。学生在提升班级自主管理水平的同时,也提高了民主法制意识。

④ 模拟法庭实践,提升法治素养

在华政事是学社的指导下,法制社团与法院、检察院合作选择校园案件或未成年人刑事案件开展模拟成人或未成年人庭审活动。庭审前组织全校学生学习案例,参与者自编剧本,在华东政法大学教授和法院、检察院专家指导下,学习庭审流程和相关法律,自行组织排练。全校师生观看模拟法庭庭审展示,庭审后组织研讨总结。

⑤ 校本教材

校本教材有《学生法务小词典》《从零到壹学辩论》《中外法制简史》《生活与法(高中版)》《生活与法(初中版)》;讲义有《逻辑学初步》;实验手册有《模拟立法》《模拟听证》《模拟庭审》《班规制定》。

⑥ 获奖情况

学校被评为全国特色学校,同时被命名为长宁区青少年法制教育基地。"打造'明德尚法'实验室——高中特色课程载体的实践研究"(陈建伟)获长宁区第十届中小幼德育工作研讨活动论文一等奖;学生课题成果"宠物犬排泄物污染环境问题的调查报告和建议"获上海市青少年科技创新大赛优秀青少年科学论文一等奖,等等。

创新素养的培育需在"二期课改"的基础型、拓展型、研究型三类课程的框架下,围绕创新素养培育目标不断创新和完善。学校在提高整体架构课程的意识和能力的同时,要保持培养目标、课程设置、课程实施与效果评价的一致性。在创新素养的培育过程中,学校可以围绕薄弱环节重点突破,比如高阶思维的培育、自主实践体验活动和行动学习等。为了课程的有效落实,学校通过编制课程手册(课程纲要)、研制活动流程、建设活动基地等来进行保障。

第六篇　高中学生创新素养培育的模式与学业管理

创新素养培育试验,是一种学生培养模式的改革,它是一个综合概念,包括课程设置、学业评价、运作方式和管理机制等育人的多个重要环节,其中课程设置是核心,说到底课程结构及其实施要求决定了培养模式的确立。本书前两部分已经对课程设置及教学实施做了充分阐述和翔实的案例说明,比如课程的丰富模式、加速模式和能力分类模式等,每一种模式都对创新素养培育的整体实施提出了决定性要求。所以,本章将集中提炼和分析学校和区县在推进创新素养培育过程中,采用的运作模式和管理机制等,概括起来主要有四种,分别是专设试验班模式、全体与部分相结合的金字塔模式、校际联动模式以及区域推进模式。

一、专设试验班模式

专设试验班模式,是指通过多种方式识别和遴选学生后将其集中起来,在普通班之外成立专门教学班,以班级为单位开展教育教学活动。不少项目学校,如上海中学、华东师大二附中、上海交大附中等都采取这种模式。试验班的课程学习既有加速的,也有丰富内容与经历的,比如有的科目三年的内容两年内学习完毕,第三年学生可以开展一些专题研究。这种模式类似于台湾地区的集中式资优班。

专设试验班模式面临一些共性的实践课题,比如试验班学生的遴选、试验班的学程设计与学业管理、试验班教师遴选与培养、试验班的教学资源开发与利用、试验班学生的考核与评价、专设试验班培养的效能评价等。

（一）试验班学生的遴选

举办创新素养培育试验班，面临的第一大挑战就是学生遴选。如何开发一套科学的手段识别并挑选出适合的学生，这也是一道世界教育难题。上海项目组曾专门到我国台湾等地考察资优教育，发现台湾资优教育的对象有六类，分别是：一般天赋优异（智商较高）、艺术才能优异、学术性向优异、领导才能优异、创造性能力优异，以及其他类型优异的学生。台湾采用了多元化的评鉴方式鉴别和选拔学生，这些方式概括起来分两大类，一类是正式的评鉴，包括智力测验、性向测验、成就测验、实作评量、创造力测验；另一类是非正式评鉴，包括的手段是观察量表、推荐信、面试、观察课程、竞赛记录、作品等。学生的鉴别在程序上，一般要经历四个环节，即观察推荐、初试、复选和鉴定。以缩短修业年限为例，其需要的鉴别如下：第一，教师的观察记录：内容可包含学生学习特质、特殊学习表现及教师观察评语等。第二，学生家长的观察记录：内容可包含家居生活情形、学习状况、亲子互动情形、家长管教态度等。第三，平时学科（领域）成绩记录：学科（领域）学期成绩及校内各项评量成绩。第四，学科（领域）成就测验：各校参酌现行课程标准（纲要）所制订之学习发展目标为依据，自选或自编测验内容实施。第五，社会适应行为评量：内容可包含平日与同伴互动的能力、适应新情境的能力、压力调适及自我管理能力等。第六，特殊表现记录：内容可包含学生参加校内外竞赛、展演、创作、领导活动等特殊表现之记录。台湾资优教育有加速模式、丰富模式和能力分组模式，如何给学生进行能力分组，如何确定加速与否，这是台湾地区面临的难题，也是台湾资优教育争议较多的领域。

与台湾相似，上海普通高中专设试验班的培育模式，最大挑战之一来自学生的甄别和发现，如何研制学生甄选标准、选拔出来的学生是否真正能适应试验班的学习、试验班内学生所学能否成为其将来从业的志向等，这些都是试验单位不可回避的挑战，学校和区县对此开展了颇有针对性的实践探索，并显现出阶段成效。

1. 上海中学科技创新教育试验班学生的遴选

上海中学创新素养培育实验项目自2008年5月开始，初步形成以聚焦志趣、激发潜能为导向，以夯实学生个性化知识构成的高度选择性课程体系与专门领域课程整合为载体,以聚焦一定领域、基于数字平台的课题与项目研究培养学生创新精神与实践能力为重点,以广泛实质性利用社会资源为助推力的创新人才早期培育新路。围绕上述新路的四个方面采用专设试验班的强化模式(设置科技试验班与数学试验班)与一般模式(对平行班学生进行以学校课程图谱构建为突破的探索)加以推进,三年里实验设计人数1151人,其中每届一个科技试验班(三年共127人)、数学试验班(三年共112人)。

学校形成了创新人才早期识别与培育的四个维度八个核心衡量指标,并在实践中得到了印证。

创新人才早期识别与培育的四个维度八个指标

四个维度	八个指标
激活内动力	责任与思想境界
	兴趣与潜能的匹配
养成创新思维	思维的批判性
	思维的深刻性
养成创新人格	坚忍性
	专注度
基于聚焦志趣领域发展指向性	个性化的知识构成
	基于一定领域发展的可持续性 (学科悟性、专业智慧、数字技术与专门领域的整合创新)

上海中学的试验发现,聚焦志趣是高中生主动寻求兴趣与潜能匹配点,开发自身潜能的重要前提。对有发展潜质的学生在高中阶段应关注他们的学习志、趣、能统一,激活他们内在发展动力。孩子对潜能认识、开发存在着迷茫期、飞跃期、高原期。在聚焦志趣、激发潜能的过程中,应注重采取多种措施引导学生快速走出迷茫期、高原期,持续产生飞跃期,使他们得到应有的、切合个性的飞速发展。

上海中学的试验,带给学校的启发与思考是:① 如何科学地进行早期识别与培育。如今集中于教育学、心理学角度的理论很难深入到专业领域去研究创新人才早期培育的规律。有必要从脑科学、神经科学等专业领域方面的科学认识出发来探究拔尖创新人才的识别与培育。② 如何推进考试评价的改革。第一,学科领域具有一定的专业性,应由专门考试机构承担,而高校应在对非学科领域与识别学生学科潜能上进行相应的测试与评价。第二,以分数线性排序的绝对评价应逐步转变为基于素质的相对评价。第三,基于共同知识领域的考试,应逐步过渡到分不同领域的考试。

2. 上海交大附中科技试验班培养对象的选拔

学校从初中阶段在工程学、环境科学、生物学、数学、物理学、化学及信息学方面表现突出,具有创新意识,具有社会责任感和为追求理想和真理不屈不挠精神的学生中选拔出一批优秀学生作为培养对象。通过高中三年的培养,使其创新品质能得以显著提升,并能形成一种人才培养的长效机制。

学校对"科技试验班"学生的选送采用"下延上接"的模式,对"科技试验班"学生的选拔,学校力求从一般意义上的"尖子"选拔与再加工的旧模式中解脱出来,尝试一种新的选拔模式。主要通过上海市搭建的各类中学生科技竞赛、科学实践活动等平台从中选拔一批综合能力较强、创新潜质突出、具有特长的学生作为重点培养对象,与交大专业衔接进行对口培养,并且通过这批学生带动学校的科技创新氛围,吸引其他班级同学向这个群体流动。

与此同时,学校也定点挂钩几所具有办学特色的初中学校和少科站,由它们推荐优秀学生,学校对推荐生进行必要的基础知识的测试、科技技能测试和面试,对其进行先行的了解和考察。

科技试验班的各项测试

项目	基础知识测试	科技技能测试	面试
目的	了解培养对象必要的基础知识储备	了解和考查培养对象创新意识和动手能力	了解和考查培养对象的情感、思维表达、团队协作等情况
内容	数学、外语、物理、化学	动手实践能力测试或科学研究基本素质和能力的考查	设计各类讨论题,以科技知识为主
形式	笔试、英语口试	个人设计、制作或以设计的相关问题进行测试	无领导座谈

另外一种方法是,针对学校与上海交通大学挂钩衔接的专业领域对学生的特长进行认定。

学校与上海交通大学主要衔接专业

工程科学	机器人、航模、汽车
生命科学	生物化学、环境保护、基因工程
信息科学	信息安全、软件设计、嵌入式系统

综合以上几方面考查结果,在学生自愿的原则下,最终确定出综合素质优秀、创新潜质突出、具有特长的40名学生组成"科技试验班",作为创新型人才重点培养的对象。

学校与上海交通大学对学生的学业水平、创新能力和创新成果要进行全方位的跟踪考察,在培养机制方面形成必要的流动,培养对象并非固定不变,会根据其实际发展情况进行调整。

经过一轮实践和探索,初步形成了上海交大附中科技试验班人才选拔的基本模式。这种模式有四大要素:① 前期创新能力评价。主要通过上海市搭建的各类中学生科技竞赛、科学实践活动等平台从中选拔一批综合能力较强、创新潜质突出、具有特长的学生作为重点培养对象,与交大专业衔接进行对口培养。② 基础知识测试。交大专家和学校教师根据相关要求自主命题,全方位考察学生的科学、人文素养。③ 动手操作测试。考察学生的动手操作能力。④ 专家综合面试。根据学生的兴趣爱好情况,组织有交大专家、外国语教师、科技与社会科学类教师参与的综合面试,考察学生的思维能力、语言表达能力与综合素养。

3. 曹杨二中创新素养的识别与遴选

"创新素养的早期培育"强调的是"创新素养",实施的是"早期培育",面向的是"塔基"。所谓"塔基"是指两个层面上的学生:一是具有"拔尖"潜质的部分学生;二是"全体"学生。没有"全体"的培育,学校就没有氛围,"拔尖"潜质的学生就"拔"不出来。所以,"早期培育"就是前面谈到的"基础性、全面性"。为此,两个层面(拔尖和整体)的"创新素养的早期培育"都要抓,两手都要硬,两手都要真。高中阶段的"创新素养的早期培育"并不是把大学的事情简单拿过来做,也不是简单地做一两个"创新实验室"就能完成的。

在全球范围比较,学校内国家的社会人文类拔尖创新人才相对太少,而且普通学生的社会人文素养的培育也没有得到充分的重视。有些创新素养会被现在的高考应试所扭曲和抑制,特别是学生的人文创新素养难以在现有的教育模式下得到充分的培育。相比之下,全美一流大学录取新生所倚重的主要指标有 SAT 成绩(关注逻辑推理能力的数学、阅读写作听力等语言综合能力)、中学的日常成绩积点、中学的综合评价(社会责任、个性特长与实践能力)和社会公平(对弱势学生的倾斜)。而学校的语言综合能力(阅读、写作、听力)、社会责任、个性特长与实践能力是难以在高考中得以充分体现的,这对于学校进行创新素养的早期培育是极为不利的。市教委为了推进高中阶段创新素养的早期培育实验工作,在政策层面上给予实验项目学校 20% 自主招生的权限。同样的,学校自主招怎样的学生、几个创新试验班各自应该着重培育学生哪些素养,成为学校推进项目实验的又一瓶颈。

于是,归纳创新人才在中学阶段的潜质特征,研究创新人才的甄别、遴选方式,尝试具有曹杨二中特色的创新素养的甄别与遴选新机制,既是学校建立健全有利于创新素养培育的教育教学制度的第一个突破口,又是学校研制课程图谱的理论支撑和基础工作。

学校通过反思社会人文类拔尖学生培养过程,跟踪调查研究;同时,参考国内外一流高校社会人文类教育专家、名师的研究成果,研究社会人文大师的成长之路,发现社会人文大师在中学阶段的潜质特征与其他类型的拔尖人才在中学阶段的潜质特征,既有共性又有个性。

(1) 共性方面

① 强烈的社会责任感;② 优异的性格特征;③ 浓厚的学习兴趣;④ 独立的思辨能力;⑤ 良好的思维品质;⑥ 超常的自制力;⑦ 持久的专注力;⑧ 灵活的迁移能力。

(2) 六大类别的创新素养

① 科学类:重发现,离不开数学,是数学原理和具体学科背景的结合,是数学应用的能力和建立模型的能力;

② 技术类:重发明、重应用,解决问题,提高生活质量;

③ 工程类:调查问题的需求,把需求做成工程程序、科学成果,先做小样品,实验能否工业生产,是否可以量化生产。管理工程很重要,强调时间效益成本

问题、人力问题等,应用数学和程序设计占很大部分;

④ 经济类:金融创新、数学模型;

⑤ 人文类:思想,自成逻辑体系,能解决或解释现实问题与现象,关心人的精神世界,如人的认同感、人的幸福感、人的价值提升问题,以及宗教信仰问题,涉及人的价值终极关怀;

⑥ 社会类:问题调查和建立数学模型解决问题。

可见,无论哪种类别,从学生终身发展看,最重要的创新素养是数学素养和人文情怀。

(3) 社会人文类拔尖人才的个性特征

① 宽泛的知识视野:对于社会人文以及自然科学知识的了解与掌握在广度与深度上比同龄人更进一步。

② 崇高的普世情怀:对社会、人类、自然、自我的特别关注与追求永恒价值。思考习惯超越具体人伦事功,超越有限存在,立足现实而超越现实,遵循历史而超越历史,遵循规则而超越规则。

③ 浓厚而持久的社会人文领域的特殊兴趣:社会人文领域的特点决定了从事社会人文领域研究是要有恒心和耐心的,淡薄功利。浓厚而持久的兴趣是在这一领域获得成就的重要因素。

④ 奇思妙想的智慧:奇思妙想的智慧更多表现为对同样的事实、现象有不同的观察视野,早想一步,多想一步,超越主流。

⑤ 良好的学习与运用语言的能力:外语(英语、德语、法语等)成绩优异,能阅读外文资料,主动吸收多元文化的营养,具备初步的国际视野。

⑥ 流畅的写作表达能力:最重要的是能通过写作,流畅地表达自己的真实感受和独立见解,辞达意、文明理。

4. 上海师大附中创新教育试验班学生的遴选

根据试验班学生遴选的目标,学校计划选拔一批思想素质和心理素质好,对科学探究有浓厚兴趣、发展潜力较大的优秀初中毕业生参与"创新素养培育实验项目"。

(1) 学生的选拔和培养力求有别于传统意义上的理科班模式,改变通行的单一考试模式,对学生的综合素质提出更高要求。为了使一批具有创新潜质和发展潜能的优秀初中毕业生进入学校学习,学校拟定"上海师大附中自主招生

选拔考试(面试)评价维度表",评价主要基于以下四个维度:

① 创新思维(思维是否具备独立性、质疑性及发散性);

② 阅读技能(理解的准确性及表达的自主性);

③ 实践能力(在具体情境中解决或解释问题的能力);

④ 整体印象(在面试过程中体现出来的机敏性、心理的稳定性、积极的人际沟通能力等整体印象)。

上海师大附中自主招生选拔考试评价维度表

四个维度	维度总分	具体分值评价的参考标准
创新思维	3	3分 思维具有鲜明的独立性、质疑性和发散性
		2分 思维具有独立性、质疑性和发散性的倾向
		1分 思维的独立性、质疑性和发散性体现不明显
阅读技能	3	3分 能准确且全面地获取并理解文本包含的信息,流利作答,有自己的观点和评价
		2分 能获取并理解文本包含的关键信息,但有错误、有欠缺
		1分 基本作答,但不能把握住文本包含的关键信息
实践能力	2	2分 结合情境,能迅速找到理论依据对现象做出科学的解释;或提出合乎实际的、有效的解决问题的方案
		1分 能找到相关理论依据并做出相关解释,但有欠缺;或提出的解决方案不能完全解决问题
		0分 解释缺乏理论依据,方案与问题解决没有关联
整体印象	2	2分 应变机敏,心理稳定,人际沟通能力强;言谈举止等体现出较高的综合素质
		1分 应变的机敏性、心理的稳定性、人际沟通能力、言谈举止等一般
		0分 应变的机敏性、心理的稳定性、人际沟通能力和言谈举止等存在明显的偏差

(2) 学校认为,创新人才在心理、行为与思维方式上,有着特定的创新品质。基于学校对创新素养的基本认识,学校将对学生的创新心理、行为特征、思

维品质和知识结构等予以高度关注,以更早、更准确地发现科学创新的苗子。因此,在选拔过程中,学校将依托华东师大与上海师大的相关专家,对考生进行心理特征、思维特征、行为倾向方面的测试与考察。

(3) 遴选专家由学科教授、创造与创新研究方面的专家、本校有经验的特级教师等人员组成,以确保选拔的权威性与准确性。

5. 延安中学试验班学生的遴选

(1) 试验班学生的选拔要求

对试验班学生在个人综合素养方面上重点关注两个方面:① 学生自主学习意识、知识综合应用意识、问题的探究意识和表达能力等;② 学生的好奇心、观察力、思维敏捷度、创新潜力和创新思维品质。

2010学年,学校重点关注以下三个方面:① 知识综合能力测试;② 自主学习能力测试,包括网上递交对创新学习和发展的感想、对新知识的学习和检测;③ 实验实践能力测试:物理、化学、生物各一个自选实验项目的动手实验测试。

2011学年,在2010学年的基础上有所调整,对所有报名的学生直接面试,每次15分钟,重点关注学生的自信心、学习兴趣、学习能力和做事的毅力,学校综合考虑录取。

2012学年,采取学生自主报名,根据基础学习水平测试进行随机编班,重点关注学生的自我发展需求、自我评价、学习兴趣。举办"中学生创新素养培育实验项目夏令营",在活动中观察学生习惯、团队协作能力等方面表现。

(2) 遴选方法

学生登录学校校园网,完成网上报名和注册,表明自己参加试验班的强烈愿望。

2010学年,学校举行"创新素养培育实验项目"的测评面试。重点关注以下三个方面:① 知识综合能力测试;② 自主学习能力测试,物理、化学、生物各一个自选实验项目的动手实验测试;③ 对初选的学生进行综合面试,参加交大教务处的专家团的面试,择优录取。

2011学年,对所有报名的学生直接面试,每位学生参加两次与延安中学资深教师的面谈,每次15分钟,面试教师背对背打分,学校综合考虑录取。

2012学年,采取学生自主报名,根据基础学习水平测试进行随机编班,组建了两个各40人的试验班。举办"中学生创新素养培育实验项目夏令营",在活动中观察学生习惯、团队协作能力等方面表现。

6. 华东师大二附中建立科学的选拔机制

二附中的创新拔尖人才培养主要通过组建"科技创新试验班"进行,为保证创新人才培养的质量,学校将建立一套科学完善的人才选拔机制。即在政策允许的情况下,二附中面向全市自主招生组建"科技创新试验班"。在全市初中应届毕业生自愿报名的基础上进行选拔。具体包括:

(1) 自愿报名。

(2) 基础学力测试:组织综合能力测试(学科+科技素养),学科涵盖初中语文、数学、英语、政治、历史、地理、物理、化学、生物和计算机等 10 个科目,着重考查学生基础知识的掌握及综合运用学科知识的能力(如由市组织,则不再进行)。

(3) 综合素质面试:由二附中组织部分教师及高校专家形成评审小组对考生进行面试,着重考察学生的表达能力、思维品质、人格特质、心理素质等。

(4) 录取:根据前两项测试结果并参考学生初中阶段综合表现择优录取。

(5) 特别录取:将选择部分优质初中校作为生源基地和试验联合校,通过原学校推荐与自主招生相结合的方式挑选部分具有科技特长的优秀初中学生。初中阶段在市级以上学科竞赛、科技创新大赛中获奖的学生将优先考虑。

(二) 学程设计与学业管理

学程设计与课程体系架构同等重要,没有科学的学程设计,再完美的课程体系也难以发挥应有的价值。试验班的学生大多数都体现出超越同龄人的一面或多面,因而为这些学生提供适合他们学习兴趣、学习特点和学习节奏的课程体系、学程设计和学业管理尤其重要,对他们来讲,创新素养培育就是个别化的、个性化的教育。

1. 上海师大附中创新学程总设计

(1) 功能定位

课程是教育者和受教育者通过主体性教育活动促进学生发展的媒介。学校应树立课程创新的理念。课程功能的定位是"学力",目的在于服务于学生发展"21 世纪社会所需求的能力",即"学习者自身去创造新知识框架的能力"。主要定位于对方法论知识、价值性知识的把握和创造性思维能力、语言表达能力、实践能力的形成。学校课程选择的内容应从原来的"囊括式"向"精选式"转变,以求学校课程的内涵提升。课程建设的根本任务是"为学生创新素养的健康发展搭建教育平台"。

（2）建构落实

学校的课程建设基于学生创新素养发展的内部系统动态发展的理解，帮助学生站稳"创新人格"的基石，以"创新思维"和"创新实践"为创新素养的发展主线，建构学校课程。

创新人格："人文关怀"课程，主要目标在于培养学生认识自我与关怀社会、服务社会的胸怀，并建立起与外部世界和人群的积极联系和积极互动。在此过程中，清晰创新的动机、坚定创新的意志等。

创新思维："创新思考力"课程，服务于学生创新思维的发展。

创新实践："创新实践力"课程，主要目标在于将"创新想法"转化为"创新行动"或"创新成果"，在创新的过程中历练和提升创新思维，培育增进创新的关键能力。

（3）课程框架

在国家课程活化（教师通过对国家课程标准、教材的研究和校内外课程资源的开发，把国家课程转化为学校、教师、学生实际的具有现实性、可行性的有效课程）的基础上，学校以学生创新素养培育过程中的人文关怀、创新思考力发展、创新实践力发展为三个主要维度，着力开发以下学校课程：

① 人文关怀课程：人类发明史课程、有效人际沟通课程、生涯规划课程、创新人才心理品质养成等。

② 创新思考力课程：创新综合认知课程、高阶思维训练课程、SDP课程等以学科为载体的各学科领域的创新思考力课程等。

③ 创新实践力课程：

a. 以学生实际的"问题过程"为抓手实施。金点子——高孵化——出成果——重展示，注重学生创新行为的实际产生和发展过程，生成符合学生需求的"学生创新行动"校本课程。由学生提出课程开发的领域和方向，赋予学生自主选择和开发课程的权利。

b. 以教师或导师的专业领域为背景指导学生进行主题探索，进行研究动机和目的探讨、研究方法设计、实验结果分析讨论，并完成学习报告的撰写等。

c. 理科动手实践类课程，主要以剑桥科学实验类课程为蓝本。

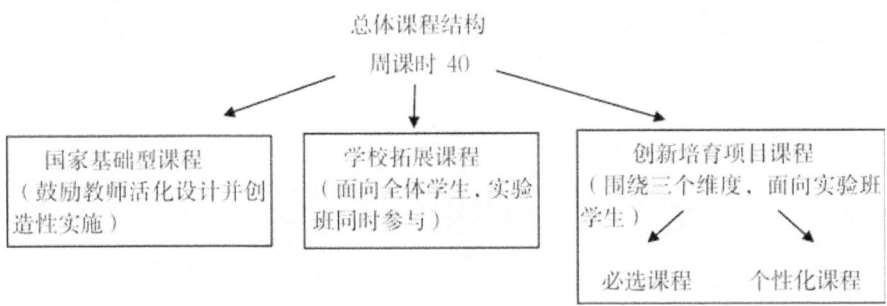

三大维度创新项目课程体系

维度1　人文关怀——创新人格养成

课程名称	课程内容和特色	课程实施
人类发明史课程	人类发明经历的主要历程、重大技术发明见证了文明的演变、人类技术发明蕴藏着神奇的规律等，对今天建设创新型国家有着怎样深刻的启迪意义，多角度展开教学	高一学段必选 周课时1节
生涯规划课程	帮助学生了解自我、认识自我、实现自我。设置专门的学习领域(如心理学、职业教育与指导)，同时也要求学生根据自己的兴趣和能力自行设计在校期间的个性化课程计划等	高二、高三学段必选 周课时1节
有效人际沟通课程	沟通是生活的本质，帮助学生了解沟通的原理，找出组织沟通中的障碍及克服方法，认知有效沟通的重要性及核心定义，掌握有效沟通的方法。训练聆听技能，了解人际风格的特点，掌握不同的应对技巧，认知沟通中的冲突问题，学习有效处理的方法	高一学段必选 周课时1节
景观文化课	学校传统特色课程，利用长三角地区的各种自然景观和人文景观。在景观中沉醉，在文化中沉思，在综合实践中达到"德美一体、寓德于美"的境界。强调综合学习，培养学生的责任感与使命感	高一、高二学段均设有一周的景观文化课
创新讲坛 (以华东师大与上海师大教授为主)	围绕创新人格、心理、知识结构等问题，设计互动性的讲座与对话。培养学生科学创新的志趣与热情，从心理、行为与人格等方面培育学生的创新素养	高一、高二学段 每月举行一次 高三学段 每周一次(以不同学科为载体呈现)

维度 2　创新思考力——发展学生创新思维为主

课程名称	课程内容和特色	课程实施
高阶思维培育课程	高阶思维能力集中体现了知识时代对人才素质提出的新要求，是适应知识时代发展的关键能力 高阶思维在教学目标分类中表现为分析、综合、评价和创造。高阶思维是高阶能力的核心，主要指创新能力、问题求解能力、决策力和批判性思维能力	高二学段、高三学段必选 周课时 1 节
SDP 国际课程	由欧盟教育基金会与剑桥考试委员会合作开发的国际课程 主要针对中国学生的拓展国际视野，加强国际文化的理解；培养学生的批判性思维能力；培养学生的企划能力和企业家素质	高一学段必选 共 120 课时（包括学生自主学习的课外时间）
数学的创新思维与素养	数学文化、数学思想、数学应用和数学建模 强调数学在科学研究中的基础功能；强调以数学的思维方式处理问题；培养学生良好的思维品质	高一、高二学段必选 周课时 1 节
辩论与演讲	辩论与思维；辩论与语言；辩论技巧 培养学生的理性思维习惯；培养学生的批判性思维；培养优雅且有效的表达习惯与能力	高二学段必选 周课时 1 节

维度 3　创新实践力——发展学生创新实践能力、动手操作能力为主

整合校内外的各类资源，以"问题研究和解决"为主导，以"课题及项目"为驱动力，引导学生开展实践类研究和学习。

课程名称	课程内容和特色	课程实施
剑桥科学实验课程	物理、化学、生物及计算机信息领域的实验设计 强调实验数据的处理和分析、实验方案的设计，强调实践与运用并自主解决问题的能力，为学生开展进一步的项目研究打好能力基础	高一（物理、化学）必选 周课时 1 节（不同学科单双周交替实施） 高二（物理、化学、生物、计算机）必选 周课时 2 节（不同学科单双周交替实施）

(续表)

课程名称	课程内容和特色	课程实施
现代生物技术（上海交通大学生命科学教研室）	组织培养；植物选育与优化；实验动物解剖 培养生命与环境意识；了解现代生物技术的前沿信息；生物实验的技能与方法	多以"个性化课程"的形式提供给学生选择 面向高一、高二的试验班学生 高一每周约4课时 高二每周约3课时 （不包括课外时间） 体现弹性课程的特点
基因技术（交大微生物功能基因组研究室）	生物技术与环境修复；基因与疾病治疗；可再生能源制造；人工控制转基因研究 了解基因技术的前沿动态；掌握基因技术研究的基本原理与方法	
天文观测与探究（佘山天文台）	学习天文知识；学习天文观测的方法；分析天文变化对地球气候、人类生存环境等影响 激发学生探索未知的激情和欲望；学习自然现象（危机、灾害）的预测与预防	
机器人（上海第二工业大学自动化控制研究所）	机器人设计；自动控制程序的开发 强调动手实践能力的培养；强调学科知识的综合运用	
纳米技术（上海大学纳米科学与技术研究中心）	纳米新材料的发明和创造；纳米技术与细胞分子生物学；纳米电子技术 了解纳米技术前沿动态；探索纳米技术在现实生产与生活中的运用	
水环境保护（与上海师大生环学院合作建立"水环境实验室"）	污水处理的原理；处理设备的使用；数据的采集分析；河道污水处理方案的设计 培养环境意识；自主设计实验方案；强调数据的收集与处理	
DIS实验项目	计算机技术与物理实验的整合 强调学科整合；强调信息技术在学科学习中的运用	
手持技术与课程整合实验	能借助手持技术解决计算、绘图、数据分析、预测估计等问题	
折纸数理学	折纸中的数学知识；折纸中的物理实验原理 培养动手能力与想象能力；在动手中培养探索和创新能力	

(4) 课程实施

① 精心设计课程实施方案,保证国家课程与学校自创课程的比例达到 1∶1。

② 采用走班制、导师制等多元教学组织方式,为培育创新素养提供更大、更自由的空间。

③ 建立有效的课程评价与反馈机制,以便及时改进课程,保证实验项目积极、稳妥、高效地展开。

上海师大附中试验班学程安排

年级与科目	周课时与课程名称	基础课程	拓展课程		创新素养培育项目课程
			课时	课程名称	
高一年级	语文	3	1	古诗文阅读、经典美育、韩柳散文阅读、汉字与中国文化	必选 5 课时: 剑桥国际技能拓展课程(SDP 课程) 剑桥理科实验课程系列(物理、化学) 有效人际沟通课程 数学创新思维课程 人类发明创造史 个性化课程 4 课时: 各类自选创新实践力项目课程
	数学	3	1	学科知识拓展和能力提高(竞赛方向):数学文化、数学技术	
	英语	3	1	学科知识拓展和语言交流(竞赛方向):英语文化、英语经典阅读、英语音乐剧欣赏	
	物理	2	1	学科知识拓展和实验探究(竞赛方向):生活中的物理	
	化学	2	1	学科知识拓展和实验探究(竞赛方向):生活中的化学	
	生命科学	2	1	学科知识拓展和实验探究(竞赛方向)	
	信息科技	1	1	学科知识拓展和程序设计(竞赛方向):Photoshop 图片处理、机器人 EI、VB 程序设计	
	其他学科	8		合计周课时:40=16(国家)+8(国家)+7(拓展)+9(培育)	

(续表)

年级与科目	周课时与课程名称	基础课程	拓展课程 课时	拓展课程 课程名称	创新素养培育项目课程
高二年级	语文	3	1	《红楼梦》文化谈、古典诗歌鉴赏、《史记》选读	必选课程6课时：剑桥理科实验课程系列（物理、化学、生物、计算机）高阶思维训练课程数学创新思维课程生涯设计课程辩论与演讲 个性化课程4课时：各类自选创新实践力项目课程
高二年级	数学	3	1	学科知识拓展和能力提高（竞赛方向）：数学建模、数学应用	
高二年级	英语	3	1	学科知识拓展和语言交流（竞赛方向）：科技英语、英语音乐剧欣赏与排练	
高二年级	物理	2	1	学科知识拓展和实验探究（竞赛方向）：物理实验优化设计	
高二年级	化学	2	1	学科知识拓展和实验探究（竞赛方向）：生活中的化学、化学实验优化设计	
高二年级	生命科学	2	1	学科知识拓展和实验探究（竞赛方向）：生命探究	
高二年级	周课时数	15	6	孙子兵法与商战、陶艺、天文观察等	
高二年级	其他学科	9		合计周课时：40＝15（国家）+9（国家）+6（拓展）+10（培育）	
高三年级	语文	4	3	古诗文阅读、古典诗歌鉴赏、《史记》选读	必选课程3课时：生涯设计课程高阶思维训练创新讲坛 个性化课程2课时：各类自选创新实践力项目课程
高三年级	数学	4	3	学科知识拓展和能力提高（竞赛方向）：数学建模、数学应用	
高三年级	英语	4	3	学科知识拓展和语言交流（竞赛方向）：科技英语、英语经典阅读	
高三年级	物理	4	3	学科知识拓展和实验探究（竞赛方向）：物理实验设计	
高三年级	化学	4	3	学科知识拓展和实验探究（竞赛方向）：化学实验设计	
高三年级	生命科学	4	3	学科知识拓展和实验探究（竞赛方向）：生命探究	
高三年级	周课时数	16	12	孙子兵法与商战、陶艺等	
高三年级	其他学科	7		合计周课时：40＝16（国家）+7（国家）+12（拓展）+5（培育）	

(5) 学分管理基本思路

① 基础型课程以通过上海市学业水平考试合格为标准；

② 限定拓展型课程和限定研究型课程由学校统一安排学习，成绩合格获得相应统一的学分；

③ 自主拓展型课程由学生自由选择学习，成绩合格取得相应规定的学分；

④ 自主研究型课程既可以让学生选择学校研究性实验室平台提供的课题，也可以自主选择课外研究的课题，通过自主申报、科研室批准，进行自主研究学习，并有结题或有评奖成果，可以获得相应的奖励学分，可以免修相应学分的自主拓展型课程。

上海师大附中学分管理细则

拓展型课程	限定性拓展课程	科目	学分	研究型课程	限定性研究课程	科目	学分
		经典阅读	4			景观文化课程（一）	2
		英语文化	2				
		数学素养	2			景观文化课程（二）	2
		合计	8			合计	4
	自主性拓展课程	科目	学分		自主性研究课程	研究课题学习	每完成1个课题研究奖励4学分
		语言人文类	4				
		科学技术类	4				
		艺术体育类	2				
		合计	10				

2. 上海中学科技教育试验班的学程设计

上海中学科技教育试验班学程依托学校的高选择性的课程体系，以"志、趣、能"合一为特色，并以夯实学生的个性化知识构成为突破，对学生进行分类培养。科技试验班、数学试验班采用基础课程（一年半学完基础课且数理化实行双语双课本教学）、专门课程、探究课程三位一体的课程结构。科技班专门课程分物理、化学、生命科学、工程、信息科技等五个专门方向，探究课程关注基于专门课程学习基础上的课题、项目研究，重在知识铺垫、志趣引领、思维训练；数学班的专门课程、探究课程则注重小班化学科竞赛辅导,以本校教师为主、外校教师为辅,围绕学科竞赛内容进行深入研讨。

对于全体学生,学校构建高选择性的学校课程图谱并加以实施,促进学生在兴趣选择学习中聚焦志趣。学校课程图谱主要包括三类:① 重立志的资优生德育课程图谱。基础型为学生必修的基础德育科目,发展型包括自主开发的学生可选学科目 39 个与 150 多个模块。② 重激趣的学习领域课程图谱。基础型关注核心知识基础上的因材施教,发展型强调兴趣激活与逐步聚焦,分知识拓展、视野开阔、解析探究、应用实践等四类,提供 7 个学习领域 14 个学科范畴 720 多个科目/模块供学生选学。③ 重挖潜的优势潜能开发课程图谱。涉及生物、工程、信息、化学、物理等 10 多个领域,在学习领域课程选择学习基础上,以研究性学习等形式深入拓展。

同时,在学习方式上,上海中学注重促进学生聚焦一定领域,基于数字平台开展课题、项目研究。科技试验班大力开展基于专门课程领域学习基础上的课题、项目研究。构建了现代数字化创新实验室,学生人手一台电脑。课题、项目研究由高校、科研机构专家、专业人员进行引领,关注学科交叉领域。三年来,科技班学生完成创新课题 200 余个,涉及环境科学、物理、工程、信息科技、植物学、机器人等 10 多个领域。平行班学生关注研究性学习,从学科大作业、小论文、指导性课题、自选性课题到完善性课题,层层推进,三年内完成自选与完善性课题 1100 多个。

3. 华东师大二附中学程设计

(1) 课程内容设置和时间安排

学校经过多年不断探索,逐渐形成面对全体学生的六个百分百的育人模式。2008 年开始建立科技创新试验班,经过四年的探索又形成了一套科技创新试验班的课程体系。

① 面对全体:六个"百分百"(一般模式)

百分百的学生参加志愿者服务工作(100 个学时),安排在周末和寒暑假进行;

百分百的学生做 100 个拓展实验,安排在周三下午两节课后进行;

百分百的学生参加社团活动,安排在周二和周四下午两节课课后进行;

百分百的学生做一个小课题,安排在周末和寒暑假进行;

百分百的学生参加选修课,安排在周五下午两节课进行;

百分百的学生学会游泳,除了正常每周3节体育课之外,周一两节课后是自主体育活动时间。

② 面对创新试验班:(特色模式)

八个领域:数学、物理、化学、生命科学、环境科学、计算机科学、工程学和社会科学。

三个层次:走近科学、走进科学和走进科研。

这三个层次、八个领域的课程放在周三下午进行。

(2) 课程体系的构建

① 面对全体的模式

a. 育人方向:培养高度的社会责任感,通过100个课时的志愿者服务实现对学生的培养。

b. 兴趣发展:第一,兴趣拓展实验:选择自己感兴趣的实验,同时培养学生的动手能力;第二,选修课:通过自己选择、打破班级管理的局限对选修课程的设置来实现;第三,自主管理社团:学生自主建立社团、自我管理社团、主动参与社团,这些社团的建立是在学生兴趣的基础上实现的。

c. 创新能力发展:通过课题研究来实现。学生在老师的指导下自主选题、自己制订课题研究方案、自己完成课题研究、自己撰写研究论文。

d. 健康保障:通过学会游泳等体育健身项目,保障强健的体魄。

② 科技试验班三步走模式

走近科学:了解科学、了解科技、了解科学家和企业家,感悟科学研究推动人类文明进步的巨大作用。

走进科学:学习方法、学习技能,让学生学习研究。

走进科研:体会科研、感悟科研,在研究中学会研究。

4. 延安中学试验班的学程设计与学业管理

(1) 课程设置

对基础型、拓展型、研究型课程进行清晰的定位,即:做强基础型课程,做活拓展型课程、做优研究型课程。

① 基础类课程,严格按照国家的课程大纲执行,侧重点是安排各学科的基础方法论的学习。

② 传统学科竞赛板块,这是传统的优势项目,有的学科在选才与培养上已积累了丰富的经验,形成了相对专业的队伍,并有相对稳定的教材,将继续保持优势与特色。

③ 主题类特色课程、拓展型和研究型课程,侧重点是对学生兴趣的培养。

学校课程结构

课　型	课程名称	占总课时比例
基础型课程	政治、语文、数学、外语、物理、化学、地理、生物、历史、体育、美术、信息等	55.8%
拓展型课程	智能机器人、物理实验、生命科学拓展实验与探究、模拟联合国、JA经济学、虚拟机器人足球、人文综合讲座等	40.8%
研究型课程	100个科技与数学小实验、黄浦江水质调查、天象观测研究、黄浦江浮游生物多样性跟踪评估研究等	3.4%

学校主题类特色课程

序　号	课　程　名　称
1	智能机器人基础
2	理科实验专题研修
3	生命科学拓展实验与探究
4	社会与政治
5	SDP(英语)
6	走向博雅
7	综合实践,社团活动

(2) 学业管理

① 试验班的学生必须参加高中阶段各学科的"学业水平考试",高三毕业后参加上海市普通高等学校招生统一考试(高考)。

② 鉴于试验班教学进度及要求与其他班级不同,原则上学生在班级之间不进行流动。

③ 加强试验班教学和探究活动的过程管理,着重探索培养学生的研究意识

和动手实验能力。

（3）学程安排

① 基础课程将打破现行学科的教材体系，根据认知规律和学生的认知水平，将课程标准内容重新组合，充分利用参加"实验项目"的学生学习能力强的特点，在保证基础课程教育质量的同时培养学生的自学能力。

② 拓展课程和项目将由来自交大、复旦、华师大、社科院、东华大学、中科院上海分院的专家教授担纲主讲，以课题研究、实验设计为主。实行开放式教学，直接与高校"对接"，聘请教授进课堂，拓展学习的深度和广度，增加实践与体验等内容。

③ 开设人文综合讲座，拓宽学生眼界。语文、历史、政治、美术、音乐等学科相继推出了人文专题讲座。例如，语文组的欧美文学精选系列：《被缚的普罗米修斯》与《被解放的普罗米修斯》、《但丁泪洒佛罗伦萨》、《莎士比亚与人文主义》；政治学科的《走进哲学的殿堂》、《趣味逻辑》、《学博弈》；美术组的《匠心构筑　巧夺天工——建筑对比》、《宗教故事在艺术中的巧妙运用》、《时间维度内外——雕塑生命》。

5. 上海交大附中科技试验班学程设计

上海交大附中科技试验班课程分类型实施，采用微型选修、短选修、长选修、专题讲座等方式，让学生自主参与选修。

高一年级以微型选修课、短选修为主，注重人文素养教育。高二年级增加长选修课和社会实践，注重科学素养教育。高三年级以微型选修课为主，注重人生规划教育。

微型选修即讲座，每次2课时；短选修每周2课时，一学期共计32课时。每学期每位学生可以选四轮不同的课程（项目），每门课上四周，共四个轮次。长选修（每周2课时）一般采用一学期一选的模式。这些选修课旨在培养学生的学科兴趣，增加对学科的认同感，帮助学生由对学科的兴趣转化为志趣，再由志趣转化为志向，作进一步深入地探索、学习和研究。

6. 曹杨二中博雅文理综合试验班学程设计

曹杨二中的博雅文理综合试验班课程方案，要求在完成规定的基础型课程以及适当调整原来博雅文理综合试验班的课程内容基础上，增设"5＋1"拓展内容："国学"、"文学"、"哲学"、"历史"、"科技"和"社会"（社会考察、时事述评）板块,未设置地理板块。

前五个板块为面授课程,面授时间为每周五下午 13:30 至 15:30,一学期面授 15 次,每次 100 分钟,两学期共 30 次。具体分配是国学 2 次、文学 14 次、哲学 5 次、历史 6 次、科技 3 次。平时作业为随笔,学期作业为主题研究报告;作业通过网络平台上传,并与指定博雅导师进行网络交流。社会调查板块在寒暑假完成,具体实施方案(调查提纲、要求和评价)另行制定。

同时,设置多种创新实践活动课程。在博雅试验班开设了"主题演讲"、"学生博雅论坛"、"时事述评"、"创意大赛"等活动课程,培育学生的批判意识、批判能力和想象力,改变学生不敢、不能、不会批判的现状,促进学生创意种子的萌发。开设了面向全体学生的"主题阅读书架"和"博雅网络书院主题阅读专栏"。

(三)试验班教师选拔与培养

创新同样也是教师职业的内在要求和本质特征之一。创新素养培育试验班的学习涉及的门类众多、形式多样,多在课外甚至在校外进行,缺少类似学科课程的规定性,要求教师具有活跃的思维、敏锐的视野和宽广扎实的专业素养,这对教师提出了更大的职业挑战,教师需要获得专门的支持。台湾地区早期资优教育师资的主要来源是普通班教师,以在职进修的方式取得特殊教育学分。目前,以职前教育为主,特教专业学生要修满 40 个学分,同时完成实习任务并通过考试才能取得特殊教育教师资格。其课程结构大致是:一般教育专业课程 10 学分;特殊教育专业课程 30 学分,其中共同特殊教育课 10 学分、天赋优异类必修专业课 12 学分、天赋优异类选修课程 8 学分。学分达标后,学生要到各个教育阶段参加为期半年的实习,合格后方可获得毕业证书。之后,才有资格参加台湾地区的教师资格检定考试,合格者才能最终获得特殊教育之资优教师资格证,通过应聘上岗。目前承担特殊教育师资培养的机构主要是各师范大学和教育大学,如台湾师大、彰化师大等,都是台湾地区非常重要的资优教育师资培养和培训机构。

上海关于创新素养项目的探索,在现行的师资培养制度下,还难以建立职前、职后一体化的教师培养体系,教师队伍建设的重心主要在学校。学校的创新教育要不断深化,就必须对教师的遴选和培养进行系统的研究和实践,研究创新型教师的特征、创新型教师的教学技巧、创新型教师与学生创新素养之间的关系、师生关系处理、教师对创新型教学的管理模式等实践课题。从项目学校的实践与研究来看，上海普通高中学生创新素养培育，在教师遴选与培养上体现出五大特征：一是目标导向化，即学校都根据自身创新素养培育的试验目标和要求组建教师队伍；二是标准化，学校都制订了符合本校创新试验班教学要求的教师遴选标准，或者是指标式的，或者是描述性的；三是异质团队化，单个教师显然难以胜任教学任务，学校一般会组建不同学科教师构成的教师团队；四是层次化，着眼梯队建设；五是专兼职结合，大量引用来自高校、科研院所、科普场馆的专家。

1. 华东师大二附中在"科技创新试验班"试行双导师制

二附中在"科技创新试验班"试行双导师制（人生导师＋课题导师），探索符合创新拔尖人才发展的培养模式。在导师遴选和培养方面：

人生导师负责学生人生发展方面的教育引导和服务，特别是负责学生在思想政治、心理等领域的教育，保证创新人才培养的政治方向、人格基础和心理健康。

课题导师主要由中学科技教师组成，学生在课题导师的指导下的课题研究，要求学生三年内完成1—2个科学研究课题，让学生在科学研究中培育创新意识，获得创新体验，提高创新能力。

学生的成长离不开教师的引导和指导。目前的一个班主任面对40多位学生的班级管理体制很难实现教师对学生个性化发展的指导要求，学生的成长指导力度不够。二附中近年来不断推进学科德育、全员德育工作，有了很好的经验。现在发动全体任课教师以及全校教职员工参与学生成长指导的时机已初步成熟。

科技创新试验班对此提出了更大挑战。因为科技活动的门类众多、形式多样，多在课外甚至在校外进行，缺少类似学科课程的规定性，科技指导教师成长艰难；而创新科技更要求指导教师具有活跃的思维、敏锐的视野和宽广扎实的专业素养。因此，优秀的科技创新指导教师很难培养。作为学校师资队伍建设和骨干教师培养的一个重要组成部分，学校非常重视科技指导教师队伍建设，积极鼓励和支持教师参与科技创新活动指导。2002年起，学校组建了"科技竞赛指导团"。这支队伍先由在指导科技活动中取得经验的教师组成，以后日益扩大，目前有十多位科技活动指导教师成为一个目标一致、互相协同的团队。他们互相切磋、共同出谋划策,经常性地探讨活动,不断碰撞智慧的火花。他们在近几年来努力发展专业和提高指导能力,各有所长,在指导学生参与科技竞赛和组织科技活动方面成为"行家里手",其中多名教师成长为全国与上海的"优秀科技教师"。至今,学校的科技教师队伍稳定,许多已经成为学校的骨干教师,他们的指导水平和研究能力获得各方的肯定和赞誉。但是目前很多时候还普遍存在"学生想做课题了才找老师"或者"教师'抓'一些学生来做课题"的现象,科技教师的指导仍缺乏全面性、系统性和持续性。

为全面落实对科技创新试验班学生的人生成长指导与课题研究指导,现在拟在科技创新试验班推行"双导师制",即每位学生拥有自己的人生导师和课题导师。

(1) 导师的标准

① 师德高尚、爱岗敬业、乐于奉献的优秀教师。

② 有较强学科素养,具有宽广的科学视野的优秀教师。

③ 具有较强科研能力和课题研究能力的优秀教师。

(2) 导师的选择与认定

学校推出面向试验班的候选导师团。人生导师团主要由该班任课老师以及学校领导组成;课题导师团主要由科技竞赛辅导团以及学校聘任的校外科技辅导员组成。

学生可在学校推荐的导师团中自主选择一位人生导师和一位课题导师,可以只选一人兼任双导师,也允许学生自主聘请校内外其他老师或专家担任导师。学生提出导师申请后,可以直接找导师或由班主任安排双方见面,经导师确认后,指导关系即确立,报班主任处汇总备案。

每位导师所指导的学生以不超过五人为宜。

导师原则上三年不更换,课题导师三年内最多允许更换一次。更换导师事宜由班主任协调安排。

(3) 导师的权利与义务

人生导师应与学生建立经常性的沟通机制,每周安排两次不少于30分钟的面谈。人生导师应全面了解学生学习生活及心理状态,并予以针对性的指导和帮助。

课题导师应能经常性与学生交流,帮助学生做好选题和开题指导,每周安排一次不少于一小时的课题研究辅导。课题导师应经常关注学生课题研究进展,并予以针对性的指导。

导师有向班主任或学校推荐优秀学生和优秀课题的权利和义务。导师的推荐和评价将成为该生综合评价的重要组成部分。

2. 上海师大附中分层梯度培养试验班的教师

结合学校"现代教育呼唤有个性的教师"的实验课题,学校基于发展型教师以及三层次教师发展梯度的基本认识是:

(1) 发展型教师

发展型教师一般具备的品质:

① 乐于追求新的自我,即具有"自我更新"的信念;

② 善于质疑或与同行探讨自己的教学经验;

③ 具有研究自己教学实践的开放心态和技能;

④ 具备一定的教育教学研究能力和设计教学的能力;

⑤ 善于和同事建构发展共同体;

⑥ 具有清晰和坚定的职业归属感;

⑦ 个性化的专业发展目标;

⑧ 自觉的质量控制意识;

⑨ 注重实践,注重方法的习得;

⑩ 确立与巩固研究者的形象;

⑪ 职业发展中个人成长的幸福体验。

(2) 三层次教师发展梯队

一是优秀教师:规范教学+胜任教学。作为教师起步的入口。

二是骨干教师:擅长教学+核心教学。作为学校该学科发展和建设的核心力量。

三是个性化教师(名师):研究教学+创造性教学。主动构建自己对于学科和教育的核心理念,是学科教育和教学的主动探索者。个性化教师的评价应该以个案评价为主,主要看其教学风格、特长的成熟性,以及产生的实际教学效果。勇于成为有创意的问题解决者,具备稳定和可持续发展的反思和创新能力,敢于在实践中质疑与检验书本上的教学理论等。

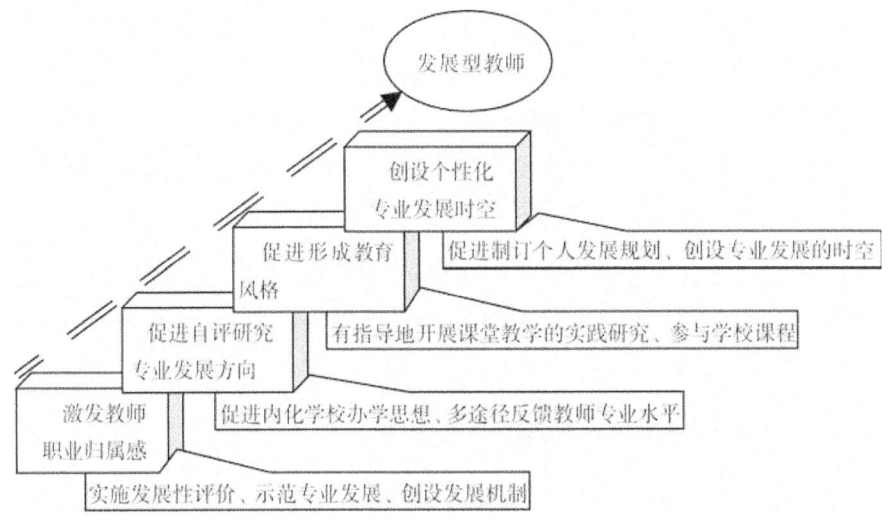

发展型师资队伍

（3）试验班管理团队

由校长亲自挂帅，集合了分管校长、年级组三位一体的力量。学校科研室负责在培养阶段组织全过程追踪、监控，并对学生综合素养的提高进行过程性评价。试验班班主任负责"试验班"的日常事务及有关资料的收集、整理、分析，做好"试验班"学生的信息反馈，成为与各方面沟通联系的桥梁，为以后调整、完善培养方案提供案例和依据（特别安排资深语文老师当班主任是希望加强提升学生的人文素养）。以自愿和推荐相结合的办法，任课教师均由学校教学骨干中有能力、有个性的优秀教师担任。学校心理专职教师负责给予学生专业的心理咨询和辅导，同时依托上海师大兼职教授导师团和学生家长的力量，成立一支创新试验班专家咨询团（以各高校教授为主），为项目的推进一起出谋划策。

3. 延安中学试验班教师遴选与培养

通过高中学生创新素养实验项目来研究适合现代社会发展的教学途径，逐步形成与时俱进的教师队伍。

（1）学科的骨干教师要求在各学科的年轻人中选拔，学校根据学科骨干教师条件按民主集中制的原则产生一批即将成为校级骨干的教师。由教学指导室负责协调。

（2）应具备以下条件：① 三年以上教龄；② 富有教育教学的创新精神和素质教育的能力，在某些专项技能方面有专门研究和突出技能；③ 积极参加市、区、校内教学活动，而且取得一定成绩；④ 能独立承担公开课、研究课、实验课等教学任务，是学科教学工作的排头兵。在校本课程方面有突出成绩者优先考虑。

（3）各学科骨干教师选拔的原则：① 40 岁以下的中青年教师占 80％以上；② 各学科分布要考虑层次合理，对于学校的偏弱学科要以此为契机重点扶持。

（四）试验班教学资源的开发与利用

教学资源开发与利用是课程建设的重要内容，创新教育资源开发包括科技成果资源转化、博物馆与科普场馆资源教学化开发、校外专家教师资源的引用等。创新教育的资源开发，既包括面向全体学生的资源开发，也包括面向学科特长凸显或学有余力、具有创新潜质学生的培养的资源开发利用等。项目学校在挖掘本校和教师内在潜能的同时，充分关注校外资源的整合，关注与高校、科研院所在不同类型的创新人才早期培育上进行以课程、课题、项目、实验室建设为抓手的实质性合作。

1. 上海交大附中科技试验班的资源开发

（1）"讲师团"——弥补校内师资的不足

学校已建立"上海交大附中校友讲师团"、"大学教授专家讲师团"、"学生家长讲师团"，通过这些讲师团可以弥补校内教师知识面和专业方面的缺陷。这些讲师团主要通过为学生开设微型选修课、短选修课、专题讲座等，为创新人才培养服务。还有的专家学者、校友和家长自愿指导学生开展各种类型的课题研究。

学校针对科技试验班学生专门开设讲座课，极大地丰富了学生的视野。另外，学校开设了"创新思维技能"选修课，在导师团的带领下，学生依据自己所选择的专题、项目有针对性地开展自主研修、专题研究、项目设计。利用导师提供的资源自主进行学习研究，并不断反馈自己阶段性的学习成果和产生的问题，同指导教师以及相关专业研究所人员之间进行互动交流，形成双向式教学。着力训练学习能力、观察能力和探究能力，重点培养学生发散性、形象性、逆向性等思维品格。针对性的科技讲座，极大地提高了学生对科学的认识和研究兴趣。从学生的课题研究情况看，这些讲座对他们选择研究的方向有密切的联系。这些讲座在内容上包含了对本学科领域最新研究进展、基本研究方法以及主要学科问题的介绍。教授们结合学校科技试验班学生的认知能力，既有深入浅出的理论论述，也有与生活息息相关的专题时事研究，还有科学实验方法的传授，也有人文科学的熏陶。经过一段时间的跟踪，学校科技班学生对教授和讲师团老师所带来的讲座反响也十分热烈，每次讲座都有学生提问交流，这些环节也促进了科技试验班学生个性化知识的构成，为创新实践打下了一定的基础。

(2) 实验资源开发——成立科技实验中心，整合实验资源

结合寄宿制学校的特点，学校将传统的物理、化学、生物实验室通过资源整合的方式成立科技实验中心，由专设教师和实验员共同组建实验开发和管理团队，提高了学生参与动手实验的积极性和实验效率。

① 科技实验中心的运作思路

第一，由学科教师主持本学科教学实验和开发校本实验项目，带领实验员团队在完善教材实验的基础上，开发更多、更有教学价值的实验以充实课堂教学，最终实现从"学习实验"到"实验学习"的观念转变，改变学生和教师对实验环节的理解，将其内化为一种学习理念和创新的原动力。

第二，由教师和实验员共同开发和承担学生拓展实验，并以选修课的形式纳入学生选课系统，由学生自主选择项目，然后进行课题研究。

第三，在开放自主探究实验室的过程中，通过和学生的交流与在实验过程中的引领取得学生的认可，进而承担学生课题研究项目的指导和带教，和学生一起在未知的问题上探索。

第四，通过竞标"认领"或"竞标"的方式负责其他各项科技类竞赛，竞赛中取得的成就作为下一轮次该项竞赛竞标的重要依据。

② 科技实验中心实现了四个集中

第一，集中办公区域，实现了学科的集中。目前学校实验中心的物理、化学、生物、地理、劳技、信息等六个学科的实验员、实验教师与科技活动辅导员一

起办公，随时可以进行跨学科的讨论与思想碰撞，对学生的创新想法立即可以形成多角度的分析和建议。

第二，在对实验中心教师和实验员的工作职责的规划中，实现了课堂教学和课外活动的集中。每个学科的实验工作涵盖了学生教学实验、拓展实验和探究性实验。例如：在化学学科的实验建设中，除了学生看到的演示实验和实践过的学生实验之外，通过"生活中的化学"和"疯狂化学"的选修课学习，激发了在化学领域的探究热情，学生可以进入到"无机实验室"、"有机实验室"以及"化学传感实验室"中对自己感兴趣的课题进行探究实验。

第三，通过与高校和高科技企业共建实验室，实现了校内资源和校外资源的集中。目前实验中心已与南京航空航天大学共建了"风能源实验室"；与上海交大船建学院共建了"结构工程实验室"；与美国 National Instruments（N. I）公司共建了"FTC 传感机器人实验室"。现正与 Google 商讨共建"Android 软件开发实验室"等。这些已逐渐成为学校科技活动中最具吸引力的基地，从中也孵化了众多学生的创意想法。

第四，学生实验选课预约系统实现了学生实验的集中管理。一方面，各个学科实验团队开发的拓展实验被安排在每天放学课后的学生课余时间，由学生在系统中进行选择，完成实验活动之后获得相应的选修课学分；另一方面，学生在探究性课题研究的过程中如对实验室的使用产生了需求，同样可以在选课系统中对指导教师和实验室设备进行预约。

③ 科技实验中心的网络信息化利用

为了营造适应学校科技特色的良好氛围和创新活动的条件，科技实验中心充分利用现代通信技术服务于创新素养培育实验项目。科技实验中心与上海交大建立起远程的信息网络系统，在交大附中内部就可以通过光纤接入交大的图书馆和数字系统。当学生在做课题需要最新的文献资源和现场试验资源时，就可以通过网络下载资源，或在教室内观看交大专家们的现场科技实验，信息资源有效地刺激了学生的研究兴致。

2011年，上海交通大学吕恬生教授曾多次利用该系统给2013届科技试验班学生进行上课并互动，极大地提高了学习的效率，节省了漫长的路途时间。同时，学校在实验楼建立了资料查阅室，当学生在做课题有灵感闪现或有疑惑时，当学生需要最新的文献资源和现场试验资源时，就可以通过网络下载资源,或在教室内观看交大专家们的现场科技实验。信息资源的开放有效地刺激了学生的研究兴致,也为他们创设了创新实践的土壤。通过科技实验中心的建设,极大地提高了实验资源的利用效率,学生能更加综合地开展科学实验。

(3) 实训资源开发——成立校外"学生实训基地",提高学生的动手实践能力

为培养具有良好职业能力和良好人生规划的创新型科技人才,构建基础教育与职业教育相互渗透的课程体系,学校和上海市信息技术学校合作,成立"学生实训基地",通过相关职业技能项目的培训和实践,培养学生职业道德、职业素养、专业兴趣、探究性学习方法和规划人生职业等方面的能力。在职业技能项目的实践和培训过程中,采用模块教学模式和因材施教的个性化教学方法,使学生的特长与爱好得到更大的发挥,由"一专"人才变为具有一定职业能力和创新能力的"多能"型科技人才。

按照科技试验班的课程计划,每周三下午在上海信息技术学校进行通能实践实训。课程实施共计六周,共开设三个实践项目,分别是《首饰手工制作》、《广告产品设计》和《电子产品制作》。实训基地课程顺序、内容和标准安排如下:

"学生实训基地"课程安排表

序 号	内 容	标 准
第1次	介绍上海市信息技术学校办学特色,组织参观实训中心,了解三个项目的内容,学生选择项目	每位学生选择一个项目,各组安排一次序言课
第2—3次	学生进行自选项目的实践	成果通过学生互评和指导教师考核
第4—5次	学生继续进行自选项目的实践	成果通过学生互评和指导教师考核
第6次	成果展示和专家鉴定评价会(具体详细评价方案另行制订)	每组挑选优秀成果,邀请专家作实践成果鉴定,制作成果光盘

2. 上海师大附中试验班的教学资源开发利用

(1) 引进国际课程:主要是 SDP 课程和剑桥实验类课程。SDP 课程是剑

桥大学国际技能拓展课程（Skills Development Program）是由世界知名考试认证机构——剑桥大学国际考试委员会（CIE）和欧盟教育基金会（CHEER）联合开发的短期强化课程。着重培养和提高学生的综合能力，通过学习和实践拓宽学生的国际化视野，培养学生成功的交流能力、创新能力、批判性思维能力、自我激励和自我管理能力、英语语言能力、领导力及团队精神等。剑桥实验类课程实际上是依托上海师大剑桥国际中心的国际课程，将英国高中阶段的科学类实验课程与学校自身的科学类课程进行比较和整合的课程，以期达到既吸收英国教材中实验设计的先进（创造性）理念，又不丢失学校较完整的系统知识的基础教学，达到培养和提高学生的科学素养和创新能力的目的。

（2）创新试验班专家咨询团开设创新讲座，学生参与科研课题。借助"创新项目课程"，依托合作的高校和科研机构，让学生走进大学校园，走进一流的科学实验室，走进科技创新的前沿领域，在专家教授指导下，设计科学研究的课题方案，学习先进仪器设备的操作和维护，学习科学实验的方法。学生将参与课题的研究、答辩全过程，体验科学研究的艰辛与乐趣。来自上海各高校、科研院所和科普场馆的专家、教授为学生开设了纳米科技与学校生活、个体领导力等科技与人文前沿课程。

（3）通过与高校科研院所建立合作关系及开发各种有效的教育资源，本校已经具备了开设自创课程和学生参与课题研究或创意项目开发所需要的各种教学资源。学校与上述国家重点实验室、国家人文社会科学重点研究基地、国家重点一级学科等机构达成了长期合作培养创新型人才的协议。这些机构也承诺慷慨提供图书馆、研究文献和文献检索手段的服务与支持。

3. 曹杨二中聚焦创新教育基地和实验室资源建设

曹杨二中以创新特质挖掘为标志，建设一批具有示范意义的创新教育基地和重点实验室：

（1）创建博雅书院与博雅网络书院。该书院于2010年12月正式开通，它依托九久读书人网、复旦招生网等，联合复旦附中、南师附中、深圳中学等全国九大名校，成为名校人文荟萃之处，并成为全国中学人文教育示范点。目标对象为高一、高二博雅班全体学生，高一、高二平行班部分学生。为每个学生配备伙伴导师，鼓励学生参加每年的复旦"博雅杯"征文。

(2) 建立主题性社会实践活动基地。

① 山东曲阜泰山,寒假"寻找孔子的意义"文化苦旅考察;

② 南京,高一生存训练与社会考察;

③ 崇明,高二学农活动;

④ 绍兴,"与伟人同行,担复兴重任"高三启蒙教育;

⑤ 嘉兴,"铭记信仰,成人成才"高三成人教育;

⑥ 上海科技馆、博物馆、美术馆、城市档案馆、城市规划馆等场馆,"我所生活的上海"主题考察活动。

(3) 筹建 TI 图形计算器实验室。在市教委基教处和教研室的支持下,学校利用无线互联的 TI 图形计算器拓展数学、物理、生物等学科学习领域。市教委教研室指导学校曾召开过两次国际数学教学研讨会,实验室已做好规划方案并报批。

(4) 建成机器人实验室。机器人实验室由区教研室共建,作为信息技术创新教育重点项目,教学对象为高二全体学生,由区教育学院和学校共同投入。在完成传统高二劳技教学内容的条件下,减少劳技课时,增加机器人内容,占高二劳技课时一半。

(5) 筹建汽车实验室。汽车实验室方案和经费由上海大众汽车公司建设,届时将成为国内最先进的汽车拆装实验室,实验室在设备没有到位之前开展 CAD(Computer Aided Design)计算机辅助三维车模设计。目标对象为对机械、工程设计有兴趣的学生。

(6) 建设轨道交通实验室。轨道交通实验室方案由同济大学轨道交通研究所提供,以现实运行的高铁系统为主要教学参照对象,组建 16 个子系统模型,提供部分可以让学生动手参与的实验,模型于 2011 年 4 月到校。涉及的计算机应用数学软件由同济大学计算机学院负责。学校需要提供场地和少量经费(10 万元,主要是动车缩微模型和轨道、计算机),目标对象为对机械设计、软件设计有兴趣的学生。

(7) 改扩建环保实验室。环保实验室的设备已有部分老化,需添置、更新部分设备。同时环保设备运用紧密结合信息技术、紧密结合防震减灾活动。目标对象为环科分会成员和防震减灾社团成员。

(8) 筹建基于网络的"随手做"科技创新教育开放实验室。开放实验室建立的目的是满足部分学生实验探究的目的，市教委教研室期待学校能够进行有益探索，深度挖掘现有实验、开发小实验，提高学生创新意识、创新能力。目标对象为理科创新试验班学生和部分平行班学生。

（9）筹建数字音乐创新实验室。和一些上海知名大学共建数字音乐创新实验室，由日本 ROLAND 公司提供部分赞助，组建曹杨二中电声乐队，在音乐创作、表演、兴趣培养上做出新的探索。

（10）参与德国大公司提供的全球创新教育公益项目。

4. 延安中学试验班的教学资源开发与利用

（1）创设课外实践平台

① 丰富多彩的校内社团活动和校外考察活动构成了学校课程建设的重要补充，在学校教师指导下，天文社、环保社、科技社、辩论社等如火如荼地开展活动。比如，学校天文社学生在地理教师带领下坚持观星、拍月相等活动，经常开展面向全校师生的科普讲座和宣传活动。

② 在校园里新建了学生走道动手实验教育资源平台，让学生在课余时间里可以自己主动投入研究。同时，还开设了学生四小动手科技课程，即科技小比赛、物理小制作、简易小实验和实践小探究。

（2）搭设多方合作平台

SDP（英语）是剑桥大学国际考试委员会（CIE）开发的高中课程（Skills Development Program，即剑桥大学国际技能拓展课程）。2010年9月引进来以后安排在高一(12)试验班，是针对中国学生自我展示、社会技能以及创新精神的不足而特别开发的。本课程引导学生就一些争议性话题，比如互联网、基因问题等的利弊，展开学术研究和小组讨论，并要求学生自选课题，深入社会组织调研，最终在撰写报告和演示的过程中，得到实际的技能训练，逐步培养学生的批判性思维、交流与展示能力、独立研究和自主学习能力，以及科学探索的基本素质。

学校科技教育的开展离不开社会的支持。学校多方联系，积极争取与高等院校建立良好的合作关系，如与华东师范大学、上海交通大学、上海市环科院、上海市环境监测中心、市区少科站等都建立了良好的合作关系。学校聘请热心青少年科技教育的教授、科学家、研究者担任兼职辅导员，定期到学校做科普讲座、交流，指导学生开展科技研究性专题活动。

5. 上海中学加强与高校、科研院所的实质性合作，推进创新人才早期培育

在创新实验实施过程中，学校以课程、课题、项目、实验室为突破，推进与高校等实质性单位合作。三年内，学校与上海交通大学、复旦大学、同济大学等15所高校及科研院所建立合作关系，共邀请140余名博士、副教授以上专家学者来校授课。形成了各具特色的合作与授课方式，如科技班分领域进行专门课程授课与指导学生基于专门课程学习的课题研究；金融实验组注重思辨讨论与分组开展虚拟实验；节能汽车实验组注重动手实践与操作运用；人体医学实验组注重理论引领下的体验学习，在实验室里开展探究、体验；法学实验组注重大师引领下的讨论与调研，七位授课教师均是法学权威专家。

（五）试验班学生的考核与评价

评价是当前深化教育改革、实施素质教育亟待突破的瓶颈，也是创新素养培育急需攻克的挑战。第一，创造力的评价本身就是一个学术性难题。一方面，创新教育评价不仅要测量学生的创造力，而且要从教育目标、教育过程、教育资源等各方面分析影响创造力成长的各种因素，既要对学生创造力进行数量上的测定，又要根据教育目标对创造力测量结果给予价值上的分析和判断，既要定量，又要定性；另一方面，开展创新教育评价必须考虑到中小学生的心智发展特征，既要看到他们类似于成人的创造的一面，又要注意当下考察的只是中学生创造力的潜质和创造力的成长，考察创新教育的条件、过程。第二，现实的桎梏，现行的升学考试主导的评价模式，对创新教育的评价产生了一定的抑制作用，限制了实践层面评价智慧的发挥。尽管如此，项目学校还是开展了积极的探索，使得上海的普通高中创新素养项目在评价上体现了多元化评价、过程性评价和个别化评价的新态势。

1. 曹杨二中创建"以学生为本、以能力为重、以转变学习方式为导向"的综合评价体系

博雅教育实验一开始，学校就意识到传统的评价方式不能体现博雅教育的本意，单纯的学业成绩不能记载学生在人文创新素养方面的积累和发展足迹。基于此，学校通过校园网开辟"博雅之窗"，为学校的博雅文理综合试验班学生和面上有潜力、有兴趣的学生创设"多边机会、多种途径、多元方式"的博雅教育环境。相对成熟后，学校又依托九久读书网，在复旦大学的指导下，建立能够供十个学校（复旦附中、南师附中、杭州二中、北京十一学校、深圳中学等）共同使用的"博雅网络书院"。十个学校组成相对独立又紧密联系的网络书院，成立校内师生伙伴学习小组，学生实名制注册会员后进入。要求学生做到四个"一"（一个书院学生一周内围绕一个主题至少写一千字的文章），参与讨论或评论别的同学文章，参加寒暑假社会实践，撰写社会调查报告；也还可以将一学期的写作材料（15000字以上）围绕一个主题进行重写，压缩2000—3000字，形成高质量的作品。

在评价上，学校为博雅班的每个学生配备了博雅导师，要求博雅导师每周和学生进行一次面对面的交流，每月重点点评并推荐一个学生的网络随笔，并根据学生表现评选"博雅之星"，推荐学生参加每年的复旦"博雅杯"征文比赛。导师的评价和学生参加比赛的成绩作为"评先推优"的重要依据。这样的改革确实对传统的评价方式带来了不小的冲击，可是矛盾接踵而至：平时大大小小的考试成绩怎么算呢？

2009年6月2日，上海市曹杨第二中学正式挂牌成为DSD（Deutsches Sprach-Diplom）项目中国学校，DSD理工试验班成为学校又一创新试验班。从一开始，学校就参照德国一级文理高中的课程标准对DSD项目进行课程建设，使之从单一的语言文凭项目演变为能够与德国精英大学预科直接接轨的国际高中。同样，评价问题凸显。

通过一轮三年的试验和调整，"曹杨二中创新素养培育综合评价体系"可用一个数学公式来表示：

$$P=(1-H)50+(1-S)\times 30+(1-C)\times 20$$

其中：H是"核心课程"的百分位平均值（学校有网络阅卷系统和传统的评价软件），它可以是一个阶段的部分学科、也可以是整个学段的所有学科的重要考试成绩的百分位平均值，它的权重为0.5；S是"实践体验课程"总评的百分位平均值，权重为0.3；C是"CAP课程"总评的百分位平均值，权重为0.2；P为综合评价总分。

依据P值，在高一、高二阶段确定试验班与平行班流动的人选，在高三确定"评先推优"的优先顺序。

这个评价体系的权重完全依据课程结构分配，既尊重传统、实事求是，又能引导学生自主转变学习方式，积极参与社会实践活动，注重能力培养，从制度上保障了创新素养培育的有效开展。"有所侧重"主要体现在针对不同类型的班级开设的不同的"实践体验课程"和"CAP课程",其具体评价关注点不同。下面选其一二加以说明。

(1) DSD班"CAP课程"学分同济大学承认,开CHINESE ADVANCED PLACEMENT先河

2012年3月,在上海市教委、普陀区政府与教育局的支持下,同济大学以中德工程学院、交通运输工程学院、机械与能源工程学院、汽车学院为主导与上海市曹杨第二中学着手共建德语理科实验基地。实验涵盖多门大学课程、创新项目、创新实验实习。同济大学向苗圃计划内的学生全方位开放大学优质师资、高端实验室与课程,并通过招生考试制度改革为学生适度释放高考压力。曹杨二中在原有DSD班(德语班)的基础上,对学校课程进行进一步的整合,为对理工科有兴趣、喜欢动手操作、具有钻研精神的学生提供参与大学先修课程、实验室研究与创新项目的平台与空间。

① 实践体验课程:经过重整后的校本综合实践课程,包括参照德国一级文理高中对核心课程的补充与拓展类内容;德国游学30天;同济大学暑期精英夏令营;创新实验——机器人实验室、轨道交通实验室、精工实验、汽车拆装等(各项评价的百分位平均值作为S值;评价细则略)。

② 同济CAP课程:其中德语高中三年内必须完成800课时(DSD与同济双必修)。

CAP科目	学时	学分(45)	选/必
大学英语	40/80	4/8	选
大学德语	240	24	必
机械制图与CAD	68	4	选
专业导读	30	3	选
教授导读	10	1	选
*创新项目	20	2	选
实验与实习	30	3	选
计算机	40	4	选

在2012年的DSD证书考试中,学校学生在B1水平的听、说、读、写四个方面都独占鳌头,取得了全国高中起点开设德语的最好水平,考试成绩的百分位平均值为C值。学校考入同济大学的学生,大学德语、机械制图与CAD、专业导读等选修课程学分都得到了承认,同济大学还为这些学生制定了本硕博连读的个性化课程。

(2) 博雅班突出"社会考察"和"文化苦旅"的评价,注重批判意识和学术能力培养

博雅文理综合试验班增设"5+1"拓展内容:"国学"、"文学"、"哲学"、"历史"、"科技"和"社会"(社会考察、时事述评)板块,未设置地理板块。设置了主题演讲、学生博雅论坛、时事述评、创意大赛等活动课程,培育学生的批判意识、批判能力和想象力,改变学生不敢、不能、不会批判的现状,促进学生创新意识的萌发。

实践体验课程新增了"重走大师路——江村社会调查"和"博雅西部行——甘肃贵州农村考察",利用寒暑假和学农实施。在课题结题后,学校邀请高校教授进行报告的答辩,并给以评价,所得分数的百分位认定为S值。在首届社会调查报告答辩中,受邀的复旦和华东师大的两位教授对曹杨二中学生表现出的学术修养赞不绝口,对学校能引导学生坚持在真实的环境中寻找真实的问题、对在创新素养培育中加强复杂性的训练予以肯定。

CAP课程为"研究方法指导"、"社会学基础"、"史学方法论",聘请复旦等高校教授讲座,并以研究论文评分百分位作为C值,择优推荐参与复旦博雅征文比赛。

(3) 平行班实施"八个一"工程,全面提升每位学生包含创新素养在内的综合素养

坚持"德育为先"原则,每个学生须写出一篇社会调查报告(含志愿者服务和时事述评);坚持"身体为基"原则,每个学生须取得一张学校长跑或游泳证书;坚持"健康休闲"原则,每个学生须取得一张棋桥技艺证书;坚持"艺术修身"原则,每个学生须取得一张艺术修身证书;坚持"国际理解"原则,每个学生须取得一张学校语言证书;坚持"第一动力"原则,每个学生须取得一张科技创新证书;坚持"技术应用"原则,每个学生须取得一张机器人证书;坚持"和谐共进"原

则,每个学生须取得一张优秀社团成员证书。平行班的学生可以自行选择八张证书中的六张证书,每张证书按 5 分计入 S 值。

当然,推进创新素养培育还有许多配套制度需要建立健全。但课程方案、遴选机制和评价体系三项制度的建设,确实为学校扎实有效地开展创新素养培育的实验研究起到了关键作用。在进一步的深化研究中,学校还要不断完善。

2. 上海师大附中试验班学生的考核与评价

上海师大附中试验班学生的考核与评价与学校的主体性德育传统"发展性评价——我的成长包"进行整合。可见下图:

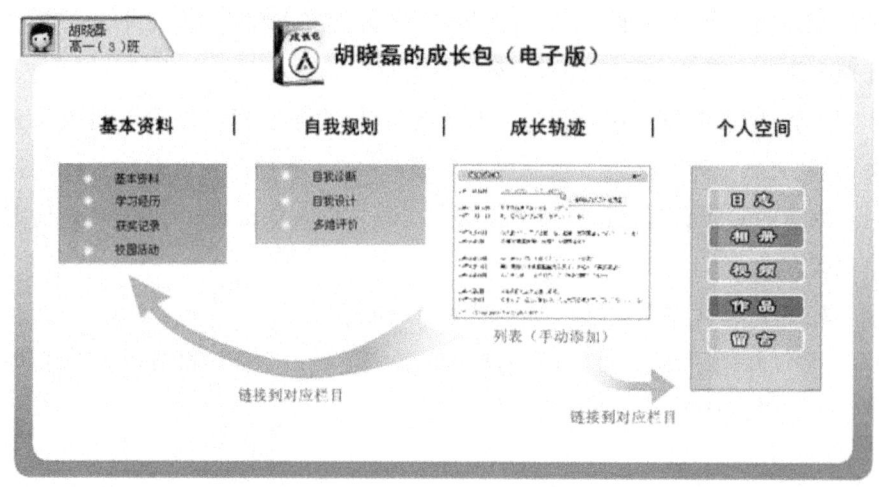

3. 延安中学试验班学生的考核与评价

（1）在动态的比较中寻找多途径和多种方法，把具有创造性潜能的学生鉴别出来；

（2）科学对待内因（遗传特质、各阶段个性发展）与外因（各种教育因素）的关系；

（3）用联系法：从空间上（各学科教育之间、学校与社会之间、高校与高中、初中之间）来考察培养对象的横向联系；

（4）用发展法：从时间上（高中各年级之间）来考察培养对象的过去、现在和将来的纵向发展过程；

（5）用全面法：对培养对象作多方面、多角度、多侧面、多方位的考察。

（6）形成结合学业管理的跟踪记录，开发学生创新素养成长性评价方案。

（六）试验班的效能评价

试验班作为新时代高中学生创新素养培育的新探索和新实践，不同于传统的重点班和尖子班，单一的升学主导的评价指标不适合现行试验班的效能评定，因此如何评价试验班的教育效能，这也是项目组以及各项目学校重点探索的环节。通过实践与研究，上海普通高中创新素养培育试验班的效能评价，体现出了"以学生发展为核心"的价值取向，以及"看过程、重体验、指标多元化、结果个性化"的技术路径,从而尽可能地对创新素养培育试验班的效能予以科学评定。

1. 上海中学试验班效能及思考

经过三年的实践,学校创新实验取得了初步成效,学生与学校都获得了不同程度的发展和提升,并获得了在创新人才早期培育方面的几点重要结论:

(1) 学生整体发展态势良好,强化模式对学生的提升效果更加显著。学生整体发展态势良好,2011届毕业生中,99%进入全国重点大学与国外名校,其中有87名学生(约24%)进入清华、北大、港大、香港科技大学和香港中文大学;有178名学生(约48%)进入复旦、上海交大、浙大、中国人大等全国排名前十的大学;有17名学生(约5%)进入美国及日本排名前30的大学。强化模式与一般模式(注:学校的一般模式也是高起点的,比上海同类学校的实施要求高得多)对学生的成长主要影响在对学生升学专业领域与提升速度上,在学生志趣聚焦与升学的专业领域呈现明显差异。2011届毕业的科技班学生主要选择工学专业,数学班集中于理学,平行班学生分布较为分散。其次,高度志趣聚焦的培养模式下,学生的提升速度更快(中考成绩科技班、数学班均低于平行班,而高考成绩两个班级却显著高于平行班)。

(2) 学校取得丰硕理论成果,并得出创新人才早期识别与培育的许多规律。在创新人才早期培育的探索之路上,学校时刻注意总结经验,提炼规律。三年内,在《人民教育》、《课程·教材·教法》等核心刊物上发表相关论文十余篇,其中三篇人大全文转载。另有三本论著出版,其中《资优生教育——乐育菁英的追求》对创新人才早期培育新路进行了剖析;《孩子怎样读名校》从案例分析角度揭示资优生成长与创新人才早期培育规律;《高中国际课程的实践与研究》通过对国际课程的研究把握课程改革先进元素。

(3) 在高选择性课程支撑下,学生个性化知识构成直接影响其未来发展与选择。创新是个性化的,夯实学生的个性化知识构成能为学生未来发展指向性提供更多的探究空间与知识积淀,为学生基于一定领域的创新素养提升与未来发展提供了有力支撑。而创新人才早期培育更应关注有发展潜质的学生在志趣聚焦领域里找到兴趣与潜能的匹配点,不断夯实其个性化知识构成,为未来创新奠基。

(4) 聚焦一定领域、基于数字平台的课题与项目研究,极大提升学生创新素养。促进学生聚焦一定领域、大力推进基于数字平台的课题与项目研究,为有潜质学生的发展提供了有效的载体。学校应建构、整合专门知识领域的数字化平台,激发学生的创新能力与激情。基于感兴趣领域开展课题、项目研究,对学生创新思维的深刻性、批判性与创新人格的坚忍性、抗挫折性以及科学精神等都有很好的促进作用。同时,学生的创新素养孕育还同参与社会实践、提升社会活动能力互为激励。

(5) 与高校等实质性合作,为学生志趣引领、潜能激发提供更宽广的舞台。学校要在挖掘教师内在潜能的同时,关注校外资源的整合。对有潜质的学生进行早期识别与培育,应关注与高校、科研院所在不同类型的创新人才早期培育上进行的以课程、课题、项目、实验室建设为抓手的实质性合作。另外,加强与高校、科研院所等机构合作也是使社会相关人员正确认识高中生潜能、创设良好社会认可环境的重要方式。

同时,对于如何深化试验班,上海中学也通过前期的试验得到了一些思考和认识:

(1) 在创新人才早期培育实验探索中,需要注意几对关系的处理:① 接受学习与探究学习的关系。关注接受学习与主动探究学习的有机结合。利用现代设备、数字化环境创设的及时跟进,创设接受学习向探究性学习过渡的良好载体。② 升学与志趣聚焦的关系。以升学为导向的教学模式、学习方式、课程体系容易将学生的志向窄化。强调志趣导向,学生在选择学习中志趣聚焦,会获得升学与素养提升的双赢。③ 校内资源与校外资源的关系。在学生专业志趣的引领与指导、内在潜能的开发上要加强内外师资的合作交流,以助推的形式将优势互补。④ 传统技术与现代技术的关系。推进现代技术的运用以及学生基于数字平台的学习、探究十分必要,同时应考虑过分关注现代技术的应用可能带来学生基本能力的失衡。⑤ 核心知识基础与个性化知识构成的关系。正确处理基础课程与发展课程的关系,以及创新素养的整体提升与专业基础养成的关系,努力促进学生基于志趣聚焦领域的个性化知识构成。

(2) 创新实验中应关注一些问题,主要有:① 如何科学地进行早期识别与培育问题。如今集中于教育学、心理学角度的理论很难深入到专业领域去研究创新人才早期培育的规律,有必要从脑科学、神经科学、专业领域方面的科学认识出发来探究拔尖创新人才的识别与培育问题。② 如何推进考试评价的改革问题。第一,学科领域具有一定的专业性,应由专门考试机构承担,而高校应在对非学科领域与识别学生学科潜能上进行相应的测试与评价;第二,以分数线性排序的绝对评价应逐步转变为基于素质的相对评价;第三,基于共同知识领域的考试,应逐步过渡到分不同领域的考试。③ 国际课程的合理借鉴与创造性运用问题。引入国际课程的关键是如何把握其先进元素,如学科群思想,课程的选择性、现代性、数字化等。在创造性运用的过程中,还需注意课程实施的各方面匹配问题以及如何形成具有自身竞争力的鲜明特色。

2. 上海交大附中以"点"带"面"促进学习方式的改变

(1)"点"的突破——科技试验班的实践引领

将一些具备创新潜质和创新素养的学生集中在一起,这并不是简单的人员重组,而是涉及学习方式转变的问题。让这些具备创新潜质的学生聚集在一起,可以让他们在自己独立的空间自主探索,更重要的是他们可以在自主探索中相互激发,最终形成良好的团队研究氛围。从科技获奖情况看,科技试验班的团队获奖比例一直在提高。这就是"自主探索、相互激发"获得的力量。

几年的科技班实验活动,学校 2012 届和 2013 届科技试验班科技比赛成绩已经硕果累累,而学校 2014 届科技试验班学生的课题总量更是实现了更大的突破。比如,2010 年科技试验班学生就获得了世界头脑奥林匹克比赛冠军;在 2011 年上海市科技创新大赛中,2012 届科技班 36 人次获得一、二、三等奖,其中更值得一提的是曹家骏、吴依凡还获得了全国科创大赛一等奖,李由、晏敏宽、刘华典获得了全国科创大赛二等奖;2012 年上海市科技创新大赛中,2013 届科技班 38 人次学生获得一、二、三等奖,潘阳同学还获得"明日科技之星"称号,林天成、张扬的课题获得最高奖项"科协主席奖",并参加全国科创大赛获得三等奖。科技试验班学生广泛的获奖充分表明在高中阶段进行科技创新活动是有基础的。2012 届科技试验班与 2013 届科技试验班学生在科创活动中取得成绩的同时更带动了学校科技创新氛围的营造和提升,高年级科技班学生对低年级科技班学生的传承、帮助和带动作用效果也在日常交流中充分体现。

另外,对比两届科技班学生的选题方向不难发现,学生所研究的领域主要集中在生命科学、物理、化学、计算机和工程等五个学科领域,几年的实践使学生在自己感兴趣的领域有了更多的思考，有相当一部分学生找到了自己的兴趣，有了明确的人生规划。如2013届的陶宇超同学通过科创活动明确了自己未来的方向，他决心报考上海交通大学的计算机专业，并利用业余时间进行了高等数学的学习和电子信息的学习，出色完成了许多电子作品，在学校的社团博览会活动中广泛应用。

通过几年的努力，大多数学生已经适应并认同了学校科技试验班的多样化培养模式。由于思维品质的提升，学生初步显示出了较强的学科潜能，班级成绩在全年级也处于领先水平，学生的学习成绩与课题研究和其他创新实践活动形成了相互促进的良好局面。

(2)"面"的拓展——全体在校生的创新跟进

在科技试验班进行科技创新和自主德育活动时，学校更关注的是科技试验班学生对于全体学生的带动作用。科技试验班开设三年来，无论是科技氛围还是科技竞赛成果都取得了很大的进步，通过合理整合，目前全校学生参与科技创新活动主要通过两大平台：

第一，由学生处、团委统一管理的学生社团。目前学校的社团总数达到47个，其中科技类社团12个，随着学校科技氛围的日渐浓郁、科技创新特色的不断凸显，参与科技社团的学生数日益增多，以学校最为典型的三大科技社团为例：

从下页图可以明显看出，三年来参与三大科技社团的人数增加是非常显著的，这不仅是因为活动本身的趣味性和挑战性，更是因为这些项目所取得的成就也极大地鼓舞了学生的参与热情。A. M. ZOM社团从2006年开始参加中国头脑奥林匹克创新大赛，通过每一届社团成员的坚持与努力终于在2009年首次获得全国冠军，并于2010年勇夺世界冠军。蓝色动力机器人社团已有12年的历史了，连续两年获得全国青少年电脑机器人大赛(科协主办)上海赛区一等奖，并于2011年赴美参加世界锦标赛。E.T电脑爱好者社团在近几年发展迅速，在2012年上海市高中劳技电子设计竞赛(市教委教研室主办)中获得两项一等奖。除此之外，学校连续两年受邀参加"同济大学中学生结构设计邀请赛"蝉联总成绩冠军，6名参赛队员也因此获得同济大学自主招生"校长推荐"资格。

第二，教务处专门为全校学生的研究型学习设立了"课题式"综合学习与实践教研组。该教研组不仅负责学生课题研究活动的组织和管理，还依托高校、科

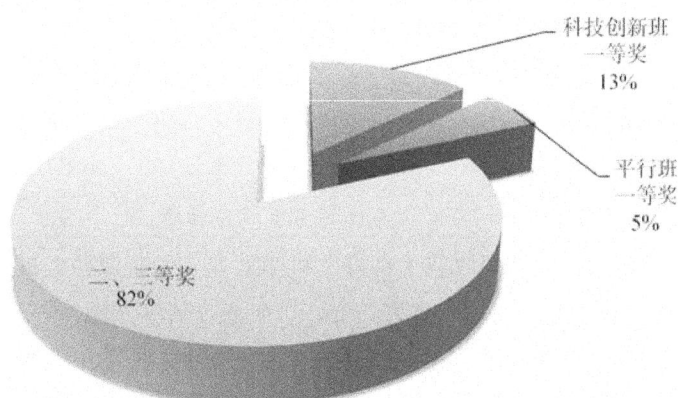

2009年度上海交大附中38项学生课题参加上海市青少年科技创新大赛及获得一等奖情况

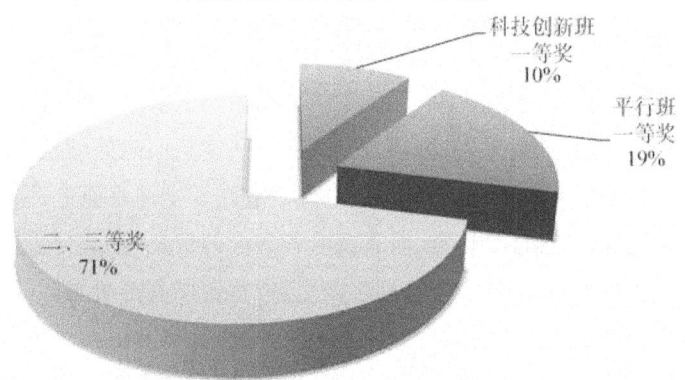

2010年度上海交大附中52项学生课题参加上海市青少年科技创新大赛及获得一等奖情况

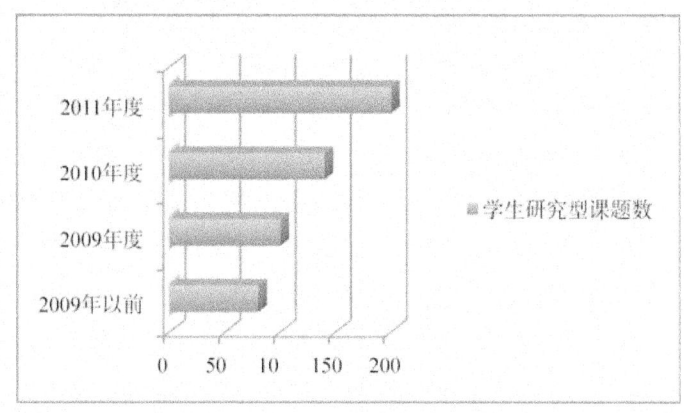

学生研究型课题的增长情况

研院所和科普机构为学生的课题研究提供指导力量。经过多年的经验积累，目前已成为学校创新教育的重要组成部分，每年的学生课题数都在不断增加。而且在课题的质量方面，科技试验班学生对平行班学生起到了示范和引领作用。

(3) 以"点"带"面"——全校学生学习方式实现转变

第一，积极探索的过程收获了良好的科学素养。创新课题走进科技试验班使得学生的学习生活实现了重大转变。学生通过研究课题，不仅了解了各方面的专业知识，更掌握了科学研究方法，并将这种方法应用到学习上。研究课题时，他们利用暑假、双休日时间从上海交大的专家学者、图书馆、网络等多种渠道获取信息，不断地探索。这样的积极探索精神转用到了学科学习，学生在理科学习上不局限于表面知识，而更加注重知识的本质以及各知识点的联系。

第二，迎难而上，敢于接受挑战成了一种品质。创新课题研究本身不是一件易事，再加上学业的负担，怎样高效完成课题研究且同时兼顾校内课业？这对高中生来说是很大的挑战。但面临这样的挑战，学生迎难而上，课题的研究过程中遇到困难，没有自暴自弃，而是获取各方面的信息，尝试自主解决问题。当课题和学业相冲突时，学生也都迎难而上，努力合理安排时间，以缓解冲突。这样迎难而上的精神在今后的学习以及工作、生活上也有很大的帮助，尤其是困难解决后的快乐让学生觉得学习真的是一件很幸福的事情。

第三，自主探索、相互激发、共同进步成为共识。在高中，学生更多的时间并非面对教师，而是和自己班的同学生活在一起。因为课题研究的需要，大家变得特别的亲近，并且在做课题中充分体会到了和同学互相帮助、互相激励、相互合作的快乐。因为科研课题，他们变得熟悉，也将在课题中那种积极讨论的学习方式运用到了课堂学习当中。

第四，批判性思维成了习惯。学生在经过科技试验班各种教育活动训练后，对事情的思考开始有了批判性的思维，也有了更加缜密的思考。原来学生总是习惯于接受老师所教的知识，可现在并非如此。上课总可以看见学生在和老师积极讨论的场景，他们和老师、同学较量，激烈的争论激发出更多的热情。在读书的时候，也对书上感到不解的知识点提出质疑，每次都要彻底弄懂才罢休。他们看问题开始变得理性、严谨，不再让感性占上风，批判性地看待问题，抓住问题要领,善于质疑辨析,相信这样的思维在今后的学习过程中起到的作用会越来越明显。

第五,注重学习的过程,体验过程的快乐。在课题研究过程中,学生开始注重做课题的过程,而不是只注重最后的结果。他们将这一优点运用到了学习上。在实验过程中,有两位学生小 A 和小 B,需要用一门未曾接触过的语言编绘出属于自己的软件。他们造访专业人士、询问老师、找来好的教材自学,在家里学习掌握,上机后自己尝试、自己修复,课题完成后同学们的手机上都装上了他们设计的软件,并应用得很好。那种快乐让他们忘却了暑假的酷热,体会到了成功的喜悦,也感受到了研究过程的幸福,漫长的跋涉带给了他们很多,让他们受益匪浅。

第六,追求完美,精益求精。在课题中学生力争最好,这样精益求精的精神久而久之养成了习惯,这也被他们运用到了学习中。在做每一道题、学习每一样知识的时候,他们开始不放过任何一个细节,而非像以前马马虎虎的一蹴而就,追求完美往往可以让学生在学术领域中迈向一个更高的台阶。

3. 延安中学试验班效能的取得

试验班通过改进培养方案、优化课程结构,把通识课程之陶冶、专业课程之修习、实践实训之历练科学地结合起来,全面提高学生的基础理论和基本技能;通过全过程、全方位的创新精神与实践能力培育机制,把课堂与课外有机结合起来,激发学生的创新精神,培养实践能力。

(1) 学生基本理论与基本技能的实际水平

试验班的学生要求既要掌握扎实的基本理论,又要具有过硬的技能;既要有合理的知识结构,又要有全面发展的能力。为适应社会发展和学生成长的需要,学校通过不断深化教学改革,加强对学生的研究型学习和实验实践能力的培养和训练。

① 改进教学方法,压缩课时和课堂教学时间,培养学生自主学习、研究性学习的能力,同时也改变教师的教学方法和教学手段。

② 改进课程考核方式,全面检测学校试验班学生基本理论与基本技能的实际水平。学校积极推进考试改革,在考核目标上实行"三个转变":考核角度从过分强调知识点向综合考核转变,考核方式从单一方式向多元途径转变,考核结果从过分依赖卷面成绩向重过程学习考核的转变。在考试、考查方式上实行

"四种结合":推行闭卷与开卷相结合、笔试与口试相结合、理论考试与实践技能考核相结合、课堂作业与课外小论文相结合。

（2）学生的创新精神与实践能力

① 全过程培养学生创新精神与实践能力

学校将学生创新精神和实践能力的培养纳入培养方案中,贯穿育人各环节始终。在课堂教学环节上,教师采取启发式教学方式,通过专题论文的撰写、课堂研讨,鼓励学生开展研究性学习,在知识积累过程中有所创见；在实践教学环节上,通过专业实习、撰写论文,指导学生验证知识、运用知识,把知识转化成实践能力,培养和锻炼学生的观察能力、分析能力、动手能力、表达能力；在人才培养模式上,为学生提供更广阔的实践空间,在知识文化比较、交叉的基础上推陈出新。

② 全方位打造学生创新和实践平台

学校坚持以课堂教学为培养学生创新精神与实践能力的主阵地,第二课堂作为重要载体和有益补充,全方位打造了系统化的学生创新实践平台,激励学生开展创新实践活动。学校鼓励教师以指定性课题为基础,通过开展研究性教学,提高学生的创新能力和研究水平。

4. 曹杨二中对试验班学生识别和选拔的突破

学校多年招生工作的实践经验表明,依托上海市实验性示范性高中自主招生、推荐招生这两个途径,可以甄选出具有创新素养及潜质的学生,并通过学校三年的培养,最终进入了全国一流的高校,并获得北大、复旦等一流高校的高度评价和认可。2012年,学校进入复旦自主招生录取的人数居全市第八；推荐参与复旦"望道计划"面试的四名考生全部被录取。

这种成绩的取得与学校对具有创新潜质的学生进行识别和选拔的方式的改革分不开,其中有两点尤为值得关注：

一是选取瑞文团体标准、卡特尔16PF、威廉姆斯创造力、罗立塔等专业量表的部分指标,通过对学校试验班与平行班连续三年的测试与跟踪,筛选了符合具有创新潜质的学生的甄别与遴选标准的因子与条项。从目前的反馈结果看是较为准确和可靠的,且操作性强。近年自主招生前,学校用这套方式对兰田、进华、梅陇、中远等学校的初三学生进行了测试,把符合学校常模的学生遴选出来,参加学校自主招生的面试。

二是邀请大学教授和外教首次参与学校的高中自主招生面试。学校邀请了复旦、同济的教授和学校的德语外教参与学校的自主招生面试，特别关注了通过测试遴选出来的学生。同济大学还与具有工程爱好、创意设计潜力，对学习德语有兴趣且英语与数学基础较好，喜欢动手实验，富有好奇心的学生预签了"苗圃计划"。这套甄别和选拔的方式是否科学、准确，学校将进一步跟踪这部分学生。但作为一项制度建设，学校将进一步完善具有创新素养的学生的甄别和遴选机制。

二、全体与部分相结合的金字塔模式

金字塔模式是项目组对学校实践探索模式的形象描绘，即面向全体学生与面向部分学生相结合的模式。在这种模式下，学校在实验对象上随着年级的升高而逐步缩小，通常高一面向全体学生，高二、高三则逐步分流。在课程架构上采用全体必修、全体选修、部分专修的模型，以课程和社团活动为载体实现学生的分流；在组织形式上，有常规班级、试验班和社团等多种形式。金字塔模式，其核心价值在于创造一种有助于创新人才脱颖而出的成长机制和学习平台。

（一）面向全体学生的实践

之所以要坚持面向全体学生的创新素养培养，项目组的主要观点是，创新素养是未来社会人才发展的基本素养，而不同个性特征的人会有不同性向的创新素养表达，创新素养培育不是阶段性的，而是贯穿在一个人一生的学习过程中的。因此，高中阶段的创新素养培育要关注部分学生，更要面向全体学生，要创设适合每一个学生潜质发展的教育生态，营造一种积极的、让每一个学生脱颖而出的机制。

1. 建平中学的面向全体学生模式

建平中学基于全体，逐层推进、点面结合：有面向全体学生的社团活动及科技节等一系列综合实践活动，有新型的课堂教学实践和相应的课程构成的"创意校园、智慧课堂"。在此基础上，再有面向创新试验班的"创新课程"计划，以及面向特殊人才的"远翔计划"。

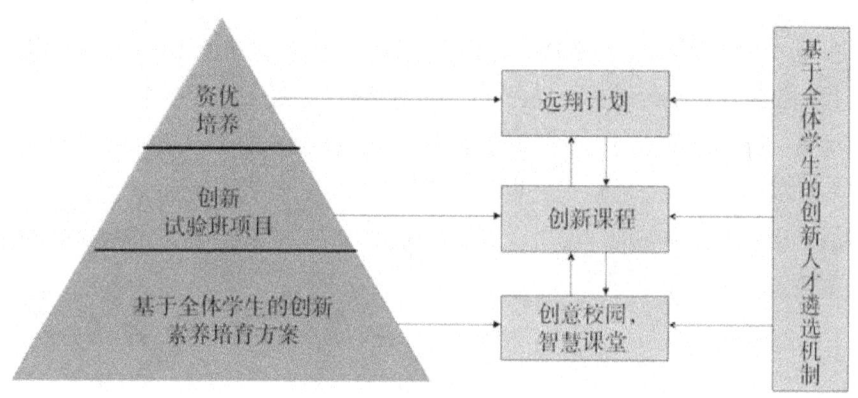

（1）综合实践活动

以建平一贯的综合实践活动（国庆通宵、南京行、社会实践、科技节、社团节、国际文节等）作为依托，营造人人参与、鼓励优秀的创新素养培育氛围。

活动内容	参与人员	活动时间
国庆通宵活动	全体	每年9月30日
南京行	高一年级	每年4月最后一周
社会实践	1. 全体	利用节假日，通过学分管理
	2. 高二年级（生涯体验计划）	每年的11月下旬
科技节	全体	每年5月
社团文化节	全体	每年11月
国际文化交流节	全体	每年12月
项目设计	全体	贯穿整个高中阶段

（2）人人有社团

建平中学的社团建设一直是学校发展的一大亮点，近年来又涌现出了04论坛、模拟联合国、营造社等一批在沪上享有盛誉的社团。人人有社团，已经成为建平教育的一个特色，同时，大量自主发展的社团的存在也为创新素养的培养创造了条件，成为学生创新素养培育的良好机制的保证。

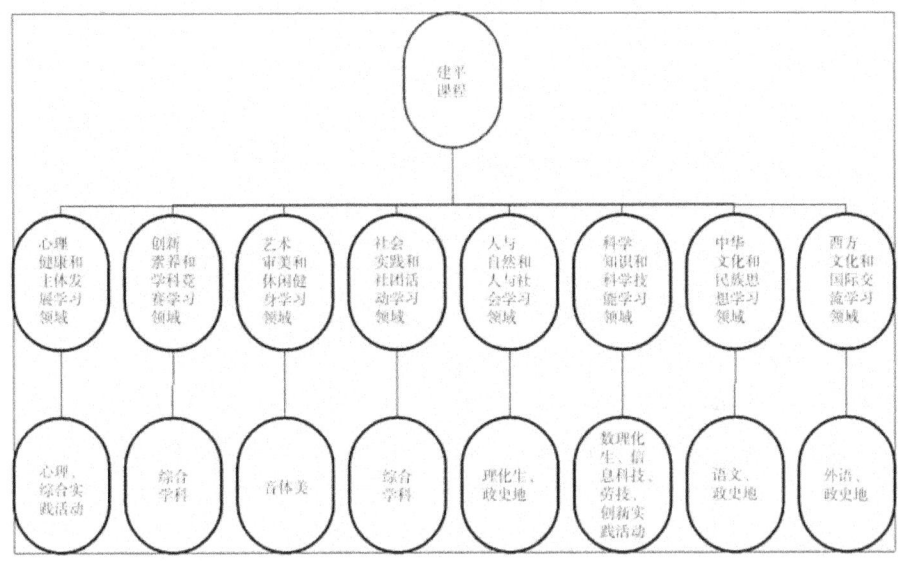

建平中学课程结构图

(3) 创设专门的创新素养培育课程

围绕创新素养培育,在原有的丰富多彩的校本课程以及选修课的基础上,又探索性地开设了一些课程,帮助学生提高创新意识和创新能力,并在这样的背景下提升学生的创新素养。例如,方法指导类的课程:SDP(Skills Development Program)、科学方法论、思维与逻辑等;用新结构诠释传统课程的课程:KPK 物理、AP 化学、AP 数学等;借助于现代技术加深对学科认识与理解的课程:图形计算器、组织及微生物培养等。在完善课程的同时推进课堂教学改革,"智慧课堂"是建平中学适应"创新素养培育项目"而推出的重要的课堂教学改革举措。在认真研究了创新素养培育的一般理论之后,学校提出了"关注体验、关注过程、关注高阶思维"的"三关注"教学范式,抓住学校教育的主阵地,推进创新素养培育。

围绕创新素养培育,建平中学在课程建设方面也做了大量的工作。主要表现在三个方面:

第一,完善已有的学校课程结构。建平中学课程最大的亮点就是将综合实践活动纳入课程体系进行管理。因此,学校梳理和完善学校课程结构,凸显办学特色与课程特色,构建具有国际对话能力、符合建平中学文化精神、基于每个学生自身特点的个性化课程体系。将学校课程分解为三个主题、五个目标、八个发展领域。三个主题：人、自然和社会；五个目标：自立精神、共生意识、科学态度、人文情怀、领袖气质；八个发展领域：心理健康和主体发展学习领域、创新素养和学科竞赛领域、艺术审美和休闲健身学习领域、社会实践和社团活动学习领域、文化与自然学习领域、科学知识与技能学习领域、中华文化和民族思想学习领域、国际理解和国际交流学习领域。具体结构如上页图。

这八个领域的课程是按照课程内容来分的，从课程形态功能上，课程又可以分为：基础课型、拓展课型以及综合实践课型三类。通过学分制、分层次、走班制的形式实施。

这样调整课程结构的好处是，使得创新素养培育的意识能够融会于课程目标和结构之中，使得全校的日常教学工作和创新素养培育活动"无缝对接"，避免了创新素养培育和日常教学工作"两张皮"的现象。

第二，积极开发具有创新素养培育特质，同时又具有建平文化风格的校本课程。自2011年项目启动以来，学校共开设了逻辑与思维、创新思维、科学方法等三门课程，分别在文科创新班和理科创新班试点推开。同时，学校又针对全体学生研发了"图形计算器与数学实验"课程；结合社团活动研发的科技社团课程有：《"园艺社"学习课程》、《"业余电台"学习课程》、《"头脑奥林匹克"竞赛辅导课程》等。这些课程或者成为学校选修课程，或者成为学生社团活动课程。具体课程建设概述见下表：

课 程 名 称	课 程 概 述	课 程 类 型
逻辑与思辨	逻辑推理能力是学生综合素质的重要组成部分，近年来很多大学生已少有机会系统学习逻辑学的基本知识，缺乏逻辑推理能力的训练，思辨和论辩能力不强，以致影响基本的表达、交流及知识更新，和学习、工作中发现问题、分析问题和解决问题的能力 传统逻辑学在实际运用时很不方便，而数理逻辑（符号逻辑）太抽象，本课程尽量避免讲授艰深的理论知识，而是通过有趣的实例，适当地引进逻辑、逻辑规律、逻辑推理等方面的一些逻辑学基本知识，以课堂讨论、辩论等形式，锻炼、提高学生初步的逻辑推理能力	创新试验班学生指定选修，其余学生自主选修

（续表）

课程名称	课程概述	课程类型
创新思维	通过对数学思想方法、数学思维的挖掘，在课堂教学中生成智慧，培养学生的创造意识和创造能力，提升学生思维的跳跃性和深刻性。重点是通过设计课前课题研究、课堂思维拓展和课后继续探究三个环节，达成"创造思维"的课程目标	创新试验班学生指定选修，其余学生自主选修
科学方法论	通过专题讲座，帮助学生了解科学探究过程中的一般方法。初步接触并思考自然科学领域的未知世界，并激发学生探索未知的学习热情 通过以学生为主体的、具体学科的小课题探究，帮助学生学习质疑、假设、设计、验证、反思等科学探究过程；获得概括、推理、类比、归纳、演绎等科学思维方法；体验科学实验探究的过程；巩固、发展科学实验技能，为后续自主课题研究作准备	创新试验班学生指定选修，其余学生自主选修
图形计算器与数学实验	探索利用图形计算器进行数学探究活动的途径与方法；研究资优学生数学创新思维培养的方法；通过案例形成专题	选修

第三，引进了一批对学生创新素养培育有帮助的课程，为学生拓宽视野提供方法训练，提升创新意识与创新能力。这样的课程有"KPK 物理"、"SDP（Skills Development Program）"和"青年领导力课程"，以及斯坦福大学的"EPGY"课程。这些课程以选修或者指定选修的方式纳入到学校的整个课程体系之中，充实和完善了学校的课程体系。具体情况见下表：

课程名称	开发机构	课程简介	合作时间	课程类型
KPK 物理	德国卡鲁斯鲁厄大学久保基金会	KPK 的目的就是想通过在内容上或数量上实行精简，从概念体系上和认知结构上进行简化，即从质上实行精简来实现物理教育的现代化	2011 年 9 月	理科创新班必修

（续表）

课程名称	开发机构	课程简介	合作时间	课程类型
SDP课程	欧盟教育基金会	技能拓展课程，是由世界知名考试认证机构——剑桥大学国际考试委员会（CIE）联合欧盟教育基金会（CHEER）对现行中国高中课程和教学目标进行深刻学习和研究，结合海外高等教育的基本要求，特别针对中国学生在学习技能方面和综合素质的相对弱势，设计开发的短期强化课程，旨在培养中国学生的批判与创新思维能力、独立学习和研究能力、团队精神以及交流和展示能力	2009年9月	2009年9月—2012年6月文创班必修 2012年9月自主选修
青年领导力课程	ME TO WE(NGO)	通过一系列的活动和讲座，让青年人明确自身的生命意义以及对于社会的责任与价值，积极参与社会公益活动	2011年9月	自主选修课
ECGY	美国斯坦福大学"ECGY"中心	远程精英青年素养培育类课程	2010年9月	自主选修

2. 大同中学创新素养培育实验

大同中学创新人才培育实验项目，面向全体，甄别与发现学有余力、具备创新潜质的学生，并探索设计、开设与实施培养创新素养的课程与培养模式。实验要点在于：第一，甄别、发现学有余力且具备创新潜质的学生的方法和途径。第二，设计、开设与实施面向全体学生的特色课程——CIE创新体验活动。包括两个方面的内容：多渠道整合社会资源，以学术前沿知识为主要内容、以开阔视野和丰富学养为目标的科技、人文讲座；以项目为驱动的研究型课程，面向全体学生，以项目研究为载体，多学科、多领域整合，培养学生发现问题、解决问题的能力。第三，设计、开设与实施面向学有余力、具备创新潜质的学生的特需课程——自主研修课程。自主研修课程的开发主要包含两个方面的内容:以学科拓展为驱动的拓展性课程,根据学生的不同需求和学科专长,开设包括竞赛、大学先修课程、国外引进课程等,提高学生学科素养,培养学科特长;借鉴大学研究生培养模式,设计、开发与实施以学术研究为主要内容,培养学生聚焦问题、独立思考、自主研讨的能力。第四,探索跨校、跨国界的创新实践项目的合作机制。

(1) 培养目标

凸显学校理科见长、文理并重的教学特色,结合学校生源特点,将培养目标定位在引导学生参与学术研究的过程,为将来成为这一领域的创新研究者与领导者奠基,开展多学科、多层次的创新培育项目的设计,立足面向全体学生、加强特长学生的个性化培养。培养目标主要指向:

① 强烈的社会责任感和民族情怀。

② 主动发展、追求卓越的态度。

③ 对某一专业领域浓厚的发展志趣以及一定的基础知识储备。

④ 创新的意识和行动。

⑤ 较高的学科素养。

(2) 培养对象

① 德智体等全面发展,具有一定创新潜质的学生。

② 身心健康,道德品质好,具有良好的团队合作意识和人际沟通能力。

③ 学科基础知识扎实,具有较强的自主学习能力。

④ 学科能力突出(文理皆可)、外语优势明显。

⑤ 有一定的探究性学习经历和社会活动能力。

⑥ 思维活跃,具有较强的知识应用能力。

⑦ 有较明显的创新特征。

(3) 课程设置

学校的创新素养培育计划的课程主要由四大类课程组成:

① 发展课程:包括学术前沿讲座(大科技讲座、大人文讲座、大同院士讲坛)、学术实践活动(实验室开放计划)、学术课题研究活动(暑假、寒假小课题研究和课题研究实训活动)、CIE创新体验活动。

② 自主研修课程:自主研修沙龙。

③ 德育课程：社会实践、学业导航课程。
④ 国际课程：大学先修课程、跨国课题研究、海外游学等。

完善 CIE 创新体验活动，构建"云课程"

按照"云课程"理念，学校进一步完善了 CIE 创新体验活动，形成了活动设计、实施和评价的完整体系。

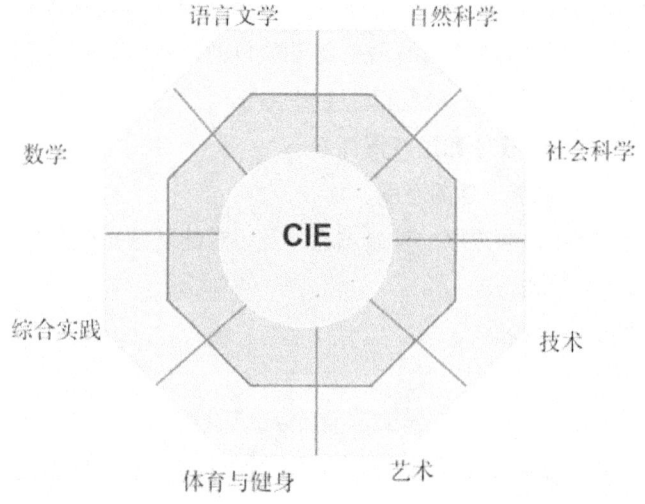

学校将 CIE 放在学校课程体系中的核心位置，将 CIE 的思想渗透在八大学习领域、三个层次的课程目标、课程设计与教学之中，使学校的总体课程结构都能够围绕着 CIE 的目标而改变、发展、进化。

（一）建构以 CIE 为培养目标的素养框架

CIE 创新素养体验活动的核心和设置依据是学生的素养框架。经过实践和探索，结合学校学生的特点，学校认为素养框架应该以提高学生高阶思维为目标，改变传统的以知识为核心、以教为主的课程目标，用任务来贯穿整个体验活动并通过思维体验让学生自己来建构知识体系。

通过体验式学习任务的设计，激发学生的高阶思维，包括：① 比较、鉴别、阐明事物之间的类似之处和不同之处；② 根据事物的属性和特征，将它们分类；

③通过观察和分析,归纳出一般化的原理;④通过给定的原理和法则,推论出未知的结果;⑤分析错误,即找出并阐明自己和他人思维中的错误;⑥找出支持的论据,即对每一个观点和看法都要给出支持的论据;⑦概括,即找出庞杂的信息下面隐藏的规律和模式;⑧提出观点,即能够确定并阐明自己对问题的看法。

案例:复杂真实的项目体验——主题公园设计

为了丰富本市居民的业余文化生活,政府决定建设主题公园,但是在哪里建、建怎样的主题公园呢?政府决定举行招标会,作为应标公司的设计师,你会提出怎样的方案呢?你的方案会在招标会上胜出吗?

在这个项目中,学生面对的是一个开放的复杂问题,而且这个问题又被放在了真实的环境当中,即自己所在的城市,学生将要扮演城市规划师、建筑设计师的角色。在任务进程中,学生需要学习关于城市规划和建筑设计的一些基础知识,比如通过需求调查分析来决定公园的选址和主题、公园规划的基本知识等。随着任务的不断展开,学生面对的问题越来越多,比如公园的选址、主题和周边环境是否协调,公园内设施和配套布局是否合理等。这些都激发了学生进一步学习和探究的兴趣。

学校的思考:创新课程在教学设计中与基础课程存在较大的差异。基础课程要求能够为学生设置具有层次性的递进的台阶,循序渐进、水到渠成;而创新课程则让学生一开始就面临一个复杂的问题,让问题激发学生学习的渴望,让学生在做中学、在思中学。在设计创新课程教学内容的时候,学校尽量取材于学生的学习和生活实际,让学生有贴近感,让学生能够进入学习过程;在设计创新课程教学内容的时候,学校不低估学生的创造力和接受力,敢于提出"大问题"、"难问题",变储备性知识学习为需求性知识学习。

(二) 追求以 CIE 为核心思想的教学目标

CIE 创新体验活动的培养目标在于让学生在自主探究中提升自己。作为课程的实施者——教师,必须将这个理念贯穿在整个教学过程当中。教师要将关注点从落实知识与技能转移到关注教学过程本身上来,要让学生通过完整的、情境化的学习活动,以发展清晰的表达、推理和自我监控等方面的能力,进而发展学习者的高阶思维能力。

案例:以学生为本的教学内容设定——从环保手机到另类手机

在"环保手机设计"活动中,原先设定的教学内容是要求学生设计一款与环保有关的手机,但是随着教学过程的推进,老师发现学生的思维突然偏离了预先设定的轨道,有几个小组设计的手机与环保似乎不太搭边,比如减肥手机。这时候该如何将他们纳入到正轨上来呢?老师没有简单地否定学生的创意,而是调整了教学内容。教随学动,开放的任务已经考虑到了这种情况,任务的开放度让教学内容不会成为束缚学生创意的绳索。

学校的思考:创新素养培育项目的设定首要考虑的是开放性,没有"标准答案"是它的特点。教师必须首先打破自己对于"标准"的固有思维。现实生活中"无标准"才是常态,创新项目的"标准"不是是否找到了正确答案,而是是否找到了更加合适的方法。当学生的学习进程与预设的教学内容发生矛盾或者偏差的时候,让教学内容合理调整才能够让项目更好地得到实施。

(三) 选择为 CIE 培养目标服务的认知工具

认知工具是支持、指引和扩充学习者思想过程的心智模式和设备,能帮助和促进认知过程,在培养学习者批判性思维、创造性思维和综合性思维中起着重要作用。

学校认为,创新就是要打破思维定式,所以像与不像之间,学校追求的是不像,抓住鸭子的主要特征,将自己的想象融入鸭子的形象,不像比像好。在这里,乐高积木是学校提供给学生的认知工具,它已经不是简单的玩具了,它引导学生在有限的条件里面(固定数量、固定形状的积木)闪转腾挪地发挥自己的创造力,尽可能地展示自己的创意。赋予常规工具以非常规的功能,认知工具俯首皆是,要善于发现、善加利用。

(四) 完善以 CIE 为核心的课程统整

在全面普及创新素养培育的同时,学校将目光转向更为广阔的课堂外,通过拓展型课程、学生社团、社会实践活动的统整,实现"学"、"趣"、"用"三结合的目标,让学生能够因趣求学、会用乐学、学以致用。

1. 信息技术与艺术课程的统整

随着信息技术的不断发展,更多地与艺术创作相关的软件被开发了出来,学生对于这些新鲜的艺术表现模式有着浓厚的兴趣。信息技术的引入,让艺术类创作的门槛降低了,更多的学生可以参与其中。在此前提下,学校尝试将信息技术与艺术创新课程进行整合,开发了以下几门拓展型课程:

(1) 数码音乐创作。选择一个主题,例如"成长足迹MV",为视频制作配乐、主题歌或插曲;使用数码音乐软件工具完成谱曲、配器的工作。

(2) 建筑构造设计。建造"纸房子",要求设计一栋纸质房屋(瓦楞纸),设计不同的功能区(包括活动区和休息区),提供建造图纸(三视图)。

(3) 定格动画摄制。选择一个主题,拍摄定格动画,要求设计剧本(分镜头),同时设计拍摄花絮,策划一次作品发布会。

2. 拓展型课程与学生社团的统整

拓展型课程与学生社团的统整让课程的时空进一步得到拓展,学生在社团活动中将课堂所得付诸实践。

高中女生形象设计拓展课的开设,吸引了一批在服装设计方面有特长的学生,她们组成了形象设计社团,定期去周边小学、初中,为低年级的学生传递青春健康的形象设计理念。

心理学拓展课的开设不仅为本校学生打开了健康心理的知识大门,也成了心理学学生社团应运而生的契机,他们研究中学生的心理问题,寻找提升心理健康度的方法,比如用音乐舒缓高三学生的紧张情绪等,还将这些有用的经验辐射到周边的学校和社区。

(五) 完善以 CIE 为核心的自主研修课程

在开展面向全体学生的创新体验活动的同时,学校注意到有一些学有余力、具备创新潜能的学生,学校认为对于这些学生,着眼点不仅仅使他们具备研究的能力,更应该着力将他们打造成为对某个专业领域具有学术能力的拔尖人才。学校为这些学生设计特需课程——自主研修课程,希望能够通过不同于常规的培养机制来助推他们的成长。

1. 人文社科自主研修课程

2010 年开始,学校语文教研组由语文特级教师担纲,集合了文史哲学科骨干教师,成立了人文学科研修沙龙。这个沙龙集合了对人文学科具有高度兴趣并具备特长的学生十余人,在教师的指导下,以学生自主研修的方式开展阅读、讨论、讲座、研究等活动,每个学生选择一个研究的方向,并完成研究论文。研究的内容涵盖了文学、历史、哲学等各个方面。

(1) 历史与现实

第一阶段美学——阅读李泽厚《美的历程》,撰写论文"什么是美"。

第二阶段历史——阅读黄仁宇《万历十五年》。

(2) 文学的解读

第三阶段文学——阅读鲁迅《汉文学史纲要》、《中国小说史略》，王国维《人间词话》。

(3) 东西方哲学

第四阶段哲学——阅读冯友兰《中国哲学简史》。

2. 综合科技自主研修课程

在开设人文社科自主研修课的基础上，学校又推出了综合科技自主研修课程，由数学、物理、化学、生物、信息科技、地理等学科教师组成联合导师团，为学生开设丰富多彩的研修内容，为培养理工科专门人才搭建平台。综合科技自主研修课程包括课题研究方法论、课题研究实训和自主研究三个部分的内容。

(1) 课题研究方法论

主要提供关于课题研究的基本方法，指导学生完成课题研究的各个阶段，学习借鉴别人的研究成果，找到自己的研究方向，包括如何选择研究课题、如何记录研究过程、如何撰写研究论文等。

(2) 课题研究实训

提供各种小课题和小实验，让学生在体验中进一步寻找和确定自己的研究目标，并在体验中掌握科研工作需要的各种技能。比如在"我家的户口本"活动中，指导学生掌握社会调查和文献搜索的方法；在"冰箱总动员"活动中，指导学生自主设计实验；在"节能降耗小达人"活动中，让学生尝试策划一次公益活动，进而了解如何组织协调各方关系。

(3) 自主研究

这是一个开放性的活动项目，由学生提出研究方向、提出实验方案，学校协助学生配置研究资源（软硬件资源和师资），进而完成研究的过程。

案例：中药面膜 DIY

学生从一则新闻生发的问题："2012年8月，一则因敷屈臣氏面膜致顾客死亡的消息，在微博及各大论坛上传开，引发全国网友关注。消息称，死者是福州一位40来岁的金女士，所用面膜为屈臣氏一款珍珠美白面膜，使用后全身发红，嘴唇发紫，后来死亡。"面膜中的所谓美白、补水等各种有效成分究竟是什么？添加剂在面膜中扮演什么角色？能不能用中草药的有效成分来取代化学制剂？学生自己能制作面膜吗？一群喜爱化学、对中国传统中草药感兴趣的学生聚在了一起,在大学教授的带领下,开始研究自己的中药面膜。

学生们从分析现有的面膜成分着手,探究各种有效成分的配方和效果,又从古籍中找到各种"美容药方",配置各种试剂来验证药方的效用,还提出了自己的配方,制作出了自己的面膜。最后,学校将学生制作出来的面膜送到了专门的机构进行检验,验证他们的探索成果是否符合国家对相关产品的卫生、安全标准。

(六) 加强 CIE 思想对基础课程的渗透

CIE 课程的实施不仅提供了一种全新的课程,还引入了一种不同于传统的教与学的方法,学校将这种教与学的方法引入基础课程的课堂,促进学科课堂教学的变革,实现接受性学习向接受性、研究性学习并重的变化,单纯的知识讲授向生活建构融入教学情景的变化,简单的课堂操练向学生主动探究的变化。最终让基础课程的课堂学习从单纯的学习知识的过程转变成创新能力培养的过程。

为此,学校对学科课堂教学实践提出了"六个反思":

1. 预设的问题是否引起学生的回应与思考。
2. 有没有给学生留下思考的时空。
3. 学生能讲、可以讲的,教师讲了或多讲了吗。
4. 有没有对学生的发言引起足够的重视。
5. 有没有对教学重点进行小结和对学生学习行为进行评价。
6. 有没有发现学生学习的问题或使学生生成新的问题。

(七) 开拓多元培养平台

为了更多地整合优质资源,学校与各类校外机构建立了合作培养机制,从实验室建设到课程设计,使得学校的创新素养培育平台更加多元、更加宽广。

1. 创建"中外友好学校创新素养教育联盟"

在 2011 年 11 月 18 日召开的题为"创新:时代的挑战和教师的责任"的国际教师论坛上,学校发起倡议,成立"中外友好学校创新素养教育联盟",旨在实现友好学校之间的资源共享、研究合作。目前已经有八所学校加入该联盟,并有两个合作研究项目已经启动,另有一个中丹课程研发中心已经成立。

2. 联合高校资源,建立"翔千创新基地"

学校广泛吸纳各种社会资源,获得"唐氏基金会"的赞助,建立"翔千创新基地",该基地由"生化工程实验室"、"建筑营造实验室"、"智能终端软件开发实验室"、"形象设计创意工作室"、"数码音乐设计工作室"等实验室组成,并和同济"建筑与城市规划学院"、复旦"计算机创新基地"、华东师大化学系等各高校相关专业建立了合作关系,为学生开展科普活动和课题研究提供各种设备和师资。

3. 开发院士资源,建设"大同院士讲坛"

39位院士是学校的办学成果,更是宝贵的学术资源,以院士校友为基础,学校不断开发院士资源,从2008年徐匡迪院士为"大同院士讲坛"首讲以来,已经有五位院士先后登上大同的讲坛,从前沿科技到励志成长,不仅开拓了学生的视野,更激励着越来越多的学生投身科学事业。

"大同院士讲坛"系列主题:

《面向21世纪的工程科技问题》 中国工程院院士 徐匡迪

《能源漫谈》 中国科学院院士 张杰

《现代光学技术及应用》 中国工程院院士 庄松林

《21世纪是信息科学、合成化学和生命科学共同繁荣的世纪》 中国科学院院士 徐光宪

《与时俱进》 中国工程院院士 戴尅戎

(4) 学程安排

① 起锚阶段。(高一年级上学期)

目标:培趣、开智、遴选——开拓学生知识视野,开发学生创新思维,培养学生创造志趣,遴选创新潜质学生。

课程配置:

课程类型	课程科目	周课时	修习类型
学术前沿课程	大科技、大人文课程	1	选修
	STS课程、知识论课程	1	选修
	院士讲坛	2次/学期	必修
学术实践课程	CIE创新体验活动	20次/学期	选修
	自主实验	1次/两周	选修

补充说明：

"CIE创新体验活动"以项目为载体，引导学生展开各种奇思妙想，并转化为作品（产品），甚至于成为商品。在这个课程中，不同兴趣爱好、学科特长、具有创新潜质的学生可以根据自己的需要选择合适的项目（项目涵盖的学科没有特定的学科指向）从中获得发展，同时也将成为甄别遴选创新素养培育项目目标学生的平台。

在此，学校借用了现代信息技术中"云计算"的概念。所谓"云计算"，就是将大量用网络链接的计算资源统一管理和调度，构成一个计算资源池向用户按需服务。提供资源的网络被称为"云"。"云"的资源在使用者看来是可以无限扩展的，并且可以随时获取，按需使用，随时扩展。而"云计算"与CIE体验活动的相似之处就在于按需服务，随时扩展。

CIE创新体验活动根据学生的创新素养需求搭建"素养框架"，根据框架上的素养坐标为学生添加需要的课程云。

CIE创新体验活动吸收校内各学科的骨干教师组成师资云的"云核"，并根据不同的项目需要吸纳项目师资，形成师资云。

CIE创新体验活动以学校为桥梁，寻找适合资源，提炼有用资源，将这些资源根据需要整合在一起，形成资源云。

② 扬帆阶段。（高一年级下学期至高二年级上学期）

目标：走进学术专业领域，开展课题研究实践，体验创新生成过程。

课程配置：

课程类型	课程科目		周课时	修习类型
通识课程	思维与方法	创造发明	2	选修
		课题研究方法		
学术前沿课程	专业课程		3	选修
	院士讲坛		2次/学期	必修
学术实践课程	课题（项目）研究		20次/学期	选修
	开放性实验		1次/两周	选修
	项目交流（游学）		2周	选修

补充说明：

a. 专业课程：以学术讲座形式展开，由高校提供教师资源，每周开设一次专题讲座，每次三个小时。通过该活动，可以帮助学生了解相关领域的知识和最新发展，激发学生深入研究学习的兴趣；通过学术讲座，建立该学科领域应有的基本常识，为下一阶段的发展打下基础。

b. 课题（项目）研究：以小课题研究的形式展开，高校提供研究资源列表，学生提出研究设想，通过双向选择确定研究课题，高校提供辅导教师和必要的实验资源开展相应的研究活动。此外，该阶段需要开设一些与课题研究相关的专业课程，以弥补学生知识上的不足，在研究活动中不断加深专业化培养。

c. 提供海外修学、国际交流等各种模式的国际化课程。引入国外友好学校科技相关特色课程，实施远程教学。组织学生前往国外友好学校（两周以上）修习相关课程。组织学生通过互联网开展跨国课题研究活动。

③ 远航阶段。（高二下学期至高三上学期）

目标：形成研究方向，实现创新意识到创造成果的转化。

课程设置：

课程类型		课程科目		周课时	修习类型
创新课程	通识课程	语言与媒介	英语	2	必修
		工具与技术	数学	2	必修
	学术前沿课程	院士讲坛		2次/学期	必修
	学术实践课程	课题（项目）研究		20次/学期	选修
		项目交流（游学）		2周	选修

补充说明：

课题（项目）研究：学生在小课题研究基础上，形成研究方向，在导师指导下完成研究报告，组织高校专家进行特长认定，验收培养成果。

（5）课程管理

为了帮助学生在高中期间逐步建立正确的人生观、价值观和就业取向，真正实现从兴趣出发、从特长入手地选择学习方向,学校在高中期间实施学生学业导航计划。学校将为每个学生配备导航指导员,以帮助学生尽快适应高中的学习生活、调整学习方法、合理配置学习内容和规划今后的人生目标。

导航计划中的课程为四个模块:

① 文化导航:引导学生了解大同校史,感悟大同文化,培育学生的大同精神,让学生在探究大同优秀校友成长历程的活动中,树立做新时代大同优秀学子的意识。

② 学业导航:通过讲座和自主参与,让高一新生了解高中学习的要求和特点,理解学业规划对高中学习的意义,知道并尝试进行个人学业规划;了解高中时期的心理特点,知道并掌握几种心理调适的方法,尽快适应高中的学业。

③ 学法导航:在学情调研的基础上,通过讲座和档案的建立,使学生了解自主学习理念和自主学习技巧,认识自我,建立自信心和正确的学习动机,培养认识和反思自己的学习能力,学会选择适合自己的学习策略。

④ 学程导航:帮助学生了解各学科的课程目标与学程安排,体验高中学科课堂教学的风格与学习特点,较快完成初、高中的过渡和衔接,更好地适应高中的学习生活。

学业导航课程按照实施的节点分为三个阶段:开学初的集中学习阶段、学期过程中的个别辅导阶段、学期终的反思小结阶段。

(6) 学分制管理与评价

采用学分制管理方式,除了基础的学科学习以外,每个学生根据自身情况进行选学,每门课程通过考评后可以获得相应的学分,学生凭借学分可以获得优先选课的权力和海外游学的优惠,并且在高三期间将根据学生的学分情况考虑向高等学府的推荐优先权。

建立学生成长档案,记录学生的学习过程。结合卡特尔16PF测试量表等各种创新潜质测试方法,每学期组织一次面试考评,综合性、过程性地记录、评估学生创新素养的发展情况。对学生的创造发明成果将结合各种社会团体组织的竞赛进行特长认定。

（7）实验实施与管理

① 小组学习保证教学资源最优化。小组学习人数控制在25人以内，以项目为载体，互动的教学模式，确保学生发展在专业上的针对性。

② 导师制度保证师资力量最优化。实行导师制度，导师团队由高校教师、研究生和校内学科教师组成，高校方面的导师负责提供发展课程、实验项目等方面的资源和辅导，校内学科教师负责学生的个性化辅导、学业导向跟踪、实践活动组织、部分学术课程的教学。

③ 国际课程保证教学资源多样化。每个学生在高中阶段要求通过远程教学的方式选学1—2门国外课程，学习成绩将以学分形式记入学习档案。每个学生在高中阶段将有1—2次的国外游学机会（游学期间可以完成一门课程的学习）。在"送出去"的同时，学校将尝试"请进来"，即引入国际课程，如IB课程等，此外还可以引进友好学校部分优秀课程形成短周期课程，提供学生更多的选择，开阔学生的视野。建立与友好学校课题研究的合作渠道，实现更广阔的课题研究平台。

④ 建设实验室。依托高校和社会资源，建设开放性工程创意室，"翔千创新基地"已经正式挂牌，为学生的课程体验与实验研究提供保障条件。其中包括：

a. 以"设计"为主题的多媒体创意工作室，如数码音乐创作室、多媒体视觉创意工作室、形象设计创意工作室等。

b. 以"工程"为主题的发明创意工作室，如建筑营造工作室、电子工程工作室、机器人工作室、生化工程实验室等。

c. 以"科普"为主题的科学探究工作室，如天文教室等。

（二）基于全体学生的专设班实验

在面向全体的基础上，要突出对部分学生的发掘和培养，这也是由高中学生性向发展的特殊时期决定的。高中时期是学生人生定向、职业分流的奠基期，是个性走向成熟稳定的关键期，学生的差异体现得尤为明显，个体学习兴趣、志向和优势潜能都会慢慢体现出差异。因此，有必要在面向全体的基础上，通过多种方式发现部分学有余力、潜质明显的学生，以试验班、专门社团等多种形式为他们提供尽可能个别化的指导。

当然，在面向全体基础上举办试验班，同样面临学生遴选的问题。学校应该采用什么样的遴选方式，高一年级的面向全体的培养模式能够为学生遴选提供哪些支撑，学校可以通过怎样的方式利用好这些支撑？显然，这种模式下的遴选，同单设创新试验班的遴选模式存在一定的差异。项目总结发现，不少学校都采用了多种方式的组合法，比如选拔型遴选、活动型测评、发展型测评等相结合，提供了有益的经验。

1. 建平中学的科学与人文创新素养试验班

建平中学"创新素养培养项目"设置试验班的动机是：第一，对一些经过遴选具有明显文科或者理科创新潜质的学生进行特殊培养，让有差别的学生得到差异发展；第二，为学校的社团活动、科技创新活动以及创意校园活动培养一批中坚力量；第三，对一批开发的创新课程进行前期实验，以利于今后进一步推广。

当然，在整个项目中，遴选机制起到了非常重要的作用。在项目实施设计的时候，学校就将遴选机制设计成贯穿整个项目的一项重要活动。学校将遴选分为三种类型。

（1）选拔型遴选。由于项目设计的需要，同时学校也希望能够形成一套对资优学生发展性向的检测方法，所以需要在学生中遴选出两个试验班。试验班的设立有别于一般的竞赛辅导或者成绩优秀者的选拔，而是将理科或者人文发展倾向相对明显的学生选拔出来。所以在设计上，比较注重性向的考量。学校设计了三个板块进行测量：

第一个是课题研究板块，要求学生在暑假中自行进行课题研究，围绕课题的选择和实施提出问题，考量学生课题设计和执行中的心理特征。

第二个是知识结构板块，学校的假设是，知识结构与学生的个性发展性向有着正相关的关系。

第三个是心理性向测量板块，直接用量表的形式测试学生的心理性向。选用根据美国心理学家高夫所编制的"加利福尼亚心理测验表"（简称 CPI）修订而成的"通用人才选拔测评"作为测评工具。CPI 在国外被认为是一项能较为准确测试出人员发展潜力的测验。

结果发现，它们之间的相关性呈现出明显的正相关特征。相关性系数表现如下表：

文科创新班学生性向遴选数据表

板　　块	相　关　系　数
课题研究	0.670
知识结构	0.843
CPI性向	1

理科创新班学生性向遴选数据表

板　　块	相　关　系　数
课题研究	0.58
知识结构	0.76
CPI性向	1

（2）活动型测评。通过课程活动、项目设计、社团活动以及综合实践活动等方式，为学生搭建各种舞台，让学生在团队活动中逐渐确立自己在分析问题、解决问题中的行动模型。通过学校的观察和案例积累，学校发现学生的活动模型大致有四类：第一类学校称为"领袖型"，具有战略思维意识，具有组织能力和鼓动力；第二类学校称为"行动型"，具有完成具体工作能力，有极强的执行力；第三类学校称为"智囊型"，善于出谋划策，必要时能够拾遗补缺，但是缺乏行动力和组织力；第四类学校称为"展示型"，善于呈现工作成果，有较强的沟通能力。这四类行动模型也各有自己的不足，学校在活动之后的反思中有意识地引导学生对自己在活动中的行为进行反思，明确自己的特点，扬长补短，不断完善。

（3）发展型测评。主要与学生生涯规划项目以及职业生涯体验活动结合，通过实践与反思，结合遴选测试结果，让学生尽早了解自己的发展方向与目标，为加速学习、丰富学习提供方向性支持。学校在学生高一进校时，就通过生涯规划项目的介入，不断明确学生的发展阶段与发展方向。通过小组心理辅导、填写《生涯规划手册》以及撰写"生涯规划博客"等方式，不断引导学生规划好自己的人生发展轨迹，为学生的创新素养培育提供方向性的指导。同时，今年学校还将进行大规模的"职业生涯体验"活动，在高二花两周的时间参与职业生涯体验活动，进一步通过亲身体验了解职业发展特点，明确职业成长轨迹。目前学校已经联系到的职业体验单位有80多家，学校"职业生涯体验活动"也已经为《新闻晚报》和《文汇报》等报道。

目前高一、高二年级各有文创班一个、理创班一个，人数占总学生数的20%左右。

在创新试验班管理上，学校采取年级组和项目组双重管理的方式进行管理，即日常管理由年级组负责，特色活动由项目组指导。学校专门围绕创新试验班建设设立了"例会"制度，定期讨论创新试验班的工作开展情况，协调各部门，为创新试验班工作的开展创造条件。项目组及时了解、倾听学生意见，实行过程支持和过程管理。

2. 大同中学基于全体的试验班

试验班的课程、管理等已经在前文有详细描述，这里重点讲学生的遴选。

学校以面向全体学生的招募活动来取代简单的考试分数排名，通过学生会向学生宣传本期活动的内容和适合人群。有意向的学生可以向项目组递交申请表，然后参加16PF的创新因子测试（见下表），并结合项目组面试结果来确定是否能够参加该项活动。

16PF 测试量表

	得分	测评结果与建议
乐群性	1	通常表现为执拗、对人冷漠、落落寡合、吹毛求疵，宁愿独自工作，对事不对人，不轻易放弃己见，为人工作的标准常很高，严谨而不苟且
聪慧性	3	通常理解力不强，不能"举一反三"
稳定性	5	情绪稳定性中等，由于所面临的问题不同，情绪激动的程度也不同。恃强性中等，既不会过分固执，也不会过分顺从
恃强性	2	很谦逊、顺从、通融、恭顺，行为很温和，善于迎合别人的旨意。也可能是由于认为自己的期求是可望而不可求的，即使正处于十分好的境地，也经常会有"事事不如人"的感觉
兴奋性	1	通常行为温顺，迎合别人的旨意；也可能即使处在十全十美的境地，也有"事事不如人"之感
有恒性	1	通常行动拘谨，内省而不轻易发言，较消极、阴郁；有时可能过分深思熟虑，又近乎骄傲自满；在工作上，常常是一位认真而可靠的工作人员

(续表)

	得分	测评结果与建议
敢为性	2	低者通常缺乏远大的目标和理想,缺乏责任感,甚至有时会不择手段地达到某一目的
敏感性	5	在需要判断和决策时,倾向于注意事实以及其实用意义,同时也意识到有关问题的情绪性后果与价值。实际上,判断事实倾向在于主观与客观之间取平衡
怀疑性	1	常多以客观、坚强、独立的态度处理当前的问题;并不重视文化修养,以及一些主观和感情之事;可能过分骄傲,冷酷无情
幻想性	2	通常无猜忌,不与人竞争;顺应合作,善于体贴人
世故性	4	世故性中等,既不过分天真,也不过分精明。忧虑性中等,既不过分自信,也不会自寻烦恼
忧虑性	6	对自己的长处和缺陷似乎有较现实的认识,能为自己的失误承担责任,能够从这些失误中吸取教训
实验性	1	通常有自信心,不易动摇,信任自己有应付问题的能力;有安全感,能运用自如;有时因缺乏同情而引起别人的反感
独立性	3	通常无条件地接受社会中许多相沿已久的、有权威性的见解,不愿尝试探新,常常激烈地反对新思想以及一切新的变革,墨守成规
自律性	5	自律性中等,时而懒散,时而严谨。紧张性中等,不会过分疏懒,也不会每天都处于神经紧张状态
紧张性	1	通常不能克制自己,更不愿考虑别人的需要,充满矛盾,却无法解决

三、校际联动模式

学生创新素养培育既有综合性、复杂性,同时又具有基础性、长期性和连贯性。一所学校单枪匹马的动作,所能产生的影响有限。而当前在区域之间、学校之间、学段之间,对于创新素养培育既有体制上的瓶颈,又有机制上的困难。所以,有必要在育人的重要环节和主要因素上探索建立纵横联动的机制,比如课程分享、资源共建共享、师资流通以及学段联通等,放大学生成长的时空资源、物理资源和社会资源,为学生创设一个浸没式的创新素养成长环境。在本项目中,一部分学校正是着眼于当前不利于学生创新素养培育的体制性障碍,通过跨学段联盟、校际联动等多种形式开展实践与研究,取得了良好的开端。比如,同济大学第一附属中学着力形成培养机制和人才流动的通道,采用"点、线、面"相结合的依托高校、初高中学段衔接的联盟互动培育模式;原卢湾区的向明中学、卢湾高中强强联合,以推进区域创新教育实验为依托,联动开展"普通高中学生创新素养培育"项目实验,积极探索"资源共享、课程共建、师资互通、学生共育"的联动培育模式。

1. 同济大学第一附属中学以高校为依托的校际联合、学段联动育人机制的探索

作为同济大学的附中,学校办学的高校依托主要是同济大学,同时依托区域内的其他高校,如复旦大学等。校际联合主要指区域内的中学,本课题的校际联合是指以同济一附中为核心的"同育创新素养教育联盟",当前具体成员有:同济一附中(高中)、鞍山初级中学、鞍山实验中学、杨浦凯慧中学、上音实验学校、同济大学实验学校(后五所学校为初级中学)。学段联动指初中、高中、大学学段在人才选拔机制、培养机制(课程、教学、评价)方面的衔接与合作,共同构成创新人才培养的教育链与流动通道。

学校采用"点、线、面"相结合的依托高校、初高中学段衔接的联盟互动培育模式。"点"是指以创新试验班为实验点,通过试验班取得经验和突破,带动全校创新实验改革;"线"就是建立以高校为依托、以同济一附中为核心、以课程为纽带、以信息化为平台的学段衔接、校际互动的教育联盟,使创新素养教育更有基础性、持续性与连贯性;"面"是指全校所有班级,覆盖全校的配套改革,形成新的发展模式与教育教学格局。

(1) 联盟互动机制的探索

联盟的性质与定位是以同济大学为依托,以同济一附中为核心,以课程建设为纽带,以信息化为平台的基础教育创新联盟。联盟成立、挂牌于 2010 年 11 月的同济大学第一附属中学 50 周年校庆庆典上,由杨浦区委领导与同济大学领导亲自为联盟揭牌。联盟校由六所学校组成,高中学段是同济大学第一附属中学,初中学段则是区域内的鞍山初级中学、鞍山实验中学、同济大学实验学校、凯慧中学和上海音乐学院附属实验学校。联盟在以下七个方面开展合作探索:

① 培训联动：本着培训在先，边学习边实验的原则，我们在2010年上学期就通过联盟互动的形式，对联盟校师生进行了培训和动员。培训内容包括创新素养的界定与构成、学校发展与人的管理、课程开发、教学改革、课题研究、活动组织等几个板块，并在联盟校和实验人员中明确了研究领域和任务。通过培训，项目组成员和试验教师端正了认识，明确了任务，确定了方向，形成了策略。

② 课程联结：联盟校与高校人才培养的对接，主要是课程的对接。为此，我们根据学校和区域资源的分析、对学校特色发展的定位，更根据学生创新素养发展的实际需求，认真规划学校的课程体系，成立由大学课程专家指导的、联盟校师生参与的课程开发团队，共同开发有初高中、大学相衔接的，具有联盟校特色的课程体系。

同育创新素养教育联盟学生创新素养培育课程设置类型一览表

课程类型	组织形式	实施形式	开发主体	实施学段
试验型（全科）课程	试验班	全日制	专家指导下的师生共同体	高中
拓展型、研究型（单科）课程	兴趣班	限定选修	专家指导下的师生共同体	初中、高中
体验型（单科）课程	社团班	自主选修	专家指导下的师生共同体	初中、高中
网络型（多科）课程	网上班	自主选修	专家指导下的师生共同体	初中、高中

③ 活动联合：为充分发挥同济大学的引领作用，充分有效利用教育资源，使活动具有序列性和持续性，形成同济文化的辐射和引领，我们注重以联盟的形式开展主题活动。在开展活动时，考虑其活动的层次效果和各年段的参与度。例如，由同济大学发起的建筑节活动，高中阶段参与的是瓦伦纸建造，初中阶段则参与家庭小制作或想象性绘画等；由一附中发起每年一度的低碳体验周活动，我们都召开联盟工作会议，一起商讨工作主题、分层目标，以及活动的序列和年段分工的落实。到目前为止，我们成功举办了两届暑期科技夏令营活动，有高校师生参与，高中学生引导，活动主体是初中三个年级的学生。我们还组

织了联盟校师生的赴海外交流活动,到美国友好学校——班考夫学校访问交流,感受他们的课程和文化。

④ 社团联系:考虑联盟校之间的联动和人才培养的持续性和流动性,在初高中课程衔接的同时,我们还考虑了初高中学校,以及高中与大学社团的衔接与互动,因为学生的兴趣、爱好和组织能力、实践能力往往是在社团活动中发育起来的。目前,我校与联盟校、同济大学等高校衔接的社团有十余个。

⑤ 网络同建:信息共享机制——建立同育创新联盟网。2010年底,同育创新联盟网建成开通,对联盟校的合作与资源共享向前推进了一步。联盟校在网上发布信息进行即时交流,共享学习成果和课题研究的最新成果,而且成员校教师开发的网上课程可供学生选择学习并接受教师的指导。师生利用网上教学平台进行交流互动,学生的学习情况和成绩会纳入管理系统,进行跟踪评价,使学生的考核评价实现生成性、过程性、多元性和全面性。

⑥ 资源同享:联盟学校的资源共享包括:办学资源同享,如同济大学的图书资源、实验室、场馆对一附中师生开放,一附中的实验室、场地等资源对联盟校开放;课程资源同享,拓展型课程共同开发,联盟校通过网络共同使用;学习与研究成果同享,联盟校间为节约时间成本,在校本研修和课题研究中,分别承担不同主题或课题,学习与研究成果通过网络或专题研讨会的形式交流同享。

⑦ 人才同育:积极探索由大学引领的初高中学段衔接的联盟同育创新素养培育模式。在文化认同、理念相通、志向相同、目标分层、任务分解(根据青少年成长和创新素养形成的阶段规律,落实到学段、年段,分别设计课程、教学和评价标准)方面开展工作,实现课程对接、资源共享、活动互动、人才流动。

(2) 经过近两年的实践探索与研究,"联盟"已经展现了积极的变化

① 遴选、评价与选拔:启动了"同济苗圃计划",探索联盟校以及更大范围的初高中乃至小学与高校遴选、培育课程与评价选拔的对接。建立由同济大学专家组成的生源遴选工作小组,通过"学生个人申请、学校推荐——联盟网站平台登记、学习——初步完成课程学习任务——联盟师生互动——课程体验——考核评定",在实践中不断完善选拔流程与评价内容。现已选拔三届创新试验班学生,经过比较分析,我们认为选拔方法与过程是成功的。

② 培养与评价的成果:在同济大学专家指导下,研究创新素养形成的阶段特征与目标,形成细化的阶段目标体系,开发小学、初中、高中、大学相衔接的课

程体系。通过教学改革、丰富社团活动、搭建活动平台与实践体验，联盟校的网络平台实现教学互动与成长跟踪，使学生个性特长尤其是创新人格与创新思维、实践能力与动手能力得到发展。

③ 联盟互动：联盟校之间不仅通过共同开发的课程在网上联动，实现课程共享，而且还通过校际教师互派，实现课程共享。例如，2012年上学期学校派出三位教师到联盟校兼课，并指导社团活动。同时，还聘请区域内有名的教师到学校开设拓展课程，如请复旦附中的伍新宝老师来校开设无线电技术课程。2011年、2012年连续两届举办同育创新素养教育联盟科技夏令营活动。活动前有网上报名，通过网上学习课程热身。活动中有生活课程、实践课程、创意性课程和文体类课程和展示。通过夏令营活动共评出"优秀营员"24名，"科技明星"等单项优秀48名。营员形成了科技创新和自主学习的积极体验，师生们对夏令营活动给予高度评价。2011学年下学期成功举办了"低碳创新Ⅴ行动"为主的低碳体验周活动。本次低碳体验周和创新Ⅴ行动主题系列活动历时一个月，于5月22日落幕，在学校举行了颁奖典礼。活动由"低碳Ⅴ建筑"、"低碳Ⅴ思辨"、"低碳Ⅴ设计"、"低碳Ⅴ制作"、"低碳Ⅴ表演"等多种活动形式，向学生展示了一个全面的低碳理念，取得了很好的效果。此次"低碳创新Ⅴ行动"的活动的宗旨是：培养学生低碳生活理念和生活习惯，通过活动设计，进一步锻炼学生组织能力和创新思维能力。此次活动共有6所学校60余名学生获得表彰。此次活动最大亮点是由学生发起，学生自行组织与设计，教师只是提供必要的指导。此次活动的举办，是"联盟"校际之间的活动联动，社团互动的又一次成功范例。

④ 定向培养研究的进展：在同济大学专家的指导下，进一步完善创新联盟和创新试验班的遴选及培养和评价机制，在课程衔接与社团互动的基础上，实现选拔培养的政策衔接，打破人才流通的政策瓶颈。我们设想实施同济苗圃工程，学校每年段通过联盟校层层选拔，为同济大学培养100名后备生源，保证至少有50名优秀学生进入同济大学相关专业学习，使这些学生少走弯路，在创新素养形成方面更加受益。

2. 向明中学—卢湾高中联动推进学生创新素养培育试验

在上海市原卢湾区教育行政部门的推动下，区内向明中学、卢湾高中两校联动，以推进区域创新教育实验为依托，联动开展"普通高中学生创新素养培育"项目实验,积极探索"资源共享、课程共建、师资互通、学生共育"的联动培育模式,推进具有创新精神和实践能力的创新人才早期培养。

(1) 课程共建:推进高中学生创新素养培育的课程设置和学程安排

整合两校课程资源和区域教育资源的优势,在多次积极研讨的基础上,形成向明—卢湾两校联动培育高中学生创新素养的课程实施方案,具体包括课程目标、课程模块内容、课程结构、学程安排、课时配比、课程管理等。

两校建立校级、中层、创新班教师联席会议制度,围绕培养目标建立和完善有利于学生创新素养培养的课程框架或课程模块;围绕课程模块建立和完善相应的课程体系,根据学生的学习和发展需要做好课程的学程安排。五个模块的课程结构使学生既可以根据自己的兴趣、需要和基础对教学内容进行选择,也可以根据自己的具体条件安排学习时间,掌握学习进度,适应不同学习兴趣、发展需求的学生多样化需要。两校着力以下课程模块相关课程的开发和共建共享:

① 通识素养课程的开发和共建共享:着眼于学生创新素养培育必备的基础知识学习和全面素质培养,达成创新基本素质培养目标,如文史哲通论、经济学通论、科学发展前沿、艺术与创意等。

② 创新思维训练课程的开发和共建共享:立足学生思维的创新性、批判性和问题解决能力的培养,培养学生科学的思维方法和问题解决能力,如创新心理训练、创新思维训练、创造发明与创意设计、头脑奥林匹克创新思维;立足学生探究、实验与问题解决能力的提升,培养学生动手动脑和科学实验的能力,如科学实验与设计。

③ 项目研究体验课程的开发和共建共享:立足培养学生发现、提出问题,假设、分析问题,运用科学规范的研究方法和手段,解决相关领域实际问题能力。为学生提供创新能力和科研能力早期训练的多种平台和机会。通过项目研究课程的开发,学生围绕自己感兴趣的发展领域,确立相关研究课题,在市科协、社科院及高校、科研院所专家的指导下,在校内外研究基地进行专题研究性学习,体验项目研究的过程。

④ 特色拓展课程的开发和共建共享:立足学生兴趣及个性特长的发展,满足学生特长发展需要,掌握相关特长发展领域专业知识和技能,形成一定的专业学习方法和能力,引导其形成终身研究的志向,如信息工程、金融贸易、生命

科学相关课程内容的开发。

⑤ 社会考察和实践课程的开发和共建共享：立足于整合区域社会文化资源，引导学生走向社会，提升学生观察分析社会问题的能力和服务国家、服务社会的责任感。包括：海外学习考察课程、跨国企业考察与实习、高校研究所项目研习、跨省市社会考察、主题夏令营和主题论坛学习实践课程的开发和设计。

(2) 资源整合，探索系列化的创新教育课程实践体系

① 区域创意业资源的整合和利用。区域内集聚"田子坊"、"8号桥"、"卓维700"、"龙之苑"等创意园区，为创意类创新人才早期培养提供优势。如2011年2月24日，两校创新班同学一起参观了位于卢湾区的8号桥特色创意园区三期，聆听了世界著名设计公司设计青蛙的一名设计师准备的精彩讲座，启发学生如何从身边获得创意、进行创新，还展示了各种各样的创意设计。台上台下，互动热烈，激发了学生的创新热情。

② 区域科技教育资源的整合和利用。上海市科协、上海市社科院坐落于原卢湾区，下辖182个专业协会和多个科研院所、研究机构，拥有两院院士、上海市各学会专家志愿者万余人，集聚了丰富的专家资源和国家重点实验室资源。上海市科协、上海市社科院与卢湾教育行政部门就创新教育签订合作协议，庞大的专家队伍为卢湾创新人才培养提供丰厚的人力资源优势。9月4日，上海科学会堂英才俱乐部新学期开学典礼上，卢湾区和卢湾高级中学分别由上海市科学会堂青少年英才俱乐部授牌"区县创新教育基地"和"学校创新教育基地"，所集聚的专家志愿者将深入本区和卢湾高级中学对学生的课题专题研究学习进行一对一的专业指导。

③ 区域文化资源的整合和利用。原卢湾区是近现代中国民族工业的发祥地，是海派文化的发源地，中国共产党的诞生地。历史名人云集，特色建筑聚集。区内一大会址、淮海中路商业街、"新天地"，以及建设中的世博会企业馆、思南路历史风貌保护区、"田子坊"是卢湾凸显海派文化特色的"名片"，这些不仅为创新人才培养提供宝贵的研究性学习资源，更是对他们进行爱国主义教育和人文精神培育的重要内容。

(3) 师资统筹培育，推进课程、教学和课外实践活动创新

① 两校联动，统筹开展创新试验班师资培训

每学期以创新试验班教育教学专题研讨会为载体，推进课程、教学与实践

活动的研讨、分享和交流，促进创新班教师更新教育理念，提升专业能力；聘专家、教授联合开展创新教育专题讲座，拓展教师的专业视野（张民生、胡兴宏、应俊峰等）；两校联合培训鼓励教师课堂教学创新，关注民主、开放、互动课堂氛围的营造，关注学生问题、质疑、探究能力的培养，关注学生创意想象、创造激情、好奇心的激发。

② 课程共建，在实践中共同打造一个创新型的教师团队

一是基础型课程学科教学：两校建立教研活动联动机制；二是通识课程、特色拓展课程、专题研究课程、社会实践体验课程：两校整合校内校外教师资源，统筹安排，联合教学；三是组建创新试验班教师团队，作为下一学年创新实验的重要后续力量，共同参与创新实验课程教学研讨，在共同研究中形成创新实验的教师持续发展机制。

③ 强化队伍建设，保障创新教育特色项目持续发展

一是以两所学校科技创新教育传统特色项目为主体的创新教育教师指导团队；二是以区域科技创新教育联动项目为主体的区域科技教师指导团队；三是以上海市英才俱乐部、上海市科协、上海社科院、卢湾区科协、卢湾区青少年活动中心等志愿者专家、校外科技教师为主体的科技教育导师团队。

四、区域推进模式

区域推进的模式在实践探究中体现为多种形式，一种是抽离后再进行校外集中教育，比如徐汇区的光启基地。徐汇区以校外教育为突破口，在青少年活动中心建立区域性的青少年光启创新基地，招收部分品学兼优、学有余力，在人文和科技方面具有浓厚兴趣和一定潜质或特长的高中学生进入基地开展学习活动。从学校抽离出来再在校外进行集中教育，相对于学校为主的教育方式，有它的优势所在。校外教育可以不受升学压力束缚，且具备教育活动形式灵活、内容丰富的特点和优势。因此，校外教育作为实施素质教育的重要形式和途径，是基础教育的重要组成部分，在推进创新素养培育的过程中，具有不可替代的重要作用。徐汇区以青少年活动中心为载体，建立徐汇区光启创新基地；再以光启创新基地为区域性培养学生创新素养的孵化器，转变传统的育人方式，并从区域辐射学校、从校外联动校内，探索形成区域性培养青少年学生创新

精神和实践能力的有效机制和运作模式，为探索具有区域性特点、符合创新人才培养需要的素质教育模式提供理论和实践基础。

另一种形式是"区域统筹、校内为主、虚实结合"式，以区域的力量进行整体布局、规划设计以及资源统筹等，实施的重心依然放在学校内，同时组建虚拟组织，对区域、学校乃至个别学生的创新素养培育进行专门指导和提供支持。比如金山区的"金山计划"，金山区坚持点面结合、学校自主申报实验项目成立虚拟组织"金山光启创新学院"，推进本区的创新素养培育实验。

1. 徐汇区青少年光启创新基地

2009年9月，徐汇区教育局在区青少年活动中心建立了徐汇区青少年光启创新基地。2010年，光启创新基地项目被列为上海市普通高中学生创新素养培育实验项目之一。以光启基地为平台和载体，徐汇区积极探索由校外机构组织实施的区域性推进青少年创新素养发展的路径。

以校外教育为突破口，探索形成区域性转变人才培养方式的新途径；以区域性的光启实验基地为载体，探索形成培养青少年学生创新精神和实践能力的有效机制和运作模式；以课程和教学改革为核心，探索形成区域性培养青少年学生创新精神和实践能力的活动课程和教学体系；以培养目标为出发点，探索改革创新素养评价观念和测评方法，以及适应培养学生创新素养要求的教师培养。

（1）以学生兴趣为基础，探索适合创新基地的学员遴选方式

作为区域性青少年创新人才培养基地，选择怎样的学生作为培养对象？是部分资优生，还是面向全体学生？光启创新基地建立之初就确定面向全区所有高中学生，招收标准是品学兼优、学有余力，在人文和科技方面具有浓厚兴趣和一定潜质或特长。该项目不同于学校创新班的精英培养模式，它的两个显著特点是：第一，面向全区所有高中学生；第二，尊重和贴近学生兴趣。基地采取自愿报名、学校推荐、专题测试及专家评审等方式，每年10月开始在全区招收高一学生，在正常参加学校教育的同时，利用业余时间到创新基地进行实践活动。至今，光启创新基地已招收三届学员，共计300余名学生，来自区内17所高中。

创新基地改变传统的以学业水平作为唯一判断标准的选拔方法，探索了综合学业水平测试、实践动手能力测试、专家面试相结合的选拔方式，主要考察学生的信息处理、归纳推理、思维广度、质疑和反思、参与动机、学习设想、语言表达、逻辑思维、应用科学知识解决问题等基本科学素养和实践能力。

2009年,在自愿报名、学校推荐的基础上,光启创新基地通过考查学生学科基础知识和基本科学素养的笔试,以及考核实践能力的复试,对报名的400名学生进行了遴选,完成了第一届学员选拔。2010年,对面试环节进行了微调,将基地教师纳入面试专家组,以使面试问题更加符合基地实际。到2011年,我们对学员招收方案做了更大的调整。

 案例

2009年招生方案概要

1. 以考核基础素养为主要目的的初试。包括三部分内容:

(1) 以科普主题报告的形式考察学生的基本科学素养。选取了以"世博与低碳未来"为主题的报告,先由主讲人进行1小时的讲座,然后由学生与主讲教师进行30分钟的互动;报告后,学生需当场填写测试表,内容包括:报告人信息、报告内容摘要、对报告中最感兴趣的内容和最引起共鸣的话题、听报告过程中联想到哪些技术方面的问题等;学生还需根据报告完成家庭作业,即自行命题设计一个探究性学习的课题方案。

(2) 以初中各学科所学知识为基础的综合能力测试,采用笔试形式。测试内容包括语文、数学、物理、化学、生物、历史、地理和科学八个学科,英语不单独考试,采用部分题目用英语表述的形式考察学生理解和运用英语的能力。

(3) 实践能力测试。根据学生报名时选报的学科(数学与计算机、工程物理、生物环境、社会科学),分别参加相应的实践能力测试。

2. 以考核实践能力为主要目的的复试。包括三方面内容:

(1) 团队合作测试。要求学生在5分钟内用所提供的材料,由全体队员合作并讨论、设计,制作一个或多个创意物。创意物可以是实际存在的东西,也可以是自己创造的任何东西,还可以是具有关联性的多个创意物。

(2) 实践能力。主要考查学生参加创新精神和实践能力培养基地的动机,进入基地后的学习设想和语言表达、逻辑思维能力及基本科学素养等。学生根据选报学科门类参加一项测试。

(3) 综合能力。通过专家的面试,主要考查学生学科素养、知识背景、发散思维、随机应变、独立思考等能力。

2009年共计招收了学员116名,2010年共计招收学员100名左右。在实践中发现被录取的学员有流失现象,能够坚持在基地学习并保证出席率的大概为50%。我们针对学员流失现象进行了反思,在基地能坚持下来并取得良好成效的是那些对基地的学习形式和内容有强烈兴趣和愿望、自主管理能力强、学有余力的学生。特别是其中有个别学员并不在正式的推荐名单或录取名单中,他们直接找到创新基地表达要参加的兴趣并得到了机会,这部分学员在基地都表现出良好的学习态度和素养。

(2) 以项目实践为特征,探索适合创新基地学员的课程结构

光启创新基地实验项目由区青少年活动中心负责实施,利用校外教育的优势以及活动中心师资和学生活动场所的资源,基地选择以活动课程为主要形式,组织学员开展以项目实践为特征的学习方式,探索适合创新基地学员的课程结构。

首先,学员根据自己的兴趣选择项目组,并以项目小组为单位开展各项实践活动。目前光启创新基地已经形成工程与物理、生物与环境、数学与计算机、社会科学等四个大组,其中再分项目小组开展实践活动。具体项目组如下表所示:

组别	工程与物理			生物与环境			数学与计算机		社会科学
项目小组	机电一体	工程结构(OM)	机器人	生物	化学	环境	计算机	数学建模	

学员在基地的学习实践活动共计三个学年,具体安排如下表:

学年	时间	内容	备注
第一学年(高一)	10月	招生活动	1. 学员在基地办公室统一安排组织下,集中或分项目组活动 2. 每学期安排10—12周,周六下午1:00—4:00为相对固定的时间 3. 冬令营活动时间3—4天 4. 夏令营活动时间7—10天
	11—12月	通识学习/专题研究	
	寒假期间	冬令营集训	
	2—6月	通识学习/专题研究	
	暑假期间	夏令营集训	

(续表)

学年	时间	内　容	备　注
第二学年（高二）	全年	1. 课题研究（个人或小组） 2. 主题实践活动 3. 各类竞赛活动	1. 学员在指导教师的带教下，自行安排时间做课题 2. 选择参加主题实践活动 3. 选择参加各类竞赛
第三学年（高三）	全年	自由选择参加各类活动	1. 学员评价工作 2. 帮助推荐参加大学自主招生

下图为光启创新基地实践活动形式框架：

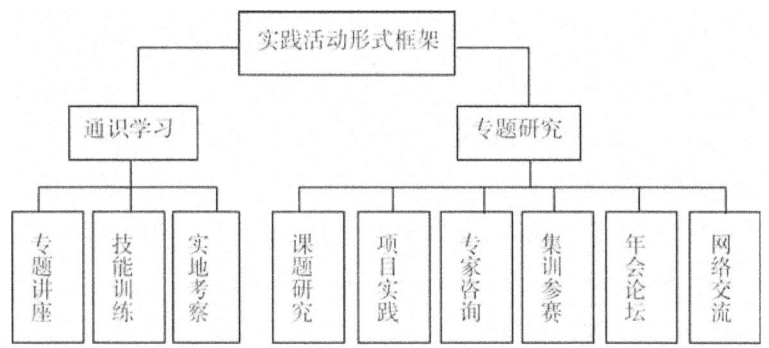

生环组课程目标与主要内容

生物与环境组的课程目标是通过两个阶段的培训和实践，使学生了解自主开展科学研究活动的方法及过程，明确自身在完成学校教育的同时进行生物与环境科学专题研究，以课题研究小组的形式开展研究性学习。

第一阶段：通识教育

目标：熟悉自主开展考察实践与课题研究方法及过程，明确自身研究的方向，选择研究专题和项目，组成研究小组，形成研究方案并开始进行研究工作。学年结束时产生专题研究和项目设计阶段性成果，以论坛形式进行总结交流。

内容：通识教育部分是依托考察实践和小课题实践案例为载体进行的相关研究方法的培训。主要依托载体有：设计生物多样性考察活动方案（考察崇明西滩、上海植物园)等。在考察实践活动中穿插对学员进行活动方法培训,包括:如何选定考察实践主题、如何撰写考察实践活动方案、考察实践活动应注意事项、如何撰写考察实践报告等。生物与环境课题研究主要依托载体为植物抑菌方法研究、蝴蝶标本制作研究等。在小课题实践中对学员穿插进行方法培训,包括:课题如何选题、如何撰写实验方案、如何查找所需资料、如何进行数理统计、如何进行论文撰写等基本理论知识。

通识课程的表现形式是模块拓展课程,主要是弥补学生开展实践探究所必需的基础性知识和基本理论,旨在深化与拓展已有学科的课程。模块拓展课程分为数学与计算机基础、工程与物理基础、生物与环境基础、社会科学基础四个模块,具体内容根据学生实践课程的进展确定。比如,机电一体组的通识课程《机器人与机电一体化》,该课程是聘请上海大学李维教授为光启创新基地机电一体项目组专门开发的。光启创新基地的模块课程具有实践性强的特点,它不是将现成的教材教给学生,而是由指导教师在设计模块提纲的基础上,由教师和学生在共同实践的过程中建构课程,学员在过程中需要自主搜集背景知识、确定实验器材、完成设计成果等。课程不再是平面的教科书,而是由学生充分参与的立体、生动的学习过程。

第二阶段:专题教育

目标:完成一项课题研究,参与"明日科技之星"、"创新大赛"等国内外及市区级相关竞赛活动和实践展示。

内容:专题研究部分是学员根据兴趣自主选择课题申报学科,自主设计课题或考察实践方案,自主进行课题实践活动。学习方式:根据学生选择意愿和导师建议的研究项目,由3—5人组成小组(也可独立)进行课题研究。采用自主研修、小组讨论、实践操作、网络交流、导师指导等方法进行学习。

(3) 以问题解决为导向,探索以自主研究创新课题为主要内容的创新素养培养方式

学生自主开展课题研究是创新基地培养学生创新素养的重要载体,要求每个学生必须以小组为单位或独立参加一项课题研究。在教师指导下,课题方向由学生自主确定,研究方案由学生自主设计,研究过程由学生自主实施。在学生确立课题的过程中,基地组织教师对学生的课题进行论证和指导,对其中设

计完成较好的课题还会请专家来进行指导和论证,帮助学员提高课题研究水平。另外,光启创新基地还通过搭建竞赛平台鼓励学员完成课题研究。

 案例

通过所学知识带动课题开发

项目的开发与活动适合学生的个性发展,理论结合实践,将数学知识与计算机程序联系起来,是对解决实际问题方法的探究,通过基本组合数学、计算机算法设计等学习和上机实践,为提高学生的原创能力打好基础。数学与计算机组学员的课题开发实施过程可以用如下图示:

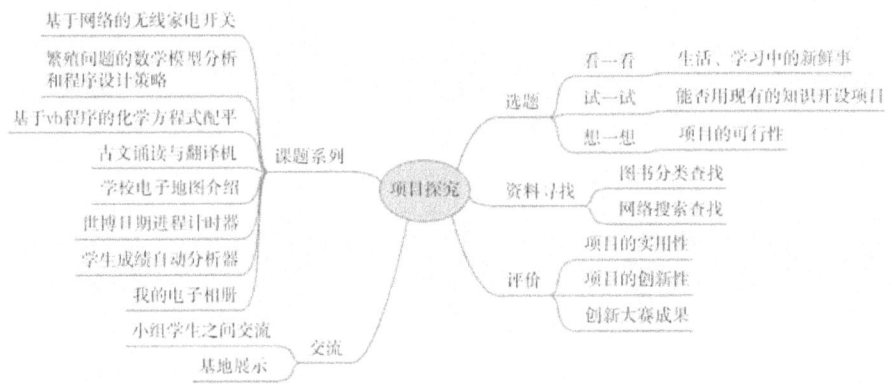

（4）广泛开展社会实践活动,在培育创新素养的同时引导学生努力承担社会责任

《国家中长期教育改革和发展规划纲要(2010—2020 年)》要求教育要注重知行统一,坚持教育教学与生产劳动、社会实践相结合。开发实践课程和活动课程增强学生科学实验、生产实习和技能实训的成效。充分利用社会教育资源,开展各种课外及校外活动。加强中小学校外活动场所建设。加强学生社团组织指导,鼓励学生积极参与志愿服务和公益事业。光启创新基地将引导学生广泛参与社会实践活动作为一个重要的教育载体和内容,每年利用寒暑假的冬(夏)令营设计和实施不同主题的社会实践活动,在丰富学生学习生活的同时,引导学生关注社会现象,关注社会发展,思考自己在社会上的角色和所应承担的义务。

 案例

关注西部、关爱普氏原羚夏令营

2011年暑假,光启创新基地组织了主题为"关注西部、关爱普氏原羚"的夏令营活动。创新基地的同学和老师在三江源环保协会的协助下,来到西宁附近的小泊湖,与当地参与保护普氏原羚的牧民一起建立了小泊湖普氏原羚保护站。保护站的建设由所有同学分工合作,有的制订设计方案、有的采购工具物品、有的印制宣传海报。在小泊湖,同学们用自己的双手把保护站建起来,并升起国旗,大家内心涌起了不一样的感觉。上海市西南位育中学的陈允祺在描述他的青海之旅时,这样写道:

"我们从西宁途经日月山去小泊湖。在那里,我们要建立一个普氏原羚的保护站。一路上,三江源协会秘书长哈希扎西多杰讲着游牧生态、农耕生态特性与三江源生态保护的现实意义。傍晚,来到青海湖国家级自然保护区小湖泊保护站。当地藏族牧民讲述着治沙工程、沙漠种树、种草、湿地科学监测站的各项情况,同时也观看了沙岛、湿地、黑颈鹤、水鸟、湟鱼,又听藏民们讲普氏原羚,讲保护普氏原羚的历程及普氏原羚现在面临的威胁。扎多告诉我们,其实他更喜欢把普氏原羚叫作中华对角羚,它们原本遍布青藏高原的很多地方,而今青海环湖地区是它们赖以生存的最后家园。传说中青海小泊湖保护站这块地方有108个泉眼,流出的水都是淡水,普氏原羚从山上下来饮水,再回到山上吃草、交配和繁殖……可如今,青海湖环湖公路上车来车往,挡住了普氏原羚下山的道路,围栏的铁丝阻隔着它们饮水的地方……我不禁为这些无助的生灵的命运深深地担忧着。

经过一个晚上的细致讨论,同学们确定了建立普氏原羚公众教育基地的任务。所谓的基地本是一排没有任何装潢、简陋的水泥房,就连墙都没有刷过,一块块红砖赤裸裸地展现在我们眼前,两扇侧窗,一根横梁,一个稻草顶,别无他物。由此,我们第二天便开始了紧锣密鼓的搭建工程。首先是内部设计,我们给原本不防水的稻草房顶加盖了一层防水油纸,铺上塑料板;接着挂展板、摆桌子、安装书柜,一切进行得井井有条。直到中午,理想中的保护站终于呈现在眼前,每个人心中都不禁自豪,于是大家欢呼雀跃起来。当我们

在保护站前升起国旗、唱响国歌,庆祝这个充满意义的时刻的时候,保护站的主人南加是如此的感动,有的同学甚至落下了眼泪。是欢欣的泪水吧,不仅仅是为了保护站的顺利落成,更多的是我们为那即将灭绝的生灵做出了贡献,为这份情而动容⋯⋯"

社会实践活动不仅开拓学生的视野,丰富他们的经历,经过严谨设计的主题实践活动还成为创新基地的课程载体。光启创新基地社科组的同学通过"走进土山湾,探寻徐汇源"主题实践活动,立足于土山湾博物馆以及周边的历史遗迹的参观,对徐家汇的历史有了新的认识,而且最重要的是学习了历史研究的新方法,以及确立了看待历史的视角。该实践活动也形成了后来获得全国创新大赛二等奖的课题,而实践活动也获得了创新活动社会实践活动的一等奖。2011年,社科组"走进土山湾,探寻徐汇源"主题实践活动在多所学校学生社团中拓展。历时四个月的实践活动,通过创新基地学员的模范引领作用,辐射到全区8所高中十多个学生社团、两个居民社区点以及部分社会群体,2000余名学生和20余名教师参加了此项活动。活动形成了一系列别开生面的学生社团活动方案,创新了校园社团的活动内容和形式,生成了10余项研究课题。

(5) 挖掘整合各类资源,探索形成社会资源整合和校内外联动为主要特征的运行机制和模式

光启创新基地充分挖掘社会资源,先后与中科院上海分院、上海交大、华东理工大学、上海师范大学、上海昆虫馆、漕河泾高科技开发区、徐汇区软件园区等科普基地共同签约,使区域内各种教育力量和资源有效整合。上海师范大学生物环境学院及纳米科普实践工作站、上海中医药大学龙华中医药实践工作站、同济大学物理实践工作站、上海交通大学工程科技实践工作站、上海环科院等相关高校和科研院所的实验室已成为光启创新基地的实验基地。生物与环境组的许多课题就是在上师大、龙华医院和环科院的实验室里完成的。三年来,我们利用冬令营、夏令营组织学生到上海交通大学流体力学实验室、上海交通大学机械与动力学院、上海数字娱乐中心、3M中国客户创新中心、SGS通标公司、上海节能馆、辰山植物园、崇明西滩湿地等20多个实践基地进行了参观考察和社会实践。

 案例

徐汇区光启创新基地结构模型设计实践活动

2011年和2012年,光启创新基地与上海交通大学船舶海洋与建筑工程学院合作,利用大学生结构模型设计制作竞赛的平台,开展光启创新基地结构模型设计实践活动。今年竞赛题目是制作一个类似"吊车"的结构模型,参赛选手要利用其模型进行"吊车载物行走"的操作和测试,以展示模型的设计概念和制作原理。从问题的提出到解决能够利用的时间为三周,规则是与大学生同台竞技。让组织者没想到的是有一半以上的第三届学员自愿选择、自己组队参加了这项活动。因为喜欢,他们就非常投入,学校上完课后,他们立即赶到活动中心的专业室里制作模型。OM组的丁轶凡小队在参赛集训的三周里,几乎用上了所有的课余时间,废寝忘食,夜以继日,付出了极大的努力,最终在预赛中获得了第一名。当他们小组用改进后重新制作的结构模型参加决赛时,由于意外造成模型受损而成为最后一名。长期的OM训练养成了队员们如何面对挫折和失败,他们坦然地说:"没有人喜欢失败,但是我们必须面对失败,从失败中找出原因我们才会进步。"基地因势利导,从组赛设奖上就打破传统,设计了总分第一的"结构王"奖、承重最大的"巨无霸"奖、自重最轻的"轻如燕"奖以及最佳结构创意奖、最佳制作工艺奖、能说会道口才奖、视频编辑制作奖、锲而不舍勇气奖、勤于反思领悟奖。

2. 创新素养培育实验项目"金山计划"

金山区区域推进创新素养培育项目命名为"金山计划",主要的思路是"点面结合,纵横联动"。

"点面结合",是就培育对象而言。从培育学段来讲,高中为"点",全体为"面"。从学生资质来讲,"点"是指针对某一方面有特长或兴趣的学生(简称"特长生、兴趣生")的培养,以及针对综合素质优异的有意愿的资优生(简称"资优生")的培养;"面"是指所有学生的培养。我们认为,创新能力有高低,但人人都可创新,创新关键在于意识。因此,既要考虑高中,也要考虑其他学段;既要为特长生、兴趣生、资优生成长搭建平台,又不能丢下其他学生。

"纵横联动",是就培育资源整合而言。"纵",就是以高中为重点,往下向初中、小学延伸;往上向大学延伸。"横",就是同学段学校的合作和其他社会机构的支持。具体讲,就是:第一,以学科基地学校为基础,以相关科研院所、高等院校、科普基地等机构为支撑,以政府、社区、家庭为后援,探索中小学和中职校创新素养培育的合作机制。第二,构建由区外专家、区内专家、骨干教师组成的工作团队,为本区青少年创新素养培育提供支持与服务,拓展和丰富学生学习和实践经历。第三,统整社会可以动用的设备设施,建立合作关系,形成稳定的可供学生学习、探究、实验的基地群,为创新素养培育提供丰富资源。金山区高中学校单个实力有限,因此要整合区内外各种可以整合的力量。

(1) 组建虚拟的"金山光启创新学院"

"金山光启创新学院",是整合学校、机构等所有可以利用的力量而形成的金山区培育学生创新素养联合体,没有固定围墙,实质上是一个虚拟的合作机构。学院成立由原上海市教委主任张伟江为名誉院长、由金山区教育局局长任院长的院级领导机构,下设由课程、科研、人文、科技、实验、劳技等方面的专家组成的专家委员会,以及具体执行的工作小组。其目的就是,站在培养国家未来创新人才的高度,举全区之力、借全市之才,探索一个符合未来教育方向的没有固定围墙的相互合作共享的学生培育模式,来综合培育区域内学生的创新素养,力求在氛围营造、教学模式、教师配备、教学管理、条件支持和国内外交流等方面开展创造性工作,推进课程建设和课程教学,适应不同类型学生未来"三创"(创新、创造、创业)的发展需要。

(2) 进行顶层设计

"金山光启创新学院"院级领导、专家委员会、工作小组经过多次研究制订了《金山区创新素养培育实验项目"金山计划"》,并以文件形式下发到各个学校和相关单位。"金山计划"在实施高中创新素养培育实验项目之外,把创新素养培育实验工作扩展到区域内所有中小学和中职校学生。创新素养培育需要从小抓起,所有学生都享有这样的权利。在创新素养培育实验项目"金山计划"总体方案的基础上,按学段分别制订了创新素养培育实验项目"金山计划"小学实施方案、初中实施方案、高中实施方案以及中等职业学校实施方案。基本策略就是上面提到的"点面结合,纵横联动"。通过这些方案的制订,进一步明确了各学段学生创新素养培育的目标。各个学校根据"金山光启创新学院"制订的方案又分别制订了学校的实施方案。以上工作,力求让各学校明确这个项目实施的方向和任务,以便深入推动此项工作。

(3) 成立区高中创新素养培育学科基地

金山区高中创新素养培育,是"上海市普通高中学生创新素养培育实验项目"的组成部分,我们作为重中之重的工作来抓。为此,教育局决定成立金山区高中创新素养培育学科基地,实行自主招生、跨校招生。2011年6月,在各高中学校自主申报的基础上,聘请华东理工、华东师大、名师基地等教授、主持人作评委进行评审,最终确定七个金山区首批高中创新素养培育学科基地,即数学基地一个、物理基地两个、化学基地一个、生命科学基地一个、生态学基地一个、综合美术一个,分别布点在金山中学、华师大三附中、张堰中学、上师大二附中、枫泾中学。教育局下文正式命名,并给予每个基地一定经费支持。各基地根据自身设计展开创新素养培育工作。每一年,对基地工作进行评估,提出合理的改进建议。

(4) 整合创新素养培育资源

① 组建导师团队。选聘科技、教育等方面的专家以及科技创新教育方面的教师形成专家团队,包括:科研院所、高校、实验室等专家;区内外中小学、中职专家教师;本区骨干教师。

② 统整实验设施。通过签订合作条约,整合华东师范大学、华东理工大学、同济大学、上海石油化工股份有限公司、上海化学工业区、金山区图书馆、上海市科技艺术教育科普展教中心金山学生科普展教中心、华东理工大学国家科技园区等可用资源,保证项目的实施有比较强的师资力量和实验条件。落实已有实验室有:华东师范大学物理实验室、生化环境实验室,华东理工大学实验室,上海石化研究院实验室,上海化工区实验室,上海石化工业学校市职业教育化学工艺开放实训中心、市职业教育数控技术开放实训中心、市职业教育机电技术应用开放实训中心,金山区食品中专学校农产品加工与检测开放实训中心,金山中学 DIS 实验室,上师大二附中动植物标本实验室等。新建的实验室有:华师大三附中理科实验室、金山中学自主创新实验室、张堰中学光纤实验室等。

(5) 建设项目网络交流平台

由金山区教育信息中心牵头,建设创新素养培育项目网络交流平台——

"金山光启创新学院"网站。网站本着人性化设计的原则,设计了"学院新闻"、"学校动态"、"计划方案"、"区外传真"、"它山之石"等栏目,并在 2011 年 4 月 21 日的推进大会上举行了网站的启动仪式。网站作为交流平台,及时发布培养方案、进程、活动、成效等动态信息。每学期、每学年组织成果展示,对有关学校工作起到督促作用,同时又在面上可以宣传创新教育的理念,唤起所有教育人的创新教育意识,激发学生参与创新教育的热情,从而推动整个区域创新素养培育工作。

(6) 组织学生开展创新培育项目(课题)探究

为了让更多学生参与创新素养培育项目,2011 年 10 月,教育局下发通知,要求各类学校申报学生参与探究的创新素养培育项目(课题),每个项目给予 500—1000 元经费支持。最终,共收到各基层学校申报的项目(课题)161 项,经评审作为区级资助的项目(课题)84 项。这些项目(课题)为支持学生兴趣发展起到一定的积极作用。

(7) 展开专项课题研究

① 基于问题学习的课型范式研究。课堂是学生生活的主要部分,因此创新素养培育的主要阵地还是在课堂,而创新素养的重要基因是问题意识、求异思维。金山区教师进修学院针对性地展开课题研究——基于问题学习的课型范式研究,期望通过教研活动引导教师把问题意识、求异思维等创新素养培育融进教师的日常课堂教学之中,培育所有学生的创新素养。

② 基础教育未来发展的新特征研究:创新的课程与教学。金山区教育局与上海师范大学签订研究合作协议,共同开展课题"基础教育未来发展的新特征研究:创新的课程与教学"的研究。这个课题主要是探索新世纪基础教育中最核心的要素——课程与教学的新模式。具体而言,就是围绕现代教育的培养目标、全面发展与个性发展、课程教材改革、教学管理与策略、信息技术在教学上的应用、社区教育与教育环境、德育问题等方面的问题,探索使每个学生的潜能得到充分开发、个性得到充分发展的学校教育新模式。

(8) 搭建青少年科技实践活动平台

以科普活动项目为基础,以科技创新活动为重点,采用总体部署、分步实施,区校联动、分层开展等方式,形成"科普知识普及"、"科技项目竞赛"、"科技创新实践"三大实践系列板块。科普知识普及,有"科技新农村主题实践活动"、

"科普展教体验活动"等九大项活动;科技项目竞赛,有"小手牵大手,百万家庭低碳行"、"OM头脑奥林匹克竞赛"等19大项活动。科技创新实践,包括科技作品、科学论文、科学实践活动,以及教师创新成果的评选和学生创新论坛等活动,培养优秀人才参加"上海市明日科技之星"活动、参加英特尔上海市创新大赛。

 案例

华东师大三附中创新素养培育

华东师大三附中,作为金山区教育局命名的区高中创新素养培育生物学科基地,积极探索高中创新素养培育路径,得到评估专家的肯定。

1. 学生状况

学生是面向全区通过自我申报、学校考核挑选出来的高一、高二学生20名,对生命科学有浓厚的兴趣,不以高考应试为目的。

2. 师资构成

学校教师三名,区内其他高中学校教师两名,高校和研究机构专家四名。

3. 校外基地

除本校实验室外,与复旦大学附属金山医院中心实验室、华东师大生命科学学院、上海大地种苗有限公司等单位建立了共建关系,这些单位都拥有非常强大的研究能力和实验条件,为基地的学员提供更多实践机会。

4. 课程设置

(1) 课堂教学:校本教学材料有《生态学基础》、《人体组织解剖学》、《人体生理学》、《微生物学基础》、《植物组织培养》、《植物无土栽培技术》、《植物学》等。引进高校的生物教材有《生物化学》、《细胞生物学》、《遗传学》、《微生物学》、《植物组织培养》、《植物野外实习教程》等部分内容。

(2) 专家讲座:《怎样做研究》、《微生物与人类》、《化学创造生活》、《医药与现代生物技术》、《当今植物组织培养的现状》等。

(3) 实验操作:结合教学内容,引导学员进行实验操作,提高实验操作能力。如显微镜的使用、动植物细胞形态观察、校园植物调查及形态观察、人体组织细胞观察、人体血压测量、无土栽培实践等实验。

(4) 体验参观：走进高校或研究机构实验室和现代高科技农业园区进行实验调查研究。如参观秦山核电站、石化科技馆、徐光启纪念馆、华东师大生命科学学院实验教学中心、复旦大学附属金山医院中心实验室、上海大地种苗有限公司等。

(5) 自主研究：基地鼓励学员自己寻找感兴趣的小课题，成立课题研究小组，以学年为周期进行自主研究，让学员在课题研究的过程中掌握科学探究的一般方法，培养科学精神。如"人类外周血淋巴细胞的培养及染色体标本制备"的实验研究等。

通过这些学习经历，学员们的问题意识、学习兴趣、创新精神和创新能力得到了明显的提高。基地学员刘瑞鸿同学获得第27届上海市青少年科技创新大赛"明日创意之星"称号。

当然，还有一些区，比如普陀区，没有以区域的名义加入上海市普通高中创新素养培育项目，但是该区仍然以区域推进的方式开展了区域创新素养培育工作。比如，在辖区内建立跨校选课制度，依托曹杨二中、晋元高中、宜川中学等几所上海市实验性示范性高中，开设面向全区高中生的选修课，辖区内的高中在读学生皆可以选修其他学校推出的课程。

随着项目的深入推进，上述四种学生创新素养培育模式之间的界限逐渐模糊，各项目实验单位开始通过课程和教学改革，关注更多学生的创新素养培育。如上海中学在专设试验班的基础上，通过建构志、趣、能结合的学校课程图谱以及与相关高校合作开设专门创新实验组，推进对非试验班学生的兴趣聚焦与优势潜能的开发。七宝中学在面向全体学生的"金字塔形"创新素养培育模式基础上，利用项目组研发的测评工具，构建了学生潜质识别和分类指导的模型，对其他的高中学校具有借鉴价值。每一所学校对创新素养多个领域的探索和研究，构成了上海市普通高中学生创新素养培育的整体画卷。

第七篇　讨论与需要进一步研究的问题

本次项目的研究与实验,由于涉及的学校数量多、差异大,加上参与人员专业水平的局限性,实验中还存在着一些问题没有得到很好的研究、解答或解决,主要表现为:① 创新人格培育中,高中学生的社会责任心与使命感方面的教育应该如何渗透其中,并有效落实;② 在更大的范围全面铺开普通高中学生创新素养培育是否存在来自政府政策层面的制约因素,可以提出哪些政策建议,也没有很好地发动大家去调查与思考;③ 项目单位取得的成果如何在全市范围内进一步示范与辐射,争取更多的高中学校参与,在扩大成果效应方面应该怎么做。这三个问题是项目组在后续实施中需要继续探索、实践与重点加以关注和突破的。

一、如何强化当代高中学生创新人格中的社会责任心与使命感

这个问题在本项目中涉及的学校不多,这不得不说是实验的一个缺陷。因为培育高中学生的创新素养不仅是为了让他们能够从容生活在这个信息化的时代,有较强的创新生存与自我发展能力,更重要的是要为国家、民族培养一批各行各业的创新型领军人物,提升国家在信息化时代的科技领先能力和综合国力。对国家未来各行业的领军人物来说,民族认同、国家意识、公民素养要比创新人格中其他各种因素更重要,也是最基本的因素。没有强烈的社会责任心与使命感作为前提,创新人格就缺少根与魂,是不完整、不全面的。但本项目对这方面的实验与探究基本没有涉及,这不能不说是项目的一大缺陷,需要在后续研究中重点关注。这个问题涉及较多的情感、态度与价值观培育的理论与方法,不是一般的学校或者教师教育手段能够简单解决的。为此,在项目的后续

研究中要增加德育研究的专业力量,争取在这方面能有所突破,提出一些确实能对高中学生的价值观形成、情感和态度发生影响的有效对策与措施,改变现行简单的说教与灌输,实现国家、时代主流价值观与创新型人才个人价值观的统一。

二、项目实验中发现的政策障碍与建议

当前高中教育中为了规范各学校的办学与教学行为,政府出台了许多有关的政策、规定等。这些政策、规定等文件有的能够很好地规范并指导学校的办学与教学实践,提升高中教育水平与质量;但有的也对高中教育起着一定的制约作用,限制了学校办学的自主权和教育教学的开放性,影响了高中学校多样化特色办学的追求。尤其在对高中学生创新素养培育的实验与研究中发现,实施高中学生的创新素养培育,需要学校在课程计划的实施方案、课程与教学资源建设、教与学的程序设置、学生的自主学习权限,以及学籍管理与评价等方面,提出许多开放的、有弹性的、灵活的特别需求。这些特别需求有不少是与现行的高中办学与教学管理政策、规定不一致的。这就需要项目组仔细梳理现行的高中教育有关政策、规定等文件,对哪些需要坚持、哪些可以调整、哪些需要补充修订、哪些需要完善,提出有关的政策建议。但这次项目组也没有在这方面开展调研,提出看法。原因是涉及的内容较多,项目组一下子抽不出那么多熟悉高中教育政策、规定等文件的人力来做这件事。在后续研究中,项目组要加强这方面的力量配置,争取把政策建议部分做好,这对项目实施的外部环境建设,特别是鼓励更多的高中学校培育学生创新素养、实现多元化办学至关重要。

三、项目成果的面上示范与辐射

本次项目共 32 个实验单位,除了在本书上归纳提出的对普通高中学生创新素养培育的认识与做法之外,在各项目单位的实验报告中还有许多值得其他同类学校学习与借鉴的内容。这些好的经验与做法怎样才能尽快地让上海的高中学校都知晓了解,并被各所学校吸收、融入其办学与教学实践中?开展推

广性实验与研究，是这个项目取得更大价值，推动整个高中教育优质、多样、特色发展的前提。因此，项目组在后续研究中要加强对项目成果的宣传与推广研究，除了实验单位的现场展示活动之外，还可以通过开设专题报告会、创新实验室及项目校际联动、创新课程推介活动、创新课例展播等方式，让项目单位的成果被更多的学校知晓，并在此影响下开展积极的实践。本项目实验虽然做了不少现场展示，但并没有涉及每一个项目单位。所以建议项目组在后续实验中，要通过让每一个项目单位做汇报展示的方式，促进他们进一步持续开展研究与实践。希望在后续的展示活动中，看到更多、更好的普通高中学生创新素养培育方面的做法与经验，也希望能有更多的高中对这项研究感兴趣，能积极参与并投身到这项研究中来，丰富普通高中学生创新素养培育的理论与实践成果。

附录一　上海市普通高中学生创新素养培育实验项目推进工作大事记

2010年4月1日,上海市教委颁发《上海市教育委员会关于开展"上海市普通高中学生创新素养培育实验项目"的通知》(沪教委基[2011]31号),正式启动本项目。

2010年4—5月,组建专家组,对各申报参与本项目的单位的试验方案进行研讨论证,形成本项目市、区、校三级组建的研究团队。5月25日,召开各项目单位试验方案研讨会。

2010年5月27—28日,中共上海市委副书记殷一璀、上海市副市长沈晓明等领导到上海中学调研高中培养拔尖创新人才试验情况,并对上海中学、华东师大二附中、复旦附中和交大附中学生创新素养培育实验项目提出了要求。

2010年7月28日,上海市教委召集各项目单位召开"上海市普通高中学生创新素养培育实验项目"推进工作会议,动员各单位做好项目实验准备工作。

2010年10月,形成项目实施方案,组建项目领导小组、专家组和秘书组,确定项目运作机制。

2010年11月11日、12日,项目组先后在晋元高级中学和大同中学举行研讨活动。项目组通报项目组织机构、工作计划,并明确采用专家分小组定点指导有关项目单位的方式,开展调研和指导工作。

2010年11月20日,项目组在复兴高级中学召开第一次专题学习培训会,项目顾问张民生做了动员,上海市教科院普教所常务副所长汤林春和副研究员沈之菲做了关于创造力调研和创新素养国际比较研究的专题报告。

2010年12月4日,项目组在复旦中学召开第二次专题学习培训会,北京教科院副院长、北京"翱翔计划"主持人张铁道专题介绍"北京翱翔计划"。

2010年12月21日,项目组在建平中学召开第三次专题学习培训会,华东师范大学教师专业发展中心副主任、博士生导师冯大鸣教授和上海市教育学会会长、本项目顾问张民生做了专题辅导。

2010年11月—2011年1月,项目专家组分别调研各单位项目试验情况。2011年1月8日,项目专家组汇总各单位调研情况,研究发现的问题以及今后的工作重点。

2011年3月20—22日,项目组组织各项目单位负责人及专家一行44人赴北京开展高中阶段创新人才培养的专题考察和研讨活动,分组学习考察了北京四中、十一学校和北京"翱翔计划"基地学校京源中学,并与"翱翔计划"工作团队进行了京沪高中阶段创新人才培养的探讨。

2011年4月1日,项目组在市三女中召开2011年工作推进会,明确本项目的研究框架和具体要求,要求各单位在其中自主选择重点研究内容。项目组在会上与各项目单位签订了项目研究协议。

2011年4月中旬,项目组组织部分项目单位负责人赴台湾考察资优教育。

2011年4月21日,金山区教育局召开金山区中小学课程建设与创新素养培育实验项目推进大会,明确了今后全区开展课程建设和推进创新素养实验项目"金山计划"目标。"金山光启创新学院"揭牌并开通网站。

2011年4月底,项目组根据各单位上报的研究方案,组建3个研究小组。第一研究小组侧重学生创新素养培养目标与测评研究,第二研究小组侧重学生创新素养培养内容与课程设置研究,第三研究小组侧重学生创新素养培养模式与学业管理研究。

2011年5月,项目组按程序新增松江二中和奉贤中学作为项目单位。

2011年5月26日,项目组在复兴高级中学召开"上海市普通高中创新素养培育教学试验研讨会",明确各研究小组指导团队成员。

2011年7月5日,项目组第一研究小组在上海市教科院召开高中生创新素养内涵与测评方法研究工作会议,明确创新素养的基本内涵,进一步明确本小组研究的3项具体任务。

2011年8月26日,项目组在进才中学召开2011学年第一学期项目工作推进会。项目组就项目下阶段的研究工作安排进行了研究,并邀请北京四中领导和实验班教师向项目单位介绍北京四中培养创新人才的有关经验。

2011年8月,项目组第一研究小组在七宝中学举行学生创新素养教师观察的论文和案例征集,要求教师结合自己所从事的教育教学活动,通过对学生个体或群体的观察、比较、分析、归纳,总结一些识别和发现创新素养突出的学生的科学方法和可行路径。

2011年9月,项目组第一研究小组参照相关文献资料,结合项目组提出的创新思维和人格结构以及高中生的现实状况,编制"高中生创新思维测验""高中生创新人格测验"的测验题,经专家和教师意见征求和部分学生试测,确定初步的测试问卷。

2011年10月14日,项目组在市西中学召开项目实践研究展示活动,市西中学校长顾正卿汇报了学校实验项目的研究情况,项目组顾问张民生做了点评,组长顾志跃就下阶段项目研究工作做了部属,上海市教委副主任尹后庆要求项目研究进一步明确方向,积累课程创新中的思路、方法和经验。

2011年10月14日,向明中学、卢湾高级中学两校联合召开以"区域推进校际联动深化创新教育"为主题的研讨会,两校项目组成员和相关兄弟学校校长参加了研讨会。

2011年10月16日,项目组在卢湾高级中学举行各项目单位研究汇报会(即项目中期评估)。31个项目单位汇报了项目研究实践的亮点,并与专家组进行互动研讨。上海市教委副主任尹后庆参与了汇报评估活动。项目组随后召开了全体专家会议,总结各组项目研究的实施情况并部署下一阶段的工作重点。

2011年10月24日,华东师大一附中召开"高中生创新素养培育"中期实验成果展示研讨会,部分项目组专家应邀出席会议,并对学校创新实验班课程教育的改革思路进行了研讨。

2011年10—12月,项目组第一研究小组选取七宝中学、闵行中学、莘格中学3所学校600名学生进行了"高中生创新思维测验""高中生创新人格测验"初测,对问卷进行信度和结构效度的分析,形成正式的调查问卷。

2011年11月3日,上海交大附中与上海信息技术学校共同成立"上海交通大学附属中学学生实训基地",两校联合制定了"普通高中学生科技创新能力培养通能实践课程实施方案",探索利用"普职渗透"模式,通过培养学生动手实践,探究培育创新人才。

2011年11月17日,项目组在上海中学举办展示活动,上海中学校长唐盛昌提出了在实验过程中形成的本校创新人才早期识别与培育的四个维度、八个核心衡量指标。项目顾问张民生做了点评,上海市教委基教处处长倪闽景呼吁项目研究要做到超越升学考试的压力、超越传统教育教学的惯性、超越学校已有的成绩,并做到真实践、真研究和真学习,实现学校办学水平的进一步提升。

2011年11月18日,大同中学举行主题为"创新:时代的挑战与教师的责任"的国际教师论坛,成立"中外友好学校创新教育联盟",并以此为起点与美国、日本的相关学校开展跨国学生创新培育项目。

2011年11月18—19日,曹杨二中召开以"TI无线课堂系统·让教学流光溢彩"为主题的2011年全国"TI手持技术与高中数学课程整合"课题国际研讨会暨学校第三届数学创新素养培育研讨会,上海市教委教研室主任徐淀芳等项目专家组成员出席了会议。

2011年12月16日,项目组在格致中学举办展示活动,格致中学校长张志敏带领部分师生从改变学习方式、学校课程建设、学生课题研究以及学生综合素质评价改革等不同角度做了汇报。上海市教委基教处处长倪闽景呼吁项目单位要关注加德纳提出的关于面向未来的五种思维能力,并指导教师致力于课堂教学改革。

2011年12月17日,项目组在徐汇区青少年活动中心举办展示活动。该中心的光启创新基地以"创新与成长同行"为主题,结合第十三届徐汇区青少年科技导师团年会,向与会人员做了形式多样的展示。上海市教委领导、以杨雄里院士为团长的徐汇区青少年科技导师团成员、各项目单位负责人、创新基地学员及家长代表近500人出席了展示活动。

2011年12月22日,项目组第二研究小组在奉贤中学举办"创设温馨课堂,激发学生主动发展潜能"展示活动,奉贤区教育局和奉贤中学分别做了研究工作汇报。与会者观摩了10多节课,听取了特级教师和项目专家的课堂点评。

2011年12月—2012年3月,项目组第一研究小组抽取6个区26所各类高中3800名高一、高二学生进行了"高中生创新思维测验""高中生创新人格测验"及影响因素调查。

2012年1月9日,上海市教委在华东师大二附中召开上海市实验性示范性高中校长会议,华东师大二附中汇报了本校项目进展情况,项目组组长顾志跃汇报了整个项目实践研究的进展和经验。项目顾问张民生强调，普通高中学生创新素养培育实验项目的价值在于撬动上海高中教育改革，上海市实验性示范性高中尤其是承担创新素养培育实验项目的学校要勇于改革课堂教学。

2012年3月19—20日，国家教育咨询委员会推进素质教育改革组和招生考试改革组到市三女中调研上海承担的国家教育体制改革试点项目推进情况，参加了市三女中自主开发的学生创新素养培育的专门课程《教育剧场》的教学活动，并听取了市三女中徐永初校长的专题汇报。

2012年3月28日，上海市教委基教处副处长颜慧芬、项目组组长顾志跃以及项目单位代表、上海交大附中校长徐向东专程赴京，向教育部汇报国家教育体制改革试点项目"探索建立拔尖创新人才培养基地"和"上海市普通高中学生创新素养培育实验项目"的进展情况。

2012年4月5日，项目组第一研究小组召开项目单位创新实验班教师研讨会议，华东师大二附中等十余所学校教师对"高中学生创新素养观察表"提出了意见和建议。

2012年4月20日，中共上海市委副书记殷一璀、市政府副秘书长翁铁慧调研上海中学探索建立拔尖创新人才培养基地试点实验情况，并召开了座谈会。

2012年5月14日，项目组在上海市教委教研室召开专家组会议，听取了第一研究小组的进展情况汇报，讨论了高中学生创新素养培育目标体系和配套测评工具试测情况，决定在5月中旬至6月上旬重点调研两类学校，让改革卓有成效的学校进一步总结提炼经验，对推进迟缓的学校加强项目研究指导。

2012年5月中旬—6月中旬，项目组第一研究小组指导专家到七宝中学、复旦附中、上大附中和闵行中学进行调研；第二研究小组指导专家到上海市实验学校、格致中学、市三女中、曹杨二中、晋元高中进行调研；第三研究小组指导专家到徐汇区青少年活动中心、黄浦区教育局（原卢湾区并入）、交大附中、华东师大二附中和同济一附中进行调研。

2012年5月25日，普陀区教育局将项目单位晋元高级中学的学生创新素养培育专门课程"结构设计创新课程"作为区域共享课程，进行了课堂展示。

2012年5月30日，上海市教委副主任尹后庆带领项目组部分成员及10多位项目学校校长到北京二中考察，学习北京二中"空气养人"的办学理念和改革经验。

2012年6月19日，上海市教委在进才中学召开上海市实验性示范性高中校长会议，全市55所上海市实验性示范性高中校长和项目组专家代表出席了会议。上海市教委主任薛明扬和上海市教委巡视员尹后庆分别做了讲话，上海中学、七宝中学、进才中学和市三女中汇报了学校项目实践研究的情况，项目组组长顾志跃对项目的整体研究做了阶段总结。

2012年6月22日，项目组第三研究小组在上海市教委教研室召开研讨会议，部属项目研究总结工作，就项目专著的总体框架设计以及第三研究小组承担的撰稿任务进行了讨论，明确了任务分工。

2012年9月21日，项目组第二研究小组在上海市教委教研室召开本组总结报告撰稿工作会议，上海市教委基教处副处长颜慧芬和项目组组长顾志跃分别做了动员和总结部署。

2012年9月27日，上海市教育学会、上海市实验性示范性高中校长联谊会、中国创造学会创造教育专业委员会、黄浦区教育局在向明中学联合举办了"搭建创造实践平台，让学生在创造实践中感悟——向明中学创造教育三十年纪念活动暨学术论坛"。

2012年10月11日，以"推进创新教育　培育创新素养"为主题的金山区创新素养培育实验项目展示与交流活动在金山中学举行。金山区教育局、华东师大三附中、新农学校、海棠小学从不同的角度汇报了创新素养培育实验项目的改革探索，项目组部分专家出席了会议。

2012年10月17日，项目组召开专家组工作研讨会。与会人员观看了4所项目学校的课程改革数字故事《课程的味道》，重点讨论项目总结工作安排。

2012年10月18日，项目单位建平中学结合本校学生创新素养培育实验项目研究重点——学生社团建设，举办"建平中学学生社团展示活动暨浦东新区学生社团文化节"，上海市实验性示范性高中学生社团及浦东新区各中学学生社团参加了活动。

2012年12月6日，项目组第二研究小组在晋元高级中学举办"'构建数字学习时空，促进学生卓越发展'——上海市晋元高级中学'基于信息技术平台的高中课程教学资源共建共享研究'交流活动"。市、区教育行政部门领导和项目单位校长及教师代表260多人参加了本次活动。

2013年1月9日，项目组在七宝中学举办展示活动，七宝中学校长仇忠海带领有关教师和学生从学校课程建设、培养模式改革、实验室建设、教学改革、学生个性发展等不同角度做了汇报,项目组组长顾志跃做了点评,上海市教委巡视员尹后庆做了讲话。

2013年1月24日,项目组组长顾志跃和秘书组全体成员在上海市教委教研室召开秘书组工作会议,商议项目专著出版工作安排。

2013年3月4日,项目组组长顾志跃和秘书组全体成员在上海市教委教研室召开秘书组工作会议,讨论项目专著编委会成员名单、样稿形式等。

2013年3月9日,项目学校上海中学举行了"校外专家授聘仪式暨拔尖创新人才早期培育链的构建研讨会",十多个领域的100位大学、科研院所的教师被学校聘为校外专家,并就"拔尖创新人才早期培育链的构建"进行了研讨。

2013年6月9日,项目秘书组在上海市教委教研室召开工作会议,筹备上海大学附属中学的展示活动,讨论项目专著样稿。

2013年6月20日,项目组在上海大学附属中学举办展示活动,卢广华校长带领有关教师和学生从学校实验项目改革、研究型课程教育专家系统建设、学生个性发展等不同角度做了项目研究情况汇报,项目专家组成员做了点评,上海市教委巡视员尹后庆做了讲话。随后召开项目专家组会议,讨论并审议项目3本专著的样稿。

2013年10月12日,项目单位向明中学举行"创新立德 育人追梦——创造性人格培养"展示活动,学校汇报了创造性人格培养的实践与思考,并就班主任如何帮助学生科学地处理爱好特长与学业压力的关系、新形势下的班主任该具备哪些创造性素养等话题进行了研讨。

2013年11月18日,项目专家组和秘书组部分成员到上海教育出版社商议项目专著封面设计、内容分册原则等。

2013年11月23日,项目单位闵行中学对实施三年的区重点课题《高中学生创新素养培育的实践研究》进行结题论证,项目组组长顾志跃、专家组成员许象国、王洁等参加了课题论证。

2013年12月3日,项目组与上海市提升中小学(幼儿园)课程领导力研究项目组联合在市西中学举办题为"文化引领 项目驱动 转型发展"的展示活动,市西中学校长董君武介绍了微型讲座、思维广场、创新实验室扩建、"3+5"日活动等创新素养培育实践。200多人出席了展示活动,并观摩了20多节教学课和学生社团活动。

2013年12月26日,项目组组长顾志跃和秘书组全体成员在上海市教科院召开秘书组工作会议,商议项目结题工作初步设想。

2014年1月3日,项目秘书组召集部分专家讨论项目结题报告撰写等工作。

2014年3月18日,项目单位建平中学与美国蒙特维斯塔高中联合举办"创新素养培育背景下的课堂教学变革——同课异教展示活动",部分项目单位和其他上海市实验性示范性高中的相关教师参加了活动。

2014年5月13日,项目单位与浦东新区教育局联合举办"中美学生创新素养培育论坛",美国加利福尼亚州8个学区的20多位校长与上海市实验性示范性高中和浦东新区有关高中的校长参加了研讨。

2014年5月28日,项目单位同济大学第一附属中学举办了主题为"转变培育模式,激活创新之源"的高中学生创新素养培育实验项目成果展示活动。项目组部分专家、同济大学和杨浦区教育局有关人员,以及北京、重庆等外省市学校校长和老师等200余人与会。

附录二　上海市普通高中学生创新素养培育实验项目成果(专著)

单　　位	作者	成果(专著)名称	出版社	出版时间	备注
上海中学	唐盛昌	《孩子怎样读名校:百名资优生成长故事与评述》	上海教育出版社	2011年8月	
华东师大二附中	何晓文等	《卓越教育的理论与实践》	华东师范大学出版社	2014年5月	
华东师大二附中	何晓文等	《首席教师风采录》	华东师范大学出版社	2011年4月	
华东师大二附中	娄维义	《基于问题研究的创新教育》	华东师范大学出版社	2011年5月	
华东师大二附中	施洪亮	《高中生数学创新素质培育的实践与思考》	上海教育出版社	2011年9月	
复旦附中	复旦附中	"嵌入式系统实验室",载于《创新实验室里的时代脉动》	上海教育出版社	2013年12月	
复旦附中	吴小新 杨士军	《高中生科学研究入门》	复旦大学出版社	2010年6月	
向明中学	向明中学教科研处	《创造教育资料汇编》	上海科学普及出版社	2012年7月	
向明中学	芮仁杰 丁　姗	《让每个学生在创造实践中成长》	上海教育出版社	2010年12月	

(续表)

单 位	作 者	成果(专著)名称	出 版 社	出版时间	备注
卢湾高中	唐关胜	《"三化"推进新课程》	中西书局	2012年1月	
卢湾高中	唐关胜	《"三化"推进新课程二》	中西书局	2014年8月	
格致中学	张志敏等	《格致文化的传承与创新:上海市格致中学教育创新研究》	教育科学出版社	2010年11月	
格致中学	张志敏	《课程成就学校》	大百科全书出版社	2011年9月	
格致中学	方梦非	《优等生物理》	华东师范大学出版社	2010年7月	
格致中学	格致中学	"崇尚科学,追求真理,培育全面发展的创新人才",载于《以实验促发展》	上海教育出版社	2009年10月	
格致中学	格致中学	"在科学探究的星空中展翅翱翔",载于《创新实验室里的时代脉动》	上海教育出版社	2011年9月	
格致中学	格致中学	"生命科学实验室"载于《创新实验室里的时代脉动》	上海教育出版社	2011年9月	
格致中学	格致中学	"地理实验室",载于《创新实验室里的时代脉动》	上海教育出版社	2011年9月	
大同中学	盛雅萍	《探寻适合每位学生的课程——大同中学课程统整实践研究》	上海古籍出版社	2014年4月	
大同中学	盛雅萍 王 菲 姚 军	"云课程",载于《创新的课程》	上海教育出版社	2012年11月	

（续表）

单　位	作者	成果(专著)名称	出版社	出版时间	备注
大同中学	郭金华 王　菲 姚　军 张伟峰	"基于CIE的课程统整与实践研究"，载于《为了学校的可持续发展》	华东师范大学出版社	2013年10月	
上海师大二附中	陈伟文	"刍议高中生态教育中的创新素养培养研究"，载于《现代基础教育研究》	上海教育出版社	2014年9月	
延安中学	郭　雄	《探究学科思想，改善教学方式》	华东理工大学出版社	2013年10月	
延安中学	延安中学	"为学生搭建DIY的科学探索平台"，载于《创新实验室里的时代脉动》	上海教育出版社	2013年4月	
复旦中学	师　前	《"文化"主题轴综合课程》之"掌中求索"	复旦大学出版社	2011年5月	
复旦中学	王长芬	《"文化"主题轴综合课程》之"辨'砖'识'屋'"	复旦大学出版社	2011年5月	
复旦中学	杨云平	《"文化"主题轴综合课程》之"跟着环球游画看世界"	复旦大学出版社	2011年5月	
复旦中学	陈璟浩	《"文化"主题轴综合课程》之"寻梦复旦园"	复旦大学出版社	2011年5月	
复旦中学	周国正	《"文化"主题轴综合课程》之"博雅颂"	上海教育出版社	2012年3月	
复旦中学	缑富成	《"文化"主题轴综合课程》之"高中英语读写教程"	上海教育出版社	2012年6月	
复旦中学	缑富成	《"文化"主题轴综合课程》之"西方文化掠影"	上海教育出版社	2012年9月	

(续表)

单　位	作　者	成果(专著)名称	出版社	出版时间	备注
复旦中学	湛宣进	《"文化"主题轴综合课程》之"数学与人文"	上海教育出版社	2013年6月	
复旦中学	岳　靖	《"文化"主题轴综合课程》之"燃烧与灭火"	上海教育出版社	2013年6月	
市三女中	市三女中	"一门寓教育于戏剧的创新课程——教育剧场",载于《创新的课程》	生活·读书·新知三联书店出版社	2012年7月	
市三女中	市三女中	"课堂小舞台　社会实验室",载于《创新实验室里的时代脉动》	上海教育出版社	2013年4月	
市西中学	林　勤	"能源实验室",载于《创新实验室里的时代脉动》	上海教育出版社	2015年5月	
市西中学	王纪华	"机器人实验室",载于《创新实验室里的时代脉动》	上海教育出版社	2013年5月	
市西中学	顾正卿	《弘扬学校文化传统　推进优质教育发展》	吉林出版社	2010年9月	
曹杨二中	曹杨二中	《灵动的天地——上海市曹杨二中学生作文选》	上海社会科学院出版社	2013年6月	
曹杨二中	曹杨二中	《文理相通　人文引领——曹杨二中创新素养培育实验总结》	上海教育出版社	2013年	
曹杨二中	黄　坪	《题根——高中数学创新素养培育中的变式教学》	华东师范大学出版社	2014年5月	
晋元高中	王丽萍等	"指南针计划",载于《创新实验室里的时代脉动》	上海教育出版社	2013年12月	
晋元高中	王丽萍等	"结构设计实验室",载于《创新实验室里的时代脉动》	上海教育出版社	2011年9月	

(续表)

单 位	作 者	成果(专著)名称	出 版 社	出版时间	备注
晋元高中	王丽萍等	"金融实验室",载于《创新实验室里的时代脉动》	上海教育出版社	2013年4月	
晋元高中	王丽萍等	《晋元高级中学创新实验室项目研究报告》	上海教育出版社	2013年11月	
市北中学	陈 军	《走进名家名作》	语文出版社	2011年8月	
市北中学	金荣生	《数学:引导学生创新》	上海教育出版社	2011年7月	
华东师大一附中	刘 超	"从文本解读出发,打造实用课型模式",载于《思与行:中学英语课堂教学研究与实践》	上海三联书店	2011年8月	
华东师大一附中	江 源	"提高学生思想政治学科理解能力浅探",载于《聚焦课堂:普通高中文科优质课课例精选》	华东师范大学出版社	2010年9月	
华东师大一附中	江 源	"实践、体验促发展",载于《聚焦课堂:普通高中文科优质课课例精选》	华东师范大学出版社	2010年9月	
复兴高中	李可锋 江 磊	《化学传奇》	山西教育出版社	2012年	
复兴高中	赵莹婷	《项目引领下的青年教师发展性培养——优秀班集体品牌创建》	学林出版社	2012年12月	
同济一附中	王慧萱	《学科有效学法指导——高中数学》	安徽教育出版社	2011年7月	
同济一附中	王慧萱	《高中数学全解》	上海交通大学出版社	2011年10月	
同济一附中	王振宁	《特级教师讲语文——过传忠专辑》	上海交通大学出版社	2014年1月	

(续表)

单位	作者	成果(专著)名称	出版社	出版时间	备注
同济一附中	李蓉芳	"低碳和谐校园中的求真探索",载于《创新实验室里的时代脉动》	上海教育出版社	2011年9月	
控江中学	张 群	《访美见闻录》	上海三联书店	2011年8月	
控江中学	唐晓云	《我的"刀马旦"式英语教学》	上海交通大学出版社	2011年6月	
控江中学	唐晓云 张 英	《高三"以读促写"课堂教学指南》	同济大学出版社	2014年7月	
控江中学	张 群	《"玩"在控江——师生课程体验案例集》	同济大学出版社	2014年8月	
控江中学	江 顺	《动手学化学》之"海水中提取溴和碘"	上海科技出版社	2014年	
七宝中学	仇忠海	"让创新成为一种机制和自觉",载于《"人之为人"的教育追求——我的育人思想与办学实践》	上海教育出版社	2013年10月	
七宝中学	七宝中学	"创新生态实验室",载于《创新实验室里的时代脉动》	上海教育出版社	2011年9月	
上海市实验学校	徐 红	《课程:自下而上的实践》(上、中、下)	上海教育出版社	2012年4月	
上海市实验学校	上海市实验学校	"信息科技实验室",载于《创新实验室里的时代脉动》	上海教育出版社	2013年4月	
建平中学	杨振峰	《从学生的立场出发——现代高中管理变革的建平经验》	华东师范大学出版社	2014年9月	

后 记

"上海市普通高中学生创新素养培育实验项目"经过32个单位近四年的实践与探索,就要进入尾声了。

2010年11月,我们向上海市高中学校发布该项目研究指南时,只有上海几所小学和中学在中国创造学会的领导下开展过中小学生小发明、小创造的实践与研究,对什么是创新素养,高中学生创新素养的培养目标与内容是什么,高中学校有效培养学生创新素养的途径与措施又是什么,高中学生创新素养的评价与结果使用等方面知之甚少。所以,项目启动初期的几次活动都是以专家的引导性讲座为主,上海市教育学会张民生会长、北京市教育科学研究院张铁道副院长、华东师范大学赵中建教授和冯大鸣教授等先后给项目组全体成员普及创新素养培育的理论与国内外的最新实践。在此基础上,参与项目研究的各单位开始了上海市普通高中学生创新素养培育的实践探索与理论研究。

今天,呈现在大家面前的这本书已经能够在高中学生创新素养的目标与测评、课程与资源建设、培养途径与过程实施、具有创新素养带教能力的教师特质与培养、学生创新素养培育的管理与环境创设等方面提出一系列有创意、能实践的想法与做法,极大地丰富与完善了上海原先对创造教育的认识,提高实践水平。这一项目不但把上海的创造教育提到了一个新的高度,而且为全国的高中学生创新素养培育、创新型拔尖人才培养提供了鲜活的经验与认识,对加快我国产业转型、各级各类创新型人才的早期培养,具有积极的实践意义。

这一项目取得这样的成果,应归功于项目的组织架构和所有研究者的不懈努力。为做好项目研究,上海市教委组建了由领导小组、专家组、项目秘书组和32个项目单位组成的项目组。原上海市教委副主任、上海市教育学会会长张民生任项目顾问;领导小组由上海市教委巡视员尹后庆领衔,上海市教委副巡视员和督导室主任杨国顺、上海市教委基础教育处处长倪闽景、上海市教委教研室主任徐淀芳、上海市教科院普通教育研究所副所长汤林春、上海市教委科技处原副处长苏忱、上海市教育评估院常务副院长陈效民任领导小组成员，对项目重大工作进行决策。在上海市教委基础教育处副处长颜慧芬的带领下，上海教育新闻中心沈祖芸，上海市教科院普通教育研究所徐士强、沈之菲，上海市教委教研室金京泽和上海市教委基础教育处金莉莉组成的项目秘书组积极做好项目资料积累、工作进程记录、信息沟通交流、研究组织协调等工作。由原浦东新区教育发展研究院院长顾志跃领衔的专家组对项目研究的推进发挥了很大的指导作用，张民生、许象国、余利惠、张慧、孙元清、陆伯鸿、傅禄建、胡兴宏、朱怡华、王洁、赵中建、冯大鸣、应俊峰、谢利民等专家全程参与了项目的研究与指导，使项目能在这么大的范围中得以开展，并取得一定的成果。当然，项目研究实践的成果最终来源于32家项目单位的改革实践成果。在此，向为项目顺利开展做出过贡献与努力的所有同志表示感谢。

创新人才培育与培养直接关系到国家的可持续发展，关系到国家的国际竞争力，这是一个具有战略意义的重大研究领域，需要进行更多的课题与项目的实践与开发。高中学生创新素养的培育也需要在此项目基础上深化与辐射。希望有更多的学校与教师在本项目的基础上继续开展研究与实践，涌现出更多、更好的成果。

上海市普通高中学生创新素养培育实验项目组

2014年6月

图书在版编目(CIP)数据

创新,点亮智慧之光/顾志跃主编.–上海:上海教育出版社,2014.12
ISBN 978-7-5444-5117-8

Ⅰ.①创… Ⅱ.①顾… Ⅲ.①高中生–创新能力–能力培养 Ⅳ.①G635.5

中国版本图书馆CIP数据核字(2014)第321891号

责任编辑 顾 翔
封面设计 陆 弦

创新,点亮智慧之光
——上海市普通高中学生创新素养培育的实践与研究
顾志跃 主编

出　版　上海世纪出版股份有限公司
　　　　　上　海　教　育　出　版　社
发　行　中国图书进出口上海公司

版　次　2014年12月第1版

书　号　ISBN 978-7-5444-5117-8/G·4102

www.ingramcontent.com/pod-product-compliance
Lightning Source LLC
Chambersburg PA
CBHW081143230426
43664CB00018B/2782